REINHARD URSCHEL
Gerhard Schröder

REINHARD URSCHEL

Gerhard Schröder

Eine Biografie

Deutsche Verlags-Anstalt
Stuttgart München

Die Deutsche Bibliothek – CIP-Einheitsaufnahme
Ein Titeldatensatz für diese Publikation ist bei
Der Deutschen Bibliothek erhältlich.

© 2002 by Deutsche Verlags-Anstalt, Stuttgart/München
Alle Rechte vorbehalten
Gestaltung und Satz: Brigitte Müller, Stuttgart
Reproduktionen: Die Repro Medial GmbH, Tamm
Druck und Bindung: GGP Media, Pößneck
Printed in Germany
ISBN 3-421-05508-4

Inhalt

Für Ingrid, Florian und Amelie

Vorwort

Für den Leser ist es wichtig zu wissen, ob die Person, um die es geht, mitgearbeitet hat an der Darstellung ihres Lebensweges. Ich habe viele Gespräche geführt mit Gerhard Schröder, lehrreiche in seiner früheren Wohnung in der Ostwender Straße in Hannover, ganz entspannte auf der Terrasse der niedersächsischen Landesvertretung in Bonn, dienstliche vor dem Kamin – der nie brannte – in seiner Wohnung dort und auch im modernen Büro im neuen Kanzleramt in Berlin. Schröder war, soweit es seine Zeit im Amt, insbesondere nach dem 11. September, zugelassen hat, immer zu Gesprächen bereit. Dennoch ist diese Biografie keine »offiziöse« oder gar »offizielle«. Nichts habe ich autorisieren lassen. Das wäre unjournalistisch.

Noch mehr Gespräche habe ich über ihn geführt. Nicht nur mit Politikerinnen und Politikern, mit einer Vielzahl von Menschen, die seinen Lebensweg gekreuzt haben.

Ich habe Dank zu sagen. Gerhard Schröder, sodann Hans-Peter Sattler, einem Altmeister der hannoverschen Journalisten, von dem ich aufschlussreiche Hinweise bekommen habe. Michael B. Berger, Gunther Hartwig und Sabine Baun haben mir wertvolle Ratschläge gegeben. Zuletzt hat mich am meisten erstaunt, wie sehr die Vorstellungen verschiedener Zeitzeugen über den Menschen Gerhard Schröder in den wesentlichen Aussagen einander ähnlich sind. So schwierig, wie er manchmal wirkt, scheint dieser Charakter doch nicht zu sein. Es wird sich zeigen.

Berlin, im Februar 2002   *R.U.*

ERSTES KAPITEL

»Kanzler wird der nie!«

An einem kühlen Freitagmittag im Januar 1996 trifft sich die »Viererbande« im »Isola d'Ischia« in Bonn. Der kleine Hintergrundkreis von Bonner Korrespondenten hat den niedersächsischen Ministerpräsidenten Gerhard Schröder zu dem Nobelitaliener am Rande des Regierungsviertels eingeladen. Vorab gibt es einen Rucolasalat, dann frischen Fisch, Nachspeisen nach Laune.

Die Geschichte hat später die Runde gemacht in Bonn, erzählt immer aus zweiter Hand und aus unergründlichen Quellen. Die »Viererbande« hat nämlich bislang eisern geschwiegen, aus Gründen, die sich gleich erschließen werden. Es ist also an der Zeit, sie einmal vollständig und im Zusammenhang zu berichten, zumal sie auf anschauliche Weise zugleich die Stärken und die Schwächen des Menschen Gerhard Schröder offenbart. Trefflicher und knapper lässt sich nicht darstellen, wie der Privatmann und der Politiker Schröder taktiert, wie er nichts dem Zufall überlässt, obwohl er zugleich die hohe Kunst der Improvisation auf das Raffinierteste beherrscht und einsetzt. Eine Charakterstudie in Kurzform.

Der Regierungschef aus Hannover ist am Morgen im Bundesrat gewesen, danach hat er genügend Zeit für das Gespräch mit den Korrespondenten. In Niedersachsen läuft für ihn alles nach Wunsch, im Bund ist der Parteivorsitzende Oskar Lafontaine dabei, der SPD nach den Erstarrungen der Ära Rudolf Scharping wieder Leben einzuhauchen. Für die Kanzlerkandidatur gilt in diesen Monaten schon die Sprachregelung, vor der Niedersachsen-Wahl im Frühjahr 1998 werde nichts entschieden und der Bessere solle es machen.

Als sich das Gespräch dem Ende zuneigt und das Angebot des Kellners, eine dritte Flasche Wein öffnen zu lassen, von der Tischgesellschaft abschlägig beschieden wird, will Schröder unbedingt noch eine Frage loswerden. Er habe an diesem Nachmittag noch ein Interview mit einer jungen Journalistin vom Münchner Magazin »Focus«, beginnt er eher beiläufig, aber leider deren Namen nicht parat. Er wisse nur, das sie blond sei, lässt er noch einfließen, sichtlich auf die Reaktion seiner Gesprächspartner lauernd.

Namensvorschläge von blonden Korrespondentinnen werden unterbreitet, anscheinend sagt keiner Schröder zu. Bis einer sich an Doris Köpf erinnert, die ein paar Jahre zuvor für verschiedene Boulevardzeitungen aus Bonn berichtet hat, jetzt aber in der Münchner »Focus«-Zentrale arbeitet und damit aus dem Blickfeld des Bonner Pressecorps verschwunden ist. Ja, die müsse es sein, scheint der Ministerpräsident sich auf einmal zu erinnern, »Köpf, ja, wie heißt sie mit Vornamen? Doris, ja?« Dann steuert der Neugierige ohne Umschweife auf die entscheidende Frage zu: »Ja und, wie ist die denn so?«

Die Antwort fällt natürlich so aus, wie sie einer verdient hat, der Journalisten über einen Kollegen oder eine Kollegin aushorchen will. Zuerst kommen ein paar Urteile über bloße Äußerlichkeiten. »Nee, nee, das meine ich jetzt nicht«, wimmelt der hartnäckige Fragesteller ab, »ich meine eher journalistisch, also so fachlich.« Die Antwort mag ein wenig unfreundlich klingen, gemeint ist es gewiss nicht so: »Na ja, sagen wir mal so, Gerd, den tiefen Teller hat sie nicht gerade erfunden.« Aber nett sei sie in ihrer Bonner Zeit immer gewesen.

Schröder bricht mit blendender Laune auf. Man verabredet, das Gespräch bei Gelegenheit fortzusetzen. Ein paar Wochen später, Ende Februar 1996, hat die »Viererbande« die kleine Episode schon wieder vergessen. An diesem Morgen kommt aus der niedersächsischen Staatskanzlei die seltsam gestelzt klingende Mitteilung, das Ehepaar Schröder trenne sich und werde in Zukunft getrennte Wege gehen. Nach der ersten Überraschung über das abrupte Ende einer scheinbar soliden Ehe beginnen die journalistischen Reflexe zu funktionieren: Wer ist die Neue?

Auf dem Schreibtisch der Fotoredaktion der »Hannoverschen Allgemeinen Zeitung« liegen Abzüge von Bildern, die ein junger Kollege wenige Tage zuvor während einer Dienstreise auf einer Ölplattform in der Nordsee aufgenommen hat. Unter gelben Helmen sind Ministerpräsident Schröder und, zunächst bescheiden im Hintergrund, dann schon deutlich näher am Mann, die »Focus«-Kollegin Doris Köpf zu sehen. Es dauert nur wenige Stunden, bis klar wird, was da gelaufen ist, und wohin die Angelegenheit steuerte.

Die »Viererbande« in Bonn kommt sich zunächst reichlich blamiert vor, obwohl von dem »Verhör« beim Italiener bis dahin niemand etwas wissen konnte: Da lässt man sich vom Ministerpräsidenten eines Bundeslandes, allen darüber hinaus seit Jahren gut bekannt, ja vertraut, aushorchen wie Schulbuben von ihrem Klassenlehrer. Zu diesem Zeitpunkt ist nämlich klar, dass der Herr Ministerpräsident jene »Focus«-

Journalistin sehr wohl schon näher kannte und keinesfalls in seinem
Gedächtnis nach ihrem Namen kramen musste. Schröder hat im ganz
privaten Bereich etwas ausprobiert, wie er es von der Politik gewohnt
ist: Er hat das Thema Doris getestet, wie er später zum Beispiel das
Thema Greencard auf seine Wirkung hin getestet hat.

Einmal spricht die »Viererbande« noch über Schröders taktische Lehrstunde, dann wird das abgehakt: »Der ist so, der hätte uns auch seine
Großmutter verkauft. Wer Kanzler werden will, der muss scheint's so
sein.« Zwei aus der Runde haben das seinerzeit so gesehen. Die beiden
anderen hielten dagegen. Moralische Abgründe seien das, die sich da
aufgetan hätten. Die Erkenntnis aus der Zeit der Troika, der Herr
habe »charakterliche Defizite«, die sei eben doch richtig: »Kanzler
wird der nie!«

ZWEITES KAPITEL

Kleine Verhältnisse

Kleine Verhältnisse. Sind das beschauliche Häuschen im Ludwigs-
hafener Stadtteil Friesenheim? Oder Wellblechbaracken am Rande
eines Sportplatzes irgendwo im Lippischen? Über Gerhard Schröders
Vorgänger Helmut Kohl schreibt sein Biograf Klaus Dreher, er stamme
aus kleinen Verhältnissen. Das kann man so sagen, wenn man Kohls
Heimat in Augenschein nimmt. Die Kohls waren einfache Leute, der
Vater ein mittlerer Beamter, die Mutter Hausfrau. Aber die Familie
stellte etwas dar. Die Namen der Vorfahren sind in den Kirchen-
büchern vermerkt, der eine oder andere konnte sogar einen ansehn-
lichen Beitrag leisten zum Aufbau des dörflichen Gemeinwesens.

Kleine Verhältnisse. Das gilt für viele Politiker, gerade auch im sozialdemokratischen Milieu. Oskar Lafontaine stammt aus einer katho-
lisch-kleinbürgerlichen Handwerkerfamilie im Saarland. Rudolf Scharpings Vater ging mit seinem Möbelgeschäft in Konkurs und musste
fortan als kleiner Angestellter seine Familie durchbringen. Heidemarie
Wieczorek-Zeuls Eltern hatten einen Gemüseladen. Der Vater von
Edelgard Bulmahn war Binnenschiffer.

Wie aber soll man, ohne die Regeln des Anstandes zu verletzen,
Schröders Herkunft beschreiben? Da ist nichts, was wenigstens auf
kleinbürgerliche Verhältnissen schließen ließe. Die Familie, in die Gerhard Fritz Kurt Schröder am 7. April 1944 hineingeboren wurde, zu
einer Zeit also, als der deutsche Vormarsch im Osten schon festgefah-
ren war, besaß nichts außer dem, was man an Kleidung am Leibe hatte
und was an Möbeln in den gemieteten Räumen stand. Was es am
nächsten Tag zu Essen geben sollte, das wußte man gerade noch, was
aber am übernächsten Tag oder gar in der kommen Woche auf dem
Tisch kommen sollte – darüber gab es keine Gewißheit.

Blomberg-Mossenberg im Landkreis Detmold, ein Dorf im westfälischen Lipper Land. Weniger als ein Dutzend Häuser, kein Einkaufs-
laden, keine Schule. Der 7. April im fünften Kriegsjahr war ein Kar-
freitag. Ostern war spät, der Frühling kündigte sich schon an. Genug
Geld, um für die Geburt ihres Kindes in ein Krankenhaus zu gehen,
hatte die Mutter Erika nicht. Der kleine Gerhard war eine Haus-

geburt. In einer Dachkammer des Bauernhofes der Familie Freitag ist er zur Welt gekommen. Was man in Mossenberg nicht ahnen konnte, war, dass Vater Fritz Schröder die Geburt seines Sohnes nur wenige Monate überlebte. Der Pioniergefreite stand in Rumänien an der Front, als er von der Geburt seines Sohnes erfuhr. »Ich freue mich für Dich, dass es diesmal ein Junge ist«, schrieb Fritz Schröder nach Hause und kündigte seinen Besuch für den Herbst des Jahres an. Doch bevor er seinen Sohn sehen konnte, fiel der Vater am 4. Oktober 1944 bei Gefechten in der Nähe des rumänischen Dorfes Ceanu Mare bei Turda, wie es damals in den Mitteilungen an die Hinterbliebenen hieß, »für Führer, Volk und Vaterland«.

Auf dem Schreibtisch von Bundeskanzler Schröder im neuen Amt im Berliner Spreebogen steht ein silberner Bilderrahmen. Die Fotografie darin zeigt Ehefrau Doris. Seit einiger Zeit ist eine zweite Aufnahme lose davorgestellt. Auf ihr ist ein junger Gefreiter zu sehen, der Stahl-

Fritz Schröder, der Vater (gefallen 1944)

Erika Schröder, die Mutter

helm ist festgezurrt, das Hakenkreuz im Wappen offenbart, dass es sich um eine Aufnahme aus dem Zweiten Weltkrieg handelt. Bei einem Gespräch mit dem Autor über die Jugendjahre im Lipper Land springt der Kanzler unvermittelt auf, geht zum Schreibtisch und holt das Bild. Er sei verblüfft gewesen, als er das Foto von seinen Cousinen bekommen habe, wie sehr er seinem Vater ähnlich sehe. »Das bin doch ich«, sagt der Kanzler nicht ohne Rührung und schweigt eine ganze Weile. In der Kindheit sei ihm eigentlich nie so bewusst gewesen, dass er vaterlos aufgewachsen sei, die Mutter war offenbar stark genug, Vaters Stelle mit zu übernehmen. Erst jetzt, fährt Schröder fort, wo er von der neu entdeckten Verwandtschaft in Thüringen Hilfestellung bekommen habe bei der Spurensuche, könne er ein Verhältnis zu dem unbekannten Mann entwickeln. Augenscheinlich interessiert sich Schröder erst jetzt gründlicher für seine Wurzeln. Stolz liegt in der Stimme, als er erzählt, seine Vorfahren seien überwiegend Arbeiter gewesen, kleine Beamte seien auch darunter, einige hätten in der Landwirtschaft gearbeitet. »Und einer«, freut er sich sichtlich, »einer aus der Saale-Gegend war im Nebenerwerb Winzer.«

Wenn er früher nach seiner Familie gefragt wurde, nannte Schröder zuerst die Bürogemeinschaft, die mit ihm aus der Staatskanzlei in Hannover nach Berlin übergesiedelt ist. Dazu gehört in erster Linie Sigrid Krampitz, seine Büroleiterin, ohne die er gelegentlich so hilflos wie ein Kind durch die Welt laufen würde. »Sigrid, wie geht das mit dem Handy?«, wenn die Verbindung zu Ehefrau Doris nicht klappt, »Sigrid, hast du eben mal Geld?«, wenn er unterwegs in Rom oder Mailand ein Eis kaufen möchte und wieder einmal kein Portemonnaie in der Tasche hat.

Dazu gehört auch Frank-Walter Steinmeier, ein Jurist aus Hannover, der einen klaren Kopf behält, wenn es in Schröders Umgebung chaotisch wird. Er ist heute Chef des Kanzleramtes in Berlin.

Früher gehörte auch das Ehepaar Doris und Reinhard Scheibe zu Schröders Familie und umgekehrt. Sie war seine Vorzimmerdame in der Staatskanzlei Hannover, er war bis zum Eintritt in den Ruhestand der niedersächsische Lotto-Chef. Bei den Scheibes kroch der damalige Ministerpräsident zuerst unter, als ihn Ehefrau Hiltrud Schröder im Winter 1996 vor die Tür setzte. Bei den beiden kurierte er seinen Kater über die gescheiterte Beziehung aus, den moralischen und den alkoholischen auch. Seit der Hochzeit 1997 sieht sich selbst Ehefrau Doris als Mitglied einer größeren Gemeinschaft, ihr Ausspruch »Ich bin ein Teil der Truppe« lässt jedenfalls darauf schließen.

Deutsche Einheit: der Kanzler und seine spät entdeckten Cousinen Inge Siegel (l.) und Heidelinde Munkewitz

Als dem Kanzler im Sommer 2001 aus heiterem Himmel eine neue Verwandtschaft geschenkt wurde, hat er das genossen. Schröders ältere Schwester Gunhild hatte auf der Suche nach den Spuren des Vaters einen neuen Zweig der Schröders aufgetan. Im thüringischen Gera leben zwei Töchter, im Osten Berlins eine weitere Tochter von Kurt Schröder, dem 1990 verstorbenen Bruder von Fritz. Heidelinde Munkewitz und Inge Siegel wurden der überraschten Öffentlichkeit als »dolle Cousinen« präsentiert, die ihn, gebührend bestaunt von der Boulevard- und der Regenbogenpresse, mit Schnitzel und Spargel bewirteten. »Ein modernes Märchen«, »Schicksale, die der Krieg schrieb«, die Schlagzeilen stellen den Kanzler zufrieden, weil er weiß, dass die Familie in der Politik einen hohen Identifikationswert hat. Die Art und Weise, wie Schröder der dritten Cousine, Renate G. aus Treptow, ihre Tätigkeit für die Stasi verzeiht, bringt ihm im Osten Deutschlands durchaus Sympathien ein. »Wüsste ich denn, ob ich einem solchen System hätte widerstehen können?«, fragt er und trifft damit die Grundstimmung vieler Menschen in den neuen Ländern.

Viel weiß Schröder über seinen leiblichen Vater nicht zu erzählen. Aber seine Herkunft in irgendeiner Weise schönzumalen oder gar zu verleugnen, kommt ihm nicht in den Sinn. Der Vater ist Hilfsarbeiter gewesen, in der Zeit des Nationalsozialismus war er offensichtlich nie so recht auf die Beine gekommen. Ob er politische Schwierigkeiten hatte, darüber wird nicht geredet im Hause Schröder. Bevor ihn die Wehrmacht einzog, schlug sich Vater Fritz mit Gelegenheitsarbeiten, auch auf Jahrmärkten beim Aufbau der Kirmesbuden und Schiffschaukeln durchs Leben. Immerhin hatte er schon eine kleine Familie zu ernähren: Fünf Jahre vor Gerhard war seine Schwester Gunhild auf die Welt gekommen.

Bald nach der Geburt von Gerd – wie ihn seine Mutter als Kind immer rief und wie ihn später seine Freunde und noch heute seine Duzfreunde nennen – zog die Witwe Schröder mit ihren zwei kleinen Kindern nach Bexten. In dieser Nachbargemeinde waren Armenbaracken errichtet worden, Notunterkünfte für die einheimischen Opfer des Krieges. Die Stelle, an dem diese Häuschen standen, gewann für Schröder später Bedeutung: hart am Rande eines Fußballplatzes. Hier nahm die Legende von Gerhard »Acker« Schröder ihren Anfang. Auch wenn es Ähnlichkeiten zu beobachten gibt zwischen dem Politiker und dem Fußballer Schröder, zuerst einmal macht der Sportler seinen Weg: eher mäßig talentiert für den feinfühligen Umgang mit dem Ball, trainiert er wie ein Besessener in jeder freien Minute, spielt den Mittelstürmer auf eine Art und Weise, dass die gegnerischen Strafräume nach dem Spiel wie umgepflügt aussehen. Aber er spielt erfolgreich. Er ist kopfballstark und verfügt über einen satten Schuss.

Es gibt auch Weggefährten, die sich an eine andere Erklärung für den Spitznamen »Acker« erinnern können. Der kleine Gerd habe sich, wie übrigens auch Helmut Kohl, als Knabe sehr für die Landwirtschaft begeistern können – kein Wunder für ein Kind, das so frei und wild in der Natur aufwuchs. Als er noch kaum sprechen konnte, habe er den vorbeifahrenden Treckern immer »Acker, Acker« nachgerufen, das Motorengeräusch lautmalerisch nachahmend. Auch das ist eine schöne Geschichte, aber der Kanzler bevorzugt heute die Fußballer-Variante.

Schröder kickt mit Leidenschaft und mit beträchtlichem Erfolg. Er kommt raus aus der engen Heimat, gewinnt Selbstbewusstsein für den Überlebenskampf außerhalb des Fußballplatzes und soweit wie eben nötig auch Fairness gegenüber dem Gegner. Die Bedeutung des Fußballs für seine charakterliche und geistige Entwicklung hat Schröder gegenüber einem US-amerikanischen Diplomaten einmal – politisch nicht ganz korrekt, aber dafür anschaulich – so beschrieben: »Ich habe Fußball gespielt, wie Ihre Neger rennen, aus Bedürfnis nach sozialer Anerkennung.«

Zunächst aber musste die Kriegerwitwe Schröder schauen, wo sie blieb, mit zwei kleinen Kindern und ohne geregeltes Einkommen. Sie musste jede Arbeit annehmen, die sich ihr bot. Der Krieg hatte sich festgekrallt in dem abgelegenen Winkel des Landes, fernab jeder Großstadt. Morgens um fünf Uhr begann der Tag, Gunhild und Gerhard wurden fertig gemacht und meist in die Obhut der Großmutter, Erikas Schwiegermutter, gegeben. Clara Schröder war eine gebürtige Leipzigerin und sprach reinstes Sächsisch. Nach den Erinnerungen von Gerds Schwester Gunhild haben sie und der Bruder in den ersten Jahren jenen weichen, leicht singenden Tonfall angenommen, den sie von der Großmutter hörten. Schröder kann sich daran nicht erinnern. »Gesächselt? Nee, bestimmt nich ...« Er habe, so sagt er, schon immer so geredet wie heute. Den erdigen Klang der Sprache des Lipper Landes hört man noch heute heraus, wenn der Kanzler spricht. Mit »Ich sach mal«, fangen in dieser Gegend viele Leute ihre Rede an, machen weiter mit »übrijens«, und wenn sie einen Entschluss bekräftigen wollen, dann sagen sie wie Schröder: »Dann muss man hergehen und das machen.«

Mutter Erika hat ihren Sohn geprägt, nicht nur äußerlich. Da sind die schrägen, vollen Augenbrauen. Das im Profil markante Kinn hat er mehr vom Vater. Die innere Stärke, eher noch, die innere Härte, die die junge Kriegerwitwe fürs nackte Überleben aufbringen musste, ist auch dem Sohn eigen. Sie habe ihrem Gerd nicht viel mitgeben können, sagt die Mutter heute, und vergisst dabei, dass schon das Vorbild wirkt. Große Ratschläge gab es daheim weniger, aber die wenigen hat Gerd befolgt. »Geh inne Schule«, habe sie gesagt, erinnert sich die Mutter. Fast mit den gleichen Worten antwortet er heute, fünfzig Jahre später, wenn man ihn fragt, was er von zu Hause mitbekommen habe. Na was denn schon, fragt er zurück, »so wie es bei uns zuging, hat's nicht viel gegeben, aber immer den Rat, ordentlich zu lernen.« Zeit für Sentimentalitäten gab es in der Familie nicht. Der junge Gerd und seine Geschwister waren sehr früh auf sich alleine gestellt. Sie mussten sich durchschlagen, manchmal war das auch wörtlich zu nehmen.

Er hat daheim gelernt: Die Armut war bei den Schröders zu Hause, aber Jammern nutzte nichts, das Leben musste weitergehen für die junge Kriegerwitwe Erika Schröder. Fußmärsche von zwei und drei Stunden waren keine Seltenheit, um eine Hilfstätigkeit in einer Fabrik, eine Putzstelle in einem Haushalt oder einem Geschäft zu erreichen. Die kleine Familie sparte wo es nur ging, am Essen, an der Kleidung. Die Familie musste häufig umziehen, ein altes Fachwerkhaus, in dem man für einige Zeit Unterkunft fand, bekam den Namen »Villa Wankenicht«. Später wohnte man mietfrei auf verschiedenen Bauernhöfen gegen Handreichungen auf dem Feld oder im Stall. »Wir haben halt mitgeholfen auf dem Feld, Rüben ziehen zum Beispiel. Viele werden gar nicht mehr wissen, was das ist«, sagt er heute, »Leibzucht nannte man das. Und es gab fünfzig Pfennig die Stunde. Viel Geld war das.«

Der kleine Gerd lernte, was es bedeutete, die Hosen der reicheren Bauernjungen aus der Nachbarschaft auftragen zu müssen, aber was hieß schon reicher in der damaligen Zeit. Die Mutter musste anschreiben lassen, irgendwann stand zum ersten Mal der Gerichtsvollzieher vor der Tür. Früher hat Schröder schon mal die Geschichte erzählt, dass seine Großmutter bisweilen am Wochenende mit dem Kinderwagen durch das Dorf schob und Ausschau hielt nach offenen Küchenfenstern. Wenn irgendwo ein Stück Fleisch zum Kühlen im Bräter stand, griff sie zu und versteckte die Beute unterm Kopfkissen. Stiefbruder Lothar, der später Geborene, erzählt die Geschichte anders. Er selbst sei wohl ein paarmal dabei gewesen, »der Gerd nie.« Die Familie hält zusammen. Eisern.

In jenen Jahren hat der Kölner Kardinal Joseph Frings den Menschen die Milde Gottes gepredigt, wenn sie aus nackter Not Kohlen von den Güterwagen der Eisenbahn stahlen. Das »fringsen« war gewissermaßen moralisch sanktioniert. Für den erwachsenen Schröder ist es dennoch keine schöne Erinnerung, weil er die Erfahrungen jener frühen Jahre als sozial diskriminierend empfunden hat. Als Kind, im wilden, freien ländlichen Alltag, hat ihm das Leben am unteren Ende der Gesellschaft nichts ausgemacht, allenfalls wenn andere ihn haben spüren lassen, wo er nach ihrer Meinung hingehört: irgendwo da unten. In einem Gespräch mit dem Publizisten Günter Gaus gesteht er, dass ihm seine Kindheit nicht »genierlich« sei, »nie gewesen«, aber dass es ihn schon verletzt habe, wie ihn die Kinder der besseren Leute geschnitten hätten. »Wir waren, das muss man so sehen, die Asozialen.«

Seine Mutter heiratet neuerlich, als er drei Jahre alt ist. Der Hilfsarbeiter Paul Vosseler war ein einfacher Mann, aber er hatte in diesen Monaten ein einigermaßen regelmäßiges Einkommen. Erika Vosseler, wie die Mutter von jetzt an heißt, hoffte darauf, dass das Anschreiben und Schuldenmachen ein Ende haben möge. Die ältere Schwester Gunhild und Gerd behielten den Namen Schröder, die Halbgeschwister Lothar (geboren am 5. April 1947), Heiderose (21. März 1950) und Ilse (22. Dezember 1954) heißen nach ihrem leiblichen Vater. Es schien so, als könnte es aufwärts gehen mit der nun großen Familie

Schröder/Vosseler, als könnte man teilhaben am Wirtschaftswunder, das in den Ballungsräumen der jungen Bundesrepublik allmählich sichtbar wurde. Die ersten vier Jahre in der Grundschule dürften die unbeschwertesten in seinem Leben gewesen sein. Dass sich die Kinder in den Jahren ab 1950, als Gerd in die Zwergschule Wülverbexten aufgenommen wurde, wo er nicht besonders auffiel, an den Nachmittagen nicht dem Müßiggang hingeben konnten, sondern den Bauern auf den Feldern zur Hand gehen mussten, um das Familieneinkommen aufzustocken, war nichts Außergewöhnliches. Für ein paar Groschen musste er bei der Rübenernte helfen, während besser betuchte Knaben in der Nachbarschaft die üblichen Räuber-und-Gendarm-Spiele veranstalteten. Doch das grämte den kleinen Gerd kaum. Im Gegenteil, noch heute erzählt er bisweilen davon, dass er als Dreizehnjähriger mit dem Traktor über die Äcker preschte. Dann strahlen seine Augen und die tiefe Falte zwischen den Augenbrauen verschwindet fast ganz.

Etwas anderes aber spürte der Knabe. Die verpassten Gelegenheiten, die verschlossenen Türen und Wege für einen Jungen, der aus den Baracken stammte und dessen Eltern vom Armengeld lebten. Dabei war er ein guter Schüler mit einer schon damals überdurchschnittlich

Der Schüler (ganz links) in Wülverbexten, um 1950

entwickelten Auffassungsgabe. Genau das ist es, was noch heute seine politischen Weggefährten an ihm bewundern und was seine politischen Gegner immer wieder verblüfft. Der Mann hat die besondere Begabung, Situationen sehr schnell zu erfassen, in seinem Gedächtnis abzuspeichern und Erkenntnisse oder Folgerungen für seine Ziele zu nutzen. Viele Kinder aus der Unterschicht müssen dieses Verhalten täglich üben, um im Überlebenskampf zu bestehen. Schröder stiehlt gewissermaßen mit den Augen. Und mit den Ohren. Strafbar ist das ja nicht.

In die Kreisstadt aufs Gymnasium zu wechseln kam für ihn trotz der Begabung nicht Betracht. Die Oberschule hätte Schulgeld gekostet, und selbst wenn das vom Sozialamt übernommen worden wäre, hätte die Familie das Fahrgeld für den Bus nicht aufbringen können. Da habe es Knaben gegeben, die er für dümmer hielt, die aber selbstverständlich aufs Gymnasium gingen, erinnert er sich heute. Wenn er es braucht, dann nimmt er seinen eigenen Lebensweg als Beleg dafür, wie ernst er es mit der sozialdemokratischen Bildungspolitik und ihrem Ideal der Chancengleichheit meint.

Später, als er Volljurist, Ministerpräsident ist, bricht die Erinnerung an diese Zeit noch gelegentlich aus ihm heraus. Er leidet nicht an der eigenen niederen Herkunft, aber an den Erniedrigungen, die damit einhergingen. Bis heute schleppt er die soziale Diskriminierung aus seiner Kindheit mit sich herum. Selbst gute Bekannte blafft er in solchen Momenten des Nicht-Vergessen-Könnens unvermittelt an, wenn seine Gesprächspartner miteinander in einer ihm fremden Sprache parlieren oder klassische griechisch-lateinische Dichterworte aus dem Erinnerungsschatz des humanistischen Gymnasiums zitieren: »Ihr mit eurer bürgerlichen Bildung.« Wenn die Stunde dann schon ein wenig später und die Stimmung gelöster ist, dann packt er bei solchen Aufwallungen die Leute auch schon mal am Jackett. Bildungsgeprotze, und sei es unbedacht, reizt Schröder bis aufs Blut.

An den Namen seines Lehrers kann er sich noch erinnern. »Das war Herr Tegtmeier«, sagt er beim Blick auf das Klassenbild, »der Kleinste dahinten, das bin ich.« Tegtmeier, der seine Schüler mit Güte, aber auch mit körperlicher Strenge an die Grundlagen des Wissens heranführte. Seine Hilfsmittel waren ein Rohrstock und ein langer, hölzerner Zeigestock, die je nach der Schwere eines Vergehens zum Einsatz gekommen seien. Ja, auch er sei gelegentlich dran gewesen, erinnert sich der Kanzler heute, ohne über die Ursachen der Tegtmeier'schen Erziehungsmaßnahmen Auskunft geben zu wollen.

Einen einzigen authentischen Beleg gibt es über den Schüler Schröder. Er stammt von ihm selbst, und wäre es nicht für einen guten Zweck – ein Buch zugunsten der Welthungerhilfe – gewesen, hätte er diese Geschichte vermutlich niemals erzählt. Schröder: »Nichts gegen die Schule. Ich bin sehr gerne hingegangen und habe mit großer Begeisterung gelernt. Trotzdem habe ich schlimme Erinnerungen – und zwar an den Musikunterricht. Denn die Erwachsenen waren sich früh schon einig, dass ich nicht singen könne. Das fing an, bevor ich überhaupt zur Schule kam. Weihnachtslieder, Lieder beim Laternelaufen und in Spielkreisen habe ich mehr sprechend als singend vorgetragen. Den Kindern war das egal. Aber den Lehrern nicht, wie der Musikunterricht in der Schule zeigen sollte.

Das Unglück nahm seinen Anfang mit dem bekannten Lied ›Ein Mann der sich Kolumbus nannt‹. Die Proben für einen musikalischen Abend, den die Schüler für die Eltern geplant hatten, habe ich mit Tricks gut überstanden. Versteckt in der fünften Reihe, war ich weder zu sehen noch zu hören. Aber bei der Aufführung hatte der Lehrer plötzlich eine spontane Eingebung, die mich für mein weiteres Leben nachhaltig prägen sollte. Der bekannte Refrain aus dem ›Kolumbus-Lied‹, der da lautet: ›Widewidewitt, bum, bum‹ sollte nicht im Chor, sondern von einem Solosänger vorgetragen werden. Dieser Schüler war aus einem mir nicht mehr erinnerlichen Grunde bei den letzten beiden Proben und bei der Aufführung verhindert. Der Lehrer wählte mich als Ersatz aus, weil er meinte, ich könne laut und mit tiefer Stimme singen. Widerspruch war zwecklos. Feigheit und Kneifen lag mir nicht. Also sang ich solo den Refrain – aber nur einmal. Was folgte war dies: Der Lehrer: ›Schröder, du brummst entsetzlich!‹« Die Geschichte endet mit einem Schwur: nie mehr laut zu singen.

Das sei leider wahr, sagt der Kanzler heute, in einem gewissen Sinne sei er nicht musikalisch. Er liebe zwar die Musik, »auch klassische, natürlich«, sie selbst zu erzeugen, sei ihm aber nicht vergönnt. Er habe ja auch kein Instrument gelernt: » Da braucht man ja auch eine gewisse Begabung, die ich nun mal nicht habe.«

Die ruhigen Jahre hielten nicht an. Um 1954 herum brach bei Stiefvater Paul Vosseler die Tuberkulose aus. Die Sanatoriumsaufenthalte im benachbarten Lemgo wurden immer länger. Zu Hause musste der junge Gerd als ältester Sohn den Mann im Hause ersetzen. In einer früheren Biografie schildern Bela Anda, der heute stellvertreter Regierungssprecher ist, und der Berliner »Bild«-Korrespondent Rolf Kleine anschaulich, wie das aussah: »Schnell übernimmt er die Vaterrolle. Häufig maßregelt er seine Geschwister. Weil seine Schwester Heiderose mit 15 schon einen festen Freund hat – viel zu früh, wie er findet –, legt er sie eines Tages mitten auf der Dorfstraße übers Knie und verhaut sie.«

Auch seine ersten Versuche als Anwalt der kleinen Leute fallen in diese Zeit. Immer wieder muss er Geschäfte rückgängig machen, die seine Mutter an der Haustür tätigte, ohne zu wissen, wo sie das Geld dafür hernehmen sollte. Meist ließ sie sich Dinge andrehen, von denen sie glaubte, sie seien für die Entwicklung ihrer Kinder notwendig. Als Beispiel erinnert sich Schröder an den Kauf einer Schreibmaschine samt Kursus. »Wir konnten sie nicht bezahlen und mussten sie zurückgeben.« Je älter der wortgewaltige Junge wird, desto seltener können Vertreter oder Gläubiger auf ein Geschäft hoffen.

In der Verklärung seiner späteren Jahre behauptet Schröder gelegentlich, in dieser Zeit habe er das Gefühl für soziale Gerechtigkeit entwickelt, das ihn später als Jurist und Politiker leiten sollte. Wäre er in einem anderen Jahrhundert geboren, so klingen die Erzählungen, wäre er vermutlich als Robin Hood durch die Wälder gestreift. Den Vergleich findet er nicht abwegig. »Das, was Sie da als ›Robin-Hood-Masche‹ abtun, ist mir wirklich ernst. Ich habe von Grund auf gelernt, dass es die kleinen Leute schwerer haben mit allem im Leben. Und das wollte ich ändern. Früher als Anwalt und heute als Politiker.« Vorbild sei später ein US-amerikanischer Fernsehheld gewesen, der auch auf deutschen Bildschirmen zu sehen war: Perry Mason, der stets auf der Seite der Entrechteten und Unterdrückten stand und ihnen vor Gericht zu ihrem Recht verhalf. Dass der Vergleich und die Erhebung zum Vorbild schon hart an die Grenze zum Rührstück heranreicht, ist Schröder egal: »Den fand ich wirklich gut.«

Vorerst aber war nichts mit hochfliegenden Lebensplänen. Was sich die Mutter für ihren Sohn erträumte, konnte er nicht erfüllen. 1957 war er 14 Jahre alt und kam aus der Schule. Beamter solle er werden, riet Mutter Erika, das sei etwas Solides und Beständiges für den bisweilen wilden und rauhen, hin und wieder auch sprunghaften Gerd. Auf Geheiß der Mutter bewarb er sich bei der Bundesbahn als Bundesbahnjungwerker. Die Prüfung führte den jungen Schulabgänger nach Hameln ins benachbarte Niedersachsen. Die theoretische Prüfung bestand er, bei der praktischen fiel er durch. »Da musste man etwas mit den Händen fummeln, darin war ich nicht gut«, erinnert er sich. Was es genau war, will er vergessen haben. Bewerber aus späteren Jahren erinnern sich freilich, dass es nicht nur darum ging, mit den

Händen »etwas hinzupfriemeln«, sondern dass auch kombinatorisches Denken gefragt war: Bei der Bundesbahnjungwerkerprüfung mussten die Bewerber auf einem Gleisschema mit Weichen und Signalen Züge verschieben. Das sei aber, erinnern sich Mitbewerber, schwer gewesen.

Den Haushaltswarenhändler August Brandt in Lemgo haben die zwei linken Hände und die noch nicht ausgereifte kombinatorische Begabung des Vierzehnjährigen nicht gestört. Obwohl Gerd ihm ein wenig klein vorkam (»Da muss ich ja 'ne Fußbank hintern Tresen stellen«), gab er ihm in seinem Geschäft am Markt eine Stelle als Lehrling zum Einzelhandelskaufmann. Als Gehalt gab es im ersten Lehrjahr 25 Mark monatlich, 35 im zweiten und im dritten 55. Große Sprünge waren damit nicht zu machen, zumal Schröder zu Hause fast alles abgeben musste. Freiwillig abgab, wie er heute sagt. Brandt bereute es nicht, den jungen Mann genommen zu haben. Er sei ein guter Verkäufer gewesen, reden habe er können wie ein Alter. »Der wird bestimmt mal«, glaubte der Lehrherr damals, »ein guter Vertreter.«

Die Jahre im Laden prägten ihn. In seinem 1993 erschienen Buch »Reifeprüfung« schreibt Schröder: »Macht fasziniert mich seit jenem Moment, da ich ohne weiteren Schulabschluss und höhere Perspektiven im Westfälischen als Lehrling hinterm Ladentisch stand. Ich wollte da raus, etwas bewegen und dabei blieb es.« Bewegung hieß zunächst, dass er nach dem Abschluss der Lehre und nach ein paar Monaten als Kaufmannsgehilfe endgültig den Schritt aus dem Elternhaus wagte. Er zog 1962 nach Göttingen-Geismar und nahm dort eine Arbeit bei der Eisenwarenhandlung Feistkorn an. So ganz ging er aber doch nicht. Er brachte es nicht übers Herz, die Bezirksklassenfußballer vom TuS Talle im Stich zu lassen. Noch heute schwärmt der Kanzler von der damaligen Mannschaft: »Es war ein Glücksfall, dass wir in einem so kleinen Dorf so viele gute Spieler gleichzeitig hatten. Deswegen haben wir auch in einer vergleichsweise hohen Klasse gespielt.« Es gab aber noch einen zweiten Grund. In Talle wohnte damals seine Freundin Eva Schubach, die später seine erste Frau wurde.

DRITTES KAPITEL

Von einem, der auszog

In den Jahrbüchern der hannoverschen SPD finden sich keine aufregenden Eintragungen über den Genossen Gerhard Schröder. Als Kind der späten Kriegsjahre war er zu jung, um in den Gründungs- und Aufbaujahren der Partei eine Rolle zu spielen. In den Sechzigern, als sich der junge Abendschüler und spätere Student politisch festlegte für sein weiteres Leben, gab es viele, die dachten und fühlten wie er: Willy Brandt und seine neue Ostpolitik hatten ihn neugierig werden lassen, mehr aber noch nicht. Schlüsselerlebnisse aus den Jahren nach dem Zweiten Weltkrieg, wie sie sein Vorgänger Helmut Kohl gleich im Dutzend erzählen kann, hat Schröder keine vorzuweisen.

Dem Jungunionisten Kohl haftet die Geschichte an, an der pfälzisch-elsässischen Grenze höchstselbst Schlagbäume niedergerissen und damit so eine Art deutsch-französischen Urknall in seinem politischen Denken ausgelöst zu haben. Der erste Bundeskanzler Konrad Adenauer und sein Wille zur Aussöhnung mit dem einstigen Erbfeind im Westen haben den jungen Kohl fasziniert und seinen Entschluss reifen lassen, in die Politik zu gehen und sie maßgeblich mitbestimmen zu wollen – in der CDU. Bei Schröder klingt es mal so, als habe er sich in seinen jungen Jahren für die SPD rein zufällig entschieden, mal erweckt er mit Fleiß den Eindruck, als habe das Straßenkind Gerd gar keinen anderen Weg einschlagen können als in Richtung Sozialdemokratie.

Schröders Leben könnte als Vorlage dienen für einen sozialdemokratischen Entwicklungsroman: Das Arbeiterkind, das nicht auf die höhere Schule gehen konnte, weil zu Hause bittere Not herrschte, zieht in die weite Welt – zunächst einmal immerhin aus dem Lipper Land bis nach Göttingen am Südrand des Harzes – arbeitet über Tag in niederer Stellung und geht abends zur Schule, um sich zu bilden. Und wenn die Schulstunden zu Ende sind, dann besucht der junge Mann auch noch Parteiveranstaltungen, um sich einen Überblick über die Angebote des demokratischen Gemeinwesens zu verschaffen.

Dass er von ganz unten kommt, hat Schröder in seiner Parteikarriere natürlich nicht geschadet. Dass er dabei und dafür eine Art Armutsstolz entwickelt hätte, kann man indes nicht beobachten. Wenn aller-

dings ein Genosse ihn mit der Masche »Ihr da oben – wir hier unten«
reizen möchte, schnauzt Schröder schon mal zurück: Ich weiß, wo ich
herkomme!«

Parteipolitisch vorbestimmt durch die Familie ist er nicht. Wenn es
gerade passt, dann nennt Schröder seine Mutter Erika eine »geborene
Sozialdemokratin«. Das klingt gut, es ist aber nicht wahr. In die SPD
ist Erika Vosseler erst 1993 eingetreten, als die Parteifunktionäre auf
die Idee gekommen waren, ihren Vorsitzenden durch eine Urwahl zu
finden. Mit der Begründung, »damit ich für meinen Jungen stimmen
kann«, füllte die damals 79-Jährige ihren Aufnahmeantrag aus.

Das mit der geborenen Sozialdemokratin sei anders gemeint, sagt
der Sohn. Der Platz im Leben, auf den er gestellt worden sei, habe
seinen weiteren Weg vielleicht nicht vorbestimmt wie bei manchen
Großbürgersöhnen, aber er habe seinen Charakter geprägt. In seinem Leben seien die Werte wichtig gewesen, die ihm seine Mutter in
der Erziehung vermittelt habe. Und diese Werte, empfindet Sohn Gerd
in der Rückschau, seien nicht anders zu nennen als sozialdemokratisch.

Schröder sagt heute, wenn er entspannt auf dem hellgrauen Sofa in
der Gesprächsecke seines weitläufigen Büros im Berliner Kanzleramt
sitzt, er wisse nicht mehr, auf welchen Wegen seine politische Selbstfin-
dung verlaufen sei, durch welche Anlässe er geprägt wurde. Es gebe
bestimmt kein Erweckungserlebnis, auch kein langes In-sich-Hinein-
horchen. Gespräche über Politik gab es zu Hause wenig, erinnern sich
auch seine Geschwister später. Höchstens so viel: Der Gerd habe einen
ausgeprägten Sinn für Gerechtigkeit gehabt. Deswegen habe er ja später auch Jura studieren wollen. Aber der Weg in die Politik war nicht
vorgezeichnet, eine große Entscheidung an einer Weggabelung des
Lebens hat es nicht gegeben.

Folglich hat man sich zu halten an die äußeren Dinge, die den jungen Gerd beeinflusst haben könnten. Während er nach dem Ende der
Lehre 1961 in der Zeit von Herbst 1962 bis Sommer 1964 in Göttingen
die Abendschule besuchte, behielt er den Kontakt zur arbeitenden
Bevölkerung ganz einfach dadurch, dass er selbst noch hinterm Ladentisch stand. Von Kollegen und Bekannten ließ er sich mitnehmen zu
Wahlveranstaltungen und Bürgerversammlungen. Je nach politischer
Überzeugung seiner Kollegen, landete Schröder auf den Veranstaltungen der Rechten wie der Linken. Er habe, sagt er heute, »immer Oppo-
sition gemacht«. Wie das aussah, erzählt er nicht. Ein Polier aus dem
Baugeschäft, das zur Firma seines Chefs gehörte, schleppte den damals

18-Jährigen auf einen regionalen Parteitag der Deutschen Reichspartei. Eine schaurige Veranstaltung sei das gewesen, erinnert sich Schröder. Die Langeweile über die eitlen Schwätzer auf dem Podium habe seine anfängliche Neugierde rasch verdrängt.

Es sei die Bewunderung für Helmut Schmidt gewesen, sagt Schröder heute, die ihm den letzten Anschub gegeben habe, in die SPD einzutreten. Der damalige Hamburger Innensenator hatte sich vor allem bei der Bekämpfung der verheerenden Sturmflut im Februar 1962 den Ruf eines zupackenden Machers erworben. Das beeindruckte den jungen Schröder, der selber eher ein Mann der Tat als der Theorie war. Diesen Eindruck vermittelte eben auch Schmidt, dessen rhetorische Fähigkeiten bei den Menschen damals so ankamen, dass sie in dem anschaulichen Begriff »Schmidt-Schnauze« zusammengefasst werden konnten. Schmidt verkörperte indes damals nicht die gesamte SPD, ebenso wenig wie Schröder heute für die gesamte SPD steht.

Der Godesberger Parteitag von 1959 lag zwar schon einige Jahre zurück, aber der Wandel von der klassenkämpferischen Interessenpartei zu einer mehrheitsfähigen Volkspartei verlangte Mitgliedern und Funktionärsschicht gleichermaßen viel ab. Der Eintritt in die große Koalition 1966 ausgerechnet unter dem Bundeskanzler Kurt-Georg Kiesinger, dessen Vergangenheit im Nationalsozialismus nicht frei von Zweifeln war, hat die Parteilinke in der SPD verstört, ja aufgebracht. Wäre nicht die einigende Hand des Parteivorsitzenden Willy Brandt da gewesen, wären die Flügelkämpfe in der SPD noch schärfer geführt und gefährlich geworden.

Noch härtere gesellschaftliche Umbrüche bringt die APO hervor. Die studentische Jugend begehrt auf, stellt Fragen an die Vätergeneration, die in den Fünfzigerjahren ungestellt geblieben waren. Der Protest macht sich fest im Innern – da vor allem an den althergebrachten Hierarchien und Ritualen der Universitäten – und nach außen – im massenhaften Protest gegen den Krieg des Nato-Verbündeten USA in Vietnam. Die studentische Jugend politisiert sich, die zahlreichen Gruppen der Außerparlamentarischen Opposition bekommen Zulauf. Der Sozialistische Deutsche Studentenbund (SDS) gehört schon längst nicht mehr zur SPD, K-Gruppen, ob orthodox, trotzkistisch, marxistisch-leninistisch oder auch maoistisch ausgerichtet, finden ihre Anhänger und beschäftigen sie mit wilden ideologischen Auseinandersetzungen. Im Vergleich dazu entwickelt sich die »Politisierung« Schröders wie in einer umfriedeten Kleingartenkolonie.

Im Herbst 1963 entscheidet sich Schröder für den Eintritt in die SPD.

Weil er jünger als 35 Jahre alt ist, wird er nach den Statuten der Partei automatisch Jungsozialist. Der Mitgliedsbeitrag für ihn beträgt eine Mark. Der Unterbezirk Göttingen gilt als traditionell links, aber das berührt den Parteineuling zunächst in keiner Weise. Mann kann auch nicht sagen, dass der junge Kaufmannsgehilfe den intellektuellen Standard der Lehrerpartei hebt. Von den laufenden Debatten über den direkten Weg zur Errettung der Welt oder wenigstens der Menschheit wird Schröder ausgeschlossen. Er arbeitet täglich acht Stunden oder länger, abends besucht der das »Institut für Erziehung und Unterricht«, Zeit für die Partei kann er allenfalls am Wochenende aufbringen, und auch da schneiden sich die Termine häufig noch mit den Besuchen in der Heimat, für den Fußball und die Braut – in dieser Reihenfolge. Passend zu seinem Image, nach dem er auch in der Partei ganz unten angefangen und sich nach oben gedient hat, erinnert sich Schröder heute zuerst daran, dass er im klapprigen VW-Bus zu Wahlkampfeinsätzen ins Göttinger Umland gefahren sei. Weil er anfangs noch keinen Führerschein hatte, durfte er zunächst nur die Lautsprecheranlage bedienen. Später vertraut ihm der linke Vorstand mehr an: Kontakte zur Presse, die Kasse, Schriftführung.

Lange währt die Zeit in Göttingen ohnehin nicht. Nach gut eineinhalb Jahren Abendschule besteht er im Sommer 1964 die mittlere Reife. Er kündigt beim Eisenwarenladen und beschließt, in einer Vollzeitschule das Abitur zu machen. Weil sein Vater im Krieg gefallen ist, muss er als Erstgeborener nicht zur Bundeswehr. Ihm steht eine Waisenrente zu, gut 200 Mark hat er monatlich zur Verfügung. In Siegen-Weidenau, einem beschaulichem Städtchen im Westen Deutschlands, in dem nur die waldreiche Umgebung vom Lernen abhalten könnte, gibt es das Siegerland-Kolleg. Dort können begabte »Spätberufene« die Studierfähigkeit erlangen. Ein Jahr lang bleibt er dort. Auf dem Weg zum Reifezeugnis wechselt er noch mal den Schulort, wieder näher zur Heimat. Er wird gerade 22 Jahre alt, als er kurz vor Ostern 1966 am Westfalenkolleg in Bielefeld das Abitur ablegt. Seine Noten bezeichnet er selbst als mittelprächtig, in zwei Fächern hat er allerdings ein »Sehr gut«. In Geschichte und Religion. Religiös im Sinne von fromm ist der junge Mann nicht. Im Gegenteil. Er schätzt an dem Fach eher die Vermittlung von Werten und Normen, eine Einstellung, die er heute noch vertritt. Später, als Ministerpräsident, hat er sich – bei einem Neujahrsempfang im Kloster Loccum – einmal in diesem Sinne über sein Verhältnis zum Glauben geäußert und dabei viele verblüfft.

Von dieser Phase seines Lebens an erweckt Schröder den Eindruck, als plane er seine Karriere Schritt für Schritt. Anders als manche seiner Altersgenossen weiß er ganz genau, was er studieren will und zu welchem Zweck. Er hat sich für Jura entschieden. Je nach Bedarf hat er für diese Entscheidung zwei und mehr Begründungen bereit: Ohne mit der Wimper zu zucken, beansprucht er für sich wiederum die Leitgedanken eines modernen Robin Hood: Er habe schon immer den Schwachen zur Seite stehen und der Gerechtigkeit zum Durchbruch verhelfen wollen. Im gleichen Zusammenhang sagt er aber auch, ein Politiker brauche einen anständigen Beruf, in den er im Bedarfsfall zurückkehren könne. »Ich kann jederzeit aufhören, ich bin ein ganz anständiger Jurist«, ist so eine Lieblingsfloskel Schröders, wenn ihm die Politik an die Nerven geht.

Zur festen Lebensplanung gehört, dass der Jurastudent Schröder seine Jugendfreundin Eva Schubach heiratet. Es ist das Jahr 1968, in dem die Altersgenossen im harten Straßenkampf unter anderem gegen die rückständige Lebensform der Ehe zu Felde ziehen. Schröder ficht das nicht an. Wie sich später in seinem Leben noch gelegentlich zeigen wird, braucht Schröder die Nähe einer Frau, eine partnerschaftliche Beziehung als Haltepunkt in seinem Leben – wobei das Wort Partnerschaft nicht allzu wörtlich genommen werden sollte. Schröder ist 24, Student der Rechtswissenschaften in Göttingen. Seine Braut ist vier Jahre jünger und lernt gerade Bibliothekarin. Ganz einfach war es nicht für den langmähnigen, unter den schon damals kräftigen Augenbrauen meist düster dreinschauenden jungen Mann, den wohlsituierten Bauunternehmer-Papa Schubach zu überreden, dass er der Richtige für seine Tochter sei. Irgendwie muss er den Geschäftsmann überzeugt haben.

Langsam kommt die Parteiarbeit in Gang. Schröder wird Beisitzer im Göttinger SPD-Unterbezirksvorstand, 1969 auch Vorsitzender der Jusos in Göttingen. Die jungen Genossen waren in diesen Jahren in der niedersächsischen Universitätsstadt genauso zerstritten wie überall in Deutschland. Für Schröder boten sie ein ideales Übungsfeld für sein erst später augenfällig werdendes Talent, die Strömungen in seiner Partei für eigene Zwecke zu nutzen. Die Vertreter des Sozialistischen Hochschulbundes (SHB) putschen gegen ihn, setzen ihn mit dem Kampfruf »Stoppt den rechten Schröder« vorübergehend ab, zeigen aber bald selbst Schwächen, die Schröder gnadenlos ausnutzt. Er verbündet sich mit den Unzufriedenen und gewinnt die Macht zurück. Als er dann versucht, auf diese Weise auch noch Vorsitzender der Göttinger SPD zu werden, scheitert er.

Schröder nimmt das gelassen. Es sieht so aus, als habe er nur mal ausprobiert, wie weit er in der Partei kommt, ohne sich allzu sehr anstrengen zu müssen. Die Spielleidenschaft Schröders in der Politik blitzt auf. In Göttingen hätte er ohnehin nicht mehr lange bleiben können. Das Studium neigt sich dem Ende entgegen, das erste juristische Staatsexamen steht an. Das Thema der Examensarbeit ist typisch für die Zeit und entbehrt nicht einer gewissen Brisanz: »Darf der ärztliche Direktor einer Klinik wegen seiner Mitgliedschaft in einer nicht verbotenen Partei aus dem Dienst entfernt werden?« Kühl streitet Schröder heute ab, dass sein Urteil vor dem Hintergrund der erregten Debatte um die Berufsverbote gefallen sei. Er habe damals gar nicht viel mitbekommen von der öffentlichen Erregung vor allem bei der politischen Linken im Lande, ausgelöst durch den so genannten Radikalenerlass der Regierung Brandt im Frühjahr 1972. Es war die Zeit, als dieses Land darüber in heftigen Streit geriet, ob ein Lokomotivführer Mitglied der DKP sein dürfe oder ob ein kommunistischer Briefträger im Krisenfall zum Sicherheitsrisiko werden könne. Davon sei er, behauptete Schröder später, vollkommen unbeeindruckt gewesen. In seiner Examensarbeit habe er rein juristisch argumentiert. Die Bedenken des Gesetzgebers, dass Bewerber, die verfassungsfeindliche Aktivitäten entwickeln könnten, nicht in den öffentlichen Dienst eingestellt werden dürften, teilt der Kandidat Schröder nicht. Auch nicht die Rechtsauffassung, dass allein schon die Mitgliedschaft in einer Organisation, die verfassungsfeindliche Ziele verfolgt, Zweifel an Treue zur freiheitlich demokratischen Grundordnung erlauben. Seine Ausführungen reichen für die Note »voll befriedigend«. Bei den Juristen liegt diese Bewertung über dem Durchschnitt.

Das Arbeiterkind, der Junge aus der Unterschicht, hat es geschafft. Der Verkaufsgehilfe und Abendschüler hat einen ersten akademischen Abschluss erworben, vollkommen unspektakulär in der Art, vielmehr zielstrebig und ohne Rücksicht gegen sich und andere. »Auf Abenteuer bin ich nie aus gewesen«, sagt er heute, »so wie ich aufgewachsen und geworden bin, was ich bin, war Abenteuer genug.«

Beinahe zwangsläufig verändert sich Schröder auch privat. In den letzten Studiensemestern hat er bei einer Veranstaltung des Sozialistischen Hochschulbundes (SHB) Anne Taschenmacher kennen gelernt, eine zierliche blonde Frau, ausgestattet mit reichlich Antriebskraft und Energie. Die angehende Lehrerin (Anglistik und Romanistik) imponiert ihm, im Gegensatz zu ihm hat Anne die linken Theoretiker am Schnürchen, ist gesellschaftspolitisch stets auf der Höhe der Zeit. Sie

treibt ihn, wenn er seiner Neigung zu sehr nachgibt, nach dem erreichen von Etappenzielen dem Lebensgenuss den Vorrang vor der Arbeit
zu geben, sie lässt ihm Raum zur beruflichen Entwicklung und fördert
seinen Aufstieg bei den Jusos und in der Partei. Schröder lässt sich
scheiden von seiner Jugendliebe Eva und heiratet seine neue Lebensabschnittspartnerin 1972. Mit ihr verbringt er die Jahre des Einstiegs
in Beruf und Politik, die Zeit als Hinterbänkler im Bundestag, bis
dann die Ära Hillu, die bewegte Ehe mit Hiltrud Schröder, folgt.

Die Examensleistung Schröders reichte für eine halbe Assisstenten-
stelle bei seinem Hochschullehrer Professor Christian Stark an der
juristischen Fakultät in Göttingen. Der größte Vorzug dieser Anstellung war, dass eine kleine Dienstwohnung in der Göttinger Altstadt
dazugehörte. Lange nutzte Schröder dieses Privileg nicht. Eine Weile
hatte er sich überlegt, in den Staatsdienst zu gehen. Die Türen hätten ihm offen gestanden, als Sozialdemokrat im sozialdemokratisch
regierten Niedersachsen wäre er in der Ministerialbürokratie sicherlich bald aufgestiegen. Aber er wollte nicht, dass ihm später einmal
einer nachsagte – vielleicht sogar einer, der auch noch schlechter war
als er – seine Karriere sei mit dem Parteibuch verbunden. Einer wie er,
der sich immer aus eigener Kraft durchgesetzt hatte, hätte solche
Vorwürfe nicht ertragen. Also wollte er in einen freien Beruf.

Sein Berufsziel Anwalt brachte es mit sich, dass er einen wesentlichen Teil seiner Referendarzeit in der Kanzlei seines hannoverschen
Parteifreundes Werner Holtfort absolvierte. Der ehemalige Berufsoffizier des Pz.Gren.Rgt. 74, mehrfach verwundet und dekoriert, war
damals in der niedersächsischen Landeshauptstadt eine Institution. Er
war zwar ein linker Anwalt, ein Verteidiger der Bürgerrechte, aber
vom Auftreten und vom Geist repräsentierte er die alte Schumacher-
SPD, ein Wertkonservativer. Er saß zeitweilig im Landtag in Hannover
und hatte zu allen Zeiten den direkten Draht zu den Mächtigen in der
Landeshauptstadt. Ein ideales Umfeld für einen jungen Mann mit Ambitionen.

Schröders Wechsel von den Göttinger zu den hannoverschen Jusos
hatte sich zu diesem Zeitpunkt schon ohne Bruch vollzogen. Zwar
waren die Junggenossen damals noch zahlenmäßig kräftig und ideolo-
gisch stark, nach Führungsaufgaben drängten sich zumindest auf regio-
naler Ebene nicht immer genügend Bewerber. Man habe ihn nicht
schieben müssen, erinnert sich Schröder, um 1971 Vorsitzender der
Jusos im Bezirk Hannover zu werden. Das berufliche Fortkommen
stand gleichwohl im Vordergrund, 1976 endlich sollte der Schritt auf

die nächste gesellschaftliche Stufe folgen. Mit der Note »sehr gut« legte er das zweite juristische Staatsexamen ab und wurde Partner in der Kanzlei Holtfort. Dort wird der junge Mann gnadenlos hart rangenommen. Sein Arbeitstag in der Kanzlei an der Hohenzollernstraße beginnt morgens um sieben und ist oft abends um neun noch nicht zu Ende.

Der feine, ältere Herr, äußerlich das genaue Gegenteil des jungen Schröder, muss einen guten Eindruck von den Fähigkeiten des jungen Juristen gewonnen haben. Frühzeitig, erinnert sich Schröder, habe man ihm einen Einstieg in die renommierte Kanzlei angeboten. Werner Holfort war SPD-Mitglied, »obwohl bei ihm eigentlich gar nichts dafür sprach« (Schröder). Der ehemalige Berufsoffizier war in dem eher farblosen Hannover bekannt wie ein bunter Hund, was man fast wörtlich nehmen kann: Er trug gelegentlich maßgeschneiderte, dreiteilige, weinrote Cordanzüge, war stets wie aus dem Ei gepellt. Zeitzeugen, die damals noch Justizassistentenanwärter am hannoverschen Amtsgericht am Volgersweg gewesen waren, erinnern sich noch gut an den jungen Anwalt Schröder. Seine Kleidung sei eher schlunzig gewesen, wie man in Hannover sagt, wenn einer schwarze Schuhe, blaue Socken, flaschengrüne Hosen, ein kariertes Hemd und ein braunes Jackett trägt. Seine, der damaligen Mode entsprechend, an der Seite ohrläppchendeckenden, im Nacken kragenlangen Haare hätten gelegentlich ein wenig mehr Pflege vertragen können, aber nett sei er immer gewesen und seine Plädoyers anschaulich und nicht so langweilig wie die der älteren etablierten Kollegen. Auch habe er rasch gelernt, wie man außerhalb des allzu behäbigen Dienstweges Akteneinsicht bekommen konnte, zum Beispiel, wenn man gelegentlich in den Geschäftsstellen ein Eis spendierte.

Juso-Vorsitzender

Mit seinen Frauen hat Schröder immer klare Absprachen getroffen. Meistens hielten die sich daran, aber immer klappte es halt nicht. Das traf besonders auf die späten Jahre mit Hillu zu. Mit Anne Taschenmacher, der jungen Lehrerin, hatte der aufstrebende Rechtsanwalt vereinbart: »Unter der Woche die Kanzlei, am Wochenende die Jusos.« Diese Form der Lebensgestaltung hat das Verhältnis der beiden zunächst nicht weiter belastet, weil sie häufig gemeinsam in die Gremiensitzungen gehen konnten, wobei Schröder schon damals darauf achtete, dass die Parteiarbeit nicht überhand nahm. Später, als sich Anne Kinder wünschte, litt sie stärker als ihr Mann unter den häufigen beruflichen Trennungen.

Die Jusos waren in den späten Siebzigerjahren als politische Institution auf Bundesebene mehr oder weniger bedeutungslos, was nicht heißen soll, dass sie keine Aufmerksamkeit auf sich gezogen hätten. In der Öffentlichkeit – es war die Ära von Bundeskanzler Helmut Schmidt – spielten die Macht- und Grabenkämpfe des SPD-Nachwuchses zwar so gut wie keine Rolle, in der Parteiöffentlichkeit schon. Schröder, der den Juso-Bezirk Hannover seit 1971 führte, war gelegentlich schon gefragt worden, weshalb er kein Vorstandsamt auf Bundesebene anstrebe. Seine stete Antwort lautete: »Wenn ich in den Vorstand gehe, dann nur als Vorsitzender.« Schon damals, als Schröder erste Überlegungen anstellte, die Politik zum Beruf zu machen, sich aber noch lange nicht dafür entschieden hatte, stand die Machtfrage bei ihm an erster Stelle. Politik nur als Zeitvertreib oder zur Umsetzung von Ideologien oder Lebenseinstellungen – auf solche abwegigen Gedanken würde Gerhard Schröder niemals kommen.

Der sozialdemokratische Bundestagsabgeordnete Hermann Scheer, wegen seines unermüdlichen Einsatzes für die Solarenergie von seinen Genossen »Sonnenkönig« genannt und schließlich dafür auch mit dem Alternativen Nobelpreis geehrt, erzählt gelegentlich von einer Begegnung in den frühen Jahren. »Na, Hermann, was treibste denn so«, fragt Gerd. »Ich schreibe gerade ein Buch«, antwortet Hermann. Gerd schaut entgeistert und fragt: »Und was hat das mit der Machtfrage zu tun?«

Die Machtfrage, das ist für Schröder ein ganz entscheidender Begriff auf der Suche nach dem Antrieb, Politik zu machen. In seiner Regierungserklärung vor dem hannoverschen Landtag nach seiner grandiosen Wiederwahl 1998, als Oskar Lafontaine ihn gerade zum Kanzlerkandidaten ausgerufen hatte, formulierte er einen Satz, wie ihn in dieser Deutlichkeit und Selbstbezogenheit noch kaum ein Politiker gesagt hatte: »Die Mehrheit der Menschen setzt ihre Hoffnungen auf die deutschen Sozialdemokraten und auf mich.« So egozentrisch, kommentierte tags darauf die »Süddeutsche Zeitung«, hätten Politiker in demokratischen Gesellschaften ihren Machtanspruch selten erklärt.

Wenn man den Kanzler heute darauf anspricht, ob er in der zweiten Hälfte der Siebzigerjahre der Chef der »antirevisionistischen Fraktion« der Jusos gewesen sei, bekommt man vielleicht die Antwort, dies sei zuviel der Ehre. Dass Schröder in diesen Jahren aber nicht nur seine

politische Rauflust auslebte, sondern auch seine Reflexe und takti-
schen Fähigkeiten schulte, bestreitet er nicht. Die »Antirevis« verstanden sich als der an Arbeitnehmerinteressen orientierte Sozialistische
Flügel. Damit kann man die Schröder-Leute ungefähr in der Mitte der
Nachwuchsorganisation verorten, von rechts bedrängt von den Getreuen der Mutterpartei, den »Reformsozialisten«. Zu deren Führungs-
figuren gehörten damals Rudolf Scharping aus Rheinland-Pfalz,
Norbert Gansel aus Kiel und Gerd Andres aus Hannover. 1974 war für
zwei Jahre die Reformsozialistin Heidemarie Wieczorek-Zeul aus Hes-
sen-Süd an die Juso-Spitze gewählt worden. Auf diese Weise fand ein
Teil des Führungspersonals der heutigen Bundesrepublik Deutschland
schon frühzeitig zusammen.

Die stärkste Gruppe bei den Jusos aber bildeten zu jener Zeit die
Anhänger des »Stamokap-Flügels«, also die Verfechter jener Theorie
vom »staatsmonopolistischen Kapitalismus«, die den Staat als »Instrument der Monopolbourgeoisie« begreifen, und deren politisches Sinnen
und Trachten nach dem Verständnis jener Jahre auf dem direkten Weg
nach Moskau führen musste. Ihr führender Kopf Klaus-Uwe Benneter
war beim Juso-Kongress 1977 in Hamburg zum Vorsitzenden gewählt,
vom SPD-Vorstand aber bald nach seiner Wahl aus der Partei ausgeschlossen worden. Anlaß war die Weigerung der Stamokap-Leute, von
der Forderung abzulassen, die Sozialdemokratie müsse Bündnisse mit
den Kommunisten anstreben, wo immer das sinnvoll sei.

Schröder und Benneter sind befreundet mit fließendem Übergang
zur Kumpanei. Die beiden eint, dass sie sich inmitten der verkopften
Theoriepauker und Strategiepapierschreiber nur mäßig für die grund-
legenden Schriften des Marxismus-Lenismus und seiner vielstimmigen
Propheten interessieren. Sie hätten, erinnert sich Schröder später, Politik eher aus dem Bauch heraus gestaltet. Noch Mitte der Neunzigerjahre, als der 1983 auf Vermittlung von Helmut Schmidt und Herbert
Wehner in Ehren wieder aufgenommene Benneter beim Berliner Lan-
desverband der SPD für eine Weile Schatzmeister wird, kann Schröder
über den damaligen Rauswurf lachen: »Wenn der Onkel wüsste, dass
Benneter heute in Berlin die Kasse hat, hätt er das vielleicht nicht gemacht.«

Zurück ins Jahr 1978. Die Stamokap-Leute waren drauf und dran,
die Schlappe wieder wettzumachen, die sie beim Rauswurf ihres
Vormannes erlitten hatten. Vor dem Juso-Kongress am 12. Februar in
Hofheim im Taunus gaben sie die Parole aus, »Jetzt erst recht«. Mit
Reinhard Schulz aus Nordrhein-Westfalen hatten sie einen neuen Spit-

Der Juso-Vorsitzende, 1980

zenkandidaten gefunden, der eine ziemliche Hausmacht mitbrachte. Gefahr drohte dem linken Flügel weniger vom dem damals 31-jährigen Ottmar Schreiner aus Saarbrücken, der für die Reformsozialisten antrat, sondern von den »Antirevis«, die den Hannoveraner Gerhard Schröder aufboten. Schröder begann lange vor dem Juso-Treffen zu handeln und brachte die Stamokap-Fraktion mit dem Hinweis, einer wie er sei eher mehrheitsfähig, dazu, ihren Kandidaten zurückzuziehen und sich wieder, wie schon 1997 mit den »Antirevis« zu verbünden. Wieczorek-Zeul, die unüberhörbare Stimme der Reformsozialisten, regte sich seinerzeit ziemlich auf: »Ein perverses Bündnis.«

Die politischen Anfeindungen der »roten Heide« – privat klappt es auch mal ganz gut – behandelt Schröder damals genau so, wie später ihre Einwände im Kabinett. Er ignoriert sie. Der Kongress in Hofheim gleicht eher einem Happening als einem ordentlichen Parteitag. Kämpfe ums Mikrofon werden nicht nur durch Kungeleien um die Tagesordnung, sondern auch schon mal durch heftiges Geschiebe Schulter an Schulter entschieden. Der Bundesgeschäftsführer der Mutterpartei SPD, Egon Bahr, wird beim Betreten der Halle mit einem gellenden Pfeifkonzert begrüßt. Seinerzeit hatten es Abweichler in der sozialdemokratischen Bundestagsfraktion zu einigem Ansehen gebracht, zwei von ihnen sind da: Manfred Coppik und Karl-Heinz Hansen. Sie werden umjubelt und umschmeichelt. In dieser Situation verrät Schröder natürlich nicht, dass er schon mal ein unverbindliches Gespräch mit Egon Bahr und dem Parteivorsitzenden Willy Brandt geführt hat, die ihm lose ein Bundestagsmandat in Aussicht stellten für den Fall, dass er die Jusos befriedet oder endgültig in die Bedeutungslosigkeit führt. Darin zeigt sich, dass in diesen Jahren bei Schröder die Entscheidung gefallen sein muss, im Erfolgsfall den Beruf zu wechseln und Politiker zu werden. »Es gibt kein Schlüsselerlebnis«, versichert er heute, ein Schritt folgte auf den anderen, aber stets in dem Bewusstsein ›Du kannst immer als Anwalt arbeiten‹.«

Der Schröder-Stamokap-Pakt von Hofheim überdauert kaum den Wahltag. Zuerst erklärt der neue Juso-Vorsitzende, die Jugendorganisation werde bei den bevorstehenden Wahlen in Hamburg, Niedersachsen, Hessen und Bayern vollkommen solidarisch an der Seite der Mutterpartei stehen. Selbstverständlich werde man die Grundprinzipien nicht aufgeben, dazu gehöre der unermüdliche Kampf gegen den Radikalenerlass. Schwer enttäuscht waren die Stamokap-Anhänger jedoch von dem Mann ihrer Wahl, als dieser Bündnisse mit einer »stalinisierten DKP« ausschloss. Für Volksfront-Träumereien gab sich Schröder nicht her, auch wenn er bei führenden Politikern der CDU im heimatlichen Niedersachsen genau in diesem Verdacht stand. Rudolf Seiters, der nach der 14. Legislaturperiode als Vizepräsident des Bundestages aus dem Parlament ausscheiden wird, und Wilfried Hasselmann, Landwirt und Urgestein der Christdemokraten, sahen damals in Schröder einen Verfassungsfeind und sagten das auch öffentlich. Damit taten sie Schröder freilich einen Gefallen, weil sie seinen Bekanntheitsgrad noch steigerten und ihm Gelegenheit gaben, dagegen zu klagen. Inzwischen hatte er mit Hela Rischmüller-Pörtner und Dietrich Buschmann eine eigene Sozietät gegründet, ein wenig Publizität konnte also nicht schaden. Die Sache endete mit Unterlassungserklärungen.

Wenn Schröder heute vor Unternehmern redet, dann baut er sehr gerne und häufig eine Passage in seinen Vortrag ein, der sinngemäß lautet: »Wie ich damals die Revolution plante ...« Meist kommt das gut an, weil Schröder kokett plaudert und mit Augenzwinkern zu verstehen gibt, dass er mit der gleichen Dynamik wie damals auf der anderen, falschen Seite heute auf der richtigen kämpft. Wann das genau war, und was ihn damals antrieb, als Schröder die Revolution plante, ist indes schon in Vergessenheit geraten.

Es war die Zeit, als die Bundesrepublik noch im äußeren und inneren Kampf gegen den Terrorismus verhaftet war. Das bürgerliche Lager umfasste nicht allein die konservativen Parteien, sondern reichte bis weit in die sozial-liberale Koalition unter Bundekanzler Helmut Schmidt hinein. Die Linke in Deutschland stand in der öffentlichen Wahrnehmung unter dem Generalverdacht der Sympathie mit den Resten und Nachfolgern der Roten-Armee-Fraktion (RAF). Die Gruppierungen im linken Lager waren nicht gefestigt, die Grünen als Auffangstation von Atomkraftgegnern und Pazifisten, Feministinnen und enttäuschten K-Grüpplern standen noch nicht zur Verfügung. Überall in Deutschland protestierte man an den Wochenenden gegen den Radikalenerlass, der Mitgliedern von extremistischen Parteienden den Weg ins Berufsbeamtentum versperrte, und für bessere Haftbedingungen von »politischen Gefangenen«. Das so genannte Russell-Tribunal, getragen von einem Bündnis linker Gruppen, tagte unentwegt auf der Suche nach Menschenrechtsverletzungen in Deutschland. Schröder vertrat die Jusos auf Kundgebungen und Podien so oft es ging und immer mit dem Anspruch, die Regierungspolitik der eigenen Mutterpartei SPD sei nicht unveränderlich, und er werde sich an der Spitze seiner Organisation dafür einsetzen, die SPD und ihre Politik langfristig zu verän-

dern. Auf ein Landtags- oder ein Bundestagsmandat lege er keinen
Wert, beteuerte Schröder, um seine innere Unabhängigkeit zu unterstreichen.

In dieser Zeit beginnt Schröder aber auch mit einer Übung, die ihm
später einerseits als Schwäche, andererseits als Stärke ausgelegt wird.
Er übt es, heute so und morgen so zu reden, ohne dass man ihm einen
Widerspruch oder gar eine Lüge nachsagen könnte. Er droht heute der
Mutterpartei mit harten Auseinandersetzungen und anderntags versichert er: »Ich werde mich nicht an einem propagandistischen Scher-
bengericht über die SPD und der von ihr geführten Bundesregierung
beteiligen.« Er gewährt den »Lutherischen Monatsheften« ein Interview, in dem er neben vielen beruhigenden Worten über die SPD auch
mächtig auf den Busch klopft: »Ja, ich bin Marxist. Das ist die kor-
rekte Bezeichnung für die politische Position der Jusos.« Die Parteiführung habe begriffen, dröhnt er, »dass marxistische Positionen zum
Spektrum der SPD gehören. Das macht Zusammenarbeit möglich.«

Die Aussage ist typisch für den Taktiker Schröder, dieses Verhalten
pflegt er bis heute. Er kann Leuten freundlich begegnen und ihnen
zugleich die größten Unverschämtheiten um die Ohren hauen. Seit er
Kanzler ist, verzeiht man ihm diese Charaktereigenschaft irgendwie
leichter, vorher hat es eine Menge Leute gegeben, die ihn dafür verachtet haben. Es gibt führende Sozialdemokraten, die vor der Zeit seiner
Kanzlerschaft nicht einmal mehr seinen Namen in den Mund nahmen
und nur von »dem Hannoveraner« gesprochen haben, die er heute in
Krisensituationen zu sich ruft und um ihren Rat bittet und die ihm diesen auch gewähren. Und es gab andere, die seinen Namen nur in Verbindung mit einer saftigen Beleidigung herausbrachten und die ihm
heute zuarbeiten.

Damals also, so Schröder, sollte die Mutterpartei SPD dankbar sein,
dass eine Zusammenarbeit mit den auf die Bedeutung einer Sekte
gesunkenen Jusos auf der Basis des Marxismus möglich war. Auch die
Ereignisse um seine erste Moskau-Reise passen zu diesem Anspruchs-
denken. Schröder kann zugleich schmeicheln und drohen, auf diese
Weise macht er sich wichtig. Der Volksmund hat für dieses Prinzip der
Führung das schöne Bild von Zuckerbrot und Peitsche.

Wie es sich für einen ordentlichen Juso-Vorsitzenden gehört, strebt
Schröder eine Reise in die Hauptstadt der Sowjetunion an. Das ist
nicht besonders schwer zu erreichen für einen deutschen Nachwuchspolitiker, der schon vorauseilend zu verstehen gibt, dass er die Politik
von US-Präsident Jimmy Carter, in ganz besonderem Maße natürlich

die geplante Entwicklung der Neutronenbombe, für höchst verwerflich hält. Am 8. Mai 1978, dem 33. Jahrestag der deutschen Kapitulation ist es so weit. Mit einer kleinen Delegation bricht der Juso-Vorsitzende nach Moskau auf. Alles ist fein eingefädelt. In der »Komsomolskaja Prawda« darf er einen Gastbeitrag verfassen. Er wettert gegen die USA, was dem Bundeskanzler zu Hause nicht sonderlich gefallen haben dürfte, sichert sich aber zugleich geschickt ab. »Die Jugend der Bundesrepublik«, schreibt Schröder, »teilt die Auffassung von Egon Bahr, dass die Neutronenwaffe Menschen verachtend ist.«

Auch im Beruf kann sich der junge Anwalt profilieren. Die Kanzlei am Wedekindplatz 3 in Hannover wirft zwar noch nicht viel ab, aber Ehefrau Anne ist mittlerweile Lehrerin und kann die kleine Wohnung in der Ostwender Straße in der Nähe des Stadtwaldes Eilenriede und den Lebensunterhalt bestreiten. Die drei Mitglieder der Sozietät haben vereinbart, dass keiner mehr als 400 Mark im Monat aus der gemeinsamen Kasse entnehmen darf, um die Liquidität des Büros nicht zu gefährden, selbst das konnte schon mal zu viel sein. »Die Leute«, erinnerte sich Schröder in einem Illustrierten-Interview, »dachten wohl, ›der ist Sozialist, der schreibt keine Rechnungen‹.« Das waren Schüler und Studenten, die in kleinen Rechtsstreitigkeiten sachkundigen Beistand suchten und meinten, sie müssten nichts bezahlen von Genosse zu Genosse. Um die Erstausstattung der Kanzlei bezahlen zu können, hatte Schröder einen größeren Kredit aufgenommen bei der gewerkschaftsnahen Bank für Gemeinwirtschaft, wie es sich für einen Sozialdemokraten gehörte. Als bald darauf in Hannover erzählt wurde, er sei vollkommen überschuldet, sei Schröder fuchsteufelswild geworden, erinnert sich sein journalistischer Weggefährte Hans Peter Sattler. Schröder habe damals erwogen, gegen die Bank juristisch vorzugehen wegen des Bruchs des Bankgeheimnisses, die Sache dann aber auf sich beruhen lassen und unter der Rubrik »Bestandteil des innerparteilichen Umgangs« abgehakt.

Das erste überstandene Jahr feiern Schröder und seine Kollegen zusammen mit ihren Angestellten in einem hannoverschen Restaurant mit einem nicht allzu üppigen Abendessen. Nach einigem Weingenuss werden die jungen Leute mutig und bestellen beim zuvorkommenden Chef des Hauses einen Cognac zum Espresso: »Aber bitte einen guten.« Weil man mit der Preisgestaltung besserer Häuser noch nicht vertraut ist, gerät das Studium der Rechnung zum Debakel. Der gute und alte Cognac hatte die Summe heftig nach oben getrieben. Es kostet mehr, als die Kasse hergibt. Schröder zahlt aus dem privaten Portemonnaie und ist sauer. Die erste Lektion an diesem Abend: Lebensart kostet Geld. Die zweite folgt, hannoverschen Erzählungen folgend, auf dem Heimweg. Möglicherweise wegen der unsicheren Fahrweise, eher aber wegen der dünnen Reifen an seinem Rad, gerät der junge Herr Rechtsanwalt in eine Straßenbahnschiene und stürzt. Polizeibeamte eilen herbei und stellen ihn wieder auf die Beine. Lektion zwei: Auch heute noch ist Schröder den Schutzmännern mit und ohne Uniform ausgesprochen freundlich gesinnt. Seine Erfahrungen mit der Ordnungsmacht sind, wie man sieht, mithin angenehmer als die seines Kabinettskollegen Joschka Fischer.

Der frühere Anwalt und zeitweilige Theoretiker der »Roten Armee Fraktion« (RAF), Horst Mahler, der 1973 »wegen schweren Raubes in Tateinheit mit Bildung einer terroristischen Vereinigung« zu zwölf Jahren Haft verurteilt worden ist (später wurde das Strafmaß wegen einer weiteren Tat um zwei Jahre erhöht), war im Frühsommer 1978 auf den Gedanken gekommen, den Juso-Vorsitzenden damit zu beauftragen, ihn bei einem Antrag auf einen teilweisen Straferlass (»Halbstrafengesuch«) zu vertreten. Mahler, der seine Wanderung durch die Welt der Ideologien später fortsetzte und heute bei den Nationaldemokraten im rechten Niemandsland gelandet ist, wollte seine Abkehr vom linken Terrorismus belegen, und Schröder sollte ihm dabei zur Seite stehen. Mahler gab seinerzeit unumwunden zu, dass er den Juso-Chef ganz bewusst als seinen Rechtsvertreter ausgewählt hatte, um die politische Dimension, die das Verfahren aus seiner Sicht hatte, zu unterstreichen. Er wollte ein möglichst großes Echo in den Medien, was er auch bekam. Das »Geschrei von rechts« sei gewaltig gewesen, erinnert sich Schröder, aber der Juso-Vorsitzende sichert sich ab. Zum einen läßt er den Termin der Landtagswahl am 4. Juni in Niedersachsen verstreichen, weil er nicht die Schuld für die absehbare Niederlage von Karl Ravens gegen den Amtsinhaber Ernst Albrecht (CDU) in die Schuhe geschoben bekommen will. Ein paar Tage später aber informiert er den SPD-Geschäftsführer Egon Bahr und auch den Parteivorsitzenden Willy Brandt. Der reagiert, wie in einem Rechtsstaat angemessen ist: »Das muss ein Anwalt ganz alleine entscheiden.« Schröder gibt später zu, dass er, wie er es ausdrückt, »Schiss gehabt« habe, aber er nimmt das Mandat an. Nicht zuletzt Ehefrau Anne hatte ihm zugeraten.

Wieder wendet Schröder seine Zwei-Stimmen-Taktik an. Zuerst legt er ein öffentliches Bekenntnis ab. »Ich bin der Auffassung, dass wir einen Rechtsstaat in der Bundesrepublik haben und ich bin weiterhin der Auffassung, dass es keine politischen Gefangenen in der Bundesrepublik gibt.« Zugleich erklärt er das Verfahren zu »einer Nagelprobe für den Rechtsstaat Deutschland«. Wenn er – und Mahler – das Verfahren verlören, gebe es einen politischen Gefangenen in Deutschland. Schröder und Mahler unterlagen, aber der Anwalt beging keineswegs den Fehler, in den Jargon der RAF zu verfallen und weiterhin von einem politischen Gefangenen zu sprechen. An Weihnachten desselben Jahres durfte Mahler für zweieinhalb Tage die Haftanstalt in Berlin-Tegel verlassen, was Schröder als seinen Erfolg verbuchte, obwohl die beiden Vorgänge rechtlich nichts miteinander zu tun hatten.

Jahre später – Mahler war schließlich 1980 freigekommen – erkämpfte Schröder vor dem Bundesgerichtshof die Wiederzulassung Mahlers als Anwalt. Der damalige Berliner Justizsenator Rupert Scholz (CDU) hatte, gestützt auf eine Bewertung des Ehrengerichtshofes, die Wiederzulassung verweigert. Die Begründung dafür nannte das »Deutsche Allgemeine Sonntagsblatt« einen »Rückgriff auf das so genannte gesunde Volksempfinden«. Mahler war vorgehalten worden, ihm könne, obwohl er sich vom Terrorismus losgesagt habe, nicht das erforderliche Vertrauen entgegengebracht werden, das zur Erfüllung der dem Anwaltsstand obliegenden Aufgabe erforderlich sei. Schröder hebelte die Ablehnung aus, indem er auf die Wiederzulassung eines ehemaligen SS-Hauptsturmführers und KZ-Aufsehers als Anwalt im Jahr 1953 verwies. Der Bundesgerichtshof befand, Mahlers Straftaten lägen 17 Jahre zurück, er habe dafür gebüßt und eine innere Wandlung durchgemacht. Der Rechtsstaat siegte – und Mahler konnte im Sommer 2001 die Vertretung der NPD im Verbotsverfahren vor dem Bundesverfassungsgericht übernehmen.

Der Kanzlei Rischmüller-Pörtner/Buschmann/Schröder ging es bald so gut, dass die finanzielle Selbstbeschränkung fallen konnte. Die Sozietät entwickelte sich zur Anlaufstelle für Menschen, die Hilfe bei der Verteidigung bürgerlicher Rechte brauchten. Die Fälle drehten sich um die Berufsverbote, homosexuelle Pfarrer erwehrten sich der Repressalien ihres Arbeitgebers, die Demonstranten und Sitzblockierer von Brokdorf und Gorleben erstritten mithilfe der Kanzlei Urteile zum Recht auf freie Meinungsäußerung. Zwischendurch gab es alltägliche Mietsachen zu bearbeiten, auch im Familiengericht bei Scheidungsangelegenheiten konnte man den Anwalt Schröder erleben.

In diese Zeit fiel die Entscheidung, noch einmal für das Amt des Juso-Vorsitzenden zu kandidieren. Nach seiner Wahl in Hofheim hatte er mehr oder minder deutlich gesagt, dass er das Amt nach einem Jahr

wieder aufgeben wolle. Doch jetzt drängten ihn sogar jene zum Wei-
termachen, die ihn in Hofheim noch bekämpft hatten. Auch der
Vorsitzende selbst hatte einen Sinneswandel vollzogen. Hatte er nicht
die Jusos befriedet, deren »Weg ins mosernde Abseits«, wie der schles-
wig-holsteinische Landesvorsitzende Jochen Steffen zu Beginn noch
gelästert hatte, verhindert? Schröder macht sich klar, dass er bei einer
erfolgreichen Amtszeit einen guten, nahtlosen Einstieg in den Bundes-
wahlkampf 1980 haben würde. Also fängt er an, das Verhältnis zur
Bundes-SPD zu loben, Verständnis für die Zwänge zu zeigen, unter
denen Bundeskanzler Schmidt steht.

Jetzt gibt es nur noch ein Problem. Die Jusos haben ihren Parteitag
in Aschaffenburg für Mitte April 1979 geplant. Am 7. April aber wird
ihr Vorsitzender 35 Jahre alt – die unwiderrufliche Altersgrenze für
einen Jungsozialisten. Irgendwann im Frühjahr 1979 ruft Schröder seinen langjährigen Wegbegleiter und Skatbruder Hans-Peter Sattler an,
den erfahreren landespolitischen Korrespondenten der »Hannoverschen Allgemeinen«. Er wolle die Sache mit seiner Wiederwahl unters
Volk bringen, aber behutsam. Sattler schickt einen jungen Politikredakteur vorbei, Sonntagabend zu einer Flasche Rotwein. Man macht
es sich auf dem Sofa bequem, der Hausherr schenkt ein, Ehefrau Anne
sitzt dabei und strickt. Also, er werde wieder antreten als Juso-Vorsitzender eröffnet Schröder die politische Lehrstunde. »Ja, Sie sind
doch aber schon älter als 35 auf dem Juso-Kongress, oder?« – »Hören
Sie mal, junger Mann, ich kenne doch die Satzung, ich bin schließlich
Jurist, übrigens ein guter.« So oder so ähnlich hat Schröder geantwortet und die Lösung des Problems gleich mitgeliefert. Der Juso-
Vorsitzende müsse zum Zeitpunkt seiner Wahl die altersgemäßen
Voraussetzungen erfüllen, kapiert? »Also muss der Kongress vor Ihren
Geburtstag gelegt werden?« – »So isses.«

Die Überlegung erscheint natürlich, wie von Schröder gewünscht
und eingefädelt, anderntags im Blatt, dann auch in anderen Zeitungen.
Die Jusos ziehen ihren Parteitag vor auf den ersten April, Schröder
tritt ohne Gegenkandidat an und erhält bei seiner Wiederwahl 253 von
297 Stimmen. Das sind 85 Prozent, für Juso-Verhältnisse ein fast
schon ehrenrühriges Ergebnis.

Das zweite Jahr im Juso-Vorsitz verläuft nach außen hin unspektakulär. Schröder pflegt weiterhin sein linkes Image, wird häufiger bei
den Treffen des linken »Frankfurter Kreises« der SPD gesehen und er
schreibt eifrig an Papieren zur Energiepolitik. Eines davon fließt ein in
einen Alternativantrag zum Berliner Parteitag im Herbst 1979. Darin

Nachwuchspolitiker und junger Anwalt in Hannover, 1979

wird die »totale Wende der Energiepolitik« und »der Ausstieg aus der Kernenergiepolitik« gefordert. Zugleich bemüht sich der Juso-Vorsitzende nach wie vor um ein besseres Verhältnis zu Mutterpartei. Mit stolz geschwellter Brust marschiert er am 9. Juni zu einem Vieraugengespräch mit Helmut Schmidt ins Bonner Kanzleramt. Ein Interview mit der »Welt« hatte ihm die lange verschlossenen Türen geöffnet, in dem er dem Kanzler bescheinigte, Verantwortung für die kommenden Generationen zu verspüren. Die Art der Verantwortung sei zwar anders, als die Jugend sie selbst empfinde, aber man dürfe sie nicht gering schätzen.

Schröders Juso-Zeit endet mit einem Paukenschlag. Am 31. Mai 1980 haben sich die Jungsozialisten in Hannover versammelt, um Schröders Nachfolger zu wählen. Die Delegierten diskutieren gerade über das Thema Kernenergie. Der Beschluss des Berliner Parteitages, donnern die Rednerinnen und Redner von Podium herunter, sei eine der »wesentlichen Fehlentscheidungen der Partei«. Schröder verweist auf die Erfolge der Grünen (in Niedersachsen noch Grüne Liste Umweltschutz) im Kreis Lüchow-Dannenberg und mahnt die Jusos, bei den Aktionen der Kernkraftgegner nicht im Abseits zu stehen, sonst würden die jungen Leute in Scharen zu den Grünen laufen. Da tritt der Ernstfall ein: An jenem Sonnabend ordnet der niedersächsische Ministerpräsident Ernst Albrecht an, das einige Wochen zuvor errichtete Hüttendorf auf dem geplanten Gelände des Atommülllagers in Gorleben räumen zu lassen. Die »Freie Republik Wendland«, wie die Besetzer das Land genannt hatten, war in diesen Tagen ein starkes Symbol des Widerstandes.

Schröder macht sich dafür stark, den Kongress zu unterbrechen und auf der Stelle nach Gorleben zu fahren. Die Aufforderung zum Widerstand wird nicht lange diskutiert. Stunden später treffen die Jusos mit ihrer Führungsriege an der Spitze im Wendland ein. Die Polizei wartet ab, bis die Delegierten vor Wochenbeginn wieder nach Hause müssen und das Medieninteresse vorübergehend schwindet. Nach ein paar

Trittsicher. 1992 im Niedersachsenstadion

Tagen fahren Bulldozer auf und walzen die Hütten nieder. Was wie eine Niederlage gegen die Befürworter der Kernkraft aussieht, war doch eine Etappe in entgegengesetzter Richtung. Das letzte Wort darüber spricht der Kanzler Schröder im Sommer 2000. Der Kampf gegen die Kernenergie löst sich per Gesetz auf in »Restlaufzeiten« für Atomkraftwerke.

Am Ende seiner Juso-Zeit ist aus dem Studenten mit Kaufmannsgehilfenbrief, aus dem Anwalt mit dem Spezialgebiet Verteidigung der Bürgerrechte ein Nachwuchspolitiker geworden. Es war kein Königsweg in die Politik. Wenn man noch einmal den Vergleich mit den Fußballspielern heranziehen möchte, kommt man zwangsläufig zu den heutzutage so schmerzlich vermissten »Straßenfußballern«. Wenn einer gelernt hat auf Hartplätzen zu spielen, auf gemahlenem Schotter oder grobem Sand, dann Gerhard Schröder. In diesem Sinne ist er einer der letzten »Straßenpolitiker«. Wie ein »Instinktfußballer« braucht Schröder keine tiefgründige Strategie, um den Gegner zu schlagen, keine ausgetüftelte Taktik. Ein »System Schröder« gibt es nicht. Er fängt an zu »fummeln«, hofft, dass er durchkommt, und wenn er eine kleine Lücke sieht, zieht er ab. Wenn er links nicht vorbeikommt an seinem Gegenspieler, dann täuscht er beim nächsten Mal eben nur links an und geht rechts. Wer ihn in ein Spielsystem zwingen will, nimmt ihm die Lust am Spiel.

Mit fast 37 Jahren ist Schröder an einem Punkt seiner Karriere angekommen, an dem er genug hat von den Hartplätzen der Provinz, an dem er ausprobieren will, wie es sich auf Rasenplätzen läuft. Und wie lang und hart die Stollen sein müssen, die man da an die Stiefel schrauben muss. An die großen Stadien der Welt hat er wohl auch schon gedacht.

VIERTES KAPITEL

Schröder und die Frauen

Vor einiger Zeit ist der Ausdruck Lebensabschnittspartnerin in die Alltagssprache eingedrungen. Es ist, als sei er für Gerhard Schröder erfunden worden. Alle fünf Phasen seines Lebens stehen auch für die Beziehung zu einer Frau: Kindheit, Studium, Juso-Jahre, Karriere-Kampfzeit, Kanzlerschaft. Damit ist nicht gemeint, dass sich der Mann, irgendeinem Zeitgeist folgend, für jede Phase seines Weges nach oben die passende Partnerin ausgesucht habe. Es ist vielmehr so, dass es eine auffällige Übereinstimmung gibt zwischen den Lebensabschnitten und den jeweiligen Partnerinnen. Der Abschluss einer Phase des Lebens bedeutet bei Schröder immer die Lösung von der Partnerin. Dass damit jeweils Scheidung und neue Heirat verbunden waren, lässt sich vielleicht durch die kleinbürgerliche Denkweise, vielleicht auch durch einen gewissen Ordnungssinn erklären.

Zu dem möglichen Einwand, die fünf Frauen im Leben des Gerhard Schröder könnten doch nicht alle gewesen sein, findet sich bei der Journalistin Ulrike Posche eine überraschende These. Weil sie lange für den »Stern« die menschliche Seite der politischen Berichterstattung erledigt hat, dürfte sie auf diesem Wege von allen deutschen Journalistinnen Schröder am besten kennen gelernt haben – mit Ausnahme der Journalistin Doris Köpf natürlich. In ihrem Buch »Nahaufnahme«, eine Sammlung von Reportagen über den Menschen Schröder, hat sie die Auffassung vertreten und Indizien dafür aufgezählt, dass es sehr viel mehr Frauen im Leben des Gerhard Schröder vermutlich auch nicht gegeben habe – allen Gerüchten und verbürgten Geschichten über immer weitere Liebesabenteuer des vermeintlichen »Womanizers« zum Trotz. »Es ist wahr«, schreibt Ulrike Posche, »dass Schröder zum vierten Mal verheiratet ist. Es ist aber nicht auszuschließen, dass es bisher auch nur vier Frauen in seinem Leben gab.« Bei allem Respekt vor der weiblichen Intuition auf diesem Gebiet, lassen sich auch glaubhafte Zeugen dafür finden, dass die Gleichung »vier Ehen – vier Frauen« eine Gleichung mit ein paar Unbekannten sein muss. In Hannover, Bonn oder Berlin trifft man hin und wieder Frauen, auch Journalistinnen, die vielsagend lächeln, wenn das Thema gelegentlich erörtert wird. Ein vielsagendes Lächeln beweist gar nichts.

Immerhin aber lässt sich eine charakterliche Aussage treffen. Untreue als Lebensprinzip kann man Schröder nicht nachsagen. Von Renate Schmidt, der langjährigen bayerischen SPD-Vorsitzenden, einer lebensklugen Frau, gibt es eine Bemerkung, die diese Sicht der Dinge stützt: Es sei vielleicht komisch, das über einen Menschen zu sagen, der viermal geheiratet habe, »aber Schröder ist einer der treuesten Menschen, die ich kenne.«

Vier Hochzeiten, aber die erste Frau in seinem Leben ist natürlich seine Mutter Erika. »Löwe« soll er sie genannt haben, natürlich nicht als alltägliche Anrede, aber wenn er auf sie zu sprechen kommt, dann zieht er schon einmal diesen Vergleich. In der Natur zieht die Löwin ihre Jungen alleine groß, ernährt und verteidigt sie. Die Mutter gibt ihm das, was selbst ein großer Junge bisweilen noch braucht, grenzenlose, bedingungslose Anerkennung. Sie wünsche ihm von ganzem Herzen, sagt Mutter Erika 1998, dass ihr Junge Präsident werde, dabei ist es vollkommen egal, dass es um die Kanzlerschaft geht. Sie hat ihm immer den Rücken gestärkt, allein dadurch schon, dass sie ihm klargemacht hat, dass er von zu Hause nicht viel an materiellen und geistigen Gütern mitbekommen konnte, weil das Leben der Erika Vosseler ausschließlich aus Arbeit bestand. Klein ist sie, schmal und lebhaft. Bei ihr hat er gelernt, dass er etwas erreichen kann, wenn er sich anstrengt und mit der notwendigen Zielstrebigkeit und Härte verfolgt. Und dass er sich dabei auf niemanden verlassen kann als allein auf sich selbst. Seine Freunde und Weggefährten berichten übereinstimmend, wie Schröder darunter gelitten habe, dass in der Zeit seiner Ehe mit Hiltrud die Mutter in den Hintergrund gedrängt wurde, und wie sehr er aufblühte, als die bodenständigere, feinfühligere, von Dünkeln freie Doris Köpf die Mutter gewissermaßen zurückgeholt habe in sein Leben. Ob der Sohn mitbekommen hat, wie sehr die Mutter gelitten haben mag in dieser Zeit, ist eine andere Frage. Für jeden sichtbar, bildet Ehefrau Doris heute die Klammer zwischen den Lebenskreisen, gewissermaßen zwischen oben und unten. Sie habe ihre Kinder alle gleich gern, hat Erika Vosseler einmal in einem Zeitungsartikel zum Muttertag gesagt, alle seien sie in die Schule gegangen, hatten nie etwas mit der Polizei zu schaffen, alle hätten sie Arbeit, vergessen nie die Mutter. Von Gerd hängt ein großes Farbbild über dem Sofa ihrer Dreizimmerwohnung, wie er jubelt nach dem Wahlsieg. Ab und zu ruft er an, lädt sie zum Essen ein. Dann schickt er seinen Fahrer vorbei und führt sie aus in ein gutes Restaurant. Oft komme das nicht vor, er hat ja so viel Arbeit, erzählt Mutter Erika einem Reporter vom Fernsehen.

Obwohl sie ihn als »seltsam verklemmt« beschreibt, wenn er zum Beispiel mit Journalistinnen, die ihm fremd sind, im Auto sitzen muss, hat Schröder Ulrike Posche sein Lebensmotto, Abteilung Partnerschaften, mitgeteilt, »als wir einmal über seine Eigenart reden, immer sofort Nägel mit Köpfen zu machen«. Die Frau, in die er verliebt sei, werde auch umgehend geheiratet: »Ich kann nicht über längere Zeit betrügen.« Die Beobachterin seiner Beziehungen kommt zu dem Schluss, »er ist monogam, wie sonst nur Esel monogam sind, wenn er sich für eine Frau entschieden hat.« Dahinter mag die Sehnsucht nach einer heilen Familie stehen, kein Wunder bei einem, der so aufgewachsen ist wie der Junge aus dem Lipper Land. Der Wunsch nach Zusammenhalt, den Schröder nicht nur in seinen privaten Familien auslebt, sondern auch in seinen dienstlichen Beziehungen: Seine Art, Treue zu zeigen, das ist auch das Festhalten an vertrauten Mitarbeitern über viele Jahre hinweg.

Eva Schubach war seine Jugendliebe. Geheiratet hat er sie 1968, im wildesten Jahr des studentischen Aufstandes gegen die bestehenden Verhältnisse der Bundesrepublik Deutschland. Offene Beziehungen galten damals als einzig denkbare Form des Zusammenlebens, jedenfalls wenn man sich der linken Szene zugehörig fühlte. Der 24-jährige Student ehelicht dem Zeitgeist zum Trotz seine vier Jahre jüngere Freundin Eva, Buchhändlerin in Ausbildung. Der Vater, ein Bauunternehmer, hat sie dem hergelaufenen Jungen aus den Armenbaracken nicht freiwillig gegeben. Aber was später in der Politik gilt, erprobt der junge Schröder auch schon mal im Privaten. Er stellt die Leute vor vollendete Tatsachen, ihre Zustimmung holt er erst später ein. Also verkündet der junge Gerd den Hochzeitswunsch, der künftige Schwiegervater kann nicht mehr Nein sagen.

Eva hat das Abnabeln vom Elternhaus – bei Schröder muss es wohl eher Mutterhaus heißen – erleichtert, war die treue Freundin seiner Jugendjahre, in denen der junge Kaufmannsgehilfe seine Bildung gewaltig aufgestockt hat. Während sie zusammen gingen, wie man damals zu sagen pflegte, wurde aus dem Jungen vom Land immerhin einen Kleinstädter. Göttingen bedeutete die weite Welt für die beiden. Kaum dass Schröder daraus ausbrach zu neuen Ufern im noch größeren Hannover, beendete man die Beziehung. Von wem die Trennung ausging, ist heute nicht mehr auszumachen. Schröders erste Ehefrau verschwand so unspektakulär aus seinem Leben, wie die Jahre verliefen, die sie zusammen verbracht hatten. Am Ende der Provinzjahre Schröders geschieht die Trennung von dem Mädchen vom Lande beinahe zwangsläufig.

Auf die Scheidung folgt ziemlich schnell die neue Heirat. Anne Taschenmacher – sie studiert Anglistik und Romanistik und ist in studentischen Hochschulzirkeln aktiv – hat er kennen gelernt, als das Ende seiner ersten Ehe schon absehbar war. Sie stammt aus Ostfriesland und ist noch mit einem Genossen liiert, als sich die beiden begegnen und über die politische Auseinandersetzung bei den Jusos schon mal näher kommen. Aber auch hier gilt, dass Schröder nicht wartet, dass ihm das Glück in die Arme fällt. Er greift danach, spannt also dem Genossen die hübsche, mittelblonde Kommilitonin aus. Sie ist zierlich und nicht sehr groß, auf diesen Frauentyp ist er also schon festgelegt.

Mit Anne Taschenmacher gründet Schröder den ersten richtigen Haushalt, nicht bloß eine Studentenbude in der Mansarde. Er kann in Ruhe zu Ende studieren und seine Referendarzeit absolvieren, weil sie schon bald als junge Lehrerin Geld verdient. Nicht üppig, aber immerhin. Man zieht in die hannoversche Oststadt, eine gutbürgerliche Gegend in der Nähe des Stadtwaldes Eilenriede, nicht weit von jenem Viertel entfernt, in dem der Kanzler heute seine Privatwohnung hat. Die Einrichtung entspricht dem Geschmack der Zeit, stammt teils aus einem schwedischen Möbelhaus, aber in der guten Stube steht auch schon ein schön restaurierter alter Bauernschrank. Die neue Wohnung wird bald zum beliebten Treffpunkt für seine hannoverschen Kumpel, Genossen oder Juristen, viele sind auch beides. Der Alltag entspricht dem eines jungen Yuppie-Paares, auch wenn es diesen Begriff damals noch nicht gab. Wenn er nicht in der Kanzlei arbeiten muss, ist Schröder häufig auch schon für die Partei unterwegs, klappert mit seinem Auto entfernte Bezirke in Niedersachsen ab, um sich bekannt zu machen. Manchmal wird es Anne zu viel, wenn die Genossen überhaupt nicht nach Hause wollen und sie am kommenden Morgen früh raus muss zum Unterricht. Dann kann sie schon mal unhöflich werden und Flaschen und Gläser vom Tisch abräumen, während die Kumpane noch da sind.

Ein anderes Thema kommt gelegentlich auf in diesen Runden, in denen Schröder gerne auch das Skatspielen pflegt. Es ist bis heute beinahe ein Tabuthema in seinem Leben, jedenfalls lässt er sich nur bei ganz wenigen Gelegenheiten darauf ansprechen, fast noch nie hat er von sich aus dazu etwas gesagt. Wie schon Eva Schubach hätte auch Anne Taschenmacher gerne Kinder gehabt. Anfänglich steht ohne Zweifel die Karriereplanung im Vordergrund, später im Laufe der Beziehung hätte auch er sich gefreut, wenn seine Frau schwanger geworden wäre. Einmal berichtet er voreilig seinen Kumpels, dass er Vater werde, freudestrahlend. Beim nächsten Treffen eine Woche später, muss er zerknirscht seinen Irrtum eingestehen. Wenn es Gründe dafür gibt, weshalb er keine eigenen Kinder hat, dann rechnet er die zur schützenswerten Intimsphäre: »Mein Gott,« sagt er einmal gegenüber dem Autor, als man schon eine Weile über das Thema Kinder gesprochen hat, »ich bin da aus dem Rennen.«

Jahre später, als Oskar Lafontaine und seine Ehefrau Christa Müller den kleinen Carl Maurice bekommen und Gerd und Doris zur Kindstaufe ins Saarland einladen, wird Schröder von Journalisten vor Publikum darauf angesprochen, ob er es dem damaligen parteiinternen Rivalen um die Kanzlerkandidatur nicht gleichtun wolle. Schröder kontert die vorwitzigen Fragen mit der Bemerkung, man solle doch mal abwarten – Kunstpause –, ob er überhaupt Kanzlerkandidat werde. Im Wahlkampf 1998 besucht er die Baustelle des künftigen Kanzleramts im Berliner Spreebogen. Fünf Dutzend Journalisten und Kamerateams waten mit ihm gemeinsam durch den nassen Sand der Baustelle. Viel ist noch nicht zu sehen, aber Schröder kann sich die Bemerkung nicht verkneifen: »Ich wollte bloß mal das Kinderzimmer im Kanzleramt ausmessen.« Also doch? Zwei Stunden später muss Parteisprecher Michael Donnermeier eine Erklärung abgeben: »Wegen der vielen Nachfragen der Kollegen möchte ich nur vorsorglich dementieren, dass Doris Schröder-Köpf schwanger ist. Sie ist es nicht. Der Hinweis auf das Kinderzimmer bezog sich allein auf die siebenjährige Tochter von Frau Schröder-Köpf. Ich danke für Ihre Aufmerksamkeit.« Worum es ihm wirklich geht, kann der Sprecher nicht sagen: Schröder wollte dem politischen Gegner auf möglichst originelle Weise seinen Anspruch auf das Kanzleramt klarmachen. Er muss jetzt nicht mehr am Zaun rütteln, er ist schon ein Stück näher dran. Scherze auf Kosten Dritter gehören dabei zum Machtritual.

Vielleicht empfindet es Schröder wirklich als einen Mangel in seinem Leben, keine eigenen Kinder zu haben. Zu Wiebke und Franca, den beiden Töchtern von Hiltrud, entwickelt er über die Jahre ein gutes Verhältnis. Er spricht in der Zeit des gemeinsamen Lebens von »unseren Töchtern«, auch in der Öffentlichkeit. Besonders Franca, die Jüngere, sieht in ihm den Vater in der Familie. Nach der Trennung von Hiltrud lädt Schröder Franca zum Essen ein, sie kommt auch, und die beiden räumen einiges aus, was es an Verletzungen zwischen den

Eheleuten in der Schlussphase der Beziehung gegeben hat. Auch jetzt spricht Schröder wieder von »unserer Tochter«, wenn er Klara, die Tochter von Doris Schröder-Köpf meint. Klara selbst hat schon gesagt – und es klang nicht so, als habe man ihr den Satz eingeflüstert, sie habe jetzt »zwei Papas: Papa Sven und Papa Gerd«.

Die Ehe mit Anne Taschenmacher beschreiben manche Freunde der beiden am Ende als eine Art offener Beziehung, andere sagen, die beiden hätten nur darauf gewartet, dass es einen Anlass geben könnte, sich zu trennen. Im Wahlkampf 1980, als er im Landkreis Hannover für den Bundestag kandidiert, ist es so weit. Während Schröder im Freundeskreis eher beiläufig berichtet, dass er bei einer gemeinsamen Radtour eine neue Frau kennen gelernt habe, beschreibt eben diese die Begebenheit vom nüchternen Anfang bis zum romantischen Ende: »Die örtliche Wahlkampfleitung hatte den Ausflug anberaumt. Das Wetter war prächtig, und ich machte mich mit meinen Fahrrad auf den Weg. Am Treffpunkt, dem Burgdorfer Schützenplatz, standen außer mir nur noch ein paar Hand voll Genossen, und die hatten ihr Fahrrad vergessen. Dann kam Gerhard Schröder mit einem Saab vorgefahren, auf dem Dachgepäckträger glänzte ein neues Sportzweirad. Wir diskutierten die Lage und waren unentschlossen. Wie gesagt, die schlechte Beteiligung und der mangelnde Bewegungsdrang der Wählerschaft. Ein Genosse ohne Fahrrad hatte ein ganz schlechtes Gewissen. ›Wartet mal hier‹, sagte er, ›ich laufe schnell nach Hause und hole meinen Drahtesel.‹ Und als hätten wir nur darauf gewartet, schauten Schröder und ich uns in die Augen und dachten: ›Nee, wir radeln los.‹ Zwei Stunden fuhren wir nebeneinander durch die Feldmark und redeten über Gott und die Welt. Als wir das Dörfchen Hänigsen erreichten, wo die Partei mit hundertfünfzig Bratwürsten wartete, wurde das innig plaudernde Paar von der Grillbrigade mit fragendem Blick beäugt. Als wir abends wieder in Burgdorf ankamen, war ich völlig durchgefroren, aber bis über beide Ohren verliebt. Dem Kandidaten ging es wohl ähnlich. Galant lieh er mir seine Jacke und streifte sogar die blauen Socken von den Füßen. Ich habe sie aufgehoben und lange Zeit verbissen gegen die Motten verteidigt.«

Innerlich mag auch der Kandidat vor Liebe geglüht haben, äußerlich blieb er vollkommen gelassen. Im Wahlkampf ließ er sich von seiner Frau unterstützen, obwohl er in den zurückliegenden Monaten bei seinen Skatfreunden schon mehrfach geklagt hatte, dass der innere Zusammenhalt des Lebensbundes nicht mehr so recht gegeben sei. Es gebe da so einen Lehrer in der Nähe seiner Frau, und überhaupt.

Wie sehr sich der Kandidat im Wahlkampf 1980 trotz der Auf-
lösungserscheinungen der Ehe auf seine Anne verlassen konnte, ist am
stärksten ausgerechnet dem Gegenkandidaten Dietmar Kansy aufgefallen. Einmal habe er sich besonders auf ein Aufeinandertreffen mit
Schröder gefreut, erinnert sich der CDU-Mann, weil man in Neustadt
am Rübenberge von den Landfrauen eingeladen worden sei. Er habe
einen Heimvorteil erwartet, aber als er das Veranstaltungslokal betreten habe, »da saß da schon Frau Anne, strickend, mitten unter den
Landfrauen«.

Kaum dass das Mandat errungen ist, trennen sich Anne und Gerd im
Frühjahr 1981. Wieder sieht es so aus, als ob eine Frau im Leben
Schröders ihre Schuldigkeit getan hätte. Aus dem spät berufenen Studenten ist während der Ehe mit Anne Taschenmacher ein hoffnungs-
voller Anwalt und Politiker geworden, der insgeheim schon große
Pläne schmiedet. Es scheint eine glückliche Fügung zu sein, dass er nun
ausgerechnet jener Frau begegnet ist, die selbst gerade einen Ent-
wicklungsschritt hinter sich gebracht, die die Politik und ihre Möglichkeiten für sich entdeckt hat und nun durchstarten will in ein erfüll-
teres Leben. Sie hat genau die Power, die der Abgeordnete Schröder
zur Unterstützung brauchen wird, wenn er nicht zeit seines Lebens ein
Hinterbänkler bleiben will. Was das Äußere seiner Eroberung angeht,
muss er sich nicht allzu sehr umgewöhnen. Die Neue ist dunkler, trägt
die Haare zum Zeitpunkt des Kennenlernens länger, und ist nur ein
Jahr jünger als die Vorgängerin. Aber sonst passt der Typ. Schröder,
so urteilt seine Biografin Posche, ignoriert alle Hinweisschilder, »die
Männer normalerweise zur Vorsicht mahnen: Vor Rehen wird gewarnt!«

Hiltrud Marion Hampel, geborene Hensen, trennt sich für die Beziehung mit Schröder von ihrem Mann, einem Polizeibeamten, den sie
mit 20 geheiratet hat und mit dem sie zu diesem Zeitpunkt schon elf
Jahre lang verheiratet ist. Sie hat zwei Töchter mit ihm, Wiebke und
Franca, die sie während der Scheidungsauseinandersetzung fast ein
Jahr lang nicht sehen darf. Die Frau lässt sich nicht unterkriegen,
kämpft um sie und gewinnt. Weil sie so früh Mutter wurde, hat sie
nicht studieren können, jetzt will sie alles auf einmal nachholen. Am
Sozialwissenschaftlichen Institut der Universität Hannover belegt sie
Seminare bei Oskar Negt und Jürgen Seiffert. Sie mischt die leicht zop-
fige Arbeitsgemeinschaft Sozialdemokratischer Frauen (ASF) auf mit
Reden wie dieser: »Die ASF darf sich nicht einzwängen lassen in den
Begriff Frauenbewegung, darf nicht nur frauenspezifische Themen

Die dritte Frau, Hiltrud Schröder

aufgreifen. Wir müssen etwas dafür tun, dass man uns nicht nur als
ein Häufchen strickender, sich selbst beweihräuchernder Emanzen
ansieht, sondern als Frauen, die in allen politischen Bereichen arbeiten. Als Frauen, die die Gesellschaft entscheidend mitprägen wollen.«
Staunend sitzt Gerhard Schröder in der Aula eines Lehrter Gymnasiums in der letzten Reihe und bewundert sie Sprachgewalt seiner
Zukünftigen.

In sein Buch »Reifeprüfung« nimmt Schröder später eine Passage
auf, die eine einzige Liebeserklärung ist, aber auch viel von dem offenbart, was der Politiker von einer Lebensgefährtin erwartet: »Hauptsächlich habe ich selber aber riesiges Glück gehabt. Dieses Glück heißt
Hiltrud Schröder und ist meine Ehefrau. Ich will hier gar nicht in die
ewige und oft heuchlerische Litanei einfallen von der aufopferungsvol-
len Frau und Mutter, die den sich im Amt abrackernden Familienvater
seltener zu Gesicht bekommt, als für beide gut ist. Was meine Frau so
unersetzbar macht ist ihre Art, mich ständig zu fordern, so etwas wie

mein politisches Gewissen zu sein. Dabei sind wir des Öfteren unterschiedlicher Meinung: Hiltrud, die politische Wissenschaften studiert hat und seit Jahren Mitglied der SPD ist, vertritt in vielen Fragen Standpunkte, die ich als eher links von den meinen bezeichnen würde. Sie nimmt mich in die Pflicht, meine Handlungen immer wieder einer Rechtfertigung zu unterziehen. Politischen Unterschleif ließe sie mir nicht durchgehen; ich wüsste nicht, wie ich ohne diese ständige, liebevolle Auseinandersetzung in meinem Job bestehen sollte.«

Es war, wie der »Stern« damals schrieb, eine »Amour fou«. Sooft sie konnte, erinnerte sich später Hiltrud Schröder, sei sie mit ihrem klapprigen Volkswagen von Lehrte-Immensen, wo sie wohnte, nach Bonn gefahren, nachts, während die Töchter schliefen, um am Morgen wieder rechtzeitig zurück zu sein, um ihnen die Schulbrote zu schmieren, nach Entfernung und Zeit eigentlich unmöglich. Beide fürchteten sich damals vor der Schlagzeile in den Medien »Ex-Juso-Chef klaut Polizisten die Ehefrau«. Er habe eine Studentenbude in Bonn-Poppelsdorf gehabt, hin und wieder habe sie etwas mitgebracht, um die Behausung wenigstens etwas wohnlich zu gestalten, neue Lampen, neue Poster, Bücher zum Lesen und fürs Regal. Sie sei das lyrisch-schwärmerische Element in der Beziehung gewesen, der Tatmensch Gerhard eher prosaisch.

Eine Begebenheit ist typisch dafür, wie man sich Schröder als »Liebhaber« vorstellen muss. Als er im Rahmen des Austauschprogramms für »Young Political Leaders« für vier Wochen in den USA weilt, schreibt der frisch Verliebte natürlich auch Briefe an seine Hillu. Einer davon hat als Herzstück einen Reisebericht, zu Anfang und am Ende erhält er aber auch private, ja intime Passagen. Als die Empfängerin nach der Rückkehr des Galans das Schriftstück sucht, ist es verschwunden. Sie findet es wieder im Büro seines Referenten Heinz Thörmer. Die privaten Stellen sind eingeklammert oder durchgestrichen, der Rest, so hat sich Schröder gedacht, tauge doch prima als Erfahrungsbericht zur Veröffentlichung. Weshalb sollte man sich Umstände machen.

Es dauert bis 1982, bis in beiden Fällen die Scheidungen rechtskräftig werden. Zwei Jahre später, im Juni 1984 heiraten Gerd und Hillu, wie sie sich gegenseitig nennen. Nicht gleich zu Beginn, dann aber in unaufhaltsam Schritten, entwickelt sich der Lebensbund der beiden zur ersten quasi-öffentlichen Politikerehe in Deutschland. So etwas wie die Kennedys glauben die Beobachter festzustellen, bildet sich da ausgerechnet in der niedersächsischen Provinz, später wird der Vergleich mit den Clintons populär und auch ganz bewusst gepflegt. Die bunten Blätter stürzen sich auf die beiden, er platzt fast vor Stolz, wenn er seine Frau präsentieren kann. Sein Lieblingssatz lautet, wann immer er über sie redet, und er redet gerne über sie: »Hillu is nich nur schön, sie is auch kluch.« Und wenn einer sich Sorgen macht, seine Popularität in der Bevölkerung könne auch mal wieder nachlassen, dann beruhigt ihn Schröder mit den Worten: »Aber doch nich bei der Frau...«

Die regierenden Christdemokraten in Niedersachsen spüren, dass dieser neue Stil, die Frau eines Politikers nicht erst am Wahlabend neben ihm im Fernsehstudio stehen zu lassen, ihnen gefährlich werden könnte. Der Amtsinhaber Ernst Albrecht zieht in einem Gespräch Rückschlüsse vom Privatleben auf den Charakter, vom Ehemann auf den Politiker: »Wenn ich es ganz offen sagen soll, auch die Frauen, die mit ihm umgehen, sagen: Der kennt nur sich. Und deshalb kann man auch auf Dauer, sagen wir mal, kein Verhältnis haben zwischen den Geschlechtern. Denn in dem Augenblick, in dem es für sein eigentliches Lebensziel opportuner ist, sich irgendwo anders zu binden, wischt er alles andere beiseite. Er setzt sich über alles andere hinweg.« Das Urteil, vor allem die Frage, wie Albrecht an die Meinung ihm fremder Frauen über Schröder gekommen sein könnte, wirbelt damals im niedersächsischen Wahlkampf einigen Staub auf. Der »Spiegel« äußert den Verdacht, der niedersächsische Verfassungsschutz habe das Intimleben des Herausforderers ausspioniert. Belege dafür gibt es nicht, aber in einem Land, in dem ein Geheimdienst Löcher in die Wand eines Gefängnisses sprengt (»Celler Loch«), um für einen V-Mann das Vertrauen von Terroristen zu gewinnen, scheint alles möglich.

Schön ist sie, sie weiß, was sie will, redet im Fernsehen bei Alfred Biolek wie eine gelernte Politikerin und bei Thomas Gottschalk wie ein Star aus dem Showbusiness. Sie muss das alles für ihn getan haben, um seine Sympathiewerte zu erhöhen, ja auch, um für ihn Wählerstimmen zu gewinnen. In ihren Erinnerungen an die Ehejahre klingt ihr Urteil über die öffentliche Vermarktung ihrer Schönheit, ihres Charmes und ihrer Power dann allerdings so, als habe sie sich dafür überwinden müssen: Von Anfang an sei ihr das verdächtig gewesen, habe sie darunter gelitten.

Schon früh macht sich Hiltrud Schröder Gedanken über die Rollenverteilung in ihrer Beziehung. Die Politikerfrau alten Typs will sie auf keinen Fall sein, nicht wie so viele andere als unbezahlte Hilfskraft im Dienste der Bundesrepublik Deutschland im Hintergrund wirken. Der

Hochglanz-Frauenzeitschrift »Cosmopolitan« sagt sie: »Ich würde es nicht aushalten, was in einigen Politikerehen offenbar Norm ist: zu Hause die Frau als psychischer Sandsack und zuständig für das Ressort Familie und Harmonie, und dann irgendwo in Bonn eine zweite im Ressort Zärtlichkeit.« An den Stammtischen in Bonn oder Hannover, wenn unter Politikern und Journalisten eben jenes Thema schon mal an die Reihe kommt, weil wieder dieser oder jener bei einem »Fisternöllchen« ertappt worden ist, wie man im Rheinland sagt, wischt Schröder jede Verdächtigung in seine Richtung mit großer Geste und mit immer dem gleichen unvollendeten Satz zurück: »Ich doch nicht. Doch nicht bei dieser Frau...« Wahrscheinlich hat er im Hinterkopf, was Hillu in einem anderen Interview für den Fall des Falles angedroht hat. »Wenn mein Mann etwas mit einer anderen hätte, dann würde hier die Hütte brennen.« Diese Neigung zu Feuerzauber ist später noch einmal mit ihr durchgegangen. Nach der Trennung, so gestand sie öffentlich, hätte sie ihm seine Klamotten nicht hinterherwerfen sollen, sondern besser mit Rasenmäherbenzin übergossen und angezündet.

Vorläufig aber lodert allein das Feuer der Leidenschaft in der Ehe, bei ihm in der Leidenschaft für die Karriere und bei ihr in der Leidenschaft, an der Seite eines immer bedeutender werdenden Mannes ihre

Der Familienmensch. Zusammen mit Hillu und deren Töchtern Wiebke (l.) und Franca

Vorstellungen von Politik in die Öffentlichkeit transportieren und am Ende vielleicht auch verwirklichen zu können. Die Macht in Niedersachsen soll errungen werden. Was 1986 noch knapp danebenging, muss 1990 endlich gelingen. Hiltruds Mann soll Ministerpräsident werden. Damit das klappt, muss Gerd ein Vorher-Nachher-Programm nach Art der Typenberaterinnen bei der Frauenzeitschrift »Brigitte« durchlaufen. Jeans und Pulli werden aus der Garderobe verbannt, seine Anzüge haben jetzt italienischen Schnitt. Er muss mehr lesen, Tennis spielen lernen – das proletarische Kicken in der Juristenelf hört auf –, und er muss abnehmen. Die Haare liegen lockerer, sind kürzer und trotz fortschreitenden Alters auch eine Spur dunkler. Die Krawatten passen jetzt zum Hemd und zum Anzug, Hillu gleicht aus, was ihm an geschmacklicher Sicherheit abgeht. Gegen Ende der Beziehung wird auch dies wieder zum Thema: Wenn er morgens schlecht gelaunt in die Staatskanzlei in Hannover kommt, dann kann es schon einmal daran gelegen haben, dass ihn seine drei Frauen zu Hause in Immensen mehrfach vom Frühstückstisch wieder nach oben an den Kleiderschrank geschickt haben, weil er bei der Auswahl der Krawatten oder auch der Socken und Schuhe danebengegriffen hatte. Wenn sie ihn dann auch noch »Gerda« genannt haben, weil das in einem von Frauen dominierten Regime einfach besser passt, dann hat seine »Macho«-Seele wieder einen Schlag wegbekommen. »Eine unerbittlichere Kritikerin gibt es nicht«, stöhnt er einmal, »manchmal macht mich das verrückt, dass gerade dann, wenn mich mal alle gut finden, sie sagt: ›Ja, du warst wie all diese anderen geölten Dutzendtypen auch‹.«

Was ihm aber wirklich den Rest gibt, sind die Tagesbefehle, die bei solchen Gelegenheit ausgegeben werden: Gerd, heute musst du die Sache mit dem Krötentunnel klären. Gerd, rede mit dem Landwirtschaftsminister wegen der bedrohten Feuchtbiotope. Gerd, nächste Woche behandelt der Bundesrat das Thema Tiertransporte. Am Anfang bewundert Schröder das All-überall-Engagement seiner Frau und deren Töchter, später leidet er darunter, am Ende kann er es nicht mehr ertragen. Als Niedersachsen im Bundesrat eine Initiative zur Vermeidung von Tiertransporten startet mit dem Ziel, sie so weit wie möglich einzuschränken, lästern Korrespondenten in Bonn ganz offen, Antragsteller sei keine Landesregierung, sondern eine einzelne Gattin eines einzelnen norddeutschen Ministerpräsidenten.

Nach außen hin funktioniert die »Firma Schröder« glänzend. Vor der Wiederwahl 1994 als Ministerpräsident lassen sich beide erneut auf riesigen Plakatwänden ablichten, diesmal aber ohne jede programmatische Aussage. Das bloße Erscheinen genügt. In Niedersachsen wird sie bewundert, aber auch belächelt. Sie ist Präsidentin der Bibliotheksgesellschaft Niedersachsen, des Vereins der Herrenhäuser Gärten und nicht zuletzt der Landesstiftung Kinder von Tschernobyl. Um die 20-mal reist sie an der Spitze einer Delegation in die Ukraine, in die verseuchte Landschaft rund um das geborstene Atomkraftwerk. Sie sammelt unermüdlich Geld, um verstrahlten und erkrankten Kindern einen Urlaub zu ermöglichen oder um die Krankenhäuser dort mit dem Notwendigsten auszustatten. Gerd hält Vorträge vor Industriellen und kassiert dafür bis zu 20 000 Mark, nicht für sich, alles zum Wohle der Stiftung. Es sieht fast so aus, als wäre das ein gewolltes Wechselspiel. Schröder pflegt die Nähe zur Auto- und Energiewirtschaft, baut sein Image auf als Macher und Realpolitiker. Seine Frau steht für das ökologische Gewissen, sozusagen die grüne Seite der niedersächsischen Regierungsfirma in Familienbesitz.

Sie selbst sieht die Entwicklung tatsächlich so. »Seitdem die Grünen nicht mehr an der Regierung beteiligt waren«, schreibt Hiltrud Schröder über die Zeit nach 1994, wendeten sich Naturschutzverbände und Tierschützer häufig direkt an mich, und ich fühlte mich verpflichtet, deren Interessen, die auch die meinen waren, zu vertreten … In immer größerem Maße wurde ich um Mithilfe gebeten, wenn es um Aufgaben des Umweltschutzes ging. Ob es sich um die Erhaltung von Lebensräumen für Störche und Fledermäuse handelte, den Schutz nordischer Wildvögel oder den Ankauf von Streuobstwiesen – die große Bereitschaft bei Unternehmen, Banken und privaten Sponsoren, diese Projekte zu unterstützen, ließ viele davon gelingen.«

Im Lande wird bald offenbar, dass die Frau des Ministerpräsidenten überzieht. Geradezu legendär ist jener Vorfall geworden, als sie in der Staatskanzlei in der Planckstraße in Hannover ein Interview des stellvertretenden Chefredakteurs der »Bild«-Zeitung, Paul C. Martin, mit ihrem Mann in dessen Amtszimmer mit den Worten unterbricht: »Hopp, hopp, hopp, meine Herren. Jetzt bin ich hier.« Sie braucht den Schreibtisch und das Telefon, um für ihre Tschernobyl-Stiftung zu wirken, der Ministerpräsident und der einflussreiche Boulevardjournalist müssen sich bedröppelt einen anderen Raum suchen.

Den Vergleich mit Hillary Clinton, der in diesen Zeiten immer häufiger in den deutschen Medien auftaucht, findet Hillu übrigens unpassend, aber nicht etwa, weil die Frau des amerikanischen Präsidenten in einer ganz anderen Liga spielt, sondern weil diese nach der Beobachtung von Hiltrud Schröder richtig Politik machen durfte, während ihr dieser Wunsch versagt blieb. »Wer mir«, heißt es in ihrer Autobiografie, »die Frage stellte, ob ich mich für eine zweite Hillary halte, dem antworte ich: ›Quatsch‹. Die einzige vernünftige Antwort auf eine einfältige Frage. Es gab nur eine Parallele, die ich zwischen Hillary und Hiltrud – abgesehen von den gleichen Anfangsbuchstaben – ziehen konnte, nämlich, dass wir als Politikerfrauen mehr als guten Tag zu sagen haben. Das war's dann auch schon. Hillary durfte Politik machen, ich redete ab und zu über Politik, wenn man davon absieht, dass im weitesten Sinne alles Politik ist.«

In dieser Zeit fängt Schröder an, in der Öffentlichkeit auch schon mal über die Marotten seiner Frau zu lästern. Er beklagt sich mit gespielter Leidensmiene, dass er zu Hause kein Fleisch mehr zu essen bekomme, weil sich das Vegetariertrio weigere, ihm ein solches Essen zuzubereiten. Später, bei der Sommerreise 1995 durch den Norden Niedersachsens verrät er dann im Kreise von Bonner Journalisten, der angebliche Schnitzelkrieg daheim sei ihm vollkommen gleichgültig: »Überlegt doch mal, wie selten ich zu Hause esse.« Aber die Geschichte mit der Weihnachtsgans muss er doch noch loswerden, wie der nette Nachbar in Immensen Heilig Abend vor der Tür stand und das schon liebevoll zum Braten vorbereitete Tier im Topf als Geschenk vorbeibrachte, nicht ahnend, dass das gestrenge Frauenregiment ein solches Mahl zutiefst ablehnte. Da stand er nun, der Ministerpräsident, der den lieben Nachbarn nicht vor den Kopf stoßen wollte und zugleich den Druck der Familie im Rücken spürte. »Ich hab' die Gans wechtun müssen«, sagt Schröder und man sieht ihm an, dass er das immer noch für eine Sünde hält.

Aber es sind nicht die Essensgewohnheiten, die die Ehe des Traumpaares Schröder am Ende scheitern lassen. Auch nicht, dass er anfängt, bei seinen Freunden darüber zu klagen, er müsse auf dem Sofa im Flur schlafen, wenn er mal ein Bier zu viel getrunken habe. Am Ende ist er schon ganz ausgezogen aus dem ehelichen Schlafzimmer, ins Gästezimmer, wo auch die Käfige der Meerschweinchen stehen. Die hohen moralischen Ansprüche seiner Frau und seiner Stieftöchter an seine Politik kann und will er nicht mehr erfüllen. Was er früher so toll fand, nervt ihn jetzt: »Sie nimmt mich in die Pflicht, meine Handlungen immer wieder einer Rechtfertigung zu unterziehen.« Jetzt reden nicht mehr nur die Leute in Niedersachsen, die Medien schreiben schon: »Keine andere Frau mischt sich so selbstverständlich in die Politik ihres Mannes ein wie Hiltrud Schröder. Die Frau an Gerhard Schröders Seite ist selbst zu einem Politikum geworden« (»Süddeutsche Zeitung«).

Da war es immerhin schon eine Weile her, dass sie in einer Sendung des Talkmasters Reinhold Beckmann mit Christa Müller und Jutta Scharping sagte, sie traue sich aus dem Stand ein Ministeramt zu, ganz gleich, welches.

Im kleinen Kreis hat Schröder später erzählt, er habe lange gezögert, überhaupt an eine Trennung zu denken. Er habe sich nicht wehren können gegen den Gedanken, dass er den Traum von der Kanzlerkandidatur auf lange Zeit vergessen könnte, wenn man ihm das Etikett des Unbeständigen, Bindungsunfähigen anhängen würde. Für seine Frau stellte es sich so dar, als habe er hinter ihrem Rücken die Demontage der Firma Schröder schon begonnen:»Einige mit Gerhard befreundete Journalisten begannen am Image der guten Hillury zu kratzen, sie waren wirklich bestens versorgt mit Insiderinformationen, die eigentlich niemand haben konnte außer den Familienmitgliedern. Eine Journalistin nahm Anfang 1996 sogar Franca und Wiebke aufs Korn. Sie spottete über den weiblichen ›Untersuchungsausschuss in Immensen‹, dem der arme Regierungschef Rechenschaft ablegen musste, wenn er dem Bundespräsidenten Herzog bei dessen Antrittsbesuch einen gentechnischen Betrieb vorführte. Dabei glaube ich nicht, dass es die Leser sonderlich interessierte, was die Familie Schröder ihrem Oberhaupt in den eigenen vier Wänden sagte oder nicht.«

Schröder selbst beginnt, Signale über das Ende der Beziehung auszusenden, die nicht gleich von allen verstanden werden. Dazu zählt vermutlich auch das Testgespräch über die Neue im »Isola d'Ischia«, mehr noch eine aufschlussreiche Bemerkung im Fernsehen. In der ZDF-Sendung »Was nun, Herr Schröder?« bittet ihn ZDF-Chefredakteur Klaus Bresser zum üblichen Spiel, halbe Sätze zu vollenden. Die Worte»Hiltrud und Gerhard Schröder sind…«, ergänzt der Ehemann auf Abruf vollkommen emotionslos mit »…ach, das ist auch so eine Legende.«

Als ein paar Wochen später, im März 1996 ruchbar wird, dass Schröder ein Verhältnis zu einer Münchner Journalistin aufgebaut habe, ist es schließlich Hiltrud, die ihm nach einer abendlichen Generalbeichte den Koffer vor die Tür stellt. Er hat gerade noch Zeit, ein paar Sachen zu packen, da startet sie schon den Geländewagen, mit dem sie ihn zur Staatskanzlei nach Hannover fährt. Den Rest der Nacht muss der Hinausgeworfene auf einem Bürosofa verbringen, bevor er seine getreue Sekretärin Doris Scheibe und deren Mann Reinhard, einen alten sozialdemokratischen Weggefährten, am Morgen anrufen kann, damit man ihn aus seiner misslichen Lage befreien möge.

Den Zustand, in dem sich Schröder in diesem Moment befindet, hat
Björn Engholm einmal in einem vollkommen anderen Zusammenhang
als »existenziellen Ausnahmezustand« beschrieben, weil er nicht verbreiten wollte, dass er zuviel getrunken hatte. Als Doris Scheibe im
Laufe des Vormittags des 4. März 1996 noch einmal einen Blick ins
Gästezimmer ihres Hauses wirft, sagt Schröder gerade: »Komm, Reinhard, mach noch 'ne Flasche auf.« Man leert auch die, dann holt er
den fehlenden Schlaf nach. Obwohl er wusste, dass die Ehe mit Hiltrud und damit die Leidenszeit endgültig zu Ende ist, obwohl sein
Beziehungsmotto nach den eigenen Worten ja lautet: «Ich kann nicht
über eine längere Zeit betrügen«, ist das Ego Schröders schwer angeschlagen an diesem Morgen. Er ist rausgeflogen zu Hause, als letzten
Liebesdienst hat sie ihn in sein Büro gefahren, damit er kein Taxi rufen
muss und die Geschichte ruchbar wird, bevor seine Leute die Kata-
strophe für ihn in Worte fassen können. Die Staatskanzlei verbreitet
nur wenige Stunden später die knappe Erklärung: »Der niedersächsische Ministerpräsident Gerhard Schröder und seine Frau Hiltrud Schröder haben sich getrennt. Sie unterhalten zwei Wohnungen. Zu den
Beweggründen wird es keine Interviews und Erklärungen geben.«
    Im fernen Bonn gibt es noch ein paar Leidtragende. Für diese Woche
ist bereits lose ein Saumagen-Essen anberaumt gewesen. Das pfälzische Nationalgericht ist damals gerade groß in Mode dank der Wer-
bung, die Bundeskanzler Helmut Kohl dafür gemacht hatte. Eher beiläufig erwähnt sein späterer Herausforderer einmal, er habe Saumagen
noch nie gegessen, sei aber neugierig, wie das eigentlich schmecke.
»Hillu macht mir das bestimmt nicht«, hat er noch geklagt. Ein Saumagen wird eigens aus Oggersheim besorgt und in der Kühlkammer
der niedersächsischen Landesvertretung aufbewahrt. Mit dem Hintergrundkreis der »Viererbande« sollte er, zubereitet unter fachmänni-
scher Beratung eines Pfälzers, verzehrt werden. Daraus wird dann
nichts mehr. Was mit dem Saumagen geschehen ist, ist bis heute unge-
klärt, irgendwann ist er aus der Tiefkühltruhe verschwunden.
    Die Boulevardpresse ist in der Folgezeit voll von Trennungsgeschich-
ten, die bunten Blätter drucken alles, was die neue Love-Story hergibt.
Vorübergehend läßt sich der frisch Verliebte bei den politischen Korrespondenten nicht blicken. Die Nachrichten über ihn kommen aus
München, wo er seine Neue spazieren führt, und aus der Gästewoh-
nung seines hannoverschen Rechtsanwalt-Freundes Götz von Fromberg, wo Schröder vorübergehend unterkommt. In der Küche der
Frombergs steht die Frau des Hauses und brät Gerd ein Schnitzel,

damit er nicht vom Fleisch fällt. Das Kapitel Hillu ist damit endgültig beendet.

Er ist durch eine harte Schule gegangen bei Hiltrud Schröder, ohne ihren zielgerichteten Ehrgeiz, ohne ihre programmatische Vielfalt, ohne ihr eisernes Durchhaltevermögen in Zeiten härtester Auseinandersetzungen unter den Genossen, hätte Schröder vermutlich nicht das notwendige Rüstzeug für eine Kanzlerschaft erworben: der Wandel vom Klappentext lesenden literarischen Schnellverwerter zum Liebhaber politischer Biografien, vom Kunstbanausen zum Kenner moderner Malerei, vom Modeagnostiker zum Brioni-Mantel-Träger. Was in Niedersachsen gerade noch erträglich war, dass die Frau des Regierungschefs in die Kabinettssitzung stürmt, um ihren Mann und seine bediensteten Minister auf Trab zu bringen für irgendeine, auf jeden Fall jedoch ganz wichtige politische Rettungstat – und zwar sofort –, wäre auf Bundesebene vollkommen unmöglich gewesen. Wieder hat eine Frau ganz offensichtlich wie dafür ausgesucht in einen Lebensabschnitt dieses Mannes gepasst, wieder war der Vorrat an Gemeinsamkeiten genau zu jenem Zeitpunkt aufgebraucht, als sich dieser Lebensabschnitt seinem Ende entgegenneigte. Die Verhältnisse in Niedersachsen, die Verhältnisse in seiner Beziehung zu Hillu – Schröder hatte genug. Es ist kein Zufall, dass sein parteiinterner Amoklauf gegen den schläfrigen Führungsstil des SPD-Bundesvorsitzenden Rudolf Scharping, der 1995 im Befreiungsschlag von Oskar Lafontaine beim Mannheimer Parteitag endete, und der Beginn der letzten Phase der Ehe zeitgleich ablaufen. Und es ist kein Zufall, dass er auf ebendiesem Mannheimer Parteitag engeren Kontakt mit jener Frau aufnimmt, die durch ihre Herkunft, ihr Naturell und nicht zuletzt ihre berufliche Erfahrung so viel besser zu einem angehenden und erfolgreichen Bundeskanzler passt, ihm das Leben und Arbeiten in diesem Job jedenfalls leichter macht, als ihre eifernde Vorgängerin. Fast so, als sei sie von einem lebenserfahrenen, professionellen Eheanbahner dafür ausgewählt worden.

Von Anfang an hat Doris Köpf den Eindruck vermittelt, dass sie von der Politik nicht wenig versteht, aber zu keinem Zeitpunkt hat sie so getan, als wolle sie an der Seite eines wichtigen Politikers die Dinge selbst gestalten. Nur sehr selten, und dann in homöopathischen Dosen, äußert sich die neue Frau an der Seite Schröders über Politik, und dennoch entsteht der Eindruck, dass sie nicht weniger energisch seinen Rücken stärkt als die Vorgängerin. Zum Jahreswechsel 2000/2001 sagt sie nach einem halb privaten, halb offiziellen Besuch des Ehepaares

Schröder beim russischen Präsidenten Wladimir Putin und seiner Frau in Moskau über ihre Rolle bei solchen Auftritten: »Es ist mein Beitrag für das Land, ich will den maximalen Erfolg meines Mannes, der Koalition und der SPD.« Dies klingt nicht nur wie ein Motto, es beschreibt die Auffassung von Doris Schröder-Köpf von der Rolle einer Kanzlergattin. Und es belegt die Eingangsthese: Es ist also tatsächlich wieder so gekommen, dass Gerhard Schröder an einem Wendepunkt seines Lebens eine Frau gefunden hat, die offensichtlich besser als ihre Vorgängerin zu dem neuen Abschnitt, zu den neuen Herausforderungen passt.

Den Feministinnen in Deutschland ist sie verdächtig gewesen, von Anfang an. Dieses goldblonde Traumfrauchen an der Seite des Machos, die nach 14 Berufsjahren ihren Job hingeworfen hat für die Ehe mit dem Traumprinzen, das kann kein Vorbild sei, wie die »Emma«-Gründerin Alice Schwarzer einmal öffentlich bedauerte. Ungefähr zur gleichen Zeit stellte die »Süddeutsche Zeitung« Doris Köpf ihrer Leserschaft als »Hausfrau mit journalistischer Vergangenheit« vor.

In Neuburg an der Donau, wo Doris Köpf geboren ist und in Tagmersheim, einem Nest im bayerischen Schwaben, wo sie später aufgewachsen ist, lernt man frühzeitig Werte kennen und achten, die sich andere erst erarbeiten müssen. Das heißt nicht, dass die junge Doris die traditionelle Frauenrolle aus der katholischen Provinz im deutschen Süden bedenkenlos auf ihr eigenes Leben übertragen hätte. Das war schon deshalb nicht möglich, weil in solchen Lebensentwürfen allein erziehende Mütter nicht vorzukommen pflegen.

Nach dem Abitur an einer Klosterschule drängt es die junge Frau in den Journalismus, den sie auf dem klassischen Wege erlernt und ausübt: Volontariat, Anstellung bei der »Augsburger Allgemeinen«. Sehr bald wechselt sie aus der Provinz nach Bonn, beruflich gesehen also aus der Landesliga direkt in die Bundesliga. Zuerst bei »Bild«, später beim Kölner »Express« arbeitet sie sich in den politischen Alltag am Regierungssitz ein: Journalistenfrühstücke, Herumlungerei vor den Fraktionstüren, viele fruchtlose und wenige erhellende Hintergrundgespräche, Pressekonferenzen und abends hin und wieder Einladungen in die Landesvertretungen oder ein Feierabendbier in der »Provinz«.

Dort verkehrt zu dieser Zeit, in der zweiten Hälfte der Achtzigerjahre, neben dem üblichen Korrespondentenklüngel die weit von der Macht entfernte frustrierte Linke der SPD, hin und wieder ist auch der Oppositionsführer aus Niedersachsen da, der in diesen Kreisen nicht gerade als Hoffnungsträger gilt. Doris Köpf hat keine Augen für ihn.

Sie ist liiert mit dem ARD-Kollegen Sven Kuntze, ein gutes Stück älter als sie, ein Vatertyp. Doch die Lebenspläne passen nicht so recht zusammen, Kuntze geht nach New York, aber Doris Köpf eilt ihm hinterher. Journalistenkollegen, die sie aus dieser Zeit kennen, sagen, sie sei außergewöhnlich anhänglich, und manche fügen dann boshaft hinzu: »Die würde der Schröder im Ernstfall nicht so leicht loswerden wie die Hillu.«

Doris wird schwanger, aber die Verbindung hält trotzdem nicht. Als Tochter Klara neun Monate alt ist, kehrt Doris Köpf nach Deutschland zurück. Sie muss wieder arbeiten, der Weltbild-Verlag in Augsburg nimmt sie auf, später wechselt sie zu »Focus« nach München. Das ist ein hartes Brot, jeden Tag die Strecke zwischen Tagmersheim, wo Klein-Klara bei der Oma aufwächst, und München, wo der Redaktionsschreibtisch steht. 120 Kilometer, einfach. Die Jahre sind hart und härten ab gegen Sprüche von selbst ernannten Wächterinnen der Emanzipation, die ihr später Vorschriften machen wollen, wie eine moderne junge Frau zu leben hat, und gegen hämische Schlagzeilen über schreibende Hausfrauen.

Wann sich Schröder und die Journalistin kennen gelernt haben, lässt sich nicht mehr genau feststellen, ist aber ohnehin nicht wichtig, seit Doris Köpf die Formulierung gebraucht hat, es sei Liebe auf den 50. Blick gewesen. Als die neue Verbindung öffentlich wurde, nur wenige Tage, ja Stunden nach der Verlautbarung der hannoverschen Staatskanzlei, da schworen Beobachter der Politikszene, sie hätten schon auf dem Mannheimer Parteitag im November 1995 die beiden an der Bar des Maritim-Hotels gegenüber vom Tagungsort »Rosengarten« sitzen sehen. Wer die Verliebtheit der beiden nicht erkannt habe, müsse blind sein für menschliche Regungen. Wenn es denn wirklich so gewesen sein sollte, haben die scharfen Beobachter jedenfalls eisern geschwiegen über einen Sachverhalt, den zu enthüllen doch Ruhm eingebracht hätte. Im Januar 1996, kurz vor dem konspirativen Einholen der Korrespondentenmeinungen im »Isola d'Ischia« trafen sich Schröder und Köpf am Rande eines Fernsehtermins des Ministerpräsidenten in der Lobby eines Frankfurter Hotels. Dem Abend in der Hotelbar folgten ein paar weitere Begegnungen. Die Kollegen in der »Focus«-Zentrale in München stecken die Köpfe zusammen, wenn Blumensträuße aus Hannover in der Redaktion abgegeben werden. Die allgemeinen Einladungen aus der niedersächsischen Staatskanzlei an die Münchner »Focus«-Zentrale wurden umgeändert in persönliche Einladungen an die »Focus«-Redakteurin Doris Köpf.

Bald schon die vierte Frau. Mit der »Focus«-Redakteurin Doris Köpf
auf einer norwegischen Öl-Bohrinsel

Eine dieser Einladungen führte nach Norwegen, auf eine Öl-Bohrinsel. Er wollte sich über Erdgasförderung unterrichten, sie sollte, obwohl es nicht gerade ihr Fachgebiet war, darüber berichten. Nach
der Rückkehr beichtete Schröder in Immensen, Rauswurf und offizielle
Trennungserklärung folgten. Jetzt wollte jeder der Mitreisenden etwas
gesehen haben, die Tränen in den Augen von Doris wurden gezählt
und beschrieben, als sich die Truppe vom Ministerpräsidenten verabschiedet habe. »Alles Unfug«, schildert Doris Köpf die Begegnung auf
hoher See später, in ihrer Gegenwart hätten Kollegen auf dem Heimweg noch über die Echtheit seiner Haarfarbe herumspekuliert, wie
hätten die das tun können, wenn sie auch nur geahnt hätten, »da sitzt
die Neue«.
Vermutlich hat sie nicht gewusst, dass ihr Liebhaber den Anlass für
Spekulationen bewusst geschaffen hat. Es war ihm von vornherein
klar, dass Fotos erscheinen würden von dieser Reise. Auf einem davon,
»Bild« hat es gedruckt, neigen sich Gerd und Doris im Flugzeug eng
einander zu. Der Fotograf, ein freier, hat auch schon gelegentlich für
»Focus« gearbeitet. Die Bilder von der Plattform, als beide mit gelben
Schutzhelmen auf dem Kopf beieinander stehen, sind dann nicht mehr

ganz so prickelnd, aber auslegungsfähig. Wie auch immer, Schröders Spiel mit den Medien funktioniert. Er will, dass die Beziehung bekannt wird, und hat Erfolg.

Als alles raus ist, braucht Schröder die moralische Unterstützung von Doris, auf der Stelle. Kaum ist er wieder wach nach der Rotweintröstung im Hause der Sekretärin, muss seine persönliche Referentin ein Flugticket von München nach Hannover für die Neue besorgen und sie ein paar Studen später auch am Flughafen abholen. Für seine Getreuen, die über Jahre hinweg schon gut mit Hillu zusammengearbeitet und zum Teil Beziehungen freundschaftlicher Art zu ihr aufgebaut haben, ist das keine leichte Aufgabe, eher eine Zumutung. Am folgenden Wochenende überredet er seinen Fahrer, ihm den Dienstwagen zu überlassen, was dieser nicht ohne Bedenken tut. Allein macht sich der niedersächsische Regierungschef auf den Weg nach München. Zuvor muss er sich bei seinen Freunden das Bargeld fürs Benzin leihen.

In den Wochen danach reist Schröder häufiger als früher nach Bayern. Er entwickelt eine erstaunliche Nähe zu dem bayerischen Ministerpräsidenten Edmund Stoiber, die sich natürlich trefflich durch die gemeinsamen Interessen um das Wohlergehen der Automobilindustrie über die Parteigrenzen hinweg beschreiben lässt. Auch die bayerische SPD freut sich mehr oder weniger über häufige Besuche aus Hannover, die allerdings alle ohne Abendtermine geplant werden. Die Medien lassen sich jetzt nicht mehr abschütteln, aber die beiden wissen ja, wie man mit ihnen umzugehen hat. In »Bild am Sonntag« bekennt Schröder, »Ja, ich stehe zu ihr«. Allmählich hören die Schmähungen auf, die es gegeben hat, bis hin zu Todesdrohungen, die in der ersten Zeit bei Doris Köpf eingegangen sind. Die bunten Blätter schaffen es, Hillu zu ein paar Revanche-Fouls zu verleiten, aber allmählich ebbt das Interesse an der alten Beziehung ab und wendet sich der neuen Frau zu.

Im September 1997 wird das ehemaligen Traumpaar der deutschen Politik vor dem Amtsgericht in Lehrte geschieden. Der Versorgungsausgleich ist so geregelt, dass es nicht billig wird für Gerhard Schröder. Er muss einen Teil seiner als Ministerpräsident erworbenen Pensionsansprüche abtreten, übernimmt Zinsen und Tilgung für das Haus und eine Pauschalzahlung in beträchtlicher Höhe. Ein wohlhabender Mann ist der Kanzler nicht, vor der Trennung schon nicht und danach noch weniger. Am 17. Oktober, 22 Tage nach der Scheidung, heiratet Schröder die 34-jährige Doris Köpf. Zur Feier in Hannover, in einem zum Hotel umgebauten ehemaligen Industriekomplex, sind vor allem Leute aus der Wirtschaft, aus der Kunst- und Medienszene eingeladen. Draußen vor dem Tor liefern sich die Fotografen Ellenbogenkämpfe wie zu besten Zeiten der »Clintons von Hannover«. Selbst die internationale Presse lässt sich zu Prognosen über das private und politische Schicksal des Provinzpolitikers hinreißen. Dabei hebt eine für alle den moralischen Zeigefinger: Die Londoner »Times« schreibt sinngemäß, nach der dritten Scheidung und der vierten Hochzeit müsse der Mann seine Ansprüche auf die Kanzlerschaft erst einmal stark zurückschrauben.

Für die Rolle als Kanzlergattin gibt es keine Ausbildung, weshalb Doris Schröder-Köpf gleich nach dem Machtwechsel 1998 – noch in Bonn – die Gelegenheit ergreift, um sich mit Hannelore Kohl zu treffen. Von der erfahrenen, viel älteren Frau habe sie wertvolle Ratschläge bekommen, sagt die Jüngere anschließend. Dass sie ihre Rolle an der Seite des Kanzlers nicht genauso sehe, wie Hannelore Kohl das getan habe, sei gewiss auch eine Generationenfrage, erläutert Doris Schröder-Köpf später einmal, aber Beobachtungen im Alltag zeigen, dass die beiden Frauen ihre Aufgabe sehr ähnlich verstanden haben. Von ihr habe sie beispielsweise auch den Rat, ausländischen Zeitungen keine Interviews zu geben. »Wenn ich Israel mache, kann ich Ägypten schlecht ablehnen, ich kann nicht Großbritannien machen und Frankreich nicht. Also lasse ich es ganz.« Als sich Hannelore Kohl im Sommer 2001 das Leben nimmt, begnügt sich Doris Schröder-Köpf nicht mit der offiziellen Kondolenzbekundung durch das Kanzleramt, sondern läßt eine persönliche Trauerbotschaft veröffentlichen mit der erneuten Versicherung, sie habe viel von Hannelore Kohl gelernt.

Obwohl der Kanzler das Spiel mit den Medien nach wie vor liebt und beherrscht, ist eine Neuauflage einer öffentlichen Ehe wie zu Zeiten von Hillu und Gerd undenkbar. Dies hat nicht allein mit der Würde des neuen Amtes zu tun, auch mit dem Reifeprozess Schröders und den beruflichen Erfahrungen seiner Ehefrau. Für Fotografen und Kameraleute ist Tochter Klara tabu, dafür gibt es hin und wieder Exklusivgeschichten in den bunten Blättern mit Mutter Doris. Wer sich nicht an die Abmachungen hält, bekommt es mit den Anwälten zu tun, falls nötig, auch mit den Staatsorganen. Als sich Reporter eines Verlages, der vor allem die Auslegeware für Wartezimmer publiziert, als Handwerker verkleidet in der Schule Klaras zu schaffen machten, war solch eine Schmerzgrenze erreicht. Seither herrscht Ruhe. Wenn Doris Schröder-Köpf selbst die Öffentlichkeit sucht, dann tut sie das ganz in der Tradition früherer Kanzlerfrauen. Hannelore Schmidt machte sich stark für den Schutz der bedrohten Natur, Hannelore Kohl für hirngeschädigte Unfallopfer, Doris Schröder-Köpf hat sich unter anderem der Hilfe für Drogenopfer und dem Sorgentelefon für Kinder und Jugendliche verschrieben. PR-Termine für karitative Zwecke nimmt sie wahr, die Post, die sie regelmäßig bekommt, wird beantwortet. Dafür hat sie im neuen Kanzleramt in Berlin ein kleines Büro, das sie in der Regel einmal die Woche besucht. Hier trifft dann wieder der Begriff zu, den einst Diplomatenfrauen geprägt haben, der aber auch auf viele Frauen von Spitzenpolitikern zutrifft: Sie arbeiten – ohne Auftrag und ohne Bezahlung – im Dienste der Bundesrepublik Deutschland mit.

Es sei ein Segen für ihn, hat er im Oktober 2001, dem Berliner »Tagesspiegel« erzählt, dass seine Familie in Hannover wohnen geblieben sei. Wenn er sich dorthin zurückziehe, dann könne er wirklich abschalten. Einen Kanzler, das steckt in dieser Bemerkung, der sieben Tage die Woche für 24 Stunden im Dienst sei, den können sich die Deutschen nicht wünschen. Und zu Hause, das sagt die Bemerkung auch, das ist dort, wo ein Spitzenpolitiker nach all dem Output wieder emotionalen Input bekommen kann. »Er braucht mich«, hat Doris Schröder-Köpf einmal gesagt, »ich brauche ihn. Man ist der Mensch, dem sich der andere am weitesten öffnet. Dem man sich wahrscheinlich auch am weitesten anvertraut.«

Es gibt noch einen weiteren Grund dafür, dass sich Schröder nach dem Scheitern seiner Beziehungen sofort wieder fest gebunden hat. Ein Grund bei den Trennungen mag jeweils gewesen sein, dass er sich nicht einengen lässt: Er muss dann weg. Andererseits aber kann er nicht gut allein sein. Auch weil er nichts mit sich anzufangen weiß: Er neigt jedenfalls nicht in übertriebenem Maße zur Selbstreflexion. Dass er im Privaten ein Fluchtmensch ist, ist auch auf die Politik übertragbar. Nicht in dem Sinne, dass er vor der Verantwortung fliehen würde. Im Gegenteil. Wenn er so reagiert, dann durch die Flucht nach vorn.

FÜNFTES KAPITEL

Lehrjahre in Bonn

Es ist vor allem diese eine, oft erzählte und genauso oft von der Hauptperson bestätigte Anekdote, die belegt, dass der hannoversche Rechtsanwalt Gerhard Schröder in den Achtzigerjahren Abgeordneter des Deutschen Bundestages in Bonn war. Daneben hat sich nicht viel eingeprägt in das Erinnerungsvermögen der Fraktionsältesten, die ihn noch im Bauausschuss erlebt haben, wo er, unter der Anleitung von Franz Müntefering beschäftigt mit den Themen Bau und Raumordnung, den Parlamentarismus lernte, oder als Redner in allen Jugendfragen: »Er hat damals nie 'ne Krawatte getragen. Offenes Hemd oder Rollkragenpullover. Für die Konservativen war er ein absolut rotes Tuch«, erinnert sich einer von ihnen. Der Juso-Vorsitzende, der zu Beginn seiner Amtszeit angekündigt hatte, er strebe kein Landtags- oder Bundestagsmandat an, hat also zum wiederholten Mal in seinem Leben eine Kehrtwendung gemacht.

Die Geschichte trägt den Titel »Ich will hier rein«, hat als Hauptakteur den mindestens angetrunkenen Hinterbänkler Schröder und ein paar Zechkumpanen aus der »Provinz«, aus einer Bonner Parlamentarier- und Journalistenkneipe kommend, die längst nicht mehr besteht. Und sie ist von jener Art, aus der die so genannten »urban legends« gestrickt sind, die man vom Hörensagen kennt, von einem Bekannten, der einen kennt, dessen Bekannter dabei gewesen ist. Kern der Aussage: Schon früh im Leben wusste einer, was er einmal werden wollte. Kleine Jungs fahren im Rheinland so schnell mit Gokarts herum, dass man schon sehen kann, dass einer von ihnen einmal Formel-1-Weltmeister werden wird, hohe Würdenträger der katholischen Kirche sollen schon als Kind mit dem Kaffeewärmer auf dem Kopf als Bischof posiert haben, und es gibt bestimmt ein Dutzend ehemaliger Schüler des früheren Gymnasiums an der Leuschnerstraße in Ludwigshafen-Friesenheim, die in den Nachkriegsjahren den jungen, vielleicht gerade mal 18-jährigen Helmut Kohl den Satz haben hinausposaunen hören: »Ich werd' mal Bundeskanzler.«

Der Hinterbänkler Schröder ist mehr als doppelt so alt, als er sein Gelöbnis ablegt. Er selbst erzählt den Vorfall nüchtern: »Na ja, wir hatten halt schon einiges getrunken, da sind wir da vorbeigekommen, und ich hab mich da an den Zaun gehängt. Es stimmt schon, dass ich gerufen habe, dass ich da rein will.« Detailreicher ist die nächtliche Szene im Magazin »Stern« beschrieben worden: »Auf einmal«, heißt es in einem Porträt, »hing er da am Zaun des Kanzleramts, kletterte hoch wie ein Affe und brüllte den immer und immer wieder zitierten Satz. Jeden anderen, der gebrüllt hätte, dass er da rein wolle, hätte man ausgelacht. Doch bei Schröders Ausbruch, so erinnern sich die Zeugen jener Nacht, blieben sie stumm. Er sei in jenem Moment auf so ergreifende Weise überzeugend und willensstark gewesen. Später noch habe Schröder diesen Ausbruch mit den Worten bekräftigt, »Wenn man nur eins will im Leben, dann kriegt man das auch.«

Lange vor diesem prägenden Erlebnis heißt das für den ehemaligen Juso-Vorsitzenden, die SPD in Hannover davon zu überzeugen, ihm bei der anstehenden Bundestagswahl 1980 einen Wahlkreis zu überlassen. Im Grunde ist das Unterfangen aussichtslos. Die SPD in der Landeshauptstadt, von Schröder und seinen linken Genossen häufig als »königlich hannoversche Sozialdemokraten« verspottet, stehen stramm auf dem rechten Flügel der Partei. Ihr Vormann ist Egon Franke, Bundesminister für Innerdeutsche Beziehungen, und Anführer der Bonner »Kanalarbeiter«, der persönlichen Schutztruppe von Bundeskanzler Schmidt.

Franke, der regelmäßig beim hannoverschen Schützenfest die Kunst zelebriert, das einheimische Kultgetränk »Lüttje Lage« zu sich zu nehmen, wobei der Korn aus möglichst mehreren kleinen Gläsern in Kaskaden in ein Braunbierglas rinnen muss, um von dort ohne Verlust im Schlund zu verschwinden, gilt in Hannover als Urbild eines Sozis, den man in der niedersächsischen Hauptstadt und ihrem landwirtschaftlich geprägten Umland gut ertragen kann.

Die »Lüttje Lage«, die beim Einschenken der kleinen runden Gläser nach Metern bemessen wird, beherrscht Schröder nicht annähernd im gleichen Maße wie der Lokalmatador. Gleichwohl lässt er sich nicht schrecken und tut das, was er im Laufe seiner späteren Karriere noch ein paarmal praktiziert: Noch bevor seine möglichen Widersacher sich formieren können, wirft er seinen Hut in den Ring. »Die hätten«, begründet er seine Art der Kandidatenbenennung hinterher, »im Zweifel eher den CDU-Kandidaten als mich unterstützt.«

Franke ließ den jungen Spund Schröder an die Kandare nehmen. Hans Striefler, der verschwiegene Parteigeschäftsführer und enge Vertraute des Kanalarbeiter-Chefs, wurde zur Betreuung abgestellt. Früher als mancher andere erkannte Striefler die Begabung des jungen Nachwuchspolitikers, aber er hatte auch dafür zu sorgen, dass sich dieser nicht ungebührlich in den Vordergrund spielte. Also musste Schröder jede Presseerklärung, jede Verlautbarung vor der Veröffentlichung vorlegen, was zur Folge hatte, dass etliches in den Papierkorb wanderte. Spätestens in dieser Lage merkte Schröder, dass er sich ein eigenes Netz von Informanten und Medienleuten aufbauen musste. »Die Kontakte«, erinnert sich Schröders langjähriger Skatpartner Hans-Peter Sattler, als damaliger Landtagskorrespondent der »Hannoverschen Allgemeinen Zeitung« einer des besten Kenner der hannoverschen Szene, »die Kontakte, die Schröder mit Journalisten knüpfte, denen er nicht unsympathisch war und die in ihm nicht den Gottseibeiuns gesehen haben, konnte die Partei nicht kontrollieren. Der Partei hat es nicht geschadet und dem scheinbar informationsfreudigen Schröder, der schnell begriff, wie Zeitungs- und Rundfunkleute zu instrumentalisieren sind, erst recht nicht.«

In dieser Zeit startet Schröder einen ersten Probelauf, wie man mit den Medien spielen kann, wenn man ein wenig Fantasie walten lässt. In der Illustrierten »Stern« erscheint eine kleine Personalnotiz. Darin wird das bittere Los der verwilderten Hauskatzen auf einer warmen spanischen Insel geschildert, das den Jungsozialisten Schröder, der dort seinen Urlaub verlebt, mit grenzenlosem Mitleid erfüllt. Täglich kaufe er Dosen mit Katzenfutter, öffne sie und stelle sie an einer Ecke der Plaza ab, damit sich die armen Tiere wenigstens in der Zeit seines Urlaubs den Bauch voll schlagen sollten, heißt es in der rührseligen Geschichte. »Nichts an der Geschichte war zutreffend«, sagt Sattler, »außer der Tatsache, dass Schröder auf der Insel ein paar Tage zugebracht hatte. Katzen sind ihm bis heute zuwider.« Aber Schröder verfügt über den untrüglichen Instinkt, wann er den Medien etwas bieten muss, beinahe gleichgültig, was.

Für den Wahlkreis 38 (Hannover Land I) haben die Funktionäre eine Frau vorgesehen, die Fachhochschulprofessorin Monika Ganseforth. Sie wohnt im ländlich geprägten Wahlkreis zwischen Neustadt am Rübenberge und Lehrte, im Gegensatz zu dem »Städter« Schröder. Als ein Bezirksparteitag im Dezember 1979 zwischen den beiden entscheiden muss, fällt die Wahl doch recht deutlich auf den forschen Parteilinken. Möglicherweise hat ihm geholfen, dass der alte Georg »Schorse« Diederichs, Niedersachsens früherer Ministerpräsident, ein Kurzgedicht für ihn vortrug: »Soll der Höhenflug gelingen, müssen breite Flügel schwingen.«

Unter den Delegierten sitzt eine junge Frau. Sie ist ganz angetan von dem Kandidaten, seit sie ihn einmal in einem Telefongespräch kurz kennen gelernt hatte. Sie hatte ihn angerufen, weil er als Rechtsanwalt in einem Prozess gegen die Gewerkschaft aufgetreten war. Er habe sie aber, erinnert sich Hiltrud Hampel, später Schröder, »in einem glänzenden Plädoyer« von seiner Position überzeugt. Auf der Versammlung war es dann um sie geschehen: »An dem Mann gefiel mir wirklich vieles. Seine Ansichten, die klare Sprache, die knappe Gestik, sein kantiges offenes Gesicht, in das keck eine schwarze Locke fiel.«

In ihrem Buch »Auf eigenen Füßen«, kurz nach der Trennung 1996 veröffentlicht, schildert sie eine der Vorabstimmungen aus der Sicht einer Delegierten: »Live gefiel er mir sogar noch besser. Als der SPD-Ortsverein Burgdorf im Winter 1979 auf einer Mitgliederversammlung darüber abstimmte, welcher Kandidat die Partei im Wahlkreis Hannover-Land vertreten sollte, saß ich erwartungsvoll im Saal. Meine Stimme hätte er, glaube ich, sowieso bekommen. Aber Schröder hielt auch von allen drei Bewerbern die mit Abstand pfiffigste Rede. Er vertrat offen linke Positionen, wetterte gegen Kernenergie und Berufsverbote, attackierte den Nachrüstungsbeschluss, und mit dem Bekenntnis, ›Helmut Schmidt hat im Grunde doch alles im Griff‹ und ›Ich bin ein politischer Realist‹ überzeugte er am Ende auch Skeptiker, die ihn – verunsichert von der CDU-Propaganda – für einen verkappten Kommunisten hielten.« Mit wenigen Sätzen, hat Hiltrud Schröder eine charakterliche und politische Kurzstudie über ihren früheren Mann geliefert: Linke Positionen verbunden mit dem Bekenntnis, Helmut Schmidt mache alles richtig.

Den Gegenkandidaten von der CDU kennt Schröder schon länger. Dietmar Kansy, in Potsdam geboren, als CDU-Ratsherr in der Nachbargemeinde Garbsen schon lange im hannoverschen Umland zu Hause, ist damals 41 Jahre alt und Tiefbauingenieur. Die beiden haben einigen Respekt voreinander, die Wucht, mit der die niedersächsische CDU im Wahlkampf gegen Schröder losschlägt geht jedenfalls nicht von seinem Gegenkandidaten aus. Kansy, der sich als Vorsitzender der Baukommission des Bundestages in den Neunzigerjahren Ansehen erwirbt, weil er ohne grosses Aufsehen sozusagen den Immobilienteil des Umzuges von Bonn nach Berlin managt, erinnert sich lebhaft an das Lagerdenken in diesen Jahren. Seine Partei habe damals versucht, Schröder zu einer Art »Kinderschreck« aufzubauen, als gefährlichen, fanatischen Klassenkämpfer, »der er schon damals gar nicht war«. Im direkten Umgang der beiden miteinander neigt Schröder zur Arroganz, nennt seinen Gegner schon mal »Kacke-Kansy«, weil dieser beruflich mit den Kläranlagen des Landkreises zu tun hat. Bei den zahlreichen Podiumsdiskussionen zwischen beiden gibt der ehemalige Juso-Vorsitzende den Ton an, spielt den theoretisch Sattelfesten, der er gar nicht ist, agiert nach dem Motto »bundesweit bekannter Jungpolitiker trifft auf stellvertretenden Landrat«. Im Nebenzimmer einer Gastwirtschaft in Lehrte schickt der Podiumsteilnehmer Schröder den Diskussionsleiter, einen Politikredakteur der »Hannoverschen Allgemeinen« und noch ein paar Jahre jünger als er selbst, den Mitdiskutanten Kansy, den Veranstalter von der Kreisvolkshochschule und die zugegebenermaßen nicht mehr als vier oder fünf Zuhörer an einem Mittwochabend gegen 20 Uhr nach Hause, weil im Fernsehen die Übertragung eines internationalen Fußballspiels beginnt. Gebracht hat der Abend ohnehin nicht viel, allenfalls die Erkenntnis, wer der Chef im Ring ist.

Die Härte, die die Christdemokraten in Hannover gegen den ehemaligen Juso Schröder entwicklen, ist nur unter den damaligen bundespolitischen Bedingungen zu verstehen. Kanzlerkandidat der Union war der bayerische Ministerpräsident und CSU-Vorsitzende Franz Josef Strauß. In einer nächtlichen Kampfabstimmung hatte er sich im Sommer 1979 in der Bonner CDU/CSU-Fraktion gegen den damaligen niedersächsischen Ministerpräsidenten Ernst Albrecht durchgesetzt. Die Union im Norden ist enttäuscht, weil sie sich für den in Stil und Auftreten – im Vergleich zu Strauß – feineren Albrecht größere Chancen gegen den Hanseaten Schmidt ausgerechnet hat als für den bayerischen Poltergeist. Doch als Strauß obsiegt hat und zum gemeinsamen Kandidaten der Union gekürt worden ist, wollen sich gerade die Nordlichter in Hannover nicht nachsagen lassen, den Wahlkampf nur halbherzig zu führen. Da kommt ihnen dieser Schröder gerade recht.

Die Union belebt den alten Slogan »Freiheit statt Sozialismus« wieder, die SPD setzt »Strauß verhindern« dagegen. Während Schröder und Kansy eifrig durch die Nebenzimmer der Wirtshäuser tingeln und sich bisweilen mehrmals die Woche auf den Podien der Kreisvolkshochschule, der Landfrauen und der sonstigen Veranstalter von Kandidatenbefragungen treffen, machen konservative Kreise mobil gegen einen vermeintlichen Staatsfeind. In den Lokalausgaben der Zeitungen im Landkreis Hannover erscheinen Anzeigen, in denen »der Marxist Schröder« als »Kopf der Moskau-Fraktion« vorgestellt wird, vor dem die Menschen am äußersten Südrand der Heide und darüber hinaus gewarnt werden müssten.

Schröder keilt zurück. Im Parteiblatt »Vorwärts« verbreitet er die Warnung, ein Sieg von Strauß bei den Wahlen würde Deutschland »in einen autoritären Parteistaat führen«. Unter dem Druck der CSU habe sich die CDU »in eine erzreaktionäre Partei mit fließenden Übergängen zum organisierten Rechtsradikalismus verwandelt«. Im Bayerischen Fernsehen sollen in einer Diskussionsrunde Nachwuchspolitiker zu Wort kommen, Schröder ist als Lieblingsfeind natürlich dabei. Als Alfred Sauter, der Vorsitzende der Jungen Union in Bayern die Jusos und die Jungdemokraten – die linken Vorläufer der Jungliberalen – mit »sonstigen Kommunistenspezies« in einen Topf wirft, giftet Schröder zurück: »Herr Sauter, wenn Sie weiter so einen Unsinn reden, lasse ich künftig die zweite Silbe ihres Namens weg.« Den Ring Christlich-Demokratischer Studenten (RCDS) nennt er die »Strichjungen von Franz Josef Strauß«. Die Wogen schlagen hoch, die Betroffenen stellen Strafantrag, eine willkommene Gelegenheit für den Juristen Schröder, den Vorwurf im Gespräch zu halten. Die Strafsache verläuft später im Sande.

Der Wahlkampf in der Provinz ist mühsam. Schröder kauft sich einen VW-Bus. In großen Lettern prangt sein Name darauf, daneben sein Porträt. Von der Partei kommt dafür nicht viel an Unterstützung. In zwei Monaten karrt er um die 15 000 Kilometer zusammen, immer Peine, Pattensen, Paris, wie die Leute in der Gegend scherzhaft sagen, wenn einer mal die Grenzen des Landkreises überschreitet. Anstecker, Buttons genannt, sind damals gerade groß in Mode gekommen, und Schröder lässt natürlich welche herstellen, knallrot, mit der schlichten Botschaft »Schröder '80«. Er verteilt sie auf Marktplätzen und vor Werkstoren, aber in Teilen des Wahlkreises gehört schon Bekennermut dazu, den Anstecker zu tragen.

Viele Genossen bleiben skeptisch bis zum Schluss, ihre Unterstützung ist eher lau. Bei einer Einladung zur Fahrradtour mit dem Kandidaten in Burgdorf hat nur eine Genossin ihr Rad mitgebracht. Einer will rasch nach Hause, sein Zweirad holen, aber als er wiederkommt sind Gerhard Schröder und die unbekannte Schöne schon weg. Hiltrud heißt sie, erfährt der Kandidat im Laufe des Tages, sie ist verheiratet, noch, und das paßt ganz gut, weil bei ihm zu Hause die Verhältnisse ähnlich stehen. Was sich da anbahnt zwischen den beiden Radfahrern beeinflusst den Wahlkampf noch nicht unmittelbar, erst später wird daraus jenes Ehepaar, das als erstes in Deutschland eine Politikerehe nach amerikanischem Vorbild öffentlich vorführt. Noch aber verteilt Ehefrau Anne Handzettel im Wahlkreis von Egon Franke. »Und ich habe für ihn mit Plakate geklebt«, räsoniert Schröder später, als er den Chef der »Kanzler« schon längst an Popularität überholt hat, aber richtig was zurück bekommen habe er eigentlich nie. Gleichwohl, bei der Bundestagswahl am 5. Oktober 1980 erringt die SPD im Wahlkreis Hannover-Land I 47,7 Prozent der Zweitstimmen. Die alteingesessenen Genossen kommen ins Staunen. Der linke Neuling überholt die Partei, holt genau 50 Prozent der Erststimmen und ist damit sicherer Wahlkreissieger. Natürlich weiß er, dass er damit auf Anhieb zur bedeutsameren, mindestens aber selbstbewussteren Sorte der Abgeordneten gehört, die in Bonn von »ihrem« Wahlkreis sprechen können, weil sie nicht »nur« über eine Landesliste ins Parlament gekommen sind. Schröder weiß aber auch, dass er sich zunächst einmal da einzuordnen hat, wo alle Neulinge landen: im Plenum auf den hinteren Bänken und in jenen Ausschüssen, in denen viel Arbeit und wenig Ehre wartet.

Schröder hat ein paar feste Vorsätze, als er mit seinem Saab und mit wenig Gepäck von Hannover nach Bonn aufbricht. Die Bundestagsverwaltung hat ihm ein Zimmer zugewiesen im Hochhaus Tulpenfeld (HT), siebter Stock. Im »Langen Eugen«, viel näher am Parlamentsgebäude gelegen, wird der Jungparlamentarier Peter Struck einquartiert, ebenfalls ein Niedersachse aus Uelzen, und ebenfalls ein Jurist, aber promoviert. Er hat seine Karriere in der hamburgischen Verwaltung als Regierungsrat begonnen, ist dann in den frühen Siebzigerjahren als stellvertretender Stadtdirektor in seine Heimatstadt Uelzen zurückgekehrt. Schröder und Struck kennen sich aus der Parteiarbeit. Schröder schlägt vor, eine Bürogemeinschaft zu bilden; »Dann kriegen wir ein Zimmer mehr.« Struck willigt ein, zieht aber nach einigen Monaten wieder aus, weil ihm der Weg vom ein wenig abseits gelegenen »Tulpenfeld« zu weit ist. Später trübt sich das Verhältnis der beiden ein. Sie geraten über den Asylkompromiss in Streit, Schröder beleidigt den einstigen Freund einmal heftig, als er ihn den »Organisator des Mittelmaßes« in der Bundestagsfraktion nennt. Heute weiß der eine genau, was er vom anderen zu halten hat und umgekehrt.

Schröders Büro in Bonn liegt also weit ab vom Parlamentsgebäude, aber was ist in Bonn weit. Als Vorteil erweist sich, dass im gleichen Areal zwischen Bundesstraße 9, Heussallee und Brüningstraße die Pressehäuser liegen. Im Gegensatz zu den Verhältnissen heute in Berlin gab es damals in Bonn offene Türen, Verbindungen zwischen den Volksvertretern und den Journalisten ergaben sich gewissermaßen auf dem kurzen Dienstweg. Auch Schröder ist einer, der diesen fleißig nutzt, und wer abends ein wenig länger blieb, der konnte ihn schon bald häufiger aus den Büros in den Pressehäusern kommen sehen, am häufigsten aus dem »Spiegel«-Büro. Das Prinzip, dem er frönte, kann man mit »Geben und Nehmen« beschreiben, wie er es in Hannover gelernt und geübt hatte.

Zwischendurch ist Schröder bemüht, sich seine innerparteiliche Konkurrentin Ganseforth vom Leib zu halten. In jenen spätherbstlichen Tagen, in denen der Bundestag seine Arbeit allmählich aufnimmt, organisiert Ganseforth in Hannover einen vorweihnachtlichen Feldzug gegen den Kauf von Kriegsspielzeug. Ein paar Tage nach ihrem Geburtstag Mitte Dezember taucht der Abgeordnete Schröder zum Antrittsbesuch bei der Arbeitsgemeinschaft Sozialdemokratischer Frauen (ASF) auf. Sogleich fängt er an, von der Geburtstagsfeier bei Monika Ganseforth ein paar Tage zuvor zu erzählen. Ihre Söhne hätten die Tür geöffnet, er sei mit den Jungs in Gespräche gekommen und habe sie gefragt: »Na, habt ihr denn auch Panzer?« Die Geschichte nimmt den erwarteten verhängnisvollen Lauf: »Und als sie Ja sagten, wir waren inzwischen zu den anderen Gästen hinzugetreten, habe ich zu den Bengels gesagt: ›dann holt die doch mal, dann spielen wir ein bisschen mit den Panzern.‹«

Skatfreund Sattler ist sich nicht sicher, ob Schröder die Geschichte nicht selbst erfunden hat, gut sei sie allemal.

Vorsätze hat Schröder mitgebracht nach Bonn. Da sind ein paar ganz konkrete Dinge, die ihm im Kopf herumgehen – der geplanten U-Boot-Lieferungen an Chile unter Augusto Pinochet will er auf keinen Fall zustimmen, die Montanmitbestimmung soll gesichert und eine Fehlbelegungsabgabe beschlossen werden, mit der Besserverdienende belastet werden sollen, die in Sozialwohungen leben. Vor allem aber hat er sich eines vorgenommen, nie gegen die Fraktion zu stimmen und nie öffentlich seinem Bundeskanzler zu widersprechen. Als sich Anfang September 2001, noch vor den Terroranschlägen von New York und Washington, die SPD-Fraktion ungeheuer schwer tut, geschlossen für einen, wie sich später herausstellt, vollkommen unproblematischen Einsatz von Bundeswehrsoldaten in Mazedonien zu stimmen – es geht dabei um das Einsammeln von Waffen der UČK-Rebellen (»Essential Harvest«) –, wollen es einige der zunächst ungefähr 40 Abweichler von der Fraktionsmehrheit besonders schlau anstellen. In einer Fraktionssitzung im Berliner Reichstag halten sie dem Kanzler vor, »Gerd, du bist früher auch nicht immer einer Meinung gewesen mit dem, was Helmut Schmidt gemacht hat«, und »Gerd, denk an die Nachrüstung. Du warst auch dagegen.«

»Ja«, antwortet Schröder, auch er habe früher gegen den Stachel gelöckt, das wisse doch jeder. »Aber nie«, und da wird seine Stimme bedrohlich leise, »niemals habe ich die Hand gegen Helmut Schmidt gehoben.« Als bei der sich anschließenden Abstimmung im Plenum die rot-grüne Regierung keine eigene Mehrheit zusammenbekommt – was das Gesamtergebnis nicht beeinflusst, weil die Opposition mit Ausnahme der PDS für den Waffensammel-Einsatz stimmt –, wollen einige Genossen beim nächsten Auftritt des Kanzlers in der Fraktion eine versteckte Rücktrittsdrohung gehört haben. Schröder bestreitet dies, darauf angesprochen, vehement, aber milde lächelnd mit dem Hinweis, Helmut Schmidt habe diese Methode der Disziplinierung wohl gelegentlich angewendet, er selbst halte nicht so viel davon. Von der Vertrauensfrage, ein paar Wochen später, ahnt da noch niemand etwas.

Unter den Linken in der Fraktion gab es in den Achtzigerjahren das geflügelte Wort, man könne die Auseinandersetzung weit treiben, aber »wenn der Onkel (Wehner) schreit, Schmidt droht und Willy (Brandt) bittet«, dann müsse es auch gut sein. Das Kraftpaket Schröder, an dem ein Seelenarzt zu Beginn seiner Abgeordnetenzeit womöglich leichte Anzeichen einer politischen Hyperaktivität festgestellt hätte, muss lernen, sich einzuordnen in die Reihe von 67 Neulingen in der Mehrheitsfraktion der SPD. Natürlich will er in den Rechtsausschuss, aber da sind doch die Platzhirsche, die sich erst mal so leicht nicht verdrängen lassen. Was bleibt, ist ein Platz im Bauausschuss und ein stellvertretender Sitz im Bildungsausschuss. Wenigstens die heimliche Höchststrafe für einen Anfänger, der ungemein arbeitsreiche Petitionsausschuss, ist ihm erspart geblieben.

Aber auch im Bauausschuss erledigt sich die Arbeit nicht ohne das Studium von Akten. Die Tätigkeit ist einem Anwalt natürlich nicht fremd. Auch heute, als Kanzler, hat Schröder, entgegen dem äußeren Anschein, keine Abneigung gegen das Aktenstudium. Im Gegensatz zu Helmut Kohl, der sich schwierige Zusammenhänge lieber vortragen ließ oder am Telefon erfragte.

Erschließungspläne muss man lesen lernen, wenn man im Bauausschuss mitreden will, Mietspiegel wälzen und die Hausbesetzerproblematik am Schnürchen haben. Einige Befriedigung verschafft ihm die Mitarbeit in der Enquetekommission »Jugendprotest im demokratischen Staat«. Bei einem Besuch bei Hausbesetzern in Berlin erlebt der ehemalige Juso, dass er mittlerweile doch zum Establishment gehört. Obwohl sich die Mitglieder der Bonner Kommission jovial geben und keineswegs von oben herab argumentieren, kommen sie bei

den späten Achtundsechzigern und frühen Punks auf keinen grünen
Zweig. Nach kurzem Hin und Her fliegen Schröder und Kollegen raus
aus dem besetzten Haus.

Erstaunlich schnell lassen sich beim Jungparlamentarier Schröder
Anzeichen von Frustration erkennen. Das Phänomen ist aus der Päda-
gogik bekannt: die Unterforderung von hoch begabten Kindern. Sie
beginnen sich zu langweilen, weil sie mehr von der Schule erwartet
haben, und fangen an, den Unterricht zu stören. Den Plenarsaal findet
er ungemütlich, am besten suche man sich da einen Platz, wo man
alles in aller Ruhe betrachten könne. »Zu sagen kriegt man ja eh
nichts«, mault er. Abgeordneter sei ein Job wie jeder andere auch, in
Bonn sei er nur »auf Maloche«.

Dass er nichts zu sagen bekommt, stimmt nicht. Schon allein deshalb, weil er beharrlich ohne Krawatte ans Rednerpult geht, fällt umso
mehr auf, wie häufig der Neuling im Bundestag reden darf. Schon
damals leben seine Vorträge nicht von geschliffenen Formulierungen,
der schwere westfälische Zungenschlag (Zungenschlach, würde Schröder sagen) adelt ihn nicht gerade als Meister des gesprochenen Wortes.
Wenn eine Sache schwierig wird, werden Schröders Sätze länger. Er
gibt spontanen Einfällen Raum, die Sätze beginnen dann jeweils mit
»Übrigens ...«. Auch leidet er hin und wieder unter einem Phänomen,
das unter Vielrednern als »Gustav-Gasthof-Syndrom« bekannt ist –
der Sprecher sagt Gustav, obwohl er Gasthof sagen will und auch
glaubt, gesagt zu haben. Gleichwohl gilt Schröder – dies ist auch heute
noch so – als guter Redner, weil seine Vortragsweise lebendig ist und
weil er sich bemüht, anschaulich zu bleiben. Seine Angriffslust kommt
hinzu als belebendes Element.

In einem seiner ersten Beiträge im Bundestag muss Schröder ausgerechnet zu einem agrarpolitischen Problem Stellung beziehen, was
anerkanntermaßen nicht in sein Spezialgebiet fällt. Als ein Abgeordneter der CDU dazwischenruft »Sie haben ja keine Ahnung«, bekommt er eine Kostprobe geliefert, wie es ist, wenn man sich mit
Schröder anlegt. »Wenn ich höre,« donnert der junge Mann zurück,
»ich hätte keine Ahnung und sei kein Experte, dann will ich Ihnen nur
einmal sagen: die Bauern in Niedersachsen, in Ostfriesland, in der
Wesermarsch haben die Schnauze von Experten Ihrer Couleur gestri-
chen voll. Das will ich Ihnen einmal sagen.«

Nun ist es freilich nicht so, dass der Abgeordnete Schröder keinerlei
Spuren in Bonn hinterlässt. Es ist schließlich die Schlussphase der sozial-
liberalen Koalition. Die Linke erringt allein schon damit Aufmerk-

samkeit, dass sie Helmut Schmidt das Leben sauer macht. Schröder ist zwar nie in der ersten Linie zu finden, gehört aber im Februar 1981 zu jenen 24 SPD-Abgeordneten, die einen Aufruf zur Reduzierung des Verteidigungshaushaltes um eine Milliarde Mark unterzeichnen. Das Geld soll stattdessen in den Entwicklungshilfehaushalt fließen. Schmidt tobt, als er davon erfährt, weil er damals alle Anstrengungen unternimmt, die Nachrüstungspläne der Nato zu unterstützen. In der Linkspostille »konkret« kommt Schröder ausführlich zu Wort mit einer Analyse des Nato-Doppelbeschlusses. Nach dem Amtsantritt von US-Präsident Ronald Reagan, so lernen die Leser von dem hannoverschen Juristen, könne von einer Vertragstreue der US-Amerikaner nicht mehr die Rede sein. Anstelle des Gleichgewichts der Kräfte wollten die USA ihre eigene Vormachtstellung setzen. Sie wollten den ersten Teil des Beschlusses – Verhandlungen über den Abzug der sowjetischen Mittelstreckenraketen – gleichsam überspringen und gleich zur Stationierung amerikanischer Waffensysteme übergehen. Wer aber, wie Reagan, gar nicht ernsthaft verhandeln wolle, der kündige den Vertrag faktisch auf. An einen aufgekündigten Vertrag aber müsse sich auch die Bundesrepublik nicht halten.

Der junge Bundestagsabgeordnete

In der DDR kommt diese Argumentationsführung gut an. Die (Ost-)
Berliner Zeitung lobt den früheren Juso-Vorsitzenden für seinen
Scharfblick, die Führung der Freien Deutschen Jugend (FDJ) lädt Schröder im April des gleichen Jahres nach Ost-Berlin ein. Egon Krenz, der
ewige Blauhemdträger und damals Erster Sekretär der FDJ, empfängt
ihn, aber mehr als eine pure Selbstverständlichkeit lässt sich der West-
ler im Osten nicht entlocken, nämlich, »dass es zur Politik der fried-
lichen Koexistenz auf der Basis des Gleichgewichts keine vernünftige
Alternative« gibt.

Noch ein paar Wochen später haben Schröder, sein Nachfolger bei
den Jusos, Willi Pieczyk, und ein General a.D. namens Gerd Bastian eine
Broschüre mit dem Titel fertig »Wider den Nato-Rüstungsbeschluss«,
die sich direkt gegen eine Informationsschrift des Bundespresseamtes
richtet, die den Titel »Aspekte der Friedenspolitik« trägt. Darin wird die
Sicht von Kanzler Schmidt erläutert, Schröder und seine Mitautoren
haben dafür freilich nur den Ausdruck »Rosstäuscherei« übrig.

Für kurze Zeit gewinnen zwei linke SPD-Abgeordnete an Prominenz,
weil sie sich zu Wortführern der inneren Opposition gegen den Kanzler
aus den eigenen Reihen aufschwingen: Karl-Heinz Hansen und Manfred
Coppik. Gegen beide werden Anträge auf Parteiausschluss gestellt. Hansen wählt sich vor dem Schiedsgericht der SPD-Niederrhein Schröder
zum Verteidiger, aber mehr als einen Aufschub erreicht dieser nicht. Im
Dezember 1981 wirft die Bundesschiedskommission Hansen aus der
Partei, Coppik tritt daraufhin freiwillig aus. Herzblut hat Schröder in
der Sache keines vergossen: »In einem Jahr ist der Junge vergessen.«

Dass Helmut Schmidt in der Außen- und Sicherheitspolitik den
Rückhalt der eigenen Partei und Fraktion verliert, ist zum Jahreswechsel 1981/82 nicht mehr zu übersehen. In den Fragen der Wirtschafts-
und Finanzpolitik geht derweil der Koalitionspartner FDP auf Distanz.
Am 5. Februar 1982 stellt Schmidt im Bundestag die Vertrauensfrage.
In der ARD-Tagesschau darf Schröder mit ein paar anderen Linken
dazu etwas sagen. Schröder redet am längsten: »Was die Vertrauensfrage angeht, hat der Bundeskanzler mein Vertrauen, weil die Alternative dazu der Gimpel Kohl ist. Und den kann keiner wollen. Und
weil das ja so ist, werde ich natürlich bei der Vertrauensabstimmung
mit ›Ja‹ stimmen. Ich gebe aber zu, dass es eine verdammt beschissene
Situation ist, in einer solchen Situation sich zu befinden. Das macht
keinen Spaß, das muss man ganz eindeutig sagen.«

Schmidts Drohtaktik wirkte – ein letztes Mal. Er erhielt alle 269
Stimmen der SDP/FDP-Koalition. Die Stimmen in der SPD mehrten

Ein Vorbild im Rücken

sich, zumal nach hohen Stimmenverlusten bei Landtagswahlen in Niedersachsen und Hamburg eine Regenerationsphase in der Opposition einzulegen. Wie Fraktionschef Wehner wandte sich auch der Hinterbänkler Schröder gegen solche Überlegungen. Er habe das Beispiel Niedersachsen vor Augen, führte er ins Feld, dort mache die SPD nach Jahren in den Opposition keineswegs den Eindruck, dass sie fortschrittlicher und attraktiver für die Wähler geworden sei. Wenn die Koalition in Bonn scheitere, dann werde es jahrelange Schuldzuweisungen geben. Man werde versuchen, populistische Strömungen aufzunehmen, oder die Partei gar zur Mitte hin treiben.

Doch weder die Linken noch die Getreuen Schmidts sind zu diesem Zeitpunkt noch Herr des Verfahrens. Am 9. September 1982 legt Bundeswirtschaftsminister Otto Graf Lambsdorff – den der Kanzler Schröder später mehrfach als Ratgeber, im Fall der Entschädigungsfrage für Zwangsarbeiter auch als Unterhändler außerordentlich schätzen lernt – sein »Konzept für eine Überwindung der Wachstumsschwäche und zur Bekämpfung der Arbeitslosigkeit« vor, in dem Forderungen erhoben werden, die eine sozialdemokratische Partei niemals mit tragen kann: ersatzlose Streichung des Mutterschaftsurlaubsgeldes, Senkung des Arbeitslosengeldes auf bis zu 50 Prozent des letzten Monatsgehaltes. Die Sollbruchstellen liegen offen, noch bevor Schmidt sie aus der Koalition werfen kann, treten die FDP-Minister Hans-Dietrich Genscher (Äußeres), Gerhart Rudolf Baum (Inneres), Josef Ertl (Landwirtschaft) und Lambsdorff zurück. Die sozial-liberale Koalition ist am Ende. Zwei Wochen später, am 1. Oktober 1982, wählt der Bundestag auf dem Weg eines konstruktiven Misstrauensvotums Helmut Kohl zum Bundeskanzler.

Die Stimmung bei den Linken sinkt in den Keller. Die Szene, in der sich der Jungabgeordnete in Bonn zu dieser Zeit tummelt, hat sein langjähriger journalistischer Wegbegleiter Jürgen Leinemann in einer »Spiegel«-Reportage so beschrieben: »Dass in Bonn nach dem Sturz von Kanzler Schmidt für junge, ehrgeizige Sozialdemokraten ›tote Hose‹ sei, darüber waren sich ... in der linken Politkneipe ›Provinz‹ Abend für Abend alle einig. An der Theke der gemütlichen Brutstätte des rot-grünen Chaos, gegenüber dem Kanzleramt Helmut Kohls, schwelgten linke Genossen in Auswanderungsfantasien, trösteten sich mit Gewerbescheinen für geplante Antiquitätengeschäfte, spielten Bier an Bier mit den jetzt grünen Kampfgefährten von einst die Straßenschlachten von 1968 noch einmal durch. Nostalgie-Brigade APO. Gerhard Schröder aber konnte mit APO-Erinnerungen wenig anfangen. Er schmiedete beim Bier halb scherzhaft, halb ernsthaft große Pläne für die Zukunft. Der ehemalige Juso-Vorsitzende und Jungabgeordnete der SPD-Hinterbank beschloß, Bundeskanzler zu werden und entwarf Kabinettslisten für die Neunzigerjahre. ›Zuerst aber‹, dröhnte Schröder, muss ich Niedersachsen gewinnen.‹«

Doch noch ist die Lage in seinem Herkunftsland nicht so, dass Schröder den Angriff wagen könnte. Der neue Bundeskanzler macht seine Ankündigung wahr und führt Neuwahlen herbei, indem er die Verfassung in seinem Sinne auslegt. Kohl wartet ein paar Monate zu, damit die FDP sich vom Wendegeruch so gut es eben geht befreien kann, lässt sich das Vertrauen entziehen und gelangt auf diesem Wege zur Auflösung des Bundestages. Die Wahlen sind für den 6. März angesetzt, der Wahlkampf im Spätwinter ist kurz und heftig. Schröder wählt ungewöhnliche Wege, arbeitet auf einem Bauernhof und in einem Handwerksbetrieb seines Wahlkreises, verzichtet auf Plakate und spendet stattdessen für die Aktion Sorgenkind. Gegenkandidat im Wahlkreis ist wieder Dietmar Kansy, der 1980 über die CDU-Landesliste in den Bundestag eingezogen war. Diesmal kommt es umgekehrt. Bundesweit verliert die SPD 4,7 Prozentpunkte und landet bei 38,2 Prozent der Zweitstimmen. Die Union erringt 48,8 Prozent, fast die absolute Mehrheit und kann mit der stark gerupften FDP (6,9 Prozent) regieren. Im Wahlkreis kommt es für Schröder knüppeldick. Er verliert mehr als fünf Prozentpunkte bei den Erststimmen gegenüber 1980. 44,6 Prozent reichen nicht für das Direktmandat, das diesmal an Kansy fällt. Schröder ist auf der Landesliste abgesichert und kehrt in den Bundestag zurück.

Mit gewachsenem Bekanntheitsgrad muss sich Schröder bei der Besetzung der Ausschüsse nicht mehr mit dem Bauausschuss und dem Bildungsausschuss begnügen. Er bekommt den erstrebten Sitz im Rechtsausschuss, dem zu dieser Zeit auch Herta Däubler-Gmelin angehört. So unterschiedlich die politischen Temperamente der Schwäbin und des Niedersachsen auch sein mögen, in diesen Jahren lernen sie einander schätzen und respektieren. Als es viele Jahre später um die Besetzung des Justizministeriums geht, ist es für Schröder überhaupt keine Frage, ihr das Ressort anzubieten.

Die Sozialdemokraten richten sich in der Opposition ein, es kommt so, wie Schröder vorausgesagt hatte. Die Verantwortung für das Scheitern der sozial-liberalen Koalition wird zwischen den Flügeln hin und her geschoben. Es beginnt jene Phase des Politikverständnisses unter den Sozialdemokraten, die tatsächlich erst mit der Rückgewinnung der Macht endet, und dann nicht gleich: Zu viele machen Politik auf eigene Rechnung – und natürlich zum eigenen Nutzen. Schröder ist dabei bei Gott kein Waisenknabe, bis zu seinen großen Auftritten ist es noch eine Weile hin. Vorerst hält er sich im Gespräch durch Interviews und Magazinbeiträge, wann immer man etwas anbietet. Beinahe seherisch fällt die Rezension einer 1984 erschienenen Kohl-Biografie des Autorenteams Werner Filmer/Heribert Schwan aus. Der unaufhaltsame Aufstieg des Helmut Kohl sei nur zum Teil durch dessen unstillbare Lust an der Macht zu erklären, ist Schröder aufgefallen. Man müsse auch seine pfälzische Herkunft beachten, »diese Form von wein- und wurstseliger Provinzialität, dieses vertraute, private Ambiente, in dem sich Kohl wie zu Hause fühlt.« Daraus erwachse Kohl ein erstaunliches Selbst- und Sendungsbewusstsein und seine Fähigkeit, Seilschaften zu bilden. Mit Ausnahme der Wein- und Wurstseligkeit, mit der Schröder aus landsmannschaftlichen Gründen nicht dienen kann, beschreibt der Rezensent vermutlich unbewusst seinen eigenen Weg: erstaunliches Selbst- und Sendungsbwußtsein hat er schließlich auch zu bieten, wer die Schröder'schen Seilschaften kennen lernen will, muss nur durchs Kanzleramt gehen und die Türschilder studieren.

Der junge Abgeordnete gönnt sich auch ein paar Bildungsreisen. Die meisten sind unspektakulär, bis auf eine. Später, als er schon Bundeskanzler ist, erinnern sich ein paar Zeitzeugen vor allem an eine Reise nach Kuba und berichten in diversen Magazinen (u.a. »Spiegel« und »Playboy«) über den Trip im Dezember 1985. Dem ehemaligen Kanzleramtsminister Hans-Jürgen Wischnewski soll Schröder vorgeschwärmt haben: »Den Castro will ich mal kennen lernen. Er und der Che, die waren doch die Traumfiguren für uns Linke 1968.« Schröder ist jetzt 41 Jahre alt, in Bonn regiert Helmut Kohl seit drei, in Havanna Fidel Castro seit 26 Jahren. Wischnewski kümmert sich, und zum Entsetzen von Schröders Beratern klappt es tatsächlich mit einer Einladung. Der Nobody aus Niedersachsen wird in Havanna empfangen und behandelt wie ein Staatsgast. Ramon Castro, Fidels Bruder, zeigt ihm ein Mustergut. Überall, wo man hinkommt, gibt es eine Tasse Kaffee, ein Glas Rum und eine Zigarre. Die Kubaner tauchen häufig das Mundstück kurz in den Rum, bevor sie die Zigarre anzünden. Schröder, der schnell lernende Emporkömmling, macht es ihnen nach. Zuerst habe er nur aus Höflichkeit mit geraucht, aber schon nach ein paar Tagen sagt er zu den mitreisenden Journalisten: »Kann man sich dran gewöhnen.«

Die Verabredung mit dem »Máximo Lider« lässt indes auf sich warten. Am letzten Abend der Reise, als Schröder gegen Mitternacht schon enttäuscht ins Bett gehen will, kommt der ersehnte Anruf: Castro lässt bitten. Schröder, im altweißen Leinenanzug und brauner Krawatte, eilt zum Regierungssitz, der Gastgeber empfängt ihn im gewohnten olivfarbenen Kampfanzug. Zweieinhalb Stunden soll das Gespräch gedauert haben, aber Schröder erinnert sich dunkel daran, dass es mehr ein Monolog gewesen sei: »Der hat mir erklärt, was man alles tun muss, um Wahlen zu gewinnen.« Für einen Diktator ein bemerkenswertes Thema. Am nächsten Morgen, bei der Abreise, erscheint ein Bote des »Máximo Lider« und überreicht Schröder eine Kiste Zigarren, Marke »Cohiba«, Format Lanceros, laut Auskunft von Kennern eine Rarität. Aber sonst, erinnert sich einer, der dabei war, sei er in Kuba »aufgetreten wie ein diplomatischer Profi. Wenn der mal muss, beherrscht er auch die Kommuniqué-Sprache.«

Für längere Zeit ist der Kuba-Trip der letzte Ausflug aufs außenpolitische Feld. Schröders Blick wendet sich zurück nach Niedersachsen. Er weiß, dass ein Politiker nur dann ganz nach oben kommt, wenn er zeigt, dass er Wahlen gewinnen kann. Und das hat die dortige SPD schon lange nicht mehr geschafft. Weil Schröder aber auch weiß, dass man in seinem Stammland nicht gerade auf ihn als Führungsfigur wartet, wendet er eine Methode an, die nur auf den ersten Blick wie »Hoppla, jetzt komm ich« ausschaut. Ohne Absicherung tut er nichts. Außerdem ruft er sich und anderen immer wieder ins Gedächtnis: »Ich hab einen ordentlichen Beruf. Ich bin Rechtsanwalt, und ich glaub auch, ein ganz guter. Ich muss nicht von der Politik leben.«

Schon als Juso-Vorsitzender war Schröder Mitglied des Parteirates geworden, nun scheint es ihm an der Zeit, sich auch in der Partei eine Basis zu verschaffen. Im Herbst 1983 legt Peter von Oertzen, ein kluger, bedächtiger, aber manchen zu intellektueller und wenig dynamischer Mann den Vorsitz im SPD-Bezirk Hannover nieder. Wenn Schröder überhaupt je theoretische Schulung in größerem Zusammenhang widerfahren ist, dann durch den hannoverschen Hochschullehrer. Der Parteivorsitzende Willy Brandt macht sich dafür stark, dass Schröder das Amt von von Oertzen übernimmt, und die Parteitagsdelegierten erfüllen seinen Wunsch mit großer Mehrheit. In seiner Bewerbungsrede hat Schröder ein Thema immer wieder variiert: Es geht ihm um die Rückgewinnung der Macht, um die Wiedererlangung der Regierungsfähigkeit. Dafür wolle er antreten. Man kann also nicht sagen, dass er die heimatlichen Genossen im Unklaren gelassen hätte, was er von ihnen erwartet. Und was sie von ihm und mit ihm zu erwarten haben.

SECHSTES KAPITEL

Erster Anlauf in Hannover

Während Gerhard Schröder in Bonn nach dem Scheitern der sozial-
liberalen Koalition das Opponieren übt, wird Niedersachsen mehr denn
je zu dem Land Ernst Albrechts. In der ersten Hälfte der Achtzigerjahre
hat der beständig lächelnde, zu philosophischen und esoterischen Er-
örterungen neigende Ministerpräsident Ernst Albrecht ein Kabinett
mit bekannten Namen in Hannover versammelt, das eine moderne
CDU repräsentieren soll. Neben anderen gehören der Regierungsmannschaft an: Finanzminister Walter Leisler Kiep, der als ein Mann der
Wirtschaft gilt und mit Fotos auf PS-starken Motorrädern oder in Tur-
nerhaltung, mit Aktenkoffer in der Hand über einen Gartenzaun sprin-
gend, für sich wirbt, Wirtschaftsministerin Birgit Breuel, aus renom-
miertem hanseatischem Elternhause stammend, Kultusminister Werner
Remmers, ein Querdenker und Bildungsreformer mit populistischem
Auftreten. Die Landtagswahlen 1982 hat Albrecht mit 50,7 Prozent
klar gewonnen. Die Niederlage bei der Wahl zum Kanzlerkandidaten
1980 in der Union gegen Franz Josef Strauß hatte ihm daheim in
Niedersachsen vermutlich eher noch Auftrieb gegeben. Im eigenen
Lager ist er unumstritten, im Land tritt er auf wie ein Monarch. Dass
sich hinter der gewinnenden Art ein elitäres Denken versteckt, wird
den meisten Menschen im Land kaum bewusst. In seinem Buch »Der
Staat – Idee und Wirklichkeit«, das er im ersten Jahr seiner Regierungszeit veröffentlicht, sinniert er offen über Alternativen zur Demokratie. Es müsste gelingen, träumt sich Albrecht eine Staatsform zurecht,
»überdurchschnittliche Menschen an die Herrschaft zu bringen«. In
einem solchen Fall könnten »Alleinherrschaft und Wenigenherrschaft
eine bessere Ordnung errichten als die Volksherrschaft, aber nur dann«.
Dass Albrecht außerhalb Niedersachsens als ein liberaler CDU-Politi-
ker angesehen wird, können die politischen Beobachter im Lande nicht
verstehen. Sie wissen von Landesministern, die regelmäßig vor den
Kabinettssitzungen in der Staatskanzlei oder im Gästehaus der Landesregierung magenkrank werden, von anderen, die sich für längere Zeit
in Behandlung begeben müssen, weil sie eingeschüchtert sind vom autoritären Führungsstil Albrechts.

Auf der anderen Seite steht die SPD im hannoverschen Landtag im Leineschloss mit 36,5 Prozent auf verlorenem Posten. Ihr Fraktionschef ist Karl Ravens, als ehemaliger Bundesbauminister wird der redliche Mann aus Achim bei Bremen eher als ein Versorgungsfall aus Bonn gesehen, denn als ernsthafter Herausforderer. Er war 1978 schon einmal angetreten gegen Albrecht, hatte 1982 also zum zweiten Mal verloren. Im hannoverschen Landtag hatte er sich den Ruf eines stillen feinen Menschen, eines bemühten Arbeiters erworben. Weil Angriffslust der hannoverschen Lebensart ohnehin fremd ist und die Sozialdemokraten im Landtag den Eindruck erweckten, als seien sie mit ihrer Oppositionsrolle durchaus zufrieden, war der damals 56-jährige Ravens recht beliebt, bei den eigenen Leuten wie bei der Regierung gleichermaßen. Er war allerdings auch das, was man eine »Lame Duck« nennt, weil er ohne Not ein Jahr nach seiner Niederlage erklärt, die SPD solle es 1986 mit einem neuen Kandidaten und einer neuen Mannschaft versuchen.

Der Parteizentrale in Bonn entgehen die Ermüdungserscheinungen in Hannover natürlich nicht, im Erich-Ollenhauer-Haus sind mehrere Ideen im Umlauf, wer Hannover wieder für die SPD erobern könnte, Hauptsache nicht dieser Schröder. Der Reihe nach tauchen drei Namen aus der Bundespolitik auf, die dann aus unterschiedlichen Gründen aber wieder verschwinden: Hans Apel, Herbert Ehrenberg und Anke Fuchs. Den Parteistrategen in Bonn scheint nicht aufzufallen oder es ist ihnen gleichgültig, dass die ehemaligen Bundesminister aus der Zeit der sozial-liberalen Koalition nicht weniger Versorgungsfälle sind als zuvor schon Ravens oder wenigstens als solche gesehen werden können.

Schröder, der sich im Frühjahr und im Sommer 1983 auffallend häufig in Hannover aufhält – zum einen, weil er sich in Bonn zu langweilen beginnt, zum anderen, weil er in Hannover einiges zu klären hat –, passt die ganze Richtung nicht. Irgendwann in diesen Tagen beim Lieblingsitaliener »Da Lello« in der Marienstraße am Rande der hannoverschen Südstadt – mit letzter Sicherheit erinnern sich Teilnehmer nicht mehr an den Tagungsort –, entwickelt Schröder im Kreise von einheimischen Journalisten den Gedanken, ein Bundesland könne nur schwer aus der Opposition heraus gewonnen werden, wenn die Spitzenkandidaten von außen herangeholt würden, ohne jede Verwurzelung im Lande. Schon gar nicht, wenn sie im Falle des Misserfolges auch noch von außen ausgetauscht würden. Die Leute hätten doch genug von der Bonner »Kinderlandverschickung«, raunzt er.

Schröder setzt Überlegungen in Gang, sich unter den niedersächsischen Politikern nach einem Herausforderer von Albrecht umzusehen. Darunter seien solche Politiker zu verstehen, die ihre politische Heimat auch tatsächlich im Lande hätten. Spätestens bei dieser Bemerkung merken die Zuhörer auf, aber der Bundestagsabgeordnete auf Heimatbesuch lässt sich nichts weiter entlocken als dies: Er werde sich im Herbst um den Vorsitz im SPD-Bezirk Hannover bemühen. Das klingt ungewöhnlich brav und unterwürfig, weil es längst abgemachte Sache ist, dass der Amtsinhaber Peter von Oertzen das Parteiamt an Schröder übergeben wird. Der ehemalige Juso-Chef gilt in mancherlei Hinsicht als Ziehsohn von Oertzens, jedenfalls wird er wie dieser links von der Mitte verortet. Unter den hannoverschen Sozialdemokraten schwelt in dieser Hinsicht noch Missgunst aus lange zurückliegenden Zeiten: Zu Beginn der Siebzigerjahre hatte von Oertzen die Macht im fünftgrößten Parteibezirk der Bundesrepublik Egon Franke entrissen, dem Chef der rechten Bonner »Kanalarbeiter«. In deren Umfeld hegt man insgeheim die Hoffnung, dass Franke zurückkehren könnte nach Hannover und seine »Lüttje-Lagen«-Popularität gegen Albrecht einsetzen könnte. Es ist immerhin der mächtige IG-Vorsitzende Hermann Rappe, selbst SPD-Abgeordneter in Bonn, der diese Möglichkeit ins Spiel gebracht hat.

Es kommt indes anders. Auf einem Parteitag im Oktober 1983 in der Kantine des städtischen Gaswerks wählen 215 von 246 Delegierten Schröder zum Vorsitzenden des SPD-Bezirks Hannover. Der Lokalmatador Gerd Andres, von Haus aus ein Rechter und später für einige Jahre Sprecher des gewerkschaftsnahen »Seeheimer Kreises« in Bonn, gratuliert als einer der Ersten mit den Worten: »Damit bist du der natürliche Nachfolger von Kalle Ravens.« Schröder meint nur, er sehe das auch so – mehr lässt er sich auf der Siegesfeier mit dem Parteichef Willy Brandt nicht entlocken, auch nicht in den folgenden Tagen, als die Zeitungen im gleichen Sinne wie Andres kommentieren. Die »Frankfurter Allgemeine« nennt Überlegungen, dass der nächste Herausforderer Albrechts bei der Landtagswahl 1986 Schröder heißen könne, »nicht unberechtigt«.

Obwohl die Genossen in Hannover also vorgewarnt sind, tun sie mächtig erschrocken und empört, als Schröder bald darauf nach vorne prescht. Er hat mitbekommen, dass die eigenen niedersächsischen Genossen, vorwiegend die aus der Gewerkschaftsecke, Helmut Schmidts früheren Finanz- und Verteidigungsminister Hans Apel drängen, seine Bereitschaft zur Kandidatur zu erklären. Schröder entschließt sich neuerlich zum Risikospiel: »Ich konnte doch nur gewinnen«, sagt er später, »wenn ich den Mund gehalten hätte, wäre ich abgemeiert worden.« Das eingeübte Spiel mit den Medien läuft gut. In einem Interview, um das sich der Reporter der »Hessisch/Niedersächsischen Allgemeinen« nicht allzu heftig bemühen muss, antwortet Schröder auf die Frage, ob er denn als Bezirksvorsitzender von Hannover nicht auch als Spitzenkandidat für die Landtagswahl in Frage komme: »Wer das in Niedersachsen werden will, der braucht viel Mut und die Bereitschaft zu arbeiten. Beides ist bei mir vorhanden.« Wem das noch nicht deutlich genug gewesen ist, der bekommt von Schröder einen Nachschlag: »Auf keinen Fall werde ich nicht antreten.« Ein eifriger Leser zählt nach, dass es Schröder gelungen sei, in dem kurzen Gespräch zehn verschiedene Formulierungen zu finden, um seine Kandidatur anzukündigen.

In Hannover, wo man auf die Kleiderordnung Wert legt, ist daraufhin der Teufel los. So sei das nicht abgemacht gewesen mit Willy in Bonn, toben die Genossen, wie komme der junge Mann dazu, selbst seinen Hut in den Ring zu werfen, er habe gefälligst zu warten, bis er gefragt werde, wenn überhaupt. Willy Brandt in Bonn denkt überhaupt nicht daran, sich öffentlich einzumischen. Zwar empfängt der Parteichef den »Enkel« – der Begriff ist freilich damals noch nicht gebräuchlich –, aber mehr als ein wortkarges Zwiegespräch soll es nicht gegeben haben. Willy habe ihn gefragt, berichtet Schröder später, ob er denn antreten wolle. Er habe das bejaht. Dann habe Willy gesagt, das sei in Ordnung, aber er könne ihn nicht öffentlich unterstützen. Das habe er, Schröder, dann seinerseits in Ordnung gefunden. Der junge Mann kann davon ausgehen, dass der Parteipatriarch seine Vorgehensweise und seine Kandidatur billigt. Was will er mehr.

Wie das so ist, wenn man unter Druck gerät, machen Schröders Gegner einen Fehler. Helmuth Bosse, Vizepräsident des Landtages, meldet seinen Anspruch auf die Spitzenkandidatur an mit dem Hinweis, er habe als Landespolitiker Vorrang vor allen anderen. Da merkt Hans Apel, dass er überflüssig ist in dieser Auseinandersetzung und meldet sich ab. Er versucht sein Glück im Jahr darauf in Berlin, ohne Erfolg. In Niedersachsen wird es derweil hektisch. Herbert Ehrenberg, der frühere Arbeitsminister, kommt ins Gespräch, die Braunschweiger SPD empfiehlt hilfsweise den früheren Bürgermeister der Stadt, Gerhard Glogowski. Einer einflussreichen Gruppe in der Landtagsfraktion um Karl Ravens gelingt es endlich, Anke Fuchs zu einer Kandidatur zu überreden. Die frühere Bundesfamilienministerin und Tochter des ehemaligen Hamburger Bürgermeisters Paul Nevermann soll vor allem eines: Schröder verhindern.

Dass es Gruppen in seiner Partei gibt, die ihn persönlich von einem bestimmten Amt oder von einer bestimmten Funktion abhalten wollten, hat Schröder zwar in seiner Juso-Zeit schon erlebt, in der »erwachsenen« Partei passiert ihm dies aber zum ersten Mal. In dieser Zeit entwickelt er das Gespür dafür, dass er, wenn er Erfolg haben will, auch einmal neben der Partei agieren oder notfalls gegen sie handeln muss. Ein zweites Mal hat die SPD oder zumindest große Teile ihrer Funktionärsschicht und der Führungselite genau zehn Jahre später zu verstehen gegeben, dass sie bereit und in der Lage ist, eine Schröder-Verhinderungsfront aufzubauen: 1993 bei der Urabstimmung über den Parteivorsitz, als Rudolf Scharping und Heidemarie Wieczorek-Zeul unter tatkräftiger Hilfe von Oskar Lafontaine frühzeitig seinen ersten Versuch stoppen, Parteivorsitz und Kanzlerkandidatur zu erobern. Wie tief die Kluft gesehen wird zwischen Schröder und der SPD, die damals von den Genossen in Hannover aufgerissen wurde, zeigen Schlagzeilen vom Parteitag in Nürnberg im November 2001. Nach seiner Wiederwahl zum Parteivorsitzendem mit fast 90 Prozent der Stimmen heißt es in einigen Zeitungen immer noch, Schröder habe sich endlich mit seiner Partei versöhnt und sie mit ihm.

In Hannover treiben die Dinge auf eine Entscheidung zu. Am 16. Dezember 1983 stimmt der von Ravens-Getreuen beherrschte Landesvorstand der SPD mit zwölf gegen acht Stimmen für Anke Fuchs als Spitzenkandidatin im Landtagswahlkampf 1986. Schröder bleibt gelassen, als er das Ergebnis zur Kenntnis nimmt, und lässt sich zusichern, dass erst ein Parteitag im kommenden Jahr in Osnabrück die endgültige Entscheidung treffen werde. Er weiß, dass die Stimmung auf dem platten Land anders sein kann als bei den Großkopfeten in Hannover. Schließlich klappert er seit einiger Zeit, zeitweise unter dem heftigen Protest seiner Frau Anne, die aber schließlich resigniert, die entlegenen Bezirke des Landes ab, um sich bekannt zu machen. Seinem Skatbruder Sattler hat er einmal anvertraut: »Ich will mit den einfachen Parteimitgliedern reden. Sie sollen mich näher kennen lernen, sich meinen Namen einprägen.« Wenn er nach Esens oder nach Uelzen eingeladen werde, dann fahre er selbstverständlich hin, obgleich er ziemlich sicher sei, nicht mehr als fünf oder sechs Genossen anzutreffen, nach einer Fahrerei über 200, 300 oder 400 Kilometer bei Regen und Dunkelheit, Nebel und Glatteis: »Es könnte doch sein, dass sich einer von denen an mich erinnert, wenn es für mich wichtig ist – und der wird es schon aus Dankbarkeit tun. Denn wer besucht denn schon unsere Leute da draußen im Land?« Ganz im Stillen hat Schröder längst – an der Parteispitze vorbei – ein Geschäft eingefädelt. Mehrfach trifft er sich mit dem einflussreichen, bodenständigen Landtagsabgeordneten Johann »Joke« Bruns aus Emden. Eines der Treffen findet in der Bahnhofsgaststätte von Oldenburg statt und gewinnt deshalb später einen legendären Ruf. Die Rückkehr Schröders nach Niedersachsen sei bei Grünkohl und Pinkel, Bier und Korn beschlossen worden. Schröder ist es recht, dass die Zeitungen im Lande so schreiben. Er muss runter von dem Image, ein linker Rebell aus der Bonner Bundestagsfraktion zu sein, der in Niedersachsen alles durcheinander bringen könnte. Schröder in Verbindung mit Grünkohl und Pinkel, Bier und Korn, das kann nicht schaden. »Auf jeden Fall nicht Toskana«, sagt er.

Politisch entscheidend aber ist, dass Schröder Bruns davon überzeugen kann, dass es mit der Mehrheit der Delegiertenstimmen für Anke Fuchs schon deshalb nichts werden kann, weil der Bezirk Hannover fast geschlossen hinter ihm steht. Überdies schlägt sich Hinrich Swieter, ein trinkfester und trinkfreudiger Kommunalpolitiker aus Aurich in Ostfriesland – er ist dort Landrat – auf Schröders Seite. Swieter, der alles andere als ein Linker ist, erlebt dann auch, was es heißt, zu Schröder zu stehen. 1990, als er endlich Ministerpräsident wird, macht Schröder ihn zum Finanzminister. Er hat ihn aber ebenso gnadenlos wieder abserviert, als der Ostfriese wegen Unregelmäßigkeiten in den örtlichen Parteigliederungen unter Druck gerät.

Soweit ist es freilich noch nicht. Mit Bruns hat Schröder vereinbart, dass dieser den Landesvorsitz übernehmen solle, wenn Schröder Spitzenkandidat wird. Die Sache wird ruchbar, vielleicht weil Schröder dafür gesorgt hat. Die CDU-Landesregierung spürt offenbar, dass ihre Lieblingsgegenkandidatin unter Druck gerät und versucht ihr zu helfen. Listig, wie er meint, lässt Ernst Albrecht über sie verbreiten, sie habe das Zeug dazu, ihm gefährlich zu werden.

Das Manöver ist zu durchsichtig. Auf einer parteiinternen Vorabstimmung im SPD-Bezirk Weser-Ems, die Schröders Mitbewerberin hätte klar gewinnen müssen, wenn sie sich eine Chance hätte ausrechnen wollen in Osnabrück, erhält sie gerade einmal sieben Stimmen mehr als ihr Mitbewerber: 38 zu 31 für Fuchs. Eine seiner schönsten Niederlagen, wie Schröder nachher lästert.

Anke Fuchs gibt auf. Und Schröder hat dazugelernt: Er kann in der Partei etwas werden, auch gegen das Establishment, aber nicht nach dem Prinzip »Allein gegen alle«. Er braucht Verbündete, und zwar aus allen Lagern. Wenn er dann unbeirrt an seinem Ziel festhält – das merkt er sich –, kann er noch mehr erreichen. Vorerst genügt ihm die Spitzenkandidatur gegen Ernst Albrecht. Der Parteitag am 7. Juli 1984 in der Stadthalle von Osnabrück wählt ihn mit 169 Stimmen, sein Gegenkandidat Bosse tritt nur noch der Form halber an. Er muss sich mit 42 Stimmen begnügen. Die Delegierten bekommen anschließend eine Rede zu hören, die in ihren Ohren reichlich ungewohnt klingt: Da setzt einer auf Sieg, nicht auf Platz. »Wir Sozialdemokraten wollen 1986 in Niedersachsen die politische Macht zurückerobern.« Überhaupt werde die SPD die anstehenden Wahlen im Saarland, in Berlin und in Nordrhein-Westfalen gewinnen und damit die Mehrheit der Union im Bundesrat brechen. Es ist erstaunlich, wie sehr diese erste Bewerbungs-rede für ein hohes politisches Amt schon die Grundgedanken vorweg-nimmt, die in seiner ersten Regierungserklärung als Bundeskanzler im Herbst 1998 wieder auftauchen. Die Basis einer erfolgreichen Regierung unter der Führung der Sozialdemokraten, erklärt Schröder den Dele-gierten in Osnabrück, sei »ein neues soziales Bündnis«, und zwar ein Bündnis aus Arbeitnehmern und aufgeklärtem Bürgertum, »dem die Klassenfrage fremd ist«. Ein solches Bündnis sei am ehesten mit der Partei der Grünen zu erreichen, mit denen man zur Zusammenarbeit bereit sein müsse. Die Achtzigerjahre müssten zu dem Jahrzehnt werden, in dem »die Versöhnung von Arbeit und Umwelt« gelänge. Das Problem der Arbeitslosigkeit, für ihn das drängendste Problem der Zeit, müsse und könne gelöst werden, und zwar mit »einer Wirtschaftspolitik von allen für alle«. Dem politischen Gegner wirft Schröder eine Politik vor, die sich mit den Begriffen »soziale Ungerechtigkeit, Entsolidarisierung, Kälte und arrogante Bürgerferne« umschreiben lasse. Die CDU im Lande schlägt in den Tagen darauf zurück, aber ihre Reaktionen, ob sie Schröder ernst nehmen sollen oder nicht, klingen noch unentschieden. Wilfried Hasselmann, der CDU-Landesvorsitzende und starke Mann der niedersächsischen Union, findet eine Formulierung, die als Standardein-schätzung bis heute Gültigkeit haben könnte: Dieser Schröder, sagt Hasselmann, sei »ein robuster Schlingel«. Da schwingt der Respekt mit vor der offenkundigen Durchsetzungsfähigkeit des politischen Gegners, es überwiegen aber die Zweifel an seiner charakterlichen Befähigung. Eine Einschätzung, die Schröder später auch aus der eigenen Partei immer wieder zu hören bekommt.

Auch der zweite Coup gelingt. Johann Bruns wird Parteivorsitzen-der, der Handel der beiden ist aufgegangen. Beide bekommen sie 183

Stimmen von ihren Genossen, Bruns als Vorsitzender, Schröder als sein Stellvertreter. Zu einem Linksrutsch im Landesvorstand, den viele Delegierte befürchtet hatten, kommt es gleichwohl nicht. Es bleibt bei dem Verhältnis von einem Drittel Linken zu zwei Dritteln Rechten. Als Schröder ein gutes Dutzend Jahre später die Kanzlerschaft anstrebt, spielt er das Doppelspiel mit einem mächtigen Parteivorsitzenden an seiner Seite noch einmal, dann im Bund mit Oskar Lafontaine. Der Vergleich stimmt nicht bis ins letzte Detail, aber da ist fast nichts in der Karriere des Kanzlers, was er nicht hier oder dort schon einmal durchgeprobt hätte.

Vom Sommer 1984 bis zum Sommer 1986 hat Schröder Zeit, sich in Niedersachsen nicht nur dem Parteivolk, sondern auch dem Wahlvolk bekannt zu machen. Er weiß, dass er den Kampf nur gewinnen kann, wenn es ihm gelingt, neue Wählerschichten für sich zu erschließen. Die Niedersachsen geben ihrem Landesvater – der altertümliche Ausdruck ist zu der Zeit durchaus gebräuchlich und wird gern gehört im Lande – in Umfragen hohe Werte für Popularität und Durchsetzungsfähigkeit. Das bürgerliche Lager ist fest gefügt, Albrecht und seine CDU gelten fast als unangreifbar. Auf die Liberalen – im Leineschloss eine richtige Wetterhäuschenpartei, also mal draußen, mal drinnen – kann und will Schröder sich als Mehrheitsbeschaffer nicht verlassen. Seit 1982 sitzen die Grünen im niedersächsischen Landtag, eher »Realos« als Linke, die ihr Bestreben ganz darauf konzentrieren, Niedersachsen nicht zum »Atomklo« der Bundesrepublik verkommen zu lassen.

Der Wahlkampf zieht sich gewissermaßen über zwei Jahre hin, eine Zeit, die der »Spiegel«-Reporter und Schröder-Freund Jürgen Leinemann mit einem treffenden Bild beschreibt. Schröder bewerkstellige, schreibt Leinemann, einen »Marathonlauf auf dem Hochseil«. Zugleich liefert er ein anschauliches Bild dafür, wie das noch ungeschliffene Politiktalent in seiner Heimat ankommt. Den Honoratioren von Celle bis Cloppenburg sei er erschienen wie »ein freches ländliches Schmuddelkind mit nachträglicher akademischer Linksverseuchung«. Er präsentiere sich wie einer, »der sich selbst und all seine Äußerungen hinreißend findet«. Er sei »ein Mann der Intuition und Einfühlung, ein Instinktmensch mit atemberaubender Versessenheit auf Wirkung. Fehler kommen vor – er übertreibt auch mal und greift daneben… Aber kaum ein Fehler unterläuft ihm zweimal. Verblüffend schnell setzt er Erfahrungen um.« Auch in der Partei habe das Nachdenken über den Kandidaten begonnen: »Zum ersten Mal fangen die Genossen an, ihn neu justieren zu wollen im innerparteilichen Rechts-Links-Gefüge. Ist

er ein Linker geblieben, ein Rechter geworden, oder, wie die ihn ein-
ordnen, die sich einfach keine weiteren Gedanken über ihn machen
wollen, ein machtgeiler Opportunist?«

Wieder zieht Schröder durch die Lande, mittlerweile unterstützt ihn
seine neue Frau Hiltrud, die er am 15. Juni 1984 geheiratet hat. Sie
steht fest an seiner Seite, nicht nur optisch wahrnehmbar, auch in dem,
was er den Genossen predigt: Der Machtwechsel in Niedersachsen sei
nur mit den Grünen möglich. Die Traditionalisten unter den Genossen
beruhigt der Kandidat: die Zusammenarbeit zwischen der SPD und
den Grünen sei kein Selbstzweck, sondern nur Mittel zum Zweck. Der
Sinn bestehe darin, ein Reformbündnis auf die Beine zu stellen zwischen der Arbeiterschaft und dem aufgeklärten Bürgertum. Als Wahlkampfmanager holt sich Schröder den Pfälzer Albrecht Müller, der
schon 1972 die Kampagne »Willy wählen« entscheidend mit geplant
und mit gestaltet hat. Müller formuliert die politische Ausrichtung auf
das angestrebte Bündnis links von der Mitte gegenüber Schröder noch
knapper: »Du hast gar keine andere Wahl.«

»Marathonlauf« ist ein treffendes Bild. Niedersachsen ist ein Flä-
chenland, wer bekannt werden will, muss sich zeigen auch in den ent-
legendsten Winkeln. Davon gibt es genug: stille Täler im Harz, Inseln
in der Nordsee. Verträumte, fast vergessene Dörfer im Zonenrand-
gebiet, reiche, satte Gemeinden an der Grenze zu den Niederlanden.
Die Kampagne bekommt den Slogan »Lernen Sie Gerhard Schröder
persönlich kennen« verpasst, und das heißt für den Kandidaten, über
Land zu ziehen. Nach zwölf Monaten zeigt der Tacho seines Privat-
wagens, eines roten VW-Passat, dass er 45 000 Kilometer herunterge-
fahren hatte. Überall im Land werden Plakate geklebt mit der Aufschrift »Der neue Kopf«. Die Leute verstehen den Doppelsinn, auch
wenn ihn manche hochtrabend nennen. Sie halten die Fußstapfen des
legendären Landesvaters für eine Nummer zu groß.

Wie es damals Mode ist, versammeln seine politischen Freunde um
ihn einen Kreis von Intellektuellen und Künstlern. Günter Grass gehört dazu, sein Kollege Reinhard Lettau, die Maler Karl Schaper, Uwe
Bremer und Horst Janssen. Es ist eine bunter Mischung von Typen
und Charakteren: die außerordentlich junge Fernsehmoderatorin Desi-
ree Nosbusch und der weißhaarige russische Dissident Lew Kopelew.
Man trifft sich im idyllischen Wendland auf einem Grundstück
Bremers. Auch das klingt nicht nach Zufall: Die dortige Bevölkerung
ist besonders empfänglich für die rot-grünen Versprechungen gegen
Albrechts Atompolitik. In Hannover trifft sich der Kandidat mit Rota-

riern, ohne sich große Hoffnungen auf Bekehrung der wirtschaftsnahen Kreise zu machen: »Sie sollen mich als Person kennen lernen.
Wählen werden sie mich sowieso nicht.«
Im Vor-Wahljahr 1985 ist die Stimmung glänzend in der niedersächsischen SPD, fast zu gut. Die Tingeltour wird eifrig beschrieben in
den Lokalzeitungen des Landes. Sein Auftreten, das so vollkommen
anders ist als das des Amtsinhabers, weckt die Neugierde der Menschen. Dixielandkapellen kündigen den Kandidaten an, Bratwurst-
stände locken die Leute an, Schröder kommt und klemmt sich zu
ihnen an den Biertisch. Für die Leute im Lande ist das eine neue Erfahrung, weil sie vom regierenden politischen Lager nur den huldvoll
einherschreitenden Landesvater gewohnt sind, der zwar stets freundlich zu den Menschen ist, dabei sorgsam auf Distanz achtet. Schröder
hat das scharf beobachtet und leitet seine Botschaft daraus ab: Albrecht,
so erzählt er landauf, landab, habe sich seit zehn Jahren in der Staatskanzlei verschanzt, habe keine Ahnung von den Sorgen der Menschen
im Lande. Er aber sei da, um sich die Probleme der Bürger anzuhören
und wenn sie ihn im kommenden Jahr zum Regierungschef machten,
dann werde er die Probleme lösen. Seine Frau Hiltrud ist begeistert
von Gerhard, was sich in ihrem Buch niederschlägt: »Er präsentierte
sich auf der ganzen Tour in Hochform und sammelte mit seiner salop-
pen, unkomplizierten Art viele Sympathiepunkte. Sein hemdsärmeliger
Charme, seine Schlagfertigkeit und die direkte, unverblümte Sprache
kamen an. Die Umfrageergebnisse bescheinigten jedenfalls, dass er
alles richtig machte.«
Die so genannte Sonntagsfrage bringt den Sozialdemokraten tatsächlich sensationelle Werte, bis zu 49 Prozent der Wählerstimmen halten
Demoskopen für möglich. Hinter vorgehaltener Hand spricht der Kandidat schon mal von der absoluten Mehrheit in Niedersachsen. Die
Grünen verspotten ihn und reden von »Größenwahn«.
Das Unheil für Schröder naht von Ferne. Oskar Lafontaine im
Saarland und Johannes Rau in Nordrhein-Westfalen haben ihre Landtagswahlen jeweils mit absoluter Mehrheit gewonnen. Damit gilt in
der SPD als sicher, dass der Wuppertaler Rau 1987 als nächster Herausforderer der SPD gegen Helmut Kohl antreten sollte. Rau hatte im
eigenen Wahlkampf kategorisch erklärt, dass für ihn ein Bündnis mit
den Grünen nicht in Frage komme. Seine Doktrin, die SPD kämpfe um
eine eigene Mehrheit, löst bei den Genossen im Bund Kopfschütteln
aus, aber niemand wagt ihm zu widersprechen. Es ist klar, dass sich
Rau von einem niedersächsischen Ministerpräsidenten-Kandidaten,

den er zudem nicht besonders schätzt, auf keinen Fall seine Strategie durchkreuzen lassen will.

Rau setzt seine Wahlkampfmanager Bodo Hombach und Wolfgang Clement in Marsch, um Schröders Flirt mit den Grünen zu beenden. Hiltrud Schröder erinnert sich in ihrem Buch lebhaft an das, was dann geschieht: »Ende Juli standen die beiden vor der Tür und läuteten Sturm. Als ich öffnete, fragten sie jovial: ›Dürfen wir reinkommen, ist denn der Gerd da.‹ Natürlich war er da. Sie hatten sich ja vor zwei Tagen angekündigt. Bevor es zur Sache ging, besichtigten die beiden Haus und Garten, tranken ein Käffchen und taten überhaupt so, als wären sie hier auf Sommerfrische. Ihr Auftritt erinnerte mich an jene Szenen, die in Mafioso-Filmen das gruselige Prickeln auslösen, wenn einem der Schweiß ausbricht und man genau weiß, gleich passiert was, weil die Schurken so sämig grinsen und Süßholz raspeln, obwohl in ihren Augen pure Mordlust funkelt. Hombach, Clement und Gerd nahmen sich drei Liegestühle und zogen sich auf die Terrasse zurück. Ich blieb im Wohnzimmer und sah nur, dass Hombach und Clement abwechselnd auf Gerd einredeten. Er sagte nicht viel. Und das ist immer ein schlechtes Zeichen. Ich schaute aus dem Fenster und ahnte, jetzt kannst du Rot-Grün vergessen. Und genauso war es. Als die beiden gegangen waren, sagte Gerd mit zerknirschtem Gesicht. ›Ich kann hier nicht gegen Rau Wahlkampf machen.‹ ›Dann kannst du auch gegen Albrecht nicht gewinnen‹, entgegnete ich … Die nächsten Tage hatte Gerd zu Hause nichts zu lachen.«

Schröder braucht offenbar selbst eine Weile, um die Kehrtwendung mit zu vollziehen. Von der empfohlenen Wahlkampfstrategie im Sinne Raus (»Versöhnen statt spalten«) hält er nichts: »Sülzen können die Schwarzen besser.« Irgendwie muss er raus aus der grünen Option. Den gradlinigen Niedersachsen, legt er sich schließlich als Argument zurecht, hätte man eine Doppelstrategie im Bund und im Land nicht begreiflich machen können. Also, sagt er sich, hatte er seine Linie nicht durchhalten können. Später bereut er sein Zurückweichen und räumt ein, er habe aus »Unsicherheit, ja Feigheit« gehandelt. Erst Ende September macht er den aufgezwungenen Meinungswandel öffentlich, wieder beinahe beiläufig über den Rundfunk. In einem Interview mit Radio Luxemburg sagt er den Satz: »Ich glaube nicht, dass die Grünen bündnisfähig sind.« Der Reporter glaubt, sich verhört zu haben: »Habe ich Sie richtig verstanden, dass Sie eben gerade der Koalition mit den Grünen eine Absage erteilt haben?« Schröder antwortet und wirkt nicht glücklich dabei: »Sie haben mich richtig verstanden.«

Die Reaktionen auf diese Kehrtwende sind zwiespältig. Die rechten Genossen im Bund und im Land atmen auf, aber Dank kann er von ihnen nicht erwarten, im Gegenteil, sie überziehen ihn mit Spott. Als Schröder auf einem Empfang des DGB erscheint, so erinnern sich Teilnehmer, knurrt der von tiefer Abneigung durchdrungene Egon Franke beim Umtrunk auf der Terrasse zu: »Wenn er jetzt über die Brüstung kippt, dann haben wir hier ein Problem weniger.« Der frühere Ministerpräsident Alfred Kubel gehört zu den Ersten, die Schröder öffentlich als einen Politiker hinstellen, der ohne innere Überzeugung nach Stimmungslage handelt: »Schröder-Kurs, was ist das?«, fragt er, »der sucht sich doch selbst.« Schröder reagiert trotzig. Er selbst gebraucht den Begriff, der ihm bis heute anhängt. Er habe so reagiert, wie man es in der Partei von ihm erwartet habe, aber, »wenn einer das Opportunismus nennt, kann ich nichts dagegen machen«.

Das Verhältnis zur Bonner Parteizentrale verschlechtert sich, noch bevor Schröder den Bundestag und die Bundeshauptstadt verlässt. Es wird sich erst Jahre später wieder bessern, als er die von vielen Wahlniederlagen entmutigte Partei zurück an die Macht führt und dann noch einmal – nachdem der bis dahin so sehr geliebte Parteivorsitzende von jetzt auf nachher den Bettel hinwirft und ins Saarland verschwindet – den Parteivorsitz übernimmt. In diesem Herbst 1985 und Frühjahr 1986 aber, als es darum geht, Niedersachsen wieder für die SPD zu gewinnen, fühlt sich der Kandidat im Stich gelassen. Er ist dabei, den Kontakt zu den Journalisten in der Landeshauptstadt wieder aufzubauen und nimmt in seinen Hintergrundgesprächen – vorzugsweise beim Italiener oder bei »Plümecke« – kein Blatt vor den Mund. In Bonn lasse man ihn nicht ans Rednerpult, selbst dann nicht, als er zu einem der drängendsten Streitthemen jener Monate reden wollte, dem Streikparagrafen 116. Es sei kein Platz auf der Rednerliste, hat man ihm vonseiten der Fraktionsgeschäftsführung bedeutet. Bei Fernsehterminen, die die Partei für ihn hätte organisieren sollen, da laufe es auch nicht anders, da komme erst der Rau, dann nochmal der Rau und dann der Willy. Es sei so, als würde ihm »beim Start eine Turbine ausgeschaltet, und wupp, schon hat dich einer beim Fuß.« Wie bei schwer erziehbaren Kindern die Ursache der Probleme nicht allein bei den Jugendlichen zu suchen ist, sondern stets auch die Familie ihren Anteil trägt, entwickeln sich Schröder und seine Partei auseinander, ohne dass die innere Bindung wirklich gefährdet wäre: »Ich sach in solchen Fällen immer: Meine Partei is wie ein Schafstall«, klärt Schröder sein Verhältnis zur SPD,

»von außen riecht's ein bisschen, aber wenn man drin is, isses schön warm.«

Schröder versucht alles, um die sinkenden Umfragewerte zu stoppen und den Trend umzukehren. Er macht sich dafür stark, dass bei der Aufstellung der Landesliste unter den ersten 30 Plätzen acht Frauen aussichtsreich platziert werden. Für die damalige Zeit ist das ein gewaltiger Fortschritt. Noch mutiger gibt sich der Kandidat mit dem Chauvi-Ruf bei der Bekanntgabe seiner Kernmannschaft, der drei Frauen angehören: Inge Wettig-Danielmeier, die heutige Bundestagsabgeordnete aus Göttingen und Schatzmeisterin der SPD, für Frauenfragen und Bundesangelegenheit, die Hamburger Hochschullehrerin Heide Pfarr für das Wissenschaftsressort und die Gewerkschafterin Eva Kaiser für Arbeit und Soziales. Unter den drei Millionen Wahlberechtigten in Niedersachsen sind die Frauen in der Überzahl, in den Umfragen geben sie darüber hinaus Schröder bessere Werte als dem Amtsinhaber.

Am 26. April 1986, mitten in der heißen Phase des Wahlkampfes, ereignet sich das schwere Reaktorunglück von Tschernobyl. Jenseits aller ernsten Folgen für die Bevölkerung registrieren die Wahlkämpfer in Niedersachsen die Auswirkungen auf ihre Parteien. Die Grünen

Ein Vorbild steht zur Seite. Landtagswahlkampf in Niedersachsen 1986

legen kräftig zu in der Gunst der Wähler, ihre harte Ablehnung der Atomkraft lässt sich anschaulich begründen. Schröder bleibt nichts anderes übrig, als wieder auf die Inhalte der Ökopartei zuzugehen. Jetzt müsse mit großem Nachdruck nach sanfteren Energien gesucht werden, fordert er. Der Ausstieg aus der Atomkraft sei sein erklärtes Ziel: »Die Konsequenz aus Tschernobyl muss sein: Wir müssen weg von dieser gefährlichen Form der Energieversorgung. Hier steht auch die Frage, ob demokratisch gewählte Politiker gestalten wollen und gestalten können oder ob die Atomlobby in unserem Land siegen soll.« Die Werbetexter erfinden die Kurzformel: »Das Risiko wegwählen.«

Den Fehler seiner Bundespartei, einen Zeitrahmen für den Atomausstieg zu nennen, vermeidet er. Dennoch lässt sich eine gewisse Unsicherheit nicht leugnen. Er bleibt zwar bei seiner Wahlkampflosung, die Grünen seien politikunfähig, verkündet aber hier und dort, wenn es denn nach dem Wahltag für eine bürgerliche Mehrheit nicht reiche, werde er sich mit den Stimmen der Grünen zum Ministerpräsidenten wählen lassen: »Ich wäre ja verrückt, wenn ich sagen würde, nur weil ein paar Grüne mich wählen könnten, kandidiere ich nicht.« Der Union in Niedersachsen behagt das Thema Tschernobyl nicht, sie versucht, es an den Rand zu drängen. In Bonn kommt Bundeskanzler Helmut Kohl auf die Idee, ein Umweltministerium einzurichten. Er beruft den Frankfurter Oberbürgermeister Walter Wallmann an dessen Spitze. Schröder schaut genau hin und lernt: In Krisenzeiten muss die Regierung etwas tun, das der Bevölkerung das Gefühl gibt, dass die Oberen sich kümmern. Es ist zwar nicht vollkommen gleichgültig, was die Regierung tut, aber doch nachrangig. Auch der Kanzler Schröder wird später bei Bedarf nach diesem Schema handeln.

Gegen Ende gleitet der Wahlkampf trotz der brennenden Themen stark ins Persönliche ab. Schröders Werbeagentur lässt Großplakate mit Ehefrau Hiltrud kleben. Wahlkämpfer der CDU, die später sagen, sie hätten nicht im Auftrag ihrer Partei gehandelt, kleben gelbe Bänder quer über Hillu: »Schröders vorläufig 3. Frau.« Der Kandidat keilt zurück, bezweifelt Albrechts demokratische Gesinnung. »Spiegel«-Reporter Leinemann vermisst Schröders alte Frische: »Die Balance zwischen dem spontanen und dem angepassten Schröder ist gestört«. Er habe zugenommen, der »bonnübliche Körperpanzer« mache ihn starr.

Der Wahltag, der 15. Juni 1986, ist ein brütend heißer Tag in der norddeutschen Tiefebene. Weil zwei Tage später, am 17. Juni – dem Tag der deutschen Einheit – ein Feiertag folgt, haben sich viele Arbeitnehmer eine Urlaubsbrücke gebaut. Ob und wie sich das auswirken wird, verunsichert die Wahlkämpfer zusätzlich. Der Andrang von Berichterstattern im Leineschloss ist gewaltig, selbst die Lokalzeitungen dürfen nur eine eingeschränkte Zahl von Reportern in den Landtag schicken. Weil trotz der Festlegungen im Wahlkampf am Ende eine Mehrheit für Rot-Grün nicht auszuschließen ist und allein diese Vorstellung in Deutschland die erhöhte Wachsamkeit der politischen Klasse hervorruft, gewinnt die Wahl ihre Bedeutung über Niedersachsen hinaus.

Und dann ist das Ergebnis doch rasch klar. In sämtlichen Hochrechnungen schafft die FDP die Fünfprozenthürde, am Ende landen die Liberalen bei genau sechs Prozent. Weil die CDU (44,3 Prozent) schon frühzeitig vor der SPD (42,1 Prozent) gesehen wird, rechnen alle mit einer bürgerlichen Koalition. Die Grünen erreichen 7,1 Prozent und erst bei Verteilung der Sitze im Landtag wird deutlich, wie knapp der Ausgang doch gewesen ist: CDU und FDP bringen 78 Stimmen zusammen, die Albrecht bei der Wahl zum Ministerpräsidenten dann auch erhält. Schröders SPD erringt 66 Sitze, die Grünen elf. Bei der Ministerpräsidentenwahl am 9. Juli tritt der neue Landtagsabgeordnete Schröder an und bekommt alle Stimmen seiner Fraktion. Die Grünen haben ihre Abgeordnete Charlotte Garbe nominiert, die ebenfalls die volle Unterstützung ihrer Leute bekommt. In Niedersachsen sind so eindeutige Stimmergebnisse bei Ministerpräsidentenwahlen keineswegs eine Selbstverständlichkeit. Bei der Wahl zum Fraktionsvorsitzenden hat Schröder wenige Tage zuvor noch drei Neinstimmen kassiert.

Obwohl die Partei 5,6 Prozentpunkte dazugewonnen hat und Albrechts CDU 6,4 Prozentpunkte einbüßen musste, ist am Wahlabend die Stimmung im Fraktionsraum der SPD in einem Seitenflügel des Schlosses nicht sonderlich gut. Die Abgeordneten warten auf Schröder, der in seinem Wahlkampfbüro am entlegenen Ende der hannoverschen Altstadt mit einigen Vertrauten und seiner Frau die Hochrechnungen im Fernsehen angesehen hat. Trotz des Zugewinns ist er enttäuscht. Er wollte Ministerpräsident werden und hat es nicht geschafft. Der Anruf von Willy Brandt kann ihn kaum aufmuntern, der von Johannes Rau schon gar nicht. Er spricht seine Erklärung ins Unreine: »Wir haben gewonnen, aber weil wir siegen wollten, haben wir auch verloren.«

Was dann geschieht, beschreibt der »Spiegel«-Mann Leinemann wie eine Katharsis, als streife der Juso-Rebell in der Stunde seiner Niederlage alles Bisherige von sich ab, um zu einem neuen Politiker zu werden: »Los, wir gehen jetzt. Er will das Eingeständnis hinter sich bringen, öffentlich. Die Spitzengenossen der Partei steigen in einen Mercedes. Schröder geht zu Fuß. Es folgt ein Dutzend seiner Freunde. Er schlendert, immer schneller werdend, durch Hannovers Innenstadt dem Landtag zu. Aus den Straßencafés folgen ihm viele Blicke. Keiner klatscht Beifall, aber es spottet auch niemand. Gerhard Schröder, seine immer noch fast versteinerte Frau Hiltrud neben sich, scheint zu wachsen auf diesem Weg. Er läuft sich frei. Schröder gewinnt Format in seiner Niederlage, alles Verkrampfte, Pseudo-Staatsmännische, das ihn zeitweilig zu einer Helmut-Schmidt-Parodie zu machen drohte, fällt von ihm ab.«

Vor dem Leineschloss grollt Parteichef »Joke« Bruns in die Mikrofone. Peter von Oertzen, der Chefidoeologe der Niedersachsen-SPD steht stirnrunzelnd daneben: »Der hat wohl noch nicht gemerkt, dass wir gar nicht verloren haben«, knurrt er. »Ein, zwei Sitze mehr, und der würde ganz anders reden.« Im Angesicht der Niederlage eine geradezu unterkühlte Erkenntnis. Im Fraktionszimmer kauern die Genossen mehr auf ihren Stühlen, als dass sie aufrecht sitzen. Schröder spricht zu ihnen, mit merkwürdig belegter Stimme erst, dann immer kräftiger. Plötzlich brandet Beifall auf, der Parteichef Bruns gilt. »Joke« ist sauer auf die Grünen, denen er vorwirft, sie hätten nach Tschernobyl Verunsicherung im linken Lager gestiftet und die SPD mit heruntergezogen. Dann kann Schröder seine Rede zu Ende bringen. Er sagt nur noch, dass er sein Landtagsmandat annehme. Listenplatz eins müsse ja wohl gereicht haben. Er will nicht allzu sehr Trübsal blasen. Schließlich ist es sein zweiter Hochzeitstag.

SIEBTES KAPITEL

Die Mühen der Ebene

Die Bonner Sozialdemokraten sind zufrieden mit dem Wahlausgang in Niedersachsen. Ja beinahe erleichtert. Rot-Grün als Option für die Rückeroberung der Macht hat in Hannover nicht funktioniert. Johannes Rau bleibt ein Bundestagswahlkampf erspart, in dem er ständig erklären muss, weshalb er ein rot-grünes Bündnis ablehnt. Schröder kann sich damit nicht über die Niederlage hinwegtrösten. Gleichwohl zögert er keinen Augenblick, scheidet aus dem Bundestag aus und wechselt in die Provinz, in den Landtag von Hannover. Schließlich sei es eine erträgliche Niederlage gewesen, sagt er fortan, weil man auf dem Weg ganz nach oben auch Nehmerqualitäten beweisen müsse.

Das ist ein wichtiges Prinzip Schröder'scher Politik: Für Niederlagen will er Erklärungen finden, die nicht in erster Linie die anderen befriedigen, sondern ihn selbst. Und das zweite Prinzip ist fast noch wichtiger. Er betreibt Politik sehr häufig nach dem Muster »Versuch und Irrtum«. Erweist sich der eingeschlagene Weg als falsch, wird nicht lange nachgebessert, beim nächsten Mal versucht es Schröder andersherum. Das setzt voraus, dass er sich von Anfang an möglichst mehrere Optionen offen hält. Schröders Merksatz dazu aus dem Handbuch für Juristen: »Eine Option ist nur so lange eine Option, wie man sie nicht zieht.« Und das ist das dritte Prinzip in Schröders Politikpraxis.

Sorgsam achtet er beim Wechsel von Bonn nach Hannover darauf, nicht alle Verbindungen zur Bundespolitik zu kappen. Wenige Wochen nach der Wahl trifft sich die SPD zu einem Bundesparteitag in Nürnberg. Er kandidiert für den Bundesvorstand und wird gewählt, ein Jahr später wird er auch Mitglied der Programmkommission der Partei.

Zunächst einmal wartet die Arbeit in Niedersachsen. Die Jahre unter Karl Ravens sind an der Fraktion nicht spurlos vorübergegangen. Es scheint, als habe sie das Kämpfen verlernt und müsse sich nun erst daran gewöhnen, die mit einer Stimme Mehrheit nicht eben souveräne Albrecht-Regierung zu jagen. In der Opposition, auch noch als deren Anführer, die »Mühen der Ebene« auf sich zu nehmen, ist nicht gerade Schröders Sache. Es dauert ein paar Wochen, bis man sich aneinander gewöhnt hat. So ganz ist es wohl bis zum Ende nicht gelungen.

Schröder lernt dazu. Er bemüht sich um einen geschmeidigeren Umgangston, auch darum, die biederen Hinterbänkler im Landtag seine
intellektuelle Überlegenheit nicht allzu deutlich spüren zu lassen. Als
Landtagsabgeordneter und Oppositionsführer hat er, wie sich sein
journalistischer Weggefährte Sattler erinnert, »die rechten Fraktionskollegen nicht länger als ›rechts wie Bolle‹ tituliert, sondern beim Skat
und einigen Bier mit Schluck (so heißt in Niedersachsen der klare
Schnaps, d. Verf.) für sich eingenommen. Wer so raffiniert spielt, wer
so gute Skatsprüche kloppt, der ist einer von uns, haben sie sich
gesagt, und standen danach fest zu ihm, sturmfest und erdverwachsen
gleichsam«. Schröder wusste aus dem gern zitierten Satz des einstigen
sozialdemokratischen Ministerpräsidenten und ›Roten Welfen‹, Hinrich Wilhem Kopf, Niedersachsen lasse sich nur mit Herz und Leber
gewinnen, die Nutzanwendung zu ziehen.«

Bei näherem Hinsehen erweisen sich die Zustände in Niedersachsen
als durchaus günstig für eine angriffslustige Opposition. Albrechts
präsidialer Regierungsstil hat einiges an politischen Schlampigkeiten
hervorgebracht, die einer aufgeweckten parlamentarischen Minderheit
die alltägliche Arbeit erleichtern. Zwei Untersuchungsausschüsse des
Landtages beschäftigen sich mit Affären, die für immer neue Ent-
hüllungen gut sind und von denen die Medien des Landes über viele
Jahre hinweg glänzend leben können.

1978 hat, was zu diesem Zeitpunkt natürlich niemand weiß, der
niedersächsische Verfassungsschutz an einer Mauer der Justizvollzugs-
anstalt Celle einen Sprengsatz zur Explosion gebracht, der ein Loch in
die Wand reißt, nicht eben groß, aber folgenschwer. Der zuständige Justizminister Hans-Dieter Schwind, als bekannter Kriminologe ein politischer Quereinsteiger im Kabinett Albrecht, erzählt am Tag nach dem
Anschlag, die »Rote Armee Fraktion« habe versucht, einen einsitzenden
Gesinnungsgenossen zu befreien. Zwei von ihnen sitzen damals im
Hochsicherheitstrakt der Anstalt ein. Bald tauchen die ersten Spekulationen auf, dass die Version nicht stimmen kann, aber eine lange Zeit ist
sie nicht zu widerlegen, bis Ulrich Neufert, ein Redakteur der »Hannoverschen Allgemeinen Zeitung« im Detail beschreibt, wer sich da an der
Mauer zu schaffen gemacht hat und welchem Zweck der Feuerzauber
dienen sollte: Die Schlapphüte vom Verfassungsschutz wollten einen
V-Mann in die Terroristenszene einschleusen und einem Kollegen mit
dem Bombenanschlag eine Art Eintrittskarte verschaffen. Das »Celler
Loch« beschäftigt nicht nur die niedersächsische Landespolitik in diesen
Jahren eingehend. Auch die Justiz hat lange damit zu tun.

Der zweite Untersuchungsausschuss hat ein noch publikumswirksameres Geschehen zum Thema. 1987 passiert in Hannover etwas, was eigentlich undenkbar ist: eine Spielbank geht Pleite. Der Verdacht keimt auf, dass sich in den Jahren davor die Landes-CDU über einen Strohmann an dem Kasino beteiligt hat, um die Parteifinanzen aufzubessern. Eine andere Version, eigentlich nur eine Variante der ersten, lautet, dass der Spielbankgeschäftsführer trotz tiefroter Zahlen die Lizenz deshalb jährlich verlängert bekommt, da er einen Beamten des Innenministeriums schmiert und fleißig in die CDU-Kasse spendet. Weil die spätere Finanzaffäre der Bundes-CDU mit Spendern, die für ihre Anonymität ein Ehrenwort verlangen, und erfundenen jüdischen Nachlässen noch weit entfernt ist, geht man mit solchen Verdächtigungen gegen eine honorige Regierungspartei sehr vorsichtig um. Man will im Lande einfach nicht glauben, dass Albrechts CDU einem Spielbankgesetz nur deshalb zugestimmt haben soll, weil man im Gegenzug die Parteifinanzen aufbessern wollte. Soweit kommt es immerhin, dass Innenminister Wilfried Hasselmann im Laufe der Ermittlungen zurücktreten muss. Er hatte behauptet, niemals gesellschaftliche Kontakte zu den Spielbankbetreibern unterhalten zu haben. Weil eine Spende in Höhe von 40 000 Mark seiner Vermittlung zugerechnet wird, gilt diese Aussage als widerlegt.

Immer wieder taucht der Name eines Mannes auf, der in mehreren Kriminalfällen und in Aktionen von Geheimdiensten eine Schlüsselfigur zu sein scheint: Werner Mauss. Mit ihm müssen die Sicherheitsbehörden eng zusammengearbeitet haben, für die Justiz zu fassen ist der Mann freilich nicht. Polizisten sollen ihre Dienstpflichten verletzt haben, das Rotlichtmilieu dient seine Leistungen an, das Land scheint im Kern verrottet zu sein. Ein Sonderermittler wird eingesetzt, Oberstaatsanwalt Hans Dieter Jeserich, der nach und nach eine Liste von Vergehen erstellt, die das Vorhandensein mafiöser Zustände nahelegt: Strafvereitelung im Amt, versuchte Aussageerpressung, Vorteilsnahme, uneidliche Falschaussagen.

Jetzt gerät auch noch einmal der Vorgang aus der Schmuddelecke des Wahlkampfs in Erinnerung. Die CDU hatte Albrechts Herausforderer als bindungsunfähig hingestellt und für dieses Wissen Frauen in seiner Umgebung als Kronzeugen genannt. Wer diese Quellen waren, war im Dunkeln geblieben. Jetzt erschienen in den Zeitungen Beiträge mit der Vermutung, der frühere Bundestagsabgeordnete und jetzige Oppositionsführer werde womöglich vom Verfassungsschutz des Landes observiert. Innenminister Hasselmann, zu der Zeit noch im Amt, dementiert sofort und heftig, aber nicht sehr geschickt. Der unauffällige anthrazitfarbene

Renault, der reichlich lange vor der Kanzlei Schröders und seiner Partner gestanden hatte, habe dorthin lediglich den Wagen eines Gewohnheitstrinkers verfolgt. Es gebe kein Dossier über Schröder.

Als dann aber der in Hannover erscheinende und in Regierungsangelegenheiten außerordentlich gut informierte Hintergrunddienst »Rundblick« die Meldung verbreitet, der Innenminister habe die Weisung gegeben, Observationen von Politikern und deren privatem Umfeld nur dann vorzunehmen, wenn er dem ausdrücklich zugestimmt habe, werden auch die arglosesten Zeitgenossen stutzig. Vollends verdächtigt macht sich Hasselmann mit dem Hinweis, er gehe davon aus, dass es zu solchen Observationen in der Vergangenheit nicht gekommen sei. Er will damit sagen, dass er es nicht weiß.

Die Regierung Albrecht wankt, aber sie stürzt nicht. Bei wichtigen Abstimmungen müssen Abgeordnete notfalls im Rollstuhl erscheinen, auch Hubschrauber und Notarztwagen werden eingesetzt. Im Januar 1987 gleichen die Rubriken »Aus dem Landtag« in den Heimatzeitungen ärztlichen Bulletins. Der CDU-Abgeordnete Andreas Luiken hat sich das Bein gebrochen, sein Kollege Werner Weiß leidet an den Folgen eines Herzinfarktes, und Fritz Saacke kann sich nach einer Hüftoperation nicht bewegen. Die drei Schwerkranken werden herangeschafft, und Albrecht gewinnt eine wichtige Abstimmung.

Die Sozialdemokraten haben unterdessen auch mit sich zu tun. Schröder fühlt sich an Weisungen aus Bonn nicht länger gebunden und fährt mehr und mehr einen rot-grünen Kurs. Zwar hält er sich an die Regel, dass es keine Koalition in der Opposition geben kann, lässt aber keine Gelegenheit aus, auch der Bundespartei zu erklären, dass die Mehrheit links von der Mitte gesucht und gefunden werde müsse. Die Partei müsse darüber eine intensive Programmdebatte führen.

Aus einem verhältnismäßig unbedeutenden Anlass entbrennt in der niedersächsischen SPD ein Streit über die Oppositionstrategie. Für das Kohlekraftwerk Buschhaus sollen neue Schadstoffwerte gelten, die so schnell nicht erreichbar scheinen. Der Regierungschef will keine Kompromisse zulassen und besteht auf der Einhaltung der Grenzwerte. Die Betreiber beschweren sich und drohen mit dem Verlust von Arbeitsplätzen. Das wiederum ruft die Gewerkschaften auf den Plan, und schon geraten die Traditionalisten und die Reformer in der niedersächsischen SPD-Landtagsfraktion aneinander. »Joke« Bruns, an der Seite der Gewerkschaften, wird laut, Schröder brüllt zurück. Er droht mit der Vertrauensfrage, zuckt aber über Nacht zurück. Kaum einer in der Fraktion ist ihm zur Seite gesprungen, sein Spürsinn sagt ihm, dass er einen anderen Weg gehen muss: Er würde sich verheben, wenn er versuchen würde, grüne Positionen in die SPD hineinzutragen. Also sucht er den Vermittler zu spielen zwischen Ökologie und Ökonomie. Sehr rasch legt Schröder Entwürfe dafür vor, was eine SPD-geführte Regierung anpacken würde, hinter allen Punkte steht auf einmal ein Wirtschafts- und Standortpolitiker mit grünem Gewissen. Er schlägt vor: ein Programm zur Rettung der Nordsee, Modernisierung der Wirtschaft durch Investitionshilfen, Verbesserung der kommunalen Infrastruktur, Verbesserung der Grundausstattung im Bereich Bildung und Wissenschaft, der als »Schlüsselressort für die Zukunft« gesehen werden müsste.

Jetzt sind alle wieder besänftigt in der Landespartei und stellen die Weichen für einen zweiten Anlauf Schröders zur Macht in Niedersachsen. Im August 1988 trifft sich der Landesvorstand zu einer Klausurtagung in Königslutter bei Braunschweig und beschließt ohne Gegenstimme, den Oppositionsführer erneut als Spitzenkandidaten für das Amt dies Ministerpräsidenten vorzuschlagen. Im Oktober segnen die Delegierten eines Landesparteitags in Cuxhaven die Entscheidung ab. Mehr als 90 Prozent wählen ihn, ein gleich gutes Ergebnis bescheren sie dem Landeschef Bruns.

Kurz vor Weihnachten desselben Jahres spitzen sich die Ereignisse dramatisch zu. In der Union, die ja gemeinsam mit den Liberalen nur über eine Stimme Mehrheit im Landtag verfügt, häufen sich Disziplinlosigkeiten. Da gibt es den Abgeordneten Kurt Vajen, einen Politiker von der unerfreulichen Sorte. Im Kommunalwahlkampf hat der Bürgermeister von Brokel Wähler mit Briefwahlunterlagen zu Hause besucht und sie aufgefordert, Stimmzettel auch gleich für abwesende Verwandte auszufüllen. Dafür ist er wegen Wahlbetrugs rechtskräftig verurteilt worden. Dass er anschließend auch noch versucht hat, die Betroffenen zu Falschaussagen anzustiften, macht die Angelegenheit nicht appetitlicher. Mit der Albrecht-Regierung hat der Mann längst innerlich gebrochen, ein Verfahren wegen Trunkenheit am Steuer belastet ihn zusätzlich. Er führt wirre Reden auf den Fluren des Landtages, dass er mit der Union nichts mehr am Hut habe.

Schröder wittert seine Chance. Wenn einer unzufrieden ist mit dem Regierungschef, dann sind es vielleicht noch ein paar mehr. Wer seinen Laden nicht im Griff hat, gehört abgewählt. Die niedersächsische Landesverfassung sieht für einen solchen Fall – wie das Grundgesetz auch – das konstruktive Mißtrauensvotum vor. Schröder entschließt sich dazu, auch weil er sich selbst nicht vorwerfen will, er habe nicht alles versucht. Nicht zuletzt seine Spielernatur lässt ihm keine andere Wahl.

Der Tag der Abstimmung ist der 19. Dezember 1988. Für die wenigen Sitzplätze auf der Pressetribüne des Landtages, einem dunklen engen Raum an der Rückseite des Sitzungssaales, müssen Platzkarten beantragt werden. Schröder sitzt nervös wie selten in seinem kleinen Büro im angrenzenden Flügel des Leineschlosses. Er hat Signale aus der Union bekommen, dass drei Abgeordnete nicht mehr zu ihrem Regierungschef stehen. Die Grünen äußern sich widersprüchlich. Ihr Fraktionschef Jürgen Trittin, damals ein ebenso stolzer wie strammer Fundi, gibt immerhin zu verstehen, dass seine Leute dabei seien, wenn es darum gehe, den verhassten Albrecht abzuservieren.

Kurz nach der Mittagsstunde verkündet Landtagspräsident Edzard Blanke das Ergebnis:»Abgegebene Stimmen: 155. Mit ›Ja‹ stimmten 76, mit ›Nein‹ 79 Abgeordnete. Damit ist der Abgeordnete Schröder nicht zum Ministerpräsidenten gewählt.«

In den lauten Jubel auf der rechten Seite des Plenums mischen sich schadenfrohe Rufe in Richtung auf die erste Reihe der Oppositionsbänke, wo Schröder und Bruns nebeneinander verharren. Auch Albrecht scheint zunächst wie erstarrt, sein Lächeln ist auf dem Gesicht eingefroren. Schließlich ist er es, der sich zuerst fängt. Er nimmt die eine Stufe von der Regierungsbank hinunter, geht die zwei Schritte auf Schröder zu und reicht ihm die Hand.

Fraktionssitzungen schließen sich an. Da ist es wieder, das Trauma von 1976, als mehrere Abgeordnete der SPD-Fraktion bei der Wahl des Nachfolgers von Alfred Kubel zuerst den Kandidaten Helmut Kasimier und dann den Nothelfer Karl Ravens durchfallen ließen und auf diese Weise erst Ernst Albrecht an die Macht verhalfen. Auch diesmal denkt man sofort wieder an Heckenschützen. Die Abweichler werden nie gefunden, Journalisten, die sie zu kennen glauben, schweigen, weil sie keine Beweise haben. Mittlerweile, sagt einer, der es wissen könnte, seien alle Verdächtigen tot. Parteichef Bruns versichert, alle 66 SPD-Abgeordneten hätten für Schröder gestimmt. Rolf Wernstedt, ein besonnener Mensch – er wird später Kultusminister und anschließend Landtagspräsident –, ist außer sich:»Entweder war es ein Idiot, oder einer hat scharf kalkuliert oder einer war gekauft.«

Schröder findet rasch wieder zu seiner Ironie, mit der er sich gelegentlich schützt, wenn er sich unter Druck fühlt:»Ich verhehle nicht, dass dies nicht mein Wunschergebnis ist.« Fast übergangslos fügt er hinzu, er könne sich nicht vorstellen, wer »es« gewesen sei. Seine Fraktion habe sein uneingeschränktes Vertrauen, Spekulationen verböten sich also. »Wen immer man ins Auge fasst, man könnte ihm schrecklich wehtun.« Im

ersten Zorn, noch im Plenarsaal hatte er herausgepresst, da habe jemand
»aus allzu menschlichen Gründen sein Kreuz an die falsche Stelle gesetzt«.
Die Grünen sind ebenso empört. Alle hätten sie für Schröder gestimmt, versichern sie. Sie wollen das sogar belegen. Man könne es an
den Stimmzetteln erkennen, behaupten sie, weil sie alle ihr Kreuz auf
eine vereinbarte Weise gemalt hätten. In den Tagen nach der Abstimmung sorgt dieses Vorgehen zusätzlich für Ärger. Ist das nicht Wahlbetrug? Niemand wagt es, das Ergebnis der Abstimmung anzuzwei-
feln, weil niemand eine Wiederholung der Abstimmung wollen kann.

Der Sieger Albrecht höhnt und liefert eine gute Beobachtung seines
Konkurrenten. »Gerhard Schröder hat eine sehr rücksichtslose Art und
alles, was ihm politisch im Wege steht, wird nicht gerade sehr fein behandelt.« Dies sei in der eigenen Partei nicht anders als beim Umgang
mit dem politischen Gegner. »Bis sich jemand entschließt«, fügt er hinzu, einen Kandidaten nicht zu wählen, müsse schon viel passiert sein.

Schröder ist angeschlagen, aber er will keine Untersuchung des Vor-
falls. »Kopf hoch« und auf in den Wahlkampf, gibt er als Devise aus.
Für sich selbst hat er die Erklärung parat, dass es in seiner Fraktion eine
Reihe von Kommunalpolitikern gebe, die auf das Wohlwollen der Landesregierung angewiesen seien. Man könne nicht in die Köpfe hineinschauen.

Auch das zweite Prinzip hält er hoch: Er widersteht der Versuchung,
ein zweites Mal ein Mißtrauensvotum einzubringen, sondern setzt
ganz auf die Wahlen im Jahr 1990. Die Gelegenheit wäre günstig, als
der CDU-Mann Vajen seine wahre Gesinnung offenbart und sich nach
einem Treffen mit Franz Schönhuber zu den Zielen der rechtsradikalen
Republikaner bekennt. In einer Pressemitteilung teilt Vajen mit, dass
er »weitestgehend die politischen Zielvorstellungen der Republikaner
bejahe und die Partei für koalitionsfähig halte«. Die CDU bemüht sich
um den Abtrünnigen und erreicht, dass Vajen eine Erklärung unter-
schreibt. Darin heißt es, er fühle sich nach wie vor den Grundsätzen
der Union verpflichtet. Schröder kommentiert den Vorgang mit den
Worten, Albrecht werde »von einem Republikaner, der noch ohne
Parteibuch ist«, an der Macht gehalten. Im Parlament unternimmt die
Opposition jedoch nichts.

Auch dann nicht, als Vajen trotz der Bemühungen der CDU-Par-
teispitze seinen Austritt erklärt. Das hat seinen Grund. Kaum war im
Landtag ein Patt entstanden, war es auch schon wieder weg. Der SPD-
Abgeordnete Oswald Hoch, ein Nachrücker für einen ins Europa-
parlament wechselnden Kollegen, nahm das Mandat und trat umge-

hend aus der SPD aus. Der Versicherungsmakler aus Gifhorn war Jahre zuvor schon einmal im Landtag gesessen und hatte sich bei seiner Wiederkehr als Schröder-Fan zu erkennen gegeben. Für den Mann stehe er, für den Mann kämpfe er. Tags darauf gab er unter Verwünschungen und Verbalinjurien zu verstehen, dass er mit der SPD nichts mehr zu tun haben wolle. Es gehe ihm allein darum, das Patt im Landtag zu beenden und das Land wieder regierbar zu machen, teilte Hoch mit. Schröder hilft sich gelegentlich mit Sarkasmus: »Ich habe es mit lauter ehrenwerten Menschen zu tun.« Seine Genossen behaupten wieder, es müsse Geld im Spiel gewesen sein, Albrecht regiere mit einer gekauften Mehrheit. Bewiesen werden die Vorwürfe nie.

In der Bundes-SPD ist Schröder mittlerweile ein Stück vorangekommen, auch wenn die wichtigen Entscheidungen noch bewusst an ihm vorbei getroffen werden. Im Februar 1987 verabredet der Parteivorsitzende Brandt bei einem Treffen mit dem Bonner Fraktionsvorsitzenden Hans-Jochen Vogel und den Ministerpräsidenten Rau und Lafontaine, dass der Saarländer sein Nachfolger werden solle, wenn er 1988 aus dem Amt scheide. Doch das Ende der Ära Brandt kommt schneller als erwartet. Bei der Suche nach einer neuen Parteisprecherin ist Brandt auf die junge Griechin Margarita Mathiopoulos gestoßen, hat allerdings nicht mit dem Widerstand im Funktionärsgefüge gerechnet. Die junge Dame habe keinerlei Parteibindung, heißt es vornehm, weil man das treffende Wort Stallgeruch unbedingt vermeiden will. Das Bonner Pressecorps beginnt zu lästern, noch bevor die Sprecherin einen einzigen Satz gesagt hat. Mathiopoulos hat keine Chance. Aus Enttäuschung, sicher auch verletztem Stolz, wirft der Alte den Parteivorsitz hin.

In einem Hotel in Norderstedt bei Hamburg kommt es auf Einladung Brandts kurz danach zu einer legendären Zusammenkunft, die als »Enkel-Treffen« in die Parteigeschichte eingeht. Es nehmen teil: Björn Engholm, Oskar Lafontaine, Rudolf Scharping, Herta Däubler-Gmelin, Heidemarie Wieczorek-Zeul und Gerhard Schröder. Brandt trägt Lafontaine die Nachfolge an, doch der scheut – wie später noch häufiger – die Verantwortung und lehnt ab. Brandt ist tief enttäuscht. Vogel, der schon den Karren Herbert Wehners ziehen muss, übernimmt als Pflichtmensch auch noch den Parteivorsitz. Auf einem Sonderparteitag am 14. Juni 1987 in der Bonner Beethovenhalle wird er ins Amt gewählt. Aber auch Schröder rückt in der Partei nach vorne. Im Mai 1989 scheidet Erhard Eppler aus dem SPD-Präsidium aus. Schröder stellt sich im Vorstand zur Wahl, sein Gegenkandidat ist der nordrhein-westfälische Wohnungsbauminister Christoph Zöpel. Mit

20 gegen 16 Stimmen setzt sich Schröder durch. Er ist jetzt der Jüngste im engeren Führungszirkel.

Mehr noch als die Schlussphase des Wahlkampfes 1986 trägt der Wahlkampf 1989/90 ungewöhnliche, ja außerordentliche Züge. Im Sommer 1989 deutet freilich noch nichts darauf hin, als die SPD in Niedersachsen die »Endzeit der Ära Albrecht« einläutet. Der Oppositionsführer wird von »Bild«-Hannover nach seinen Wahlaussichten befragt, seine Antworten offenbaren die klassischen Schröder-Prinzipien. Er erzählt den Reportern des Boulevardblattes, dass er es alleine schaffen wolle, dass er sich aber gleichwohl die beiden Optionen Grüne und FDP offen halten wolle. Auch auf die Frage, was er denn tue, wenn er nochmals scheitere, geht er ohne Zögern ein: »Was eine Persönlichkeit in der Politik ausmacht ist dies: Sie muss der Partei Organisation, Perspektive und Hoffnung geben. Wenn sie das nicht mehr kann, soll sie sich einen anderen Job suchen. Ich habe einen Schreibtisch in meiner Anwaltskanzlei, an den ich jeden Tag zurück kann.«

Die friedliche Revolution in der DDR im Herbst 1989 und die Debatte um den Einigungsvertrag im Frühjahr 1990 beanspruchen natürlich in erster Linie die Aufmerksamkeit der Menschen in Deutschland, in Niedersachsen versucht die Union Gewinn zu ziehen aus der nationalen Stimmungslage. Großflächig lässt sie plakatieren: »Wiedervereinigung ist eine Lebenslüge. Gerhard Schröder. SPD« In ihren Wahlkampfauftritten halten Redner der Union dem Oppositionsführer vor, dass er Erich Honecker einmal einen »zutiefst redlichen Mann« genannt habe. Beide Aussagen kann Schröder nicht dementieren, nur bedauern. Albrecht hofft, die zurückliegenden Skandale seiner Regierungszeit könnten beim Wahlvolk in Vergessenheit geraten. Die Umfrageinstitute sagen ein Kopf-an-Kopf-Rennen voraus, nachdem die SPD monatelang deutlich in Führung gelegen hatte. »Es hätte mich doch gefuchst, wenn ich in dieser Situation aus der Politik ausgeschieden wäre«, freut sich der Amtsinhaber.

Um die Aufmerksamkeit wieder aufs Landespolitische zu lenken, präsentiert Schröder sein Schattenkabinett. Die »Hannoversche Allgemeine« findet, es sei »eine brauchbare Truppe«, nach niedersächsischen Maßstäben ist das schon eine vorsichtige Form des Lobes: Die Balance ist gehalten zwischen Frauen und Männern, Rechten und Linken, Ostfriesen und Braunschweigern. (Dass die regionalen Eifersüchteleien bei den an sich so nüchternen Niedersachsen eine große Rolle spielen, hat Schröder mühsam lernen müssen. Noch heute lassen die landsmannschaftlichen Grabenkämpfe sogar Ministerpräsidenten davor zurückschrecken, das Amt des SPD-Parteivorsitzenden anzustreben.) Den besten sozialdemokratischen Stallgeruch bringt der Braunschweiger Oberbürgermeister Gerhard Glogowski mit, dessen Vater einst den Parteivorsitzenden Erich Ollenhauer chauffiert hat. »Glogo« soll Innenminister werden. Der Emdener »Joke« Bruns steht für das Finanzressort bereit. Der Name Struck, den einige erwartet hatten, taucht nicht auf. Die Verabredung der beiden hatte für 1986 gegolten. Dass diese Nicht-Berücksichtigung die beiden früheren Büronachbarn auseinander gebracht hätte, wie vielfach geschrieben wird, bestreiten sie übereinstimmend. Bei den Frauen fallen zwei Namen besonders auf: Helga Schuchardt, die ehemalige FDP-Politikerin aus Hamburg, die ihre Partei nach dem Ende der sozial-liberalen Zeit in Bonn verlassen hat und jetzt parteilos ist, soll das Ressort Kultur und Wissenschaft übernehmen, und Monika Griefahn, eine frühere Aktivistin von Greenpeace. Schröder hält sie für die Idealbesetzung für das Umweltressort, außerdem soll sie grüne Wähler anlocken.

Albrecht will nicht zusehen wie Schröder gewissermaßen schon so tut, als sei der Regierungswechsel in Hannover nur noch eine Frage der Zeit. Im März, zwei Monate vor der Wahl, präsentiert der Ministerpräsident der erstaunten Öffentlichkeit Rita Süssmuth als seine Nachfolgerin – natürlich nicht sofort, aber später. Die Sozialwissenschaftlerin und Hochschullehrerin ist im Land nicht unbekannt, weil sie schon in früheren Jahren die Regierung Albrecht in Frauenfragen beraten hatte. Mittlerweile hat sie in Bonn Karriere gemacht. Albrecht stellt sie vor als künftige Sozialministerin mit dem Ziel, ihn zu einem späteren Zeitpunkt, die Rede ist von eineinhalb Jahren, als Regierungschef abzulösen. Der Coup gelingt. Die Niedersachsen sind schwer beeindruckt von dem ungleichen Tandem Albrecht/Süssmuth. Die Begeisterung schwindet ein wenig, als Journalisten ihr die Aussage entlocken, sie wolle nur im Falle eines Wahlsieges im Lande bleiben. Die SPD nennt das »ein verlogenes Manöver«, Schröder beschreibt die Verhältnisse so, dass sie für ihn am besten ausschauen: »Jetzt brauchen die schon zwei Spitzenkandidaten gegen mich.«

In der Schlussphase des Wahlkampfes – der ja auch zeitgleich in Nordrhein-Westfalen geführt wird – ereignet sich ein dramatischer Vorfall. Bei einem gemeinsamen Auftritt mit Johannes Rau in Düsseldorf wird Oskar Lafontaine von einer geistesgestörten Frau mit dem Messer lebensgefährlich verletzt. Seine 15 in Niedersachsen geplanten Auftritte müssen abgesagt werden. Die Unterstützung durch den Kanzlerkandidaten der Bundes-SPD fehlt. Das Ereignis bewirkt aber auch, dass die Genossen enger zusammenrücken.

ACHTES KAPITEL

Schröder und die deutsche Frage

Zu Schröders ersten Erfahrungen mit Politikern aus anderen Staaten gehören Begegnungen, die streng genommen keine außenpolitischen Begegnungen sind. In seiner Zeit als Bundestagsabgeordneter und als Kandidat für das Amt des Ministerpräsidenten reist Schröder mehrmals in die DDR. Zusammen mit seinem Fraktionskollegen Wolfgang Roth, auch ein ehemaliger Juso-Vorsitzender, fährt Schröder im September 1984 nach Leipzig. Dort treffen die beiden das für Wirtschaftsfragen zuständige SED-Politbüromitglied Günter Mittag. Das »Neue Deutschland« (ND) vermerkt anschließend: »In dem freimütig geführten Meinungsaustausch wurden Fragen der Friedenssicherung und der internationalen Handelsbeziehungen erörtert. Wolfgang Roth und Gerhard Schröder informierten über aktuelle Aspekte der Politik ihrer Partei. Sie vertraten die Auffassung, dass der Abschluss eines Vertrages über Gewaltverzicht und die Aufrechterhaltung friedlicher Beziehungen zwischen den Staaten der Nato und des Warschauer Vertrages einen wichtigen Schritt für die Vertrauensbildung in Europa darstellen könnte.« In Ost-Berlin werden die beiden anschließend von Egon Krenz empfangen, damals Sekretär des Zentralkomitees (ZK) der SED. Auch hier verlautbart das Organ der Partei nur das Notwendigste. Man sei übereingekommen, heißt es im ND, »dass für die Beziehungen zwischen der DDR und der BRD die strikte Einhaltung des Grundlagenvertrages notwendig sei. Dies schließe die Verpflichtung beider Seiten ein, die Unabhängigkeit und Selbstständigkeit des anderen Staates in seinen inneren und äußeren Angelegenheiten zu respektieren.«

In diesen Jahren waren die Spitzen der SED bei Begegnungen dieser Art bestrebt, Politikern aus dem Westen, insbesondere wenn sie von der SPD kamen, Äußerungen über die völkerrechtliche Anerkennung der DDR zu entlocken und dabei die deutsche Teilung als unumstößliche Tatsache hinzustellen. Roth und Schröder tappten offenbar nicht in diese Falle, sonst hätte das »Neue Deutschland« anders berichtet.

Auch sonst haben die beiden keine Fehler begangen, sonst hätte es sicher nicht nur eines kleinen Anstoßes von Willy Brandt bedurft, dass der verhältnismäßig unbedeutende Landespolitiker aus Niedersachsen kaum ein Jahr später von SED-Chef Erich Honecker persönlich empfangen wird. Schröder gehöre zu den tüchtigen jungen Leuten, die einmal die bundesdeutsche Politik bestimmen sollten, hatte Brandt bei einem Treffen in Ost-Berlin beiläufig erwähnt. Anfang Dezember 1985 trifft die Einladung im Bonner Bundestagsbüro ein.

Hiltrud Schröder hat eine eigene Erklärung für die große Ehre, die ihrem Mann damit zuteil wird. Erich Honecker habe »den SPD-Spitzenkandidaten des Zonenrandlandes Niedersachsen zu Sondierungsgesprächen« gebeten, nennt sie in ihren Memoiren als Anlass für den Besuch. Anschaulich beschreibt sie, wie der Besuch verläuft: »Das war natürlich ein großes Medienereignis, und so setzte sich Mitte Dezember eine lange Autokolonne Richtung Marienborn in Bewegung. Es war ziemlich dichter Verkehr, und wir hatten uns schon damit abgefunden, dem Zeitplan hoffnungslos hinterherzufahren. Am Grenzübergang aber stand die Schutzpolizei, um uns mit Baulicht bis Quedlinburg zu begleiten. Dabei hätten eher die armen DDR-Bürger Geleitschutz gebraucht. Die Vopos hatten alle Querampeln auf Rot schalten lassen und rasten in einem Höllentempo mitten über die Fahrbahn. Wir sahen die Trabis nur noch rechts und links zur Seite spritzen, einige kippten wirklich in die Straßengräben. Ich schämte mich ein bisschen, weil wir die Verursacher dieser rücksichtslosen Machtdemonstration waren.«

Mit Erich Honecker in Ost-Berlin 1987

Das Ehepaar Schröder wird durch Quedlinburg, das mittelalterliche Städtchen am Harz geführt, um dessen Erhalt sich die DDR damals mehr schlecht als recht bemüht. Es folgt ein weiteres touristisches Programm in Dresden, bevor die politischen Gespräche beginnen, wie sich Hiltrud Schröder erinnert: »In Ost-Berlin empfing uns dann der Staatsratsvorsitzende Erich Honecker. Er war genauso trist wie seine Republik und bewegte sich seltsam steif, als habe er einen Stock verschluckt. Er lächelte nur einmal, als Gerd ihm die Zeichnung einer Friedenstaube überreichte, die Franca für ihn gemalt hatte. Er bedankte sich bei meiner Tochter später mit einem Brief, der in Kurzform den Stand der amerikanisch-sowjetischen Abrüstungsverhandlungen referierte. Für Franca alles unverständlich, aber dennoch eine nette Geste.«

Über den Inhalt der zweistündigen Unterredung gibt Schröder wenig preis. Es sei ja gar kein wirkliches Gespräch gewesen, wimmelt er alle Fragen ab, eher das Verlesen von Verlautbarungen. Der Bundesabgeordnete geht kein Risiko ein, er bewegt sich auf dem gesicherten Terrain der innerdeutschen Möglichkeiten. Er spricht sich aus für eine Intensivierung des deutsch-deutschen Kulturaustausches, regt eine Ausweitung des kleinen Grenzverkehrs an, von dem die Menschen in Niedersachsen und ihre angrenzenden Nachbarn besonders profitieren würden, und fordert gemeinsame Anstrengungen zur Säuberung der Elbe. Schröder deutet an, dass die zu dieser Zeit in Bonn oppositionelle SPD ein unvoreingenommenes Verhältnis zu den »Geraer Forderungen« habe. In diesem Katalog, den Honecker im Oktober 1980 in Gera aufgestellt hat, wird die Anerkennung der DDR-Staatsbürgerschaft gefordert, ebenso die Umwandlung der Ständigen Vertretungen in Ost-Berlin und Bonn in reguläre Botschaften. Die Zentrale Erfassungsstelle für Gewalttaten an der innerdeutschen Grenze und in der DDR in Salzgitter soll abgeschafft und die innerdeutsche Grenze im Bereich Lauenburg-Schnakenburg vom östlichen Ufer der Elbe in die Strommitte verlagert werden.

In seinen Antworten bleibt Schröder auf der sicheren Seite. Während andere SPD-Politiker, wie Oskar Lafontaine, längst die Anerkennung der DDR-Staatsbürgerschaft fordern, gebraucht der Niedersachse lieber die Formulierung Brandts von der »Respektierung«. Das sei doch, sagt er mitreisenden Journalisten, politisch auch nichts anders als das, was der Oskar wolle, nur eben juristisch korrekt. Die Botschaftsfrage übergeht Schröder, die Auflösung des Salzgitter-Archivs nennt er »einen möglichen Schritt«. Die Frage der Elbgrenze werde Bonn »nicht dogmatisch« angehen. Im selben Jahr 1985 schreibt Schröder in einem Aufsatz für einen »Spiegel«-Sammelband (zum Thema SPD und Grüne): »Die Streichung der Präambel des Grundgesetzes, die eine Politik der Wiedervereinigung gebietet, ist mit der SPD sicher nicht zu machen.« An anderer Stelle vertritt er die Auffassung, dass die Einheit der Nation nicht für alle Zeiten verloren sei, er persönlich sich aber vielmehr eine kulturelle Einheit vorstelle, als eine territoriale und staatliche Einheit. Allein, die Perspektive dürfe man nicht aufgeben.

Das alles klingt abgeklärt und vorausschauend. Den in dieser Zeit in Mode kommenden, anbiedernden Stil bundesdeutscher Politiker gegenüber den Granden des DDR-Regimes – man denke nur an Franz Josef Strauß – macht auch Schröder mit. Honecker meine es »ernst und aufrichtig mit dem Friedenswillen«, lobt Schröder den SED-Betonkopf nach dem Treffen, der sei »ein zutiefst redlicher Mann«. Seinem früheren Gesprächspartner, Honeckers jungem Mann, schreibt er nach der Rückkehr: »Lieber Egon Krenz. Für Deinen freundlichen Willkommensgruß bedanke ich mich sehr herzlich. Es war schade, dass wir uns nicht persönlich treffen konnten. Aber das lässt sich sicher bei einer anderen Gelegenheit nachholen. Die Gespräche in der DDR waren offen und informativ. Besonders war ich von Erich Honecker beeindruckt. Durchstehvermögen, das Du mir wünschst, brauche ich in diesem Wahlkampfjahr ganz bestimmt. Aber auch Du wirst für Euren Parteitag und die Volkskammerwahlen sicher viel Kraft und vor allem Gesundheit benötigen. Beides wünsche ich Dir von ganzem Herzen.«

Im Gegensatz zu anderen bundesdeutschen Politikern hat Schröder die deutsche Frage in diesen Jahren vor Glasnost und Perestroika in der Sowjetunion noch nicht abgehakt. In einem Gespräch mit dem NDR-Journalisten Peter Gatter sagt Schröder auf die suggestive Frage: »Haben Sie keine unrealistischen Wünsche? Die deutsche Einheit etwa?« – »Da wäre ich zwar nicht drauf gekommen, aber das wäre auch ein schöner Wunsch. Aber der hätte wieder so viele Voraussetzungen, dass ich kaum glaube ... Nein, wenn Sie wirklich einen unrealistischen Wunsch hören wollen, dann diesen: Die Gefahr des Waldsterbens müsste schlagartig gebannt sein, und ich dürfte trotzdem so schnell Auto fahren dürfen, wie ich will.«

Zur Nagelprobe für die Deutschlandpolitik Schröders kommt es ausgerechnet im Landtagswahlkampf 1989/90. Wie die überwiegende Mehrheit der bundesdeutschen Linken reagiert der niedersächsische Oppositionsführer eher zurückhaltend auf die Ereignisse vor und nach dem Mauerfall im November 1989. Er rät zur vorsichtigen Annäherung an die deutsche Frage, warnt vor einer Bevormundung der Bürgerrechtler und der Bevölkerung in der DDR, aus deren Aufbegehren die friedliche Revolution sich entwickelt habe. Sie haben sich schließlich nicht einmütig dazu geäußert, wie sich die Zukunft der Nation vorstellen: Konföderation oder doch Wiedervereinigung. Anders als der Saarländer Lafontaine, der als Herausforderer von Helmut Kohl aufseiten der SPD in erster Linie gefordert ist, kann Schröder sich zurücknehmen. Im Dezember 1989 reist er mit dem Ehrenvorsitzenden Willy Brandt zu einer Kundgebung nach Magdeburg. Die Hunderttausend, die dort auf den Marktplatz strömen, um den Politiker aus dem Westen zu sehen und zu hören, beeindrucken ihn schwer. Er sei, gesteht er später dem Parteiorgan »Vorwärts« so gerührt gewesen, »dass ich richtig geheult hab«.

Jenseits aller Emotionen sieht Schröder das, was sich da anbahnt, ähnlich skeptisch wie eine Vielzahl seiner Genossen in der Führungsspitze der SPD. Als Helmut Kohl dem Deutschen Bundestag am 28. November 1989 sein Zehnpunkteprogramm zur »Wiedergewinnung der staatlichen Einheit Deutschlands« vorlegt, hat die SPD keinen schlüssigen Gegenentwurf parat. Einzelstimmen sind wohl zu hören, die Kohl unterstützen wollen, andere wollen eher bremsen. Bei Schröder hört sich das in verschiedenen Zeitungsinterviews so an: Bei dem Auftritt in Magdeburg habe er auch Angst und Abwehr empfunden, vor »so großem eruptivem Nationalismus«. Er sei kein Gegner der Einheit, wo sie als politisches Ziel doch jetzt möglich geworden sei. Man müsse jedoch aufs Tempo achten. Wenn alles zu schnell gehe, und das wolle Kanzler Kohl, dann könne dies zu sozialen Spannungen sowohl in der Bevölkerung, vor allem in der DDR, aber auch zu Spannungen in den internationalen Beziehungen führen: »Wir brauchen eine gewisse Verlangsamung und Verstetigung des Prozesses.«

Schröder einen Skeptiker der Einheit zu nennen, ist nach diesem Äußerungen legitim, zumal sich die sozialen Spannungen im Vereinigungsprozess tatsächlich einstellten. Einen Gegner der Einheit wird er nicht aus sich machen lassen. Mit seiner Auffassung aus dem Sommer 1990, als längst nicht mehr über das Ob, sondern über das Wie der Vereinigung diskutiert wurde, stand Schröder nicht allein. »Ich bin ganz entschieden für den Weg über den Artikel 146 des Grundgesetzes«, sagt er in einer Diskussionsrunde, »also die Herausbildung einer neuen Verfassung, über die vom ganzen Volk abgestimmt wird; er eröffnet denjenigen, die in beiden Staaten aufgewachsen und erzogen worden sind, die Chance, beteiligt zu werden und sich mit dem Ergebnis identifizieren zu können.« In seiner Zeit als Ministerpräsident erweckt Schröder immer wieder den Argwohn der Unionsparteien, er sei in Wahrheit doch ein Gegner der Vereinigung gewesen. Der Vorwurf kommt immer dann, wenn der Niedersachse spitz auf die Kosten der Einheit verweist. Er wird aber auch genährt durch ein Verhalten, das Schröder kurz nach der Übernahme des Amtes an den Tag legt. Der Staatsvertrag über die Wirtschafts- und Währungsunion mit der DDR, im Frühsommer 1990 ausgehandelt und vom Bundestag beschlossen, muss durch den Bundesrat. Die Mehrheit der SPD-regierten Länder ist dafür, die Grünen sind dagegen und wissen in ihrer Haltung Schröder hinter sich. Seine Bedenken richten sich nach wie vor nicht gegen die staatliche Einheit, sondern gegen die Geschwindigkeit der Angleichungen und die Schätzungen über den Transferbedarf im Rahmen der Wirtschafts- und Währungsunion.

Die Bedenkenträger im linken Lager stehen nicht allein. Der Sachverständigenrat zur Begutachtung der gesamtwirtschaftlichen Entwicklung verweist mit Sorgen auf die geplanten Umtauschkurse, und Bundesbankpräsident Karl Otto Pöhl vertritt die Auffassung, der Transferbedarf der DDR werde weit über die Schätzungen der Bundesregierung hinausgehen und jeden finanzpolitischen Rahmen sprengen.

Härtester Widersacher gegen den Vertrag aufseiten der SPD ist der saarländische Ministerpräsident Oskar Lafontaine, dessen politisches Gewicht im Jahr der Einheit besonders hoch ist, weil er zugleich Kanzlerkandidat ist. Er verfällt auf die nicht gleich einleuchtende Strategie, die SPD solle im Bundestag den Einigungsvertrag ablehnen und ihn dann im Bundesrat passieren lassen. Zwischendurch könne man nachverhandeln. Der Parteivorsitzende Hans-Jochen Vogel ist empört über diese Zumutung, wie er es empfindet. Der Streit eskaliert so weit, dass Lafontaine mit dem Rücktritt als Kanzlerkandidat droht.

Vogel handelt so, wie man es von ihm erwartet. Er legt die Entscheidung in die Hand der Parteigremien. Der Kanzlerkandidat erleidet dort Schiffbruch, aber es soll niemand merken. Der Parteirat und der Parteivorstand verabschieden jeweils mit großen Mehrheiten eine Resolution, die dem Staatsvertrag zustimmt. Zugleich wird eine Erklärung herausgegeben, in der von einem großem Zeitdruck durch die Regierung Kohl die Rede ist, weshalb man vermeidbare Risiken leider nicht habe verhindern können. Außerdem habe die SPD nachträglich Verbesserungen durchgesetzt. Würde sich der Währungsumtausch jetzt noch verzögern, würde dies Hoffnungslosigkeit und Verzweiflung in der DDR auslösen. Also stimme man mit Ja, was nicht bedeute, dass man den von Kanzler Kohl eingeschlagenen Weg und den Inhalt des Vertrages in allen seinen Bestandteilen billige.

Niedersachsen bringt im Bundesrat noch einen Entschließungsantrag ein, der allerdings in erster Linie dazu dient, die Bedenken der Koalitionsregierung – vor allem auch des grünen Anteils daran – zu Protokoll zu geben. Mit 37 gegen acht Stimmen läßt der Bundesrat den Staatsvertrag passieren, die Gegenstimmen kommen von Niedersachsen und dem Saarland. Oskar Lafontaine ist immer noch der Auffassung, dass es besser gewesen wäre, wenn die SPD im Bundestag Nein und im Bundesrat Ja gesagt hätte. Im seinem Wahlkampf wird ihm diese Doppelstrategie nichts nutzen. Für die Union ist er ein Gegner der Einheit, eine Einschätzung, die sich auf Kundgebungen im Osten Deutschlands trefflich einsetzen lässt.

Schröder spürt, dass er in der Deutschlandpolitik nicht im Bremserhäuschen sitzen bleiben darf, wenn er den Zug der Zeit nicht vorbeirauschen lassen will. Als erster Ministerpräsident aus den alten Bundesländern setzt er sich für Berlin aus Hauptstadt und Regierungssitz ein, zunächst spielerisch (»Das ist gut für Hannover, das wird dann quasi zum Vorort«), dann ernsthaft: »Das wird so kommen, und das finde ich in Ordnung.« Später, als Kanzler, demonstriert er seine große Nähe zu Berlin. Nur sehr provisorisch schlägt er seine Zelte in Bonn auf, am liebsten wäre er gleich in die Baustelle Berlin gezogen. Dem Einigungsvertrag stimmt Niedersachsen im Bundesrat zu, die Bedenken seines Koalitionspartners wischt Schröder in dem Augenblick zur Seite.

Gleichwohl reibt sich Schröder gerne an den Kosten der Einheit. Es kommt gut an im Lande, wenn er sagt, einige wenige würden daran verdienen, die Millionen Kosten müssten von den kleinen Leute beglichen werden. In Niedersachsen kommt hinzu, dass das Land vom Wegfall der Zonenrandförderung stärker betroffen ist als jedes andere westliche Bundesland. Jede Forderung aus den neuen Ländern nach einem höheren Solidarbeitrag der alten Länder weist Schröder zurück. Die These von Bundestagspräsident Wolfgang Thierse, der Osten Deutschlands stehe »auf der Kippe«, wenn die finanzielle Förderung, die Angleichung der Lebensverhältnisse nicht nachdrücklicher betrieben werde, teilt der Kanzler ausdrücklich nicht. Das heißt nicht, dass er den Nachholbedarf der neuen Länder nach 40 Jahren Sozialismus nicht erkennen will, er hält es aber für gefährlich, mit zugespitzten Formulierungen die Lage dunkler darzustellen, als er sie selbst sieht.

NEUNTES KAPITEL
Etappenziel Niedersachsen

Am 13. Mai 1990 ist Wahltag in Niedersachsen. Die zahlreichen Schlachtenbummler auf dem Hinrich-Wilhelm-Kopf-Platz vor dem imposanten Portikus des niedersächsischen Landtages sind ausgelassen für hannoversche Verhältnisse. Immer wieder rufen sie »Gerd is aufm Pferd, Gerd is aufm Pferd«. Unter den Journalisten, die auf dem breiten Flur im Obergeschoss des Landtages vor den Eingangstüren zu den Zuschauer- und Pressetribünen des Plenarsaales auf die neuesten Hochrechnungen warten, sind ein paar besonders Weitsichtige. Sie hören natürlich Volkes Stimme und verweisen darauf, dass das niedersächsische Wappentier bekanntlich von links unten nach rechts oben springt, was durchaus auf »den Gerd« zutreffe.

Der Abend verspricht einige Spannung. Wieder ist das Ergebnis einigermaßen knapp, beinahe wie 1986, nur dass es diesmal gut ausgeht für den Herausforderer. Die Sozialdemokraten erringen 44,2 Prozent der Stimmen, die Union sackt auf 42,0 Prozent ab und weiß in diesem Augenblick, dass sie verloren hat. Die FDP schafft erneut den Sprung ins Parlament, mit sechs Prozent sind die Liberalen gut dabei. Die Grünen verlieren an Stimmen, aber mit 5,5 Prozent nehmen sie die Hürde. Weil Schröder im Wahlkampf die Koalitionsfrage ausgeklammert hat, hat er theoretisch zwei Optionen, und nicht wenige aus der traditionellen Ecke der niedersächsischen SPD hoffen auf ein Angebot an die FDP. Schröder muss einige Mühe darauf verwenden, diesen Gedanken aus der Welt zu schaffen. Ein wirklicher Neuanfang, so argumentiert er, sei mit den Mittätern der »Skandalregierung Albrecht« nicht zu machen. Noch am Wahlabend schafft der künftige Ministerpräsident klare Verhältnisse, als er ankündigt, er werde unverzüglich mit den Grünen Koalitionsverhandlungen aufnehmen.

Die CDU in Niedersachsen verliert in der Wahlnacht ihre komplette Führung. Albrecht erklärt seine Niederlage und kündigt an, er werde sich ins Privatleben zurückziehen. Der CDU-Landesvorsitzende Hasselmann kündigt seinen Rücktritt an, Rita Süssmuth nimmt ihr Landtagsmandat erst gar nicht an. Auf dem Nachhauseweg in seine Villa in Beinhorn bei Burgdorf im nordwestlichen Landkreis Hannover entwirft der scheidende Ministerpräsident einen Brief an seinen Nachfolger. Dem Schreiben ist anzumerken, wie tief der Amtsinhaber verstört ist: »Da ich Sie bei dem großen Trubel nicht erreichen kann, gratuliere ich Ihnen auf diesem Weg. Ich scheide ohne Groll und wünsche mir, dass das bei Ihnen auch so ist.«

In nur vier Wochen handeln SPD und Grüne einen umfangreichen Koalitionsvertrag aus. In der für die Grünen zentralen Frage des Ausstiegs aus der Atomenergie gibt es keine wirklichen Meinungsunterschiede zwischen Schröder und den Grünen – dass einige aus seiner Fraktion noch anders denken über die Nutzung der Kernenergie, stört ihn nicht. Im Koalitionsvertrag steht schließlich der Satz, man werde »im Rahmen des geltenden Rechts alle Möglichkeiten ausschöpfen«, um den Ausstieg aus der Atomwirtschaft zu erreichen. Die Frage der atomaren Zwischen- und Endlager im Schacht Konrad bei Salzgitter und in Gorleben wird in der Formel zusammengefasst, Niedersachsen werde es auf keinen Fall zulassen, zum »Atomklo« zu werden. Im Übrigen gebe es aber bundespolitische Zuständigkeiten, die zu beachten seien. Weitere Punkte des Vertrages sind der weitgehende Verzicht auf Müllverbrennung, der Ausbau öffentlicher Verkehrsmittel, die Einführung des aktiven und passiven Wahlrechts für Ausländer und die bevorzugte Einstellung von Frauen im öffentlichen Dienst. Dafür soll es eigens ein Gleichstellungsgesetz geben. Die Grünen setzen durch, dass Gemeinden mit mehr als 10 000 Einwohnern eine hauptamtliche Frauenbeauftragte einzustellen haben, verzichten müssen sie auf die Forderung nach Abschaffung des Verfassungsschutzes und der Auflösung der kasernierten Polizei. Schröder, SPD-Landeschef Bruns und aufseiten der Grünen Thea Dückert (Schröder später: »meine Lieblingsabgeordnete«), Kurt Dockhorn sowie Jürgen Trittin unterzeichnen den Koalitionsvertrag im Lichthof des Landtages, den dritten zwischen SPD und Grünen nach Hessen und Berlin.

Bei der Aufstellung der Kabinettsliste kommt es Schröder zugute, dass er sich weitgehend auf sein Schattenkabinett stützen kann. Die Grünen, die ursprünglich drei Ministerien für sich beansprucht hatten, müssen rasch einsehen, dass sie mit 5,5 Prozent der Stimmen keine Muskelspiele riskieren können. Nur mit der parteilosen – sie tritt erst im November 1992 der SPD bei – Monika Griefahn tun sich die Grünen schwer. Mit der als Umweltaktivistin angepriesenen ehemaligen Greenpeace-Mitarbeiterin, die sich freilich später eher als Organisatorin im Innendienst herausstellte, werden die Vertreterinnen und Vertreter der Ökopartei nie so richtig warm. Schröder bleibt hart: »Wer von Greenpeace zu uns kommt, ist nicht verhandelbar.«

Jürgen Trittin, der sich Hoffnungen auf das Umweltressort gemacht hat, muss Minister für Bundes- und Europaangelegenheiten werden. Erst sehr viel später begreift er, dass er sich als Bundesratsminister in Bonn eine Plattform zur Profilierung schaffen kann – fernab vom dominanten Chef. Frauenministerin (dazu die Bereiche Jugend und Sport) wird Waltraut Schoppe, die aus Niedersachsen stammt, aber zuletzt Politik in der Bundestagsfraktion der Grünen in Bonn gemacht hat. Mit der resoluten Rothaarigen, vom Typ her überhaupt nicht Schröders Fall, versteht sich der Regierungschef auf Anhieb glänzend. Neben der ebenfalls parteilosen Helga Schuchardt (Kultur und Wissenschaft) beruft Schröder aus der eigenen Partei den Bildungsexperten Rolf Wernstedt (Kultus), Heidi Alm-Merk (Justiz), Gerhard Glogowski (Innen), Peter Fischer (Wirtschaft), den früheren VW-Betriebsratsvorsitzenden Walter Hiller und den Landwirt und Hobby-Philosophen Karl-Heinz Funke in sein erstes Kabinett. »Joke« Bruns entscheidet sich kurzfristig, lieber die Fraktion führen zu wollen und sagt als Finanzminister ab. Schröder erinnert sich daran, dass ihm vor Jahr und Tag der ostfriesische Landrat Hinrich Swieter zur Seite gesprungen ist, als er sich selbst zum Spitzenkandidaten ernannt hat. Swieter wird Finanzminister. Ein leises Grummeln darüber, dass die Mitglieder der Landtagsfraktion nur wenig berücksichtigt worden seien, überhört Schröder. Erst bei späteren Kabinettsumbildungen lässt er sich davon überzeugen, dass er als Regierungschef den Sachverstand der Abgeordneten nicht immer übergehen kann.

Eine Ministerpräsidenten-Wahl ist im hannoverschen Landtag stets eine heikle Angelegenheit. Das Haus scheint Überraschungen anzuziehen. Bei Schröder geht diesmal alles gut, sogar besser als erwartet. Die rot-grüne Koalition verfügt über 79 Stimmen, die Opposition zusammen hat drei Stimmen weniger. Am 21. Juni 1990 besuchen die Abgeordneten wie gewöhnlich zu Beginn einer Legislaturperiode einem ökumenischen Gottesdienst in der Marktkirche unweit des Landtages. Landesbischof Horst Hirschler spricht als Losung des Tages: »Gott sind die letzten ebenso lieb wie die ersten.« Diesmal ist Schröder der Erste. Er erhält alle Stimmen der SPD-Fraktion und der Grünen, die Opposition aber hat Abweichler zu beklagen. Zwei Abgeordnete geben ungültige Stimmzettel ab, zwei enthalten sich, 72 stimmen gegen Schröder.

In den ersten Wochen nach der Regierungsübernahme gewinnt der Ministerpräsident nach und nach neue Erkenntnisse. Er hatte sein Amt mit der Bemerkung angetreten, dass er ja immer daran geglaubt habe, »dass ich das kann«, jetzt wolle er es beweisen, sich und den anderen.

Der frisch gewählte niedersächsische Ministerpräsident und sein Amtsvorgänger
Ernst Albrecht, 1990

In dieser Reihenfolge. In seinem Buch »Reifeprüfung« erinnert Schröder an das Lernpensum der ersten Wochen. In den Auseinandersetzungen mit den Grünen im Bundestag, vor allem bei den Themen
Rüstung und Atom, aber auch bei seinen Erkundungen unter jugendlichen Hausbesetzern für die Bundestags-Enquetekommission über
Jugendprotest habe er so einiges an Dialog- und Sprachfähigkeit trai-
nieren können: »Im Rahmen einer rot-grünen Regierungskoalition,
wo es darum geht, die unterschiedlichsten Meinungen zu bündeln und
zu einer Entscheidung zu führen, sind das alles recht nützliche Qua-
lifikationen.« Jetzt aber heißt es aufpassen: »Ich hatte immer eine
Neigung, lieber selbst zu entscheiden und hinterher zu erklären. Nie
hätte ich mir träumen lassen, dass ich wesentliche Teile meiner
Arbeitszeit damit verbringe, Gespräche zu führen, meine Meinung zu
erläutern, die Gegenargumente zu hören – überhaupt zuzuhören –, bis
man dann zu einvernehmlichen Lösungen kommt. Aber mit einer
Politik par ordre du mufti, mit autoritärem oder arrogantem Gehabe ist
gerade in einer so spannenden Koalition wie zwischen der SPD und

den Grünen kein Blumentopf zu gewinnen. Hätten wir im Umgang miteinander nicht neue, wahrhaft kollegiale Umgangsformen gefunden – der Dauerkrach im Regierungsbündnis wäre vorprogrammiert.« Die neue Koalition legt ein beachtliches Tempo vor. In der Bildungspolitik werden die Gesamtschulen den anderen Schulformen gleichgestellt, 2200 Lehrer werden neu eingestellt. Weil die Schülerzahlen aber weiterhin steigen, beschließt die Landesregierung, den Lehrern eine Stunde mehr Unterricht zu verordnen. Die Lehrergewerkschaften, allen voran die Gewerkschaft Erziehung und Wissenschaft, reagieren mit wütenden Protesten und zeigen sich enttäuscht von Rot-Grün.

Nicht ganz ohne den Einfluss von Hiltrud Schröder auf ihren Mann, erhält die Frauenpolitik über Nacht einen neuen Stellenwert in Niedersachsen. Unter der Vorgängerregierung gab es im gesamten Land nur eine einzige Frauenbeauftrage, nun sind die 278 Städte und Gemeinden mit mehr als 10 000 Einwohnern aufgefordert, eine solche Stelle zu schaffen. Vor allem in den kleineren Gemeinden verschafft sich Waltraut Schoppe, die Frauenministerin, damit keine Freunde. In späteren Jahren zieht die Einrichtung in Hannover den Spott der Leute auf sich, als besonders eifrige amtliche Hüterinnen der Frauenrechte daran Anstoß nehmen, dass zur Kennzeichnung von Fahrradwegen ausschließlich Herrenräder aufs Pflaster gesprüht worden seien. Für eine beträchtliche Summe werden die Stangen zwischen Sattel und Lenker weggekratzt, um zu demonstrieren, dass die Wege auch mit Damenrädern befahren werden dürfen. Auch sonst hat Waltraut Schoppe einiges auszuhalten unter dem Druck von Radikalfeministinnen. Sie unterstützt aus Überzeugung die 41 Mütterzentren im Land, die Müttern mit einer Doppelbelastung durch Erziehungsarbeit und Berufstätigkeit helfen sollen. Das sei, rügen die fundamental-feministischen Widersacherinnen, genau der falsche Ansatz in der Frauenpolitik, vollkommen unzeitgemäß. Selbst in den eigenen Reihen der Grünen muss sich Schoppe schon mal »Mutterkreuzträgerin« angiften lassen.

In der Umweltpolitik will sich Schröder die Fortschritte selbst ans Revers heften und nicht den Grünen überlassen. Ein Klagerecht für Verbände wird eingeführt und ein Abfallgesetz verabschiedet, das die Müllvermeidung zum Ziel hat und die Verwertung fördert. In der Atompolitik schickt Schröder gerne seine Umweltministerin Griefahn vor, vor allem dann, wenn er weiß, dass das Land wegen des Weisungsrechts durch den Bundesumweltminister nichts ausrichten kann. Griefahn entwickelt in dieser Zeit eine besondere Abneigung gegen ihren Bonner Kollegen Klaus Töpfer (CDU). Wenn es eine Gelegenheit gibt zu klagen, lässt sie sie selten aus. Umgekehrt vollzieht sie Weisungen in der Regel erst, wenn alle Rechtswege ausgeschöpft sind. Diese Hartnäckigkeit imponiert dem Regierungschef. Obwohl Griefahn durch einen eher rustikalen Umgangsstil mit ihren Mitarbeitern in der internen Verwaltung nicht den besten Ruf hat, hält er an ihr fest, auch in der zweiten Legislaturperiode nach 1994. Als sie 1995 in den Verdacht gerät, von Amts wegen ihrem Ehemann einen wirtschaftlichen Vorteil verschafft zu haben, wird sie zwar von Schröder vorübergehend beurlaubt, dann aber wieder eingestellt. Der Chemiker Michael Braungart, Griefahns Ehemann, sollte als Gutachter für die Expo 2000 in Hannover tätig werden, ein Auftrag, der ihm viel Geld eingebracht hätte. Die Landesregierung beauftragt den ehemaligen Verfassungsrichter Helmut Simon mit einer Untersuchung, die keine Anhaltspunkte für einen Verdacht gegen das Ehepaar Griefahn/Braungart ergibt. Auch ein parlamentarischer Untersuchungsausschuss findet nichts, was rechtlich verwertbar wäre.

Am stärksten ist Schröder von seiner Ministerin beeindruckt, als diese schwanger wird und sich für zwei Monate in den Mutterschaftsurlaub abmeldet. Als sie in den Dienst zurückkehrt und das Baby in ihrem Dienstzimmer präsentiert, bemüht sich der Ministerpräsident persönlich in das Büro seiner Ministerin. Er finde das »einfach toll«, erzählt er den geladenen Reportern, es gebe viel zu wenige junge Frauen im gebärfähigen Alter in leitenden Positionen. Wenn die junge Mutter kurze Auszeiten braucht zur Versorgung des Kindes, ermöglicht ihr Schröder alles und duldet darüber kein Gemurre. Erst nach einer Weile verliert der Kabinettschef die Lust an der Nummer »Mutter mit Kind«.

Mehr und mehr entwickelt er Gefallen an der Herausforderung, die Wirtschaftsförderung in seinem Land mit der ökologischen Erneuerung zu verbinden. Schröder schaut sich unter seinen Ministerpräsidentenkollegen um und entdeckt, dass er das Image des wirtschaftlichen Erneuerers mit grünem Gewissen exklusiv für sich hat. Er spürt, dass er auf diese Weise auch in der Bundespolitik Profil gewinnen kann.

Geeignete Projekte finden sich bald. In Papenburg an der Ems ist die Meyer-Werft ansässig, ein ehemals mittlerer Betrieb, der sich nach und nach größere Aufträge aus aller Welt an Land ziehen konnte. Vierzig Kilometer von der Küste entfernt baut die Werft im größten Trockendock der Welt vor allem luxuriöse Kreuzfahrtschiffe. Weil die Ems zwischen Papenburg und der Mündung bei Emden kaum sieben Meter tief ist, können größere Schiffe nicht ins Meer gelangen. Arbeitsplätze sind gefährdet, wenn Aufträge verloren gehen.

Schröder schaltet sich ein, verhandelt mit den protestierenden Umweltverbänden, besänftigt die Grünen und sichert einen umfassenden Ausgleich ökologischer Schäden zu. Die Landesregierung bürgt dafür. Die Ems kann um 50 Zentimeter vertieft werden. 1850 Menschen, bilanziert Schröder, haben ihren Arbeitsplatz behalten.

Noch symbolträchtiger für die Grünen ist der Bau einer Teststrecke für Daimler-Benz im Emsland. Ausgerechnet die Partei, die gegen eine Ausweitung des Individualverkehrs zu Felde zieht, soll einem solchen naturzerstörenden Bauwerk zustimmen? 870 Hektar groß ist das Gelände, das die Stuttgarter Autobauer ins Auge gefasst haben, 12,8 Kilometer lang die geplante Strecke, länger als die Hochgeschwindigkeits-Rennkurse in der Eifel und in Hockenheim. Im badischen Boxberg waren die Mercedes-Leute abgeblitzt, trotz der industriefreundlichen Politik in Baden-Württemberg. Bauern hatten den Bau verhindert. Der niedersächsische Regierungschef pokert lange und hoch. Am Ende dürfen die Grünen die Verhandlungen mit den Konzernherren aus Stuttgart selbst führen. Jürgen Trittin, der das Ergebnis auf einer Bundesdelegiertenkonferenz seiner Partei in Köln verteidigen muss, erzählt am Rande stolz, wie er den Kapitalisten ein Zugeständnis nach dem anderen abgerungen habe. Er habe immer noch draufgesattelt, und die Automanager hätten alles erfüllt. Es sind »Kompensationsmaßnahmen im Bereich des Natur- und Artenschutzes«, die der Konzern bezahlen muss, »weit über die rechtlichen Verpflichtungen hinaus«, wie Schröder am Ende zufrieden feststellt.

Als Musterbeispiel Schröder'scher Umweltpolitik mit wirtschaftlichem Gewinn darf der Bau einer Erdgaspipeline von Norwegen durch das Wattenmeer vor der niedersächsischen Nordseeküste gelten. Zweieinhalb Kilometer des Küstenabschnittes sind zwar nur betroffen, aber er liegt nun mal in einem Bereich, der erst 1986 zu einem besonders schützenswerten Nationalpark erklärt worden ist. Die rot-grüne Regierung in Hannover will natürlich gerne dem Antrag des norwegischen Investors Statoil stattgeben, hat aber alle gegen sich: die grüne Basis, die Grünen vor Ort, die Aktionskonferenz Nordsee, den Bund für Umwelt und Naturschutz Deutschland (BUND) und den World Wide Fund for Nature (WWF).

Der Regierungschef beginnt eine Doppelstrategie. Eingriffe in die besonders sensible, schutzwürdige Natur des Wattenmeeres seien eigentlich kaum zu vertreten, sagt er. In seinem Buch »Reifeprüfung« schreibt er: »Das Wattenmeer, eine Art biologische Kläranlage und Heimat einer Vielzahl seltener heimischer Lebewesen und für Vögel aus ganz Nordeuropa ist durch Schadstoffe ohnehin schon stark belastet worden; Anwohner und Naturschützer haben im Verbund mit verantwortungsvollen Umweltpolitikern lange genug darum gekämpft, das Watt als Nationalpark unter besonderen Schutz zu stellen.«

Obwohl ihn die Opposition als wirtschaftsfeindlich hinstellt, als abhängig von den Befindlichkeiten des kleinen Koalitionspartners, berührt Schröder das nur wenig. Er bearbeitet zunächst die Grünen: Das Erdgas werde unbedingt gebraucht, wenn man über kurz oder lang das marode Atomkraftwerk Stade vom Netz nehmen wolle. Nur mit den Gaslieferungen könne nämlich jenes Erdgaskraftwerk gebaut werden, das man zum Ausgleich benötige. Auch der angestrebte Bau neuer Blockheizkraftwerke mit höherem Wirkungsgrad sei ja nur möglich, wenn das Erdgas geliefert werde. Schließlich, so verkündet Schröder unter weitgehender Zustimmung seiner früheren Kritiker, sei alles nur eine Frage der Technologie: der Energiekonzern müsse ein schonendes Verfahren für den Bau des Röhrensystems finden. Statoil scheint wenig angetan angesichts der Mehrkosten in Höhe von 300 Millionen Mark – bei Gesamtkosten von drei Milliarden –, entscheidet sich aber angesichts des erwarteten wirtschaftlichen Nutzens für ein aufwendiges, unterirdisches Pressverfahren. Das Kernkraftwerk Stade geht zwar nicht vom Netz, aber davon ist am Ende der erfolgreichen Aktion auch nicht mehr die Rede.

Die drei Projekte zählt Schröder gerne als Beispiele dafür auf, dass es ihm gelungen sei, die anfänglich skeptische, ja ablehnende Wirtschaft des Landes von der Ernsthaftigkeit des rot-grünen Projektes zu überzeugen. »Die hatten doch geglaubt«, ist eine seiner Lieblingsfloskeln, »dass mit unserem Regierungsantritt in Niedersachsen die Lichter ausgehen.« Der Mann hat sein Motto gefunden: Ohne die Ökologie aus dem Auge zu verlieren, will er Niedersachsen wirtschaftlich voranbringen. Er kommt zu der Erkenntnis, »Wahlen kann man in Deutschland nur gewinnen, wenn man wirtschaftliche Kompetenz hat«, und handelt fortan danach. Es vergeht keine Woche, in der er nicht einen Betrieb im Land besucht. Er nimmt jede Einladung an, vor Wirtschaftsverbänden zu sprechen, mit Unternehmern zu diskutieren. Dabei bewahrt er sich eine beinahe kindliche Bewunderung für jene Männer, die ein Mehrfaches von ihm verdienen. »Weißt du, mit wem ich eben telefoniert habe?«, fragt er einmal mit leuchtenden Augen einen Mitarbeiter und gibt die Antwort gleich selbst: »Mit einem richtigen Milliardär.« Das ist zu Beginn der Neunzigerjahre, als die »Frankfurter Allgemeine« noch den Satz druckt: »Dass er von Wirtschaft keine Ahnung hat, merken die wenigsten.«

Zu Schröders innerparteilichen Themen gehört nicht nur die Atompolitik im engeren Sinne, er ist auch zuständig für Energiefragen im Allgemeinen. Er ist zu der Überzeugung gekommen, ein Ausstieg aus der Kernenergie sei nicht in wenigen Jahren zu bewerkstelligen. Als Bundesumweltminister Klaus Töpfer (CDU) und Wirtschaftsminister Günter Rexrodt (FDP) Vertreter der Parteien, der Umweltverbände und der Energieversorger wie RWE und Veba im Frühjahr 1993 zu einem Gespräch über einen möglichen Energiekonsens nach Bonn einladen, ist Schröder der Verhandlungsführer der SPD. Es geht um drei Problemfelder: um die Restlaufzeiten für die 21 Strom erzeugenden Kernkraftwerke, um die Entsorgungsfrage und um die Zukunft der Kernkraft schlechthin. Zunächst sieht es aus, als könne man sich im Grunde verständigen. Zwar steigen die Grünen im Laufe der Verhandlungen aus, doch die verbliebenen Parteien kommen überein, dass man unwiderruflich aus der Wiederaufarbeitung für Brennelemente aussteigen wolle, dass sich – freilich sehr lange – Restlaufzeiten für die Atommeiler verhandeln ließen, und dass zumindest theoretisch die Möglichkeit offen bleiben müsse, eines Tages eine neue Generation von Kernkraftwerken zu entwickeln.

Schröder ist zu der Überzeugung gekommen, auch die Energiekonzerne müssten ein Interesse an verbindlichen Restlaufzeiten haben, die freilich nicht zu kurz ausfallen dürften. Das sei bei den langen Planungszeiten und den hohen Investitionssummen nur allzu verständlich. Die politische Seite könnte sich auf einen garantierten Zeitpunkt für das Ende der Atomzeit in Deutschland einstellen. Die Energieversorger sollten dem Bundestag ein Mitspracherecht, ja ein Widerspruchsrecht gegen Investitionen in eine kommerziell genutzte neue Reaktorlinie einräumen. Erforderlich wäre die Zustimmung einer Zwei-Drittel-Mehrheit. Im Gegenzug bietet er an, das Atomendlager Schacht Konrad bei Salzgitter »vorurteilsfrei zu prüfen und bei positivem Ergebnis zu genehmigen«.

Doch als es nach rund zweijährigen Verhandlungen ernst werden soll, weichen die Beteiligten zurück. Schröder bekommt von der eigenen Partei die Prokura entzogen. Parteichef Rudolf Scharping belehrt ihn, der Ausstieg aus der Kernenergie dürfe nicht mit dem Wiedereinstieg verbunden werden. Oskar Lafontaine besteht auf der reinen Parteilehre, der Ausstieg aus der Kernenergie erlaube kein Offenhalten der technologischen Entwicklung. Die Verhandlungen sind gescheitert, als Schröder erklärt, wenn die Beschlusslage der Partei zu 100 Prozent umgesetzt werden solle, dann sei ein Kompromiss mit anderen schwierig.

In seine neuen Begeisterung für die Wirtschaftsförderung bezieht Schröder Positionen, die ihn beim Koalitionspartner und im Privatleben in Schwierigkeiten bringen. Die Grünen und Hillu äußern Entsetzen, als der frühere Gegner des Kampfflugzeuges »Jäger 90«, später: »Eurofighter« auf einmal dafür wirbt. »Wenn klar ist, das ein neues Flugzeug gebaut wird«, verändert er seine Logik, »dann kann man es auch in Deutschland bauen.« Er denkt dabei in erster Linie an Niedersachsen, das liegt auf der Hand. Bundesratsminister Jürgen Trittin kommt in diesem Zusammenhang zu der Erkenntnis, Schröder habe »einen Knall«. Der Regierungschef ist sauer, das Verhältnis der beiden, das ohnehin nie ganz frei ist von Misstrauen, trübt sich für längere Zeit ein.

Ähnlich wie beim »Eurofighter« argumentiert Schröder auch in einem anderen Fall. Wenn die Beschäftigungssituation auf den norddeutschen Werften so schlecht sei, dann müsse die Bundesregierung den Bau von zehn U-Booten und zehn Fregatten für Taiwan genehmigen, erklärt Schröder Anfang 1993. Als er sich bei Bundeskanzler Kohl zunächst vertraulich dafür einsetzt, »enthüllt« der FDP-Politiker Jürgen Möllemann genüsslich Schröders Vorstoß. Sein Vorwurf: Der ehemalige Nachrüstungsgegner Schröder sei ein Heuchler. Schröder kontert mit dem Hinweis, es sei nicht einzusehen, weshalb der chinesische Inselstaat von Deutschland Raketenteile geliefert bekomme, aber keine deutschen Kriegsschiffe. Er weiß, dass er mit solchen Sätzen Parteitagsbeschlüsse der SPD und der Grünen ignoriert, dass er obendrein Beschlüsse des eigenen Kabinetts über den Haufen wirft – entscheidend ist für ihn offenbar der Eindruck, ihm sei die Schaffung oder wenigstens der Erhalt von Arbeitsplätzen das Wichtigste. Die CDU setzt einen Untersuchungsausschuss ein, der jedoch ohne Wirkung bleiben muss. Schließlich habe der Schuldige schon vorher gestanden, schreiben die Zeitungen im Land.

Das innenpolitische Thema, das 1992 und 1993 die Schlagzeilen beherrscht, ist die Asylpolitik. Als Chef einer rot-grünen Landesregierung ist Schröder in die niedersächsische Regierungsarithmetik eingebunden, er nutzt freilich auch diese Gelegenheit, seine bundespolitische Bedeutung zu steigern. Der Hintergrund ist einfach: Zwischen 1989 und 1992 ist die Zahl der Asylsuchenden in Deutschland sprunghaft gestiegen, von 120 000 auf 440 000 Menschen jährlich. Die Städte und Gemeinden klagen, weil die Behelfsunterkünfte nicht ausreichen. Die Stimmung im Land erreicht ihren Tiefpunkt, als die ersten Schulsporthallen und Gemeindesäle in Unterkünfte für Asylbewerber umgewandelt werden.

Die Bundesregierung sucht nach einer parteiübergreifenden Lösung. Wolfgang Schäuble für die CDU/CSU, Hermann Otto Solms für die FDP und Hans-Ulrich Klose für die SPD sind die Unterhändler, unterstützt von elf weiteren Mitgliedern ihrer Parteien. Es geht um eine Neugestaltung des Asyl-Artikels 16 im Grundgesetz. Schröder sitzt mit am Verhandlungstisch als einer der schärfsten Gegner jeder Einschränkung des Asylrechts. In einem »Spiegel«-Gespräch erläutert er seine Haltung: »Innenpolitische Erwägungen dürfen bei der Asylgesetzgebung keine Rolle spielen – das einzige Kriterium hat die Sicherheit politisch verfolgter Menschen zu sein. So will es die Verfassung. Sie hat sich dann zu bewähren, wenn es schwierig wird. Und die, die sie verteidigen, auch. Sonst wird die Verfassung zur Betriebsanleitung für die Durchsetzung des gesunden Volksempfindens, und die Politiker werden zu dessen Vollstreckern.«

Im Dezember 1991 hatte auf dem Bonner Petersberg ein Kreis von Genossen getagt, der sich unter der Anleitung des neuen Bundesvorsitzenden Björn Engholm auf eine überraschend restriktive Linie verständigt hatte. Dahinter standen neben Klose in erster Linie der nordrhein-westfälische Innenminister Herbert Schnoor, und überraschenderweise auch Oskar Lafontaine. Schröder war nicht eingeladen. Die Petersberger Runde einigte sich auf die Erstellung von so genannten »Länderlisten«, auf denen Verfolgerstaaten aufgeführt werden sollte. Wer nicht aus einem solchen stammte, für den sollte die Rechtsweggarantie zur Einklagung des Asyls entfallen. Schröder als Wortführer der Linken gegen Lafontaine stellte sich quer. »Oskar Lafontaine sollte sich vom Hohen Flüchtlingskommissar der Vereinten Nationen erklären lassen, dass der Weg der Länderlisten nicht gangbar ist«, und »man schämt sich nicht, auf dem Rücken der Asylbewerber und gegen die Interessen der Bevölkerung so zu handeln«.

Nach heftigen Verlusten bei den Landtagswahlen in Baden-Württemberg und Schleswig-Holstein beginnen die Fronten bei den Sozialdemokraten zu bröckeln. Als Verhandlungsführer der SPD handelt Schröder schließlich einen Kompromiss mit der Bonner Regierung aus, der nach langen Debatten im November 1992 von einem Sonderparteitag der SPD abgesegnet und im Laufe des Jahres 1993 parlamentarisch umgesetzt wird. Er enthält Länderlisten und die so genannte Drittstaatenregelung. Danach kann niemand mehr in Deutschland Asyl verlangen, der über einen so genannten sicheren Drittstaat eingereist ist – dazu gehören alle Nachbarländer. Die Linken sind bitter enttäuscht, dass Schröder diese Wende mitgemacht hat, und die Grünen allemal.

In der offizösen Biografie von Anda/Kleine wird der Meinungswandel mit einer staatstragenden Begründung versehen. Hätte Schröder die Verhandlungsführung unter Protest niedergelegt, dann hätte dies »einen hohen Preis bedeutet. Ausscheiden aus dem SPD-Präsidium, aber auch Rücktritt vom Amt des niedersächsischen Ministerpräsidenten. Dieser Preis erschien mir zu hoch. Man mag das für feige halten, ich habe es jedenfalls vorgezogen, um die Substanz zu kämpfen, die noch geblieben war.« Zur Unterstützung wird der hannoversche Bundestagsabgeordnete und Sprecher des gewerkschaftsnahen »Seeheimer Kreises«, Gerd Andres zitiert: »Sein Schwenk hat ihm bei den Linken in der Partei den Ruf des Verräters eingetragen, obwohl er in der Sache eindeutig Recht hatte.«

Schröders Frau Hiltrud hat ihre eigene Meinung, die sie in ihrem Buch auch kundtut: »Dass er sich dem Druck des Parteipräsidiums beugte, obwohl er im Vorfeld jede Einschränkung strikt ablehnte, war für mich eine große Enttäuschung. Mich ärgerte vor allem die flapsige Art, mit der er seine Volte überspielte. Er traf beim Tennis zwei Damen, die sich beklagten, ihre Turnhalle wäre voller Asylanten und sie könnten nicht mehr duschen.« Bei Anda/Kleine bestätigt Schröder indirekt diese Version. Sie schreiben: »Schröder selbst rechtfertigt sein Umschwenken mit der Tatsache, dass er erst spät erfahren habe, was die wahren Nöte der Bevölkerung bei der Asylrechtsfrage gewesen seien.« Wieder einmal bereitet es Schröder keine Mühe, eine politische Überzeugung zu opfern, als er erkennt, wie wenig populär sie ist bei den Wählern in der Mitte.

Der Wahlkampf rückt näher in Niedersachsen und Schröder ist dankbar für jede Gelegenheit, sich in seinem Land als Förderer der Wirtschaft darstellen zu können. Nirgendwo in Deutschland ist die Lage erfreulich, auch Großbetriebe entlassen Mitarbeiter in größerer Zahl. Im Herbst 1993 kündigt der Flugzeugbauer Deutsche Aerospace (DASA) an, von den insgesamt 80 000 Beschäftigten 16 000 zu entlassen. Sechs Werke sollen geschlossen werden, darunter das in Lemwerder, das nahe bei Bremen auf niedersächsischem Gebiet liegt. 1 136 Mitarbeiter wären betroffen. Schröder fühlt sich herausgefordert.

Bei einer Betriebsversammlung am 27. Oktober greift er den Daimler-Chef Edzard Reuter und den DASA-Vorstandsvorsitzenden Jürgen Schrempp direkt an. Sie könnten sich nicht, wirft ihnen Schröder vor der versammelten Belegschaft vor, »in der Krise einfach davonmachen«. Die Bundesregierung fordert Schröder auf, die Wartung von »Transall«-Transportmaschinen der Bundeswehr nicht nach Süddeutschland zu verlagern. Den Arbeitern und Unternehmern bietet Schröder an, dass sich das Land finanziell an der Sanierung beteiligen könnte. Als sich Schröder nach dem Ende seines Auftritts von der Werksfeuerwehr vom Gelände fahren lässt, begleitet ihn der freundliche Beifall der Arbeiter und Angestellten. Die Rettung des Werkes zieht sich dann noch hin, aber sie gelingt unter anderem durch die Gründung einer Auffanggesellschaft. Die Rettung des Standortes Lemwerder erwähnt Schröder häufig, wenn er Beispiele gelungener Wirtschaftsförderung aufzählt. Besucher des Landes und Medienvertreter lädt er später gern in die Flugzeugwerft ein.

Das Wahljahr 1994 gilt als »Superwahljahr«. In mehreren Bundesländern sind Landtagswahlen, dazu Kommunalwahlen und im Sommer die Europawahl. Im Herbst schließlich die Bundestagswahl. Schröder möchte sich möglichst heraushalten aus den Auseinandersetzungen und setzt deshalb den Wahltermin im Rahmen der gesetzlichen Möglichkeiten früh an. Wahltag ist der 13. März.

Je näher die Wahlen in Niedersachsen rücken, desto mehr verschlechtert sich das Klima in der rot-grünen Koalition. Zeitungen berichten immer häufiger über gegenseitige Vorwürfe. Man wirft sich Versäumnisse vor, vor allem in der Atompolitik. Schröder lobt zwar seinen Koalitionspartner hin und wieder, kann sich aber Seitenhiebe nicht verkneifen: das Maß an funktionierender Zusammenarbeit in seinem Kabinett sei beispielhaft, erzählt er, allerdings »mit gelegentlichen Irritationen durch Trittin«. Die Grünen finden eine griffige Formel für ihren Wahlkampf: »Den absoluten Schröder verhindern«. Der wiederum erklärt überall, eine rein sozialdemokratische Landesregierung könne noch mehr an Reformen durchsetzen und die Wirtschaftskraft des Landes noch stärker fördern: »Eine Koalition ist nur die zweitbeste Lösung – wer mich kennt, weiß: Ich will die beste.«

Seinen Herausforderer von der CDU, den jungen Osnabrücker Rechtsanwalt Christian Wulff, nimmt Schröder kaum zur Kenntnis, und verfährt damit so, wie früher Albrecht mit ihm. Die Großplakate, die in den letzten Tagen vor der Wahl im ganzen Land geklebt werden, zeigen allein Schröders Porträt. Nicht einmal die Partei steht darauf.

Das Wahlergebnis kann man nicht anders als paradox nennen. Der Stimmenzuwachs der Regierungskoalition war erwartet worden, der Verlust der CDU auch (minus 5,6 Prozentpunkte). Schröder kann dabei den Stimmenanteil halten (44,3 gegen 44,2 Prozent vier Jahre zuvor), die Grünen sind der große Gewinner: Sie steigern sich von 5,5 Prozent auf 7,4 Prozent. Die Freien Demokraten verlieren 1,6 Prozentpunkte und fliegen aus dem Parlament. Das hat zur Folge, dass die Schwelle für die absolute Mehrheit sinkt. Mit einer Stimme Mehrheit kann die SPD allein regieren, die grünen Wahlgewinner sind aus dem Rennen. Als Schröder am Abend auf der Wahlparty erscheint, passiert das Gleiche wie schon vier Jahre zuvor. Die Genossen skandieren: »Rot-Grün, Rot-Grün!« Schröder schüttelt den Kopf. Er denkt gar nicht daran, die Macht mit den Grünen zu teilen. Obwohl er in den folgenden Tagen noch verschiedentlich bedrängt wird, doch einen oder zwei grüne Minister in sein Kabinett aufzunehmen, bleibt er hart. Er zitiert den Satz »Mehrheit ist Mehrheit« und kündigt an, eine rein sozialdemokratische Regierung zu bilden. Auf das Risiko angesprochen, dass er sich doch an die schlechten Erfahrungen erinnern müsse, die sein Vorgänger Albrecht mit seiner Ein-Stimmen-Mehrheit gemacht habe, antwortet Schröder sinngemäß: Ein-Stimmen-Mehrheiten seien häufig stabiler als Mehrheiten mit zwei oder drei Stimmen, vorausgesetzt, die Mehrheiten werden von einer Fraktion gebildet. Bei Ein-Stimmen-Mehrheiten könne sich niemand eine Disziplinlosigkeit erlauben.

Seine Risikospiel gelingt. Am Tag der Wahl zum Ministerpräsidenten im Leineschloss, am 23. Juni 1994, erhält er 83 Stimmen, zwei mehr als die SPD-Fraktion Mitglieder hat. Der niedersächsische Landtag bleibt seinem Ruf treu, Heckenschützen gute Deckung zu geben. Die Opposition ist nicht geschlossen, zwei weitere Abgeordnete aus ihren Reihen stimmen nicht mit Nein: Einer wählt ungültig, einer enthält sich der Stimme.

Einen Monat nach seiner erneuten Wahl zum Regierungschef wird Schröder auch zum neuen Vorsitzenden der SPD in Niedersachsen gewählt. Sein Weggefährte »Joke« Bruns, der sich vor der Wahl 1986 mit ihm verbündet hatte und ihm damit den Weg in die große Landespolitik ebnete, zieht sich aus der Parteiarbeit vollkommen zurück. Sein Nachfolger im Fraktionsvorsitz wird der bisherige Leiter der Staatskanzlei, Wolf Weber. Schröder erhält 165 von 190 Delegiertenstimmen, ein beachtliches Ergebnis für einen, den einst die »königlich hannoverschen Sozialdemokraten« zum Teufel gewünscht haben. Der niedersächsische Ministerpräsident hat einen vorläufigen Machthöhepunkt erreicht. Die »Frankfurter Allgemeine« erfasst die Lage weitsichtig: »Schon Engholm spürte den heißen Atem des Niedersachsen im Nacken. Scharping wird es ebenso ergehen, wenn er es nicht sehr bald schaffen sollte, Bundeskanzler zu werden.«

ZEHNTES KAPITEL

Schröder und die Autos

Der niedersächsische Ministerpräsident ist von Amts wegen Mitglied in den Aufsichtsräten von Volkswagen – das Land ist mit einem Anteil von 20 Prozent größter Einzelaktionär –, der Norddeutschen Landesbank (Nord-LB) und der Deutschen Messe AG, die unter anderem der Welt größte Industriemesse und die Technologie-Schau CeBit veranstaltet. Natürlich nimmt Schröder diese Aufgaben wahr. Schon bald nach seiner Wahl zum Regierungschef 1990 fährt er zur ersten VW-Aufsichtsratsitzung in Berlin. Er sei eher zurückhaltend aufgenommen worden erinnert er sich später. Auch er selbst lässt zunächst Vorsicht walten. Auf keinen Fall will er mit einer Arbeitgebermentalität dort erscheinen.

Die Zurückhaltung wird sich bald legen. Bei einer passenden Gelegenheit lässt er sich im politischen Alltag mit Sprüchen vernehmen, deren sprachliche Bilder zwar schief, aber eingängig sind: »Automobile sind die Kohle Niedersachsens«, behauptet er, wobei er eigentlich nur auf die Bedeutung des Autobaus für die Wirtschaftskraft des Landes abheben kann und unmöglich die zeitlich begrenzte, auf Subventionen angewiesene Technologie, die den Bergbau ausmacht. Es ist klar, was gemeint ist: Das Auto ist ein Thema für die Massen, er als Niedersachse will es für sich beanspruchen. Danach findet er auch weniger missverständliche Slogans. Jetzt heißt es: »Was für VW gut ist, ist gut für das Land.« Mehr als ein Drittel der Arbeitsplätze im Land hängen direkt oder indirekt von Volkswagen ab. Auf solche Größenordnungen müsse man als verantwortlicher Politiker Rücksicht nehmen. Das habe nichts mit Abhängigkeiten zu tun, sondern mit Vernunft. Wann immer in den frühen Neunzigerjahren in der SPD Pläne für eine Ökosteuer oder für ein Tempolimit diskutiert werden, widerspricht Schröder mit Vehemenz. Sogar vor Kalauern schreckt er nicht zurück. Über seinen Spruch, er sei für ein Tempolimit 100 – für jede Achse wohlgemerkt –, kann er selbst am lautesten lachen.

Die Ernsthaftigkeit seiner Bemühungen für das Wohlergehen von Volkswagen werden auf eine harte Probe gestellt, als der US-amerikanische Automobilkonzern General Motors (GM) mit Sitz in Detroit

1993 Strafantrag gegen den neuen Einkaufschef von Volkswagen, den aus dem spanischen Baskenland stammenden José Ignacio López, stellt. López steht an der Spitze einer Gruppe von Managern, die der neue VW-Chef Ferdinand Piëch ins Werk holt. Piëch, der als kantiger Sanierer gilt, besitzt von Anfang das Wohlwollen des Aufsichtsratsmitgliedes Schröder. In der Findungsphase hat sich der niedersächsische Ministerpräsident gegen den Mitbewerber Daniel Goeudevert, ein SPD-Mitglied, entschieden. Auch López ist ein Typ, der Schröder imponiert. Schwer beeindruckt hat der Baske den Politiker mit einer Geschichte, die seine Lebensphilosophie anschaulich macht. »Jeden Morgen in Afrika erwacht die Gazelle, und ihr erster Gedanke ist, du musst schneller laufen als der schnellste Löwe, sonst wirst du gefressen. Zur gleichen Zeit erwacht der Löwe und denkt, du musst schneller laufen als die langsamste Gazelle, sonst verhungerst du. Es ist egal, ob du eine Gazelle oder ein Löwe bist; wenn die Sonne aufgeht ist es das Beste, du rennst so schnell du kannst.«

López kommt von General Motors und soll bei seinem Wechsel nach Wolfsburg geheime Unterlagen von seinem ehemaligen Arbeitgeber mitgenommen haben. Die Affäre nimmt rasch Züge eines Wirtschaftskrimis an mit nächtlichen Hausdurchsuchungen und Beschlagnahmungen, aber das Aufsichtsratsmitglied Schröder weiß sofort, auf welcher Seite es zu stehen hat. Volkswagen sei Zielscheibe einer Kampagne ausländischer Konkurrenten geworden, sagt er. General Motors und dessen europäische Töchter – in erster Linie Opel – wollten Europas größten Automobilhersteller treffen. Deutschland wäre dabei der Verlierer, Amerika, Frankreich und vor allem Japan würden davon profitieren.

Gegen López und einige seiner persönlichen Mitarbeiter ermittelt die Staatsanwaltschaft Darmstadt. Der Jurist Schröder hat keine Scheu, die Ermittlungsbehörden öffentlich anzugreifen und ihnen mangelnde Fairness vorzuhalten. Die Behörde sei befangen, weil sie Untersuchungsergebnisse von Privatdetektiven verwende, die von Opel angeheuert worden seien. Die Opel-Manager wehren sich. Schröder nutze seinen Einfluss als Ministerpräsident dazu, sagen sie, im Interesse von VW Druck auf eine unabhängige Ermittlungsbehörde auszuüben. Die Angelegenheit spitzt sich zu. Schröder muss vermitteln, sein Ruf als »Automann« und als Politiker gerät sonst in Gefahr. Erst Monate später, im April 1997 während einer Reise durch die USA, kann er den gefährlichen Streit endgültig beilegen.

Nach der Hälfte der elftägigen Reise durch die Vereinigten Staaten ist der niedersächsische Ministerpräsident in Detroit angekommen – in einer ganz besonderen Mission. Hier ist der Hauptsitz aller bedeutenden amerikanischen Autofirmen, auch der größten: General Motors (GM). Hier erwartet ihn John F. Smith, der Präsident der General Motors Corporation, die mit der Volkswagen AG in Wolfsburg nach der Beilegung widrigster Streitigkeiten eine Zusammenarbeit anstrebt.

Es passt gut, dass Schröder, der Politiker mit dem besonderen Ruf, und Smith, der »Automächtigste« der Gegenwart, einander in Größe und Statur, ja sogar in Sprechweise und Gestik verblüffend ähneln. Am Abend ihrer ersten persönlichen Begegnung kommt es zwischen den beiden mehrfach zu Schulterschlüssen, sichtbar für jeden, der die Gesten zu deuten weiß. »Wir reden nicht über die Vergangenheit, wir reden über die Zukunft«, sagt Schröder und hakt Smith unter. »Wir arbeiten in fairer Konkurrenz miteinander«, antwortet Smith und legt den Arm um die Schulter des Gastes.

Am 16. September des Vorjahres hatte das VW-Aufsichtsratsmitglied Schröder bei einem bis zum Schluss geheim gehaltenen Treffen mit führenden GM-Managern in London jenen Zustand beendet, der »Autokrieg zwischen GM und VW« genannt worden war; dieser harte Begriff war auf deutscher Seite tatsächlich gefallen. Eine Klage vor einem amerikanischen Gericht gegen die VW-Führung unter dem Vorwurf der Bildung einer kriminellen Vereinigung konnte damals abgewendet werden. Jetzt schmiedet ein Kooperationsvertrag über Zulieferungen die einstigen Feinde aneinander.

Kein Wort über den vorübergehend bei VW tätigen einstigen GM-Manager José Ignacio López und seine jungen Mitarbeiter, die er seinerzeit Krieger nannte, ist gefallen in der knapp halbstündigen Unterredung zwischen Smith und Schröder im Ritz-Carlton-Hotel am Rande von »Motown Detroit«, einer im alten Kern verrotteten Millionenstadt an der Grenze zu Kanada. Am Abend, beim gemeinsamen Empfang beider Delegationen, werden beziehungsreiche Geschenke überreicht: ein Oldtimer-Modell für den deutschen Gast, ein Pferd aus Fürstenberg-Porzellan, Kraft und Stärke symbolisierend, für den amerikanischen Manager. Die Deutschen hätten in der Vergangenheit gute Autos gebaut, sagt der GM-Boss, und Schröder kontert mit einer Bemerkung über die allgemeine Leistungsfähigkeit: »Zehn Jahre brauchen wir noch nach der deutschen Einheit, aber dann zieht euch warm an.« Selbstbewußtsein, so heißt es, beeindruckt in den USA besonders.

Beim Öffnen des Kartons mit dem Porzellanpferd springt Smith hilfreich ein Mann zur Seite, der sich zuvor in brückenbauender

Mission betätigt hat: Walther Leisler Kiep, in Hannover einst Finanzminister in der Regierung Albrecht, wie Schröder in Wolfsburg im
VW-Aufsichtsrat und als führendes Mitglied der Organisation »Atlan-
tikbrücke« mit glänzenden Verbindungen in die USA ausgestattet. Kiep
habe einen entscheidenden Anteil gehabt am versöhnenden Deal mit
GM, wird Schröder nicht müde zu betonen. Im noch späteren Verlauf
des Abends kommt der Regierungschef regelrecht ins Schwärmen über
den Christdemokraten, nennt ihn einen »echten elder statesman« und
verkündet der trauten Runde unversehens, so ein Mann müsse nun
aber bald mal einen niedersächsischen Orden bekommen. Ein wenig
später fällt ihm zu Kiep die Volksweisheit ein, mit diesem Mann könne
man Pferde stehlen. Er wiederholt diesen Spruch aber nicht, besonders
nicht, als Kieps Rolle in der Spendenaffäre der CDU ruchbar wird.

Nicht nur auf der wirtschaftlichen Weltbühne, auch daheim im beschaulichen Niedersachsen hat Schröder schlichten müssen. Gestützt
von Konzernchef Ferdinand Piëch, hat López ein radikales Kosten-
senkungsprogramm durchgezogen. Die Zulieferbetriebe beschweren
sich massiv, ihr Vorgehen erinnert an Meuterei. Auf Betreiben der Präsidentin des Verbandes Deutscher Automobilindustrie (VDA), Erika

Vom VW-Vorstands-
vorsitzenden
Ferdinand Piëch zum
Wiener Opernball
eingeladen, 1996, und
Ferdinand Piëch erhält
die niedersächsche
Landesmedaille
für seine Verdienste,
1997 (gegenüber-
liegende Seite)

Emmerich, kommt es im Mai 1993 in Hannover zu einer Art Schlichtungsgespräch zwischen Piëch und rund 40 Vertretern der Zulieferbranche. Die Meinungen prallen hart aufeinander, eine Lösung wird nicht gefunden. VW besteht auf Kostensenkung, die Zulieferer führen an, ihre Gewinne würden derart gedrückt, dass Arbeitsplätze in großer Zahl in Gefahr gerieten. Ein zufriedenstellendes Ergebnis wird nicht gefunden, aber Schröder hat seinen Ruf gefestigt, als Vertrauensmann aufseiten Autoindustrie zu stehen.

Im »Spiegel« ist in dieser Zeit eine aufschlussreiche Analyse über die Annäherung des früheren Juso-Funktionärs an die Wirtschaft zu lesen. Da heißt es, Schröder entdecke an sich selbst eine ganze Menge jener Merkmale, »die gemeinhin als unternehmertypisch gelten: Ihm gefällt, ›dass die mit dem ganzen Risiko leben‹ und ›bereit sind, sich zu quälen‹. Und wie die Bosse, mag der Obersozi ›lieber was bewegen, als bewegt zu werden‹.« Da sei er »dem Unternehmertum wesentlich näher als dem öffentlichen Dienst«. Bei seiner Annäherung an die Wirtschaft komme es Schröder zupass, »dass da, wie er festgestellt hat, ›ein ganz neuer Unternehmertyp aufgetaucht‹ ist – einer, ›der sich sozial und auch ökologisch verantwortlich‹ benimmt. Schröder: ›Die haben da

was kapiert‹.« Mit derart aufgeklärten Unternehmern könne man wirklich rationale Politik machen.

Das Verhältnis Schröders zur Autoindustrie ist in besonderer Weise geprägt durch das Verhältnis zu Ferdinand Piëch. Der Politiker äußert sich immer wieder anerkennend über die Lebensleistung dieses Wirtschaftsführers, der sich von der Pike auf an die Spitze eines Weltkonzerns hochgearbeitet hat. Die Bewunderung rührt sicher auch daher, weil er selbst als Aufsteiger aus kleinsten Verhältnissen Respekt hat vor allen, die im Laufe ihres Lebens Macht gewonnen haben und diese anzuwenden verstehen. Wie dieser Mann die Kritik weggesteckt hat, die wegen der harten Sanierungsmaßnahmen auf ihn niedergeprasselt ist, imponiert Schröder mächtig. Und letztendlich lässt sich Schröder von nichts mehr beeindrucken als von Erfolg: Noch 1992 hat Volkswagen mit Milliardenverlusten zu kämpfen gehabt, binnen fünf Jahren hat der Vorstandschef die Volkswagen AG technologisch und wirtschaftlich wieder an die Spitze geführt. Wer die beiden bei direkten Begegnungen beobachtet, kann nicht ohne weiteres ausmachen, wer von beiden – um einen von Schröder gerne benutzen Vergleich zu verwenden – der Koch und wer der Kellner ist.

Schröder, der ansonsten sehr misstrauisch ist und Abhängigkeiten vermeidet, wo er nur kann, verliert im Verhältnis zu Piëch scheinbar jede Vorsicht. In einer der schwierigsten Phasen seiner Karriere, kurz vor der Trennung von Ehefrau Hildtrud, entgeht er nur knapp einer Affäre, wie sie in vergleichbarer Weise für andere schon den Rücktritt und den Abschied aus der Politik bedeutet hat.

Mit der Annahme einer Einladung zum Wiener Opernball 1996 begibt sich Schröder auf ein gefährliches Parkett. Die Familie Piëch hat dort eine Loge gemietet zum Preis von 25 000 Mark für den Tanzabend. Der Ministerpräsident fühlt sich geehrt, schließlich wird er im Firmenjet nach Wien geflogen. Ehefrau Hiltrud erinnert sich: »Im neuen Jahr sahen wir uns höchsten noch auf dem Flur der Staatskanzlei oder bei den üblichen Pressebällen und auf dem Wiener Opernball, der so viele Schlagzeilen machte, weil ein Sozi zu solchen Veranstaltungen angeblich nicht gehen darf. Ich war mit Frau Piëch nach Wien geflogen, und wir warteten auf die Männer in der Loge der Familie des VW-Chefs. Als sie kamen, begrüßte Ferdinand Piëch formvollendet erst mich, dann seine Gattin, Gerhard nickte mir knapp zu, über den Tisch. Genau zwei Silben und einen Tanz – mehr Nähe gab es den ganzen Abend nicht.«

Wer die Bilder des Abends noch in Erinnerung hat, erkennt sofort,

wessen Nähe an diesem Abend entscheidend ist. Die Bilder aus der
Loge, wie der Politiker Schröder zu dem Spitzenmanager, seinem Gastgeber, aufblickt, sind höchst aufschlussreich. Schröder bewundert diesen Mann und er versteckt es auch nicht. Die Umstände der Einladungen bringen den niedersächsischen Regierungschef schwer in Bedrängnis. Zwei Tage vor dem glamourösen Ereignis hat er sich nämlich
vor der sozialdemokratischen Landtagsfraktion für tiefe Einschnitte
ins soziale Netz ausgesprochen und die von der Autoindustrie heftig
befehdete Ökosteuer »mal wieder auf den St.-Nimmerleinstag verschieben wollen«, wie sich Teilnehmer erinnern. Das hat, wie man in
Süddeutschland sagt, »ein G'schmäckle«. Selbst die Genossen in Bonn
toben. Aus der Flugaffäre kommt er nur heraus, weil er die Kosten für
sich und seine Frau (jeweils 1 800 Mark) eilends entrichtet.

Auch als Kanzler scheint Schröder der Autoindustrie immer noch
ein wenig mehr gewogen als all den anderen Zweigen der Wirtschaft.
Allgemein gilt – stark vereinfacht – seine Philosophie, dass die Politik
die Rahmenrichtlinien so zu setzen habe, dass die Wirtschaft nicht

Der Auto-Kanzler. Zusammen mit dem Porsche-Vorstandsvorsitzenden
Wendelin Wiedeking

unnötig behindert wird, jedenfalls nicht über ihre sozialen und – in neuerer Zeit – ökologischen Verpflichtungen hinaus. Einen schönen Beleg für diese Einstellung bietet Schröders Haltung zur Ökosteuer. In seiner Eigenschaft als Kanzler einer rot-grünen Koalition wird sie für ihn geradewegs zum Paradebeispiel dafür, wie man als Förderer der Wirtschaft zugleich Gutes tun kann für die Umwelt. Zum Jahresende 2001 gibt er der »Motorwelt«, der auflagenstarken Mitgliederzeitschrift des ADAC, ein Interview, in dem er sich, ohne zu widersprechen, als »Auto-Kanzler« anreden lässt und in dem er die Ökosteuer in das Weltbild der Autolobby integriert: »Die Ökosteuer ist eine Antwort auf die ökologischen Herausforderungen unserer Zeit. Niemand – auch die Autofahrer nicht – will, dass unsere Erde durch Umweltverschmutzung und Abgase zerstört und unbewohnbar wird. In unserem eigenen, vor allem aber im Interesse künftiger Generationen, also unserer Kinder und Enkel, sind wir alle gefordert, intelligente Lösungen zur Reduzierung von Klima und Umweltverschmutzung zu finden. Dieser Aufgabe kann sich niemand entziehen. Hier sind wir alle gefordert und müssen alle einen Beitrag zu einer nachhaltigen Politik leisten, damit wir kommenden Generationen eine intakte und lebenswerte Umwelt hinterlassen.«

ELFTES KAPITEL

Vom Duo zur Troika

In Niedersachsen regiert Schröder mit ruhiger Hand. Im Bund drehen sich die politischen Debatten um die Folgen der deutschen Einheit und darum, ob die Regierung Kohl sie richtig eingeschätzt hat. Es sind die Jahre, in denen die Bundes-SPD Schwierigkeiten hat, überhaupt programmatisch-inhaltlich wahrgenommen zu werden. Natürlich sind die Akteure präsent auf der Bonner Bühne. Aber sie kommen angereist aus Saarbrücken und Mainz, Düsseldorf und Kiel, hinterlassen ihre Gedanken und Intrigen in den Hintergrundkreisen und setzen sich wieder ab in ihre Staatskanzleien in der Provinz. Die Ministerpräsidenten, bis auf Johannes Rau allesamt aus der legendären »Enkel-Riege«, schenken sich nichts. Parteivorsitzender ist Björn Engholm. Nach dem mageren SPD-Ergebnis (33,5 Prozent) bei der ersten gesamtdeutschen Bundestagswahl 1990 hat Hans-Jochen Vogel auf den Parteivorsitz verzichtet, der geschlagene Kanzlerkandidat Lafontaine will trotz inständigen Bittens nicht sein Nachfolger werden. Die Suche nach einem neuen Parteivorsitzenden läuft immer mehr auf Engholm zu, der sich nicht nach dem Amt drängt, aber dennoch in die Pflicht nehmen lässt. Am 17. Dezember 1990 vom SPD-Vorstand einstimmig nominiert, wird Engholm am 29. Mai 1991 mit 458 von 470 gültigen Stimmen gewählt. Bei den Bonner Korrespondenten vermittelt Engholm in monatlichen Teerunden im Dachzimmer der schleswig-holsteinischen Landesvertretung den Eindruck, als sei nur er mit seiner kultivierten Art in der Lage, die widerstrebenden Interessen in seiner Partei zu bündeln. Er nennt sich »Moderator« und lässt die Dinge treiben. Sein gelegentlicher Ausspruch drückt anschaulich seine innere Einstellung zur Macht aus: »Was mutt, dat mutt.«

Genau darüber kann sich Schröder fürchterlich aufregen: »Wenn einer eine Partei führen will, wenn er die Macht will, dann muss er das erklären und deutlich machen, und dann kann er nicht an der Pfeife ziehen, eine Minute nachdenken und dann sagen: ›Wat mutt, dat mutt.‹« Einmal kontert Engholm Schröders Ruppigkeiten – wie beispielsweise »diese Scheiße in Kiel« oder »die Attitüde der Zögerlichkeit«. Bei einem Auftritt im ZDF schlagen die Moderatoren das beliebte

Spiel vor, angefangene Sätze zu vollenden. »Was fällt Ihnen ein«, eröffnet ZDF-Chefredakteur Klaus Bresser das Gespräch, »wenn Gerhard Schröder alles besser weiß?« – »Was nicht zutrifft«, kommt ziemlich barsch zurück. »Dann«, fährt Engholm gedehnt fort, »dann wird er eine Fülle Funktionen in Zukunft haben,« – kurze Pause – »die er heute schon hat.« Schröder ist aber nicht der Einzige, der Engholm nicht den Mumm zutraut, die Partei so zu mobilisieren, dass sie 1994 endlich die verbraucht wirkende Regierung Kohl ablösen kann. Auch der Rheinland-Pfälzer Scharping kommt häufiger die kurze Strecke von Mainz herüber nach Bonn, um in den einschlägigen Zirkeln bedächtig, aber nachdrücklich seine Bedenken gegen Engholm zu streuen.

Nicht nur die Parteipolitik, auch die Krisen werden in der Provinz gemacht. Zu Beginn des Jahres 1993 gerät Engholm in den Verdacht, dass er in der Affäre um seinen Vorgänger im Amt des Ministerpräsidenten, Uwe Barschel, früher in die Machenschaften des »Medienberaters« Reiner Pfeiffer eingeweiht war, als er das zugegeben hat. Genau genommen geht es um eine Woche im Jahr 1987. In der Öffentlichkeit und vor allem vor einem Untersuchungsausschuss in Kiel hat Engholm stets behauptet, er habe erst am Abend der Landtagswahlen, am 13. September, davon erfahren, dass Pfeiffer, und damit die CDU-Landesregierung hinter einer ehrverletzenden Kampagne gegen ihn stecken. Tatsächlich aber hat Engholms Anwalt seinen Mandanten schon am 7. September von den Verstrickungen Pfeiffers berichtet. Als er in die Enge gedrängt wird im Ausschuss und von den Medien, die beinahe täglich neue Einzelheiten präsentieren, weigert sich Engholm, seinem Rechtsbeistand eine Aussagegenehmigung zu geben – für Juristen ein Hinweis darauf, dass etwas verschwiegen worden ist. Schröder, der sich nie so recht um die Vorgänge in Kiel gekümmert hat, äußert sich später überrascht. Als sich die Lage am 1. Mai 1993 für Engholm zuspitzt, will Schröder selbst erst wenige Tage zuvor gehört haben, wie nahe der Bundesvorsitzende vor dem Rücktritt steht.

Am »Tag der Arbeit«, einem Sonnabend, sind die Spitzenpolitiker der SPD unterwegs auf Marktplätzen und in Festhallen. Schröder spricht auf einer Kundgebung im niedersächsischen Oldenburg. Nach der Rede wird er von Journalisten umringt, die ihn zu einer Stellungnahme zum Fall Engholm auffordern. Ob er Parteivorsitzender werden wolle. Die SPD habe einen Parteivorsitzende, das sei Björn Engholm, antwortet Schröder immer wieder. Am Rande des Trubels sagt sein Regierungssprecher Heye, in der niedersächsischen SPD gebe es schon die Erwartung, dass Schröder antrete. Eine Nachrichtenagentur gibt kurz darauf die Meldung heraus: »Regierungssprecher Heye bestätigt: Schröder wird antreten.«

Nach Ansicht der Parteioberen ist das wieder einmal eine typische Schröder-Aktion. Er wirft seinen Hut in den Ring, bevor der Kampf überhaupt eröffnet ist. Schröder, der mit seinem Regierungssprecher hadert, kann nichts mehr daran ändern, dass ihm die anderen Ministerpräsidenten Illoyalität unterstellen, zum Teil auch öffentlich vorwerfen. Vor allem Johannes Rau predigt die Moral: »Es gibt da den einen oder anderen, der mit den Hufen scharrt, obwohl der Startschuss noch nicht gefallen ist.« Dabei hat er auch noch Unrecht: Es gibt nicht den einen oder andern, es gibt nur den einen.

Den ganzen Sonntag über belagern die Bonner Medienvertreter die nordrhein-westfälische Landesvertretung in Bonn, gleich neben dem Kanzleramt. Der gerade von einer lebensbedrohlichen Krankheit genesene Johannes Rau hat die Parteioberen – ohne Schröder – dahin eingeladen. Vor dem Zaun ist die Rede vom Bellheim-Effekt in der SPD, in Erinnerung an die gleichnamige Fernsehsendung ein paar Monate zuvor. Die jungen Führungskräfte sind gescheitert, oder sie sind sich nicht grün, da wird der Ruf laut nach den Alten. Allen Ernstes ist in Führungszirkeln der Partei der Gedanke erwogen worden – mehr hoffend als wirklich glaubend –, der inzwischen 74-jährige Helmut Schmidt möge zurückkommen und Kanzlerkandidat der SPD 1994 werden. Schmidt entzieht diesen Überlegungen rasch den Boden. Nach einer Ehrenerklärung für Engholm fügt der »die nebensächliche Schlussbemerkung« hinzu, »dass ich selbst für diese Rolle meines Alters und meiner Gesundheit wegen keineswegs in Betracht komme«. Immerhin wird an diesem Sonntag klar, dass der erst seit eineinhalb Jahren amtierende Parteivorsitzende am folgenden Tag einen dreifachen Verzicht erklären werde – auf den Parteivorsitz, die Kanzlerkandidatur, das Ministerpräsidentenamt. Also können die versammelten Schröder-Verhinderer, neben Engholm, Rau, Scharping und Lafontaine auch Fraktionschef Hans-Ulrich Klose und Bundesgeschäftsführer Karlheinz Blessing, Tacheles reden: Eine rasche Entscheidung durch einen Sonderparteitag wäre riskant. Es könnte immerhin sein, dass Schröder eine Mehrheit der Delegierten hinter sich bringt. Man muss Zeit gewinnen.

Als der inoffizielle Kreis sich einig ist, wie man Schröder verhindern möchte, trifft sich das SPD-Präsidium im Ollenhauer-Haus. Es passt gut, dass in ansonsten wenig beachteten Papieren über eine mögliche Parteireform die direkte Beteiligung der Parteimitglieder in Form einer Urwahl angedacht wird. Herta Däubler-Gmelin macht darauf aufmerksam. So etwas könnte man doch jetzt einmal propagieren. Auf diese Weise könnte ein sofortiger Parteitag verhindert werden. Heidemarie Wieczorek-Zeul vom linken Parteiflügel meldet sich zu Wort und kündigt ihre Kandidatur für den Vorsitz an. Schröder soll erklären, ob er lediglich am Parteivorsitz, oder auch an der Kanzlerkandidatur interessiert sei. Er sagt zu beidem nicht Nein. Scharping äußert in seinem Beisein kein Wort. Er erklärt sich auch in den folgenden Tagen nicht, läßt sich allerdings mit dem Satz vernehmen, einer alten sozialdemokratischen Tradition zufolge müsse dem künftigen Parteivorsitzenden die Kanzlerkandidatur angeboten werden.

Überraschend spricht sich der IG-Chemie-Vorsitzende und SPD-Bundestagsabgeordnete Hermann Rappe in Hannover für Schröder aus. Seine Begründung ist bemerkenswert weitsichtig. Jetzt sei jemand erforderlich, der nicht zur Schlacht getragen werden müsse, sondern der zupacke. Zauderer seien nicht gefragt. Auch Schröders alter Zimmergenosse Struck meldet sich zu Wort. In der »Frankfurter Rundschau« macht er sich für Schröder stark. Dass Scharping sich noch immer nicht erklärt, obwohl die Weichen in der SPD auf eine Urwahl gestellt werden, hat seinen Grund. Er sammelt Truppen gegen Schröder. Der Ministerpräsident aus Mainz und viele seiner Freunde, die eigentlich nur der Umstand zusammengeführt hat, gegen Schröder zu sein, schmieden eine Südschiene, werben im Osten für den Rheinland-Pfälzer und sammeln in Nordrhein-Westfalen Stimmen. Johannes Rau hilft beim Spiel auf Zeit, wo er kann, indem er die Parole ausgibt, zunächst müsse über den künftigen Kurs der Partei gesprochen werden, erst dann könne man die möglichen Kandidaten abfragen. Schröders Vorgabe ist in diesem Punkt klar: Perspektive Rot-Grün, niedersächsisches Modell. Allenfalls erklärt er sich noch bereit zu erläutern, dass dies nun ausdrücklich nicht den befürchteten Schmusekurs mit den Grünen bedeute. Wenn es 1994 in Bonn mit Rot-Grün klappen sollte, so sagt er, dann dürfe sich die SPD eben nicht mit den 33,5 Prozent von 1990 zufrieden geben und darauf vertrauen, dass die Grünen 12 Prozent oder mehr erreichen. Dann müsse ein Wahlkampf gegen die Grünen geführt werden, damit nicht beide Parteien in demselben Wählerlager Stimmen sammeln. Die SPD müsse also einen Wahlkampf führen, bei dem sie ihre Wähler auf der anderen Seite des Spektrums, bei den Arbeitnehmern, wiedergewinnen könne. Scharpings Konzept geht in eine andere Richtung. Rot-Grün birgt nach Ansicht des Mainzers die Gefahr, dass die SPD auf die Zustimmung von Minderheiten zielt, im besonderen Fall auf die Interessen von Umweltschützern, Friedens- und Frauenbewegung. Weil die Summe von

Minderheiten aber noch lange keine Mehrheit ergebe, so folgert Scharping, sei Rot-Grün der falsche Weg, um an die Macht zu kommen.
Dabei verweist er auf die Demokratische Partei in den USA, die ihre Erfolglosigkeit auch erst dann überwunden habe, als Bill Clinton von der Minderheitenpolitik abgerückt sei. Insgesamt 16 Stunden beraten die Führungsgremien an diesem zweiten Mai-Wochenende und am darauf folgenden Montag, bis sich die Zustimmung zur Urwahl so verfestigt hat, dass man sie den Parteimitgliedern nahe bringen kann. »Das wird eine Strategie zur Verhinderung Schröders«, sagt Struck am Ende des Sitzungsmarathons. Schröder selbst ringt sich nur noch ein resignatives »Es hätte besser laufen können« ab. In der »Hannoverschen Allgemeinen« gibt Scharping eine Zusicherung ab, die in Saarbrücken gründlich missverstanden wird. Der rheinland-pfälzische Ministerpräsident äußert die Auffassung, er sehe »keine zwanghafte Verbindung« darin, dass der Parteivorsitzende auch Kanzlerkandidat werden müsse. Die umständliche Ausdrucksweise weckt bei Oskar Lafontaine die Vorstellung, ein Parteivorsitzender Scharping werde ihm als populärerem Wahlkämpfer gewiss über kurz oder lang die Kandidatur antragen. Für die Zwischenzeit, so lässt er sich in einer Präsidiumssitzung so mehrdeutig wie gönnerhaft vernehmen, müsse er »in der Partei nicht unbedingt die erste Geige spielen«. Eine Woche später wird er im Kreise von Vertrauten deutlicher. Er werde, kündigt er an, 1994 noch einmal gegen Helmut Kohl antreten, ganz gleich, wer SPD-Vorsitzender werde. Dass Scharping keineswegs so denkt, und gewissermaßen den angefangenen Satz »die Verbindung von Parteivorsitz und Kanzlerkandidatur ist nicht zwanghaft ... aber sinnvoll« erst nach seiner Wahl zum Parteivorsitzenden zu Ende spricht, hat Lafontaine ihm übel genommen. Selbst als dessen Anhänger den Slogan ausgeben, »Wer Oskar will, muss Rudolf wählen« lässt sich Scharping nicht zu einem klärenden Wort herab. Das Spiel, das Scharping hier eröffnet und dessen erstes Opfer Schröder ist, endet erst im Mannheimer Rosengarten mit seiner Niederlage gegen Lafontaine. Zwischendurch verlieren die Sozialdemokraten die Bundestagswahl.

Schröder gibt sich vor der Urwahl optimistisch. In den Umfragen trauen ihm 26 Prozent der Bevölkerung Chancen für die Bundestagswahl im darauf folgenden Jahr zu. Das stimmt nicht eben hoffnungsfroh. Aber seine Gegner und möglichen Gegenkandidaten sind noch schlechter: Rau – der gar nicht zur Verfügung steht, geben 23 Prozent, Lafontaine zwölf Prozent und Scharping nur neun Prozent eine realistische Chance. Während seine Gegner durch die Lande tingeln, um in den Bezirken Stimmung für sich zu machen, beschränkt sich Schröder auf wenige Auftritte. Oskar Lafontaine verstärkt seinen öffentlichen Druck, als er kurz vor dem »Tag der Ortsvereine«, erklärt, er stehe auf jeden Fall als Kanzlerkandidat zur Verfügung, egal, wer Parteivorsitzender werde. Schröder reagiert gereizt. Er könne auf die »großherzigen Offerten aus dem Saarland verzichten«. Mit ihm werde es jedenfalls keinen Kanzlerkandidaten Lafontaine geben.

Schließlich ist der 13. Juni 1993 gekommen. Um die Mittagszeit treten die drei Kandidaten gemeinsam in der Düsseldorfer Stadthalle auf. Das Fernsehen ist live dabei. Jeder darf einen kurzen Vortrag halten. Die Statements fallen wie erwartet aus. Heidemarie Wieczorek-Zeul wärmt die Herzen der rund tausend anwesenden Genossen. Der »Bruderzwist im Hause Bebel« ermahnt sie mütterlich, müsse ein Ende haben. Bedächtig erläutert Scharping anschließend seine Vorstellungen vom Parteivorsitz und überzieht dabei die Redezeit ohne Mitleid für die Zuhörer. Schröder trägt knapp vor, was er will: alles. Der Beifall für alle ist eher verhalten.

Derweil sind die rund 868 000 Mitglieder schon zur Wahl gerufen. In rund 11 000 Ortsvereinen in Deutschland wird abgestimmt. Jeder Wähler erhält einen Bogen Papier Din A 4. Links oben ein kleines, rechts unten ein größeres rotes Viereck, Letzteres mit den weißen Buchstaben SPD. Der Text lautet: »Ich empfehle dem Parteivorstand, dem Parteitag als Vorsitzende/n der Sozialdemokratischen Partei Deutschland vorzuschlagen: Rudolf Scharping, Gerhard Schröder, Heidemarie Wieczorek-Zeul. Bitte nur eine Kandidatin / einen Kandidaten ankreuzen.«

Die Auszählung der Stimmen am Abend dauert ein wenig länger als bei einer Bundestagswahl. Hochrechnungen gibt es auch, aber ohne Vergleichsmöglichkeiten mit früheren Wahlen ist das Instrument der Wahlforscher nicht sehr aussagekräftig. Kurz nach 21 Uhr erfährt Schröder auch so, dass er die Wahl verloren hat: Scharping 40,3 Prozent, Schröder 33,2 Prozent, Heidemarie Wieczorek-Zeul 26,5 Prozent. Schröder ist inzwischen wieder in Hannover. Im Gästehaus der Landesregierung im Zooviertel gehen Anrufe ein, die Schröder drängen wollen, auf einer Stichwahl zu bestehen: »Scharping hat nicht die absolute Mehrheit. Gerd, ohne die Heide hättest du gewonnen.« Aber Schröder winkt ab. Er tritt vor die Fernsehkameras und gesteht seine Niederlage ein: »Ich stehe als Parteivorsitzender und als Kanzlerkandidat nicht mehr zur Verfügung. Ich werde Rudolf Scharping sagen, dass die Kontrahenten von gestern die zuverlässigeren Partner für morgen sind als die vermeintlichen Freunde.«

Am 25. Juni 1993 wählt ein Sonderparteitag in Essen Scharping zum neuen Parteivorsitzenden. Gut eine Woche nach dem Sieg bei der Urabstimmung erklärt Scharping im SPD-Präsidium, er werde auch als Kanzlerkandidat antreten. Lafontaine zieht daraufhin seine Bewerbung zurück und erklärt, er werde Scharping nach Kräften unterstützen. Sein Traum von einem Duo Scharping/Lafontaine ist geplatzt.

Im November 1993 schreibt Schröder einen Brief an die Parteispitze in Bonn und bittet um Dispens. Man möge Nachsicht haben mit ihm, er müsse sich bis zur Landtagswahl im März 1994 mehr um sein Land kümmern. Scharping kann aufatmen. Eine ganze Weile lässt sich der Niedersachse kaum blicken in Bonn. Den Wahlsieg Schröders in Hannover am 13. März 1994 mit dem Gewinn der absoluten Mehrheit lässt Scharping in Bonn den Bundesgeschäftsführer Günter Verheugen kommentieren. Die beiden einigen sich zuvor darauf, die Freude über den Wahlsieg in gedämpfter Form vorzutragen. Verheugen, der zwischenzeitlich bei Schröder schon einmal vorgefühlt hat, ob dieser nicht bereit sei, in Scharpings Bonner Schattenkabinett zu kommen, hält sich an die Vorgabe des Parteivorsitzenden. Scharping will Schröder nicht neben sich sehen. Weshalb auch? Die Umfragen sind gut, im Frühjahr erwarten 70 Prozent der Befragten einen Regierungswechsel im Herbst. Noch am Wahlabend teilt Schröder Verheugen mit, dass er dem üblichen Gratulations- (oder Trost-)Besuch in Bonn fernbleiben werde. Gefeiert werde in Hannover. Einen Tag später kommt Schröder doch nach Bonn und stellt sich der Bundespressekonferenz. Scharping ist verärgert: » Es gibt einige, die tragen die Nase so hoch, dass es reinregnet.«

Doch seine nächste Niederlage bahnt sich schon an. Bei der Wahl zum Bundespräsidenten am Pfingstmontag in Berlin – es ist der 23. Mai 1994, der Verfassungstag – tritt die SPD mit dem Kandidaten Johannes Rau an. Seine Chancen sind nicht einmal schlecht gewesen im Vorfeld, weil die Union auf Initiative von Bundeskanzler Kohl einen Bewerber aus den neuen Bundesländern präsentiert hat, den sächsischen Justizminister Steffen Heitmann. Der Mann ist überfordert, gibt ein paar mehr als unglückliche Interviews und wird schließlich zum Verzicht gedrängt. Erst jetzt erklärt sich der Präsident des Bundesverfassungsgerichts, Roman Herzog, zur Kandidatur bereit. Am Wahltag stehen Johannes Rau, Roman Herzog, der Bürgerrechtler Jens Reich, nominiert von den Grünen, und die FDP-Politikerin Hildegard Hamm-Brücher zur Wahl. Nach den beiden ersten Wahlgängen, die keine Entscheidung bringen, erwägen einige Sozialdemokraten, Rau zum Rücktritt zu bewegen und die Stimmen der SPD Hildegard Hamm-

Brücher zu geben. Scharping lehnt ab: So könne man mit Rau nicht umspringen. Herzog wird Bundespräsident, und Scharping erweist sich als ein schlechter Verlierer. Er mäkelt gleich nach der Wahl am neuen Staatsoberhaupt herum, nennt ihn den einzigen nicht liberalen Kandidaten, was ihm von den Medien später als »Nachtreten« ausgelegt wird. Bis zu den Europawahlen gibt Schröder Ruhe. Er hat in Hannover seine Regierungsbildung zu organisieren. Am Tag nach dem 12. Juni 1994 sitzt in Bonn eine missgelaunte Runde im SPD-Präsidium beisammen. Die SPD hat schlecht abgeschnitten bei den europäischen Wahlen. Nur 32,2 Prozent für die SPD, 39 Prozent für die Union. Schröder erscheint nicht zur Trauerarbeit im Ollenhauer-Haus. Aber er meldet sich wieder zu Wort. Als Scharping auch über den Präsidenten des Deutschen Industrie- und Handelstages (DIHT) und über den Fußballbundestrainer Berti Vogts, einen erklärten Liebling des Bundeskanzlers, herfällt, höhnt Schröder im Fernsehen: »Wir sollten aufpassen, dass wir nicht laufend neue Gegenkandidaten erfinden. Herzog ist nicht unser Gegenkandidat. Selbst Berti Vogts ist es nicht. Und Stihl auch nicht. Sondern Helmut Kohl ist es.«

Vor dem Parteitag in Halle, der Scharping offiziell zum Kanzlerkandidaten küren soll, mehren sich die Angriffe auf Scharping aus allen möglichen Richtungen in der SPD, Verheugen sieht sich genötigt einzugreifen. In einem »Spiegel«-Interview sagt Schröder: »Vielleicht kann die SPD ja deutlich machen, dass sie zwar einen Vorsitzenden und Kandidaten hat, dass sie daneben und dahinter aber eine Reihe von Leuten hat, die auch was können. In aller Bescheidenheit rechne ich mich dazu.« Über Rudolf Scharping sagt er: »Es ist schon merkwürdig und kann selbst einen dickfelligen Menschen wie mich erschrecken, wie schnell aus ›Hosianna!‹ ein ›Kreuziget ihn!‹ wird. Ich habe ja noch im Ohr, was wir für einen großartigen Parteivorsitzenden haben. Jetzt vernehme ich mit Schmerz, wie aus dem gleichen Mann bei gleicher Politik innerhalb weniger Tage, ja beinahe Stunden das Gegenteil gemacht wird. Daran beteilige ich mich nicht.«

Ein paar Tage später, am 22. Juni, wird Scharping in Halle offiziell zum Kanzlerkandidaten gewählt und mit verzückten Rufen gefeiert: »Jetzt geht's los!«, skandiert der »Seeheimer«-Vorsitzende Gerd Andres und steigt vor Begeisterung fast auf den Tisch. Der Gekürte nutzt die Gelegenheit, auf die Reihe der gescheiterten Kanzlerkandidaten – Hans-Jochen Vogel, Johannes Rau, Oskar Lafontaine zu deuten und die Partei zu warnen: »Deren Schicksal möchte ich nicht erleben«, und den Außenseiter aus Hannover zu ermahnen, »in Zukunft lieber öfter unmittelbar miteinander zu reden«, als übereinander in Interviews oder in Hinterzimmern.

Nur vier Tage später haben die Sozialdemokraten das nächste Reizthema am Hals. Die Landtagswahlen in Sachsen-Anhalt sind so ausgegangen, dass es nur zwei Möglichkeiten gibt: die Bildung einer großen Koalition oder eine rot-grüne Minderheitsregierung unter Duldung der PDS. Der SPD-Spitzenkandidat Reinhard Höppner zieht die zweite Lösung vor und beginnt mit den Koalitionsverhandlungen. In Bonn streiten sie währenddessen, wie die SPD künftig mit der PDS umzugehen habe. Scharping denkt öffentlich darüber nach, dass er sich auf keinen Fall mit den Stimmen der PDS zum Bundeskanzler wählen lasse. Schröder gibt sich überrascht: »Entweder man will, oder man will nicht.« Scharping legt die so genannte Dresdner Erklärung vor, in der sich die fünf Fraktionsvorsitzenden aus den ostdeutschen Landtagen gegen eine Zusammenarbeit mit der SED-Nachfolgepartei aussprechen. Tagelang sind die Zeitungen voll mit einem hausgemachten SPD-Problem, bis sich das SPD-Präsidium schließlich zu einem Ende durchringt: Es »tritt der Dresdner Erklärung bei«, ohne förmlich darüber abzustimmen.

Trotz aller Bemühungen, der Wahlkampf kommt nicht so recht in Schwung. Scharping reist Rad fahrend durchs Land – das heißt, er fährt Rennrad, Bürger und mögliche Wähler können ihn auf dem Hollandrad nicht folgen. Bei einem Besuch auf Norderney Mitte August kommt es zu einer merkwürdigen Begebenheit. Nach einem gemeinsamen Auftritt im Kursaal, hocken Schröder und Scharping am späten Abend, eigentlich schon am frühen Morgen des folgenden Tages, in einer Nische der Bar des Inselhotels »Vier Jahreszeiten« beieinander. Unvermittelt, so beschreibt am nächsten Tag Jutta Falke, als Reporterin des »Rheinischen Merkur« Augenzeugin der Szene, das Geschehen, umarmt der spröde und berührungsscheue Westerwälder den körperfreudigeren Niedersachsen, »aber nicht so, wie das unter Genossen üblich ist, sondern so, wie Kinder manchmal zu ihren Eltern sagen: ›Hab mich mal lieb‹.«

Ende August schließlich, als es eigentlich schon zu spät ist, entschließt sich Scharping in einem Akt der Verzweiflung, Schröder in sein Wahlkampfteam zu holen. Drei Prozent Stimmenzuwachs könne ihm das bescheren, haben die Demoskopen hochgerechnet. Weil auch Lafontaine der Wahlkampfmannschaft angehört, macht rasch das Wort von der Troika die Runde. Schröders Sinneswandel, sich gegen seine ursprüngliche Absicht in die Scharping-Mannschaft berufen zu lassen, soll ein Mythos bleiben. Er verrät nicht, wann und weshalb er sich

Die Troika: Gerhard Schröder, Rudolf Scharping, Oskar Lafontaine.
Johannes Rau sieht skeptisch zu

dazu entschlossen hat. Die Frage, wann er mit Scharping zum ersten
Mal darüber gesprochen habe, nun doch gemeinsam ins Kanzleramt
zu marschieren, beantwortet Schröder ausweichend: »Das haben wir
schon getan, als wir zusammen im Juso-Bundesvorstand saßen.«
    Die Medien überschlagen sich. »Bild« erfindet das »Kraftwerk Schrö-
der«, die Regionalzeitungen schwanken, ob es nur »ein gelungener
Schachzug« oder »ein genialer Coup« ist. Die Wahlkampfauftritte der
Troika werden koordiniert, die Themen für die drei so verteilt, dass sie
einander ergänzen. Die Umfragewerte steigen, ein gigantischer Wahl-
kampfspot fürs Fernsehen vereint die drei in dynamischem Schritt
unter den Säulen der Alten Nationalgalerie auf der Berliner Museums-
insel. Bei der Uraufführung im Ollenhauer-Haus schlagen britische
Korrespondenten die Hände über dem Kopf zusammen. Die Begleit-
musik ist der brausende Marsch »Pomp an' Circumstances«. »Da hätten sie auch die englische Nationalhymne nehmen können«, stöhnt der
Kollege vom »Guardian«.
    Es dauert nur wenige Wochen, bis die neue Einigkeit zerbricht.
Schröder kann nicht an sich halten, er muss dem Kandidaten öffentlich Ratschläge erteilen. Einer davon lautet: Eine Große Koalition

dürfe man nicht ausschließen. Er wolle sie nicht, nein, aber wenn es denn sein müsse… Als er dann, wenige Tage vor der Wahl, der kleinen »Deister- und Weserzeitung« aus Hameln erzählt, er sei auch zu einem Ministeramt unter Helmut Kohl bereit, toben die Wahlkampfplaner im Ollenhauer-Haus.

Bei der Wahl am 16. Oktober geben Schröder und seine Frau Hiltrud wie üblich ihre Stimmen in der Grundschule in Immensen ab. Am frühen Nachmittag fliegt der Niedersachse nach Bonn. Im Ollenhauer-Haus ist die Stimmung gedrückt. Die Vorabmeldungen der Umfrageinstitute sagen eine Niederlage voraus, und die ersten Hochrechnungen bringen die Bestätigung: Die SPD liegt knapp über 36, die CDU/CSU bei gut 40 Prozent. Die Grünen, so heißt es, seien mit voraussichtlich mehr als sieben Prozent stärker als die FDP. Scharping lässt das Ergebnis von den Experten in seinem Büro für eine rot-grüne Koalition umrechnen in Sitze und bekommt als Antwort, der Vorsprung für das Regierungslager sei kleiner als gedacht: Zeitweise ist die Rede von nur zwei Sitzen. Schröder läuft wie aufgedreht über die Flure in der Baracke und entwirft immer neue Koalitionsmöglichkeiten. Schließlich hält er es nicht mehr aus und empfiehlt, Scharping solle vor die Kameras treten und eine Große Koalition vorschlagen. Mit einem knappen Vorsprung von zwei Sitzen werde Kohl nicht regieren wollen. Aber Scharping zögert. Dann werde er rausgehen und das erklären, bockt Schröder. Strategische Entscheidungen treffe der Parteivorsitzende, wird ihm klargemacht. Also bleibt Schröder, beharrt aber später darauf, dass die SPD die Gelegenheit hätte ergreifen sollen. Das Wahlergebnis, das dem Unionslager dann doch einen Vorsprung von zehn Sitzen beschert, kommentiert Schröder mit den Worten: »Da war mehr drin. Wir hätten es schaffen können.« Wochen später, in der Late-Night-Talkshow bei Thomas Gottschalk geht er noch weiter. Der Fernsehplauderer kommt auf Scharping zu sprechen und erinnert daran, dass dieser ihm vor der Wahl erzählt habe, »Ich pack's«. Gottschalk: »Hätten Sie's gepackt?« Schröder setzt sein Wolfslächeln auf und antwortet: »Ich hätt's gepackt.« Dieses Machtmenschengehabe, so demonstrativ zur Schau gestellt, das ist es, was viele Genossen dazu bringt, ihn nicht zu mögen.

Zwei Tage nach der Wahl verkündet Scharping, die Fraktion sei das neue Kraftzentrum der Partei, er werde deren Vorsitzender und 1998 wieder als Kandidat antreten. Schröder kommentiert das mit den bescheidenen Worten, er werde auch 1998 wieder nicht zum Kreis der Kandidaten gehören. Seinen Wunsch, Vorsitzender des Vermittlungsauschusses aufseiten der Länder zu werden, weist Scharping zurück.

In diesem Amt, so macht er dem Niedersachsen klar, brauche man keinen »Kämpfer«, sondern eher einen »Notar«. Einen solchen findet Scharping im Hamburger Bürgermeister Henning Voscherau. Schröder erfährt davon aus der Zeitung und ärgert sich: Als Ministerpräsident des zweitgrößten Flächenlandes hätte man ihn wenigstens fragen können. Doch er gibt nicht auf, kämpft im Hintergrund verbissen gegen diese Lösung. Schließlich ist Oskar Lafontaine bereit, das Amt zu übernehmen.

Der Gast auf der Bundesratsbank des Deutschen Bundestages hat erkennbar ein Problem. Den Gepflogenheiten des Hauses entsprechend, darf er von dieser Stelle aus weder Beifall noch Missfallen äußern. Wie also soll Gerhard Schröder zu verstehen geben, dass er der ersten großen Rede des SPD-Fraktionsvorsitzenden im Bundestag – Scharping hat dieses Amt mittlerweile angetreten – keinen Applaus zollen mochte, selbst wenn er es gekonnt hätte?

Die darstellerischen Fähigkeiten des Hannoveraners sind weit gespannt. Er schafft es mühelos, selbst diese verzwickte Botschaft dem interessierten Publikum nahe zu bringen. Er steckt die Hände in die Hosentaschen oder kreuzt sie zur Abwechslung vor der Brust. Es muss kein psychologischer Tiefenforscher sein, wer diese Art der Körpersprache verstehen will. Die Sache mit der Troika II lässt sich schwer an in Bonn, ebenso schwer, wie es seinerzeit mit der Troika I – Willy Brandt, Helmut Schmidt, Herbert Wehner – auch gewesen ist. Die Beteiligten sprechen von Einvernehmen, heute wie damals auch. Zu der Rede Scharpings vor dem Bundestag Mitte November sind eigens Schröder aus Hannover und Lafontaine aus Saarbrücken angereist. Aber auch das ist wieder nicht recht. Die Fachleute in der Bundestagsfraktion mucken auf, weil sie hinter der Troika zurückstehen müssen. Sie seien es leid, »die Kärrnerarbeit für die drei Königskinder« zu leisten, sagen sie. Scharping entwickelt seine Oppositionsstrategie. Sie ist offenkundig langfristig angelegt und zielt darauf, dem Wähler durch konstruktives Mitwirken zu zeigen, dass die SPD regierungsfähig wäre, wenn sie denn regieren würde. Der Oppositionschef verspricht Bundeskanzler Kohl in seiner Rede, die SPD werde den Bundesrat ganz gewiss nicht zu einem Mittel der Blockade machen. Da streicht Kohl sich die Krawatte glatt, wie er zu tun pflegt, wenn er vollkommene Zufriedenheit ausdrücken will. Schröder auf der Bundesratsbank stützt in diesem Augenblick den Kopf in beide Hände. Erst später hellt sich seine Miene wieder auf, als nämlich Joschka Fischer es eine »Opposition der Dämlichkeit« nennt, ausgerechnet den Kanzler aussitzen zu wollen.

ZWÖLFTES KAPITEL

Wenn zwei sich streiten

Anfang des Jahres 1995 häufen sich die Meldungen in den Zeitungen, dass Scharping die Fraktion nicht so recht in den Griff bekomme. Er neige dazu, räumen seine rheinland-pfälzischen Wegbereiter ein, die Dinge im kleinen Kreis vorzubesprechen (»Mainzer Präsidialstil«) und wundere sich dann, wenn sie in der Fraktion wieder gekippt würden. In Bonn heißt es entschuldigend, er sei in so viele Abwehrkämpfe verstrickt, dass ihm für die Oppositionsarbeit zu wenig Zeit bleibe. In der Fraktion und in der Funktionärsschicht der Partei lästern sie gerne über den »Heide-Strauß« Schröder, der sich wie weiland der bayerische Ministerpräsident für das größte politische Talent im Land halte und seinen Parteifreunden in Bonn allzeit Knüppel zwischen die Beine werfe.

Mitten in der rheinischen Karnevalssaison fallen in Bonn Niedersachsen aus Oldenburg ein, um dort einen Spitzenpolitiker zum Grünkohlkönig zu küren. Die ziemlich deftige Veranstaltung hat eine lange Tradition. Es werden launige Reden geschwungen, es wird gegessen (Grünkohl mit Brägenwurst) und vor allem getrunken. 1994 hat Klaus Kinkel das Amt inne, in diesem Jahr soll es Rudolf Scharping zufallen. Die Krönungszeremonie findet in der niedersächsischen Landesvertretung an der Kurt-Schumacher-Straße statt, der dortige Hausherr Schröder ist natürlich eingeladen und auch anwesend. Vorsitzender des Kurfürstenkollegiums ist der niedersächsische Landwirtschaftsminister Karl-Heinz Funke, der über die Gabe verfügt, mit seinen Reden jene behaglich-dampfige-zotige-schenkelklopfende Atmosphäre zu erzeugen, die man im Publikum erwartet. »Scharping hatte einen Traum«, erzählt er den versammelten Honoratioren, »der liebe Gott habe ihm auf die Schulter geklopft und ihm zugeflüstert: ›Du wirst Grünkohlkönig.‹ Er erzählt das Oskar Lafontaine. Der hatte denselben Traum. Der liebe Gott klopft ihm auf die Schulter: ›Du wirst Grünkohlkönig.‹ Als gute Troikaner gehen beide zu Gerhard Schröder, erzählen ihm alles. Darauf Schröder: ›Merkwürdig. Ich kann mich nicht erinnern, kürzlich einem von euch auf die Schulter geklopft zu haben.‹« Der Chronist der »Hannoverschen Allgemeinen« notiert in seinem Bericht:

»An dieser Stelle drohte Schröders Kragenknopf zu platzen. Scharping schaute wie immer.« Das ganze Frühjahr 1995 über mehren sich die Bedenken aus der Partei gegen den Führungs- und Oppositionsstil Scharpings. Fraktionsgeschäftsführer Struck übt sich zwar in Solidarität, kann aber nicht verhehlen, dass der fehlende Angriffsgeist des Vorsitzenden sich auch lähmend auf die eigenen Leute auswirkt. Lafontaine stichelt aus Saarbrücken, Renate Schmidt aus München, aber in der Parteizentrale wird in der Regel nur einer namentlich erwähnt: »In der SPD hat anscheinend nicht nur Schröder die Lizenz zum Flegeln.« Wer wissen will, weshalb immer wieder der Niedersachse herausgegriffen wird, bekommt von einem Präsidiumsmitglied eine klare Antwort: »Sie mögen ihn nicht. Und das zeigen sie ihm. Immer wieder.«

Häufig geht der Streit um Worte, zum Beispiel darum, ob »Rot-Grün« in Düsseldorf, wo am 14. Mai gewählt wird, ein »Zukunftsmodell« genannt werden darf oder nicht. Scharping möchte das nicht, er spricht lieber von einer »Reformmehrheit«. Aber auch in der Sache liegt man über Kreuz. Als die Bonner Koalition im Juni das Jahressteuergesetz für 1996 mit ihrer Mehrheit im Bundestag beschließt, das Entlastungen für die unteren Einkommen und eine Erhöhung des Kindergeldes vorsieht, lobt Schröder: »Gar nicht unvernünftig.« Scharping widerspricht: »Was da steht, wird in dieser Form nie im Bundesgesetzblatt stehen.«

»Ich bin nicht auf Krawall gebürstet«

Ende Juni kommt es zum ersten Eklat. Es geht um die Energiekonsensgespräche, bei denen sich Schröder von Partei- und Fraktion allein gelassen fühlt. Scharping wirft ihm vor, dass es seine, Schröders, Schuld sei, wenn die SPD als Verlierer dastehe. Schröder handele eigenmächtig, das sei unakzeptabel. Die SPD verspiele ihre Erfolge, wenn sie wie ein »disharmonischer Chor ohne Partitur auftrete«. Schröder keilt zurück. Er sei kein »Abweichler«, eine solche Bezeichnung gebe es nur in autoritären Parteien. »Ich bin nicht auf Krawall gebürstet«, lenkt er scheinbar ein, fügt aber hinzu, »aber wer ihn haben will, kann ihn haben.« Ein klein wenig klingt er auch beleidigt: »Wenn mal wieder Wahlen sind und die ein Mitglied für die Troika brauchen, werden die schon wissen, wohin sie sich zu wenden haben.«

Die Troika ist gesprengt. Ende Juni spricht Scharping auf einmal von der »Achse Lafontaine-Scharping«. Er setzt an zum Befreiungsschlag gegen den ungeliebten Störenfried. Als erste Gelegenheit bietet sich die Präsidiumssitzung zum Ende der Sommerpause. Scharping werde auf den Tisch schlagen, jetzt aber wirklich, hatte es geheißen in Bonn, und den zur Entgegennahme einer Abstrafung erschienenen Rivalen Gerhard Schröder in seine Schranken weisen.

Die beiden Hauptdarsteller treten anschließend fast zeitgleich aus den Kulissen auf die Bühne – und nichts passiert. Sie lächeln einander an und reagieren entsprechend ihrem Naturell: Scharping schweigt, und Schröder redet drauflos. »Rudolf«, sagt er sinngemäß, »du könntest besser erholt aussehen.«

Das ist vielleicht ehrlich gemeint, denn Scharping hat nach seinem Urlaub eine anstrengende Sommerreise hinter sich gebracht mit dem Erfolg, dass der Zank in der SPD auch im letzten Winkel Deutschlands angekommen ist. Schröder wollte eigentliche seinerseits aufbrechen zu einer spätsommerlichen Tour durch Niedersachsen, hat dieses Vorhaben aber verschoben. Er will sich nicht nachsagen lassen, er kneife. Ausgeruht erlebt er eine dreieinhalbstündige Debatte im zwölfköpfigen Parteipräsidium, die ihn nach Berichten von Augenzeugen durch ein Wechselbad der Gefühle führt. Mal hätten seine Augen gefährlich gefunkelt, mal habe er sich ein Lächeln kaum verkneifen können.

Der Zorn steigt dann hoch bei Schröder, wenn man in der Runde allzu geflissentlich beiseite läßt, dass man ihn im Bundestagswahlkampf in höchster Not in Scharpings Team geholt hat. Amüsieren kann sich der Niedersachse noch, wenn einer, auch der Vorsitzende, mit der Warnung spielt, ihm die Zuständigkeit für Wirtschaftsfragen in der SPD entziehen zu wollen. So gewaltig sind die Drohgebärden in der SPD gegen einen wie Schröder.

Die Darstellungen der Teilnehmer über »die von offenen Worten begleitete Aussprache« (Scharping) weichen in Details geringfügig voneinander ab, vor allem in jenen Passagen, in denen es um die Kanzlerkandidatur 1998 geht. Gewiss, Scharping hat den an sich unumstößlichen Satz ausgesprochen »Wir haben festgehalten, dass der Parteivorsitzende selbstverständlich auch der Kanzlerkandidat der SPD ist«, und er hat sich hinterher auch dafür verbürgt, dass die Beschlüsse im Präsidium einstimmig gewesen seien, ja dass es sogar »ausdrücklich erklärte Zustimmung« gegeben habe. Andere aber wollen Schröder in diesem Punkt so verstanden haben, dass er die Frage der Kanzlerkandidatur nach wie vor jetzt nicht für entscheidungsreif hält, und von ihm selbst ist später zu hören, er habe sich nicht zum Verzicht genötigt gefühlt.

Am Ende herrscht weitgehend Übereinstimmung, weil das Präsidium der Versuchung widerstanden hatte, eine Formulierung zu wählen, die Schröder als den Schuldigen am allseitigen Ansehensverlust hingestellt hätte. Als der Parteivorsitzende vor die Öffentlichkeit tritt, wählt er eine selbstbewusst wirkende Geste. Den Beschluß verkündet er, den Oberkörper zurückgelehnt, die Daumen fest in Hüfthöhe in den Gürtel eingehakt. Der Mann kann, zeigt das, festhalten an sich selbst. Schröder seinerseits geht federnden Schrittes, nicht ohne die Mitteilung zu hinterlassen, er habe seiner Frau versprechen müssen, vor 23 Uhr zu Hause zu sein. Ein Mann wie er kann, heißt das, Wort halten.

Schröder ahnt nichts Böses

Ein geruhsamer Nachmittag für Gerhard Schröder. Er gönnt sich eine kurze Spätsommerreise durch den Norden den Landes. Ein Natur- und Umweltkundemuseum ist einzuweihen. Auf einem alten Kahn lässt er sich und seine Begleitung über einen Fehnkanal schippern.

Ein Wasservogel spaziert über Seerosenblätter. Man staunt über die Fähigkeiten des kleinen Geschöpfs. Da bricht es aus Schröder heraus: »Stellt euch mal vor, wenn ich jetzt auch noch übers Wasser laufen könnte, was die in der Baracke dann sagen würden.« Man ist amüsiert, halb über Schröders Bonmot, halb über die Vorstellung, wie in der Parteizentrale der SPD in Bonn die schiere Verzweiflung ausbräche.

Niemand aus der lockeren ostfriesischen Runde ahnt in dieser entspannten halben Stunde, dass das Verhängnis längst seinen Lauf genommen hat. In der Baracke in Bonn stecken an diesem vorletzten Tag im August der Parteivorsitzende Rudolf Scharping, Bundesgeschäftsführer Günter Verheugen und ein paar Vertraute die Köpfe zusammen, um einander zu versichern, wie zornig sie auf den unbelehrbaren Schröder seien. Eine goldene Brücke habe man dem ständigen Nörgler zwei Tage zuvor im Parteipräsidium gebaut, schmal zwar, aber immerhin tragfähig, sogar für das gewaltige Ego des Niedersachsen. Verlangt wurde nichts als Wohlverhalten.

Abgestraft hat Scharping seinen in der Publikumsgunst überlegenen Konkurrenten in diesem Gremium noch nicht. Mag sein, dass er sich nicht getraut hatte von Angesicht zu Angesicht. Mag sein auch, dass der Westerwälder überrascht wurde davon, dass sein vermeintlich treuester Unterstützer Johannes Rau sich im Leitungsgremium unvermittelt auf die Seite Schröders geschlagen hatte. Es sei leicht, »einen Antrag zwölf gegen einen« zu fassen, bügelte der Versöhner Rau einen Antrag ab, Scharping schon an diesem Tag zum Kanzlerkandidaten für die Bundestagswahl 1998 auszurufen und Schröder damit als Unruhestifter bloßzustellen.

Scharping ist sichtlich enttäuscht über den weichen Präsidiumsbeschluss, als Parteichef habe er »den ersten Zugriff« auf die Kandidatur, und lässt sogleich anklingen, dass er Schröder nicht länger an seiner Seite vorn an der Rampe, aber merkwürdigerweise stets in viel hellerem Licht, stehen haben will. Ein Anlass muss her, ihn loszuwerden. Bei einem Hintergrundgespräch Schröders mit Bonner Korrespondenten in der niedersächsischen Landesvertretung taucht in diesen Tagen gegen alle Bonner Gebräuche die stellvertretende SPD-Sprecherin Mechthild Reith auf. Das Misstrauen der Scharping-Leute gegen den wirtschaftspolitischen Sprecher der eigenen Partei ist somit körperlich wahrzunehmen. Schröder referiert über die wirtschaftspolitischen Perspektiven der SPD, bricht eine Lanze für die Zusammenarbeit mit den anderen Kapazitäten auf diesem Gebiet wie dem Nordrhein-Westfalen Wolfgang Clement und dem Baden-Württemberger Dieter Spöri. Das gibt noch wenig her.

In einem Gespräch mit der »Woche« breitet Schröder dann seine Auffassung darüber aus, weshalb in der Wählerschaft wieder besser sichtbar werden müsse, dass die SPD eine Partei der produzierenden Wirtschaft sei und ihre Kompetenz auf diesem Gebiet habe. In der Baracke wittert man da schon Verrat, weil Schröder dieses Thema auch noch dem Parteitag im Herbst zur Behandlung empfiehlt, obwohl doch Scharping sich seit einiger Zeit in das Thema »Schlanker Staat« verliebt hat.

Das »Woche«-Interview erscheint in Vorabmeldungen, als Schröder unterwegs in Niedersachsen ist. Den Korrespondenten in seiner Begleitung erläutert er zwischen einem Besuch bei einem Rotorenhersteller in Lemwerder und einer Deichbegehung seine Idee, in zentralen ökonomischen Fragen die Auseinandersetzung mit der Union zu suchen. Die sozialdemokratische und die konservative Wirtschaftspolitik seien einander ähnlich geworden, woraus Schröder folgert, dass in diesem Punkt seiner Partei schärfere Konturen gut anstünden. »Der Betriebsleiter da in dem Rotorenwerk«, macht er seine Gedanken anschaulich, »der war doch bestimmt kein Sozialdemokrat. Aber

Rausschmiss per Handy. Parteichef Scharping entlässt Schröder als wirtschafts-politischen Sprecher der SPD, 31. August 1995

er weiß, dass er sich in der Industriepolitik auf die SPD-Landesregierung verlassen kann.« Sie stehe jedenfalls für ökonomische Kompetenz,»und das wäre ja nicht schlecht, wenn das bei der SPD im Bund auch so wäre«.

Auch diese Äußerungen gelangen über die Nachrichtenagenturen umgehend nach Bonn. Mit der Rückendeckung des Parteivorsitzenden, was Schröder zu diesem Zeitpunkt noch nicht weiß, wirft Verheugen ihm vor, er setze »permanent Falschinformationen über die SPD in die Welt«. Seine Maulerei sei überflüssig und völlig inakzeptabel. Wenn Schröder meine, der Parteitag habe das falsche Thema, hätte er dies im Parteipräsidium sagen müssen. Schröder, die mündlichen Hammerschläge aus Bonn immer noch locker hinnehmend, verrät in Ostfriesland, das Interview sei in seinem Kern schon in der Woche zuvor aufgenommen worden, und da habe er »doch nicht wissen können, dass am Montag Einigkeit vereinbart wird«.

Die Erkenntnis kommt zu spät. Jetzt fühlt sich der Machtmensch Scharping herausgefordert. Schröder habe ihn, lässt der Parteichef nach Ostfriesland drahten, umgehend anzurufen, und zwar zwischen 13 und 14 Uhr. Nur da habe er Zeit. Schröder wiederum stellt mit einem Blick in seinen Terminkalender fest, dass er in diesem schmalen Zeitkorridor sich Scharping nicht widmen könne, weil er Gespräche mit Landräten und Bürgermeistern über die Deicherhöhung am Jadebusen zu führen habe.

Den Leuten dort draußen ist das nach schlechten Erfahrungen mit dem Frühjahrshochwasser wichtig, ein paar Demonstranten sind auch da, die ihrem Regierungschef ihre Sorgen über den ›blanken Hans« näher bringen wollen. Zurück vom Deich und von der anschließenden Bootsfahrt, erreicht Schröder im Dienstwagen doch ein Anruf. Oskar Lafontaine, der dritte in der Troika, lässt sich die Vorgänge schildern und versichert Schröder, im Grunde nichts Umwerfendes, zumindest nichts völlig Abwegiges an sozialdemokratisch-makroökonomischem Gedankengut vorgetragen zu haben. Immer noch ahnt Schröder nicht, dass bei Scharping die Zornesadern geschwollen sind, weil der Genosse nicht zum telefonischen Rapport erscheint. Jetzt ist, wie man im Westerwald sagt, »der Bock fett«, der notwendige Anlass zum Rausschmiss geschaffen.

Auf dem Weg zu den Krabbenfischern von Neuharlingersiel erreicht Schröder am folgenden Donnerstag vormittag die Nachricht von dem Sturm, den Scharping in der Bundestagsfraktion gegen ihn entfacht hat. Das Meer vor Augen, sieht er endlich klar. Jetzt ruft Scharping von sich aus an – er erreicht Schröder auf dem Deich, wobei jenes berühmte Foto entsteht – und lässt in Bonn zugleich die Nachricht verbreiten, er habe dem niedersächsischen Ministerpräsidenten das Recht entzogen, weiterhin in Wirtschaftsfragen für die SPD zu sprechen. Schröder wiederum hatte aus dem Telefonat lediglich den Eindruck mitgenommen, man wolle einen Gesprächstermin für das Wochenende vereinbaren.

Wegen der augenfälligen Schwierigkeiten der beiden, sich über Telefon zu verständigen, zieht Schröder sich zurück und schreibt einen Brief an den »Lieben Rudolf« mit dem Kernsatz, er fühle sich, auch durch die Reaktion von Verheugen, in eine Ecke gedrängt, in die er nicht gehöre: »Unter diesen Bedingungen halte ich es nicht für sinnvoll, die Aufgabe eines wirtschaftspolitischen Sprechers weiter auszuüben.« Per Fax wird der Brief nach Bonn übermittelt.

Im Bonner Parlament steht eine Haushaltswoche bevor. Die SPD sucht dringend einen kompetenten Redner für den wirtschaftspolitischen Teil. Möglichst einen, der übers Wasser laufen kann.

In diesen schwierigen Zeiten steht Hiltrud Schröder fest an der Seite ihres Mannes. Sie meldet sich in der Illustrierten »Bunte« zu Wort und teilt mit, ihr Mann sei der bessere Kanzler: »Wenn wir die Möglichkeit bekommen, dann machen wir das. Ich halte das für so wichtig, dass ich Probleme, die damit verbunden sind, gerne unterordnen würde.« Schröder selbst macht seinen Unmut über die Partei am Parlamentarischen Fraktionsgeschäftsführer Struck fest. »Struck, der bei mir nicht Finanzminister werden durfte, repräsentiert das, was ich an meiner Partei kritisiere: Er organisiert ein Kartell der Mittelmäßigkeit.« Der Angesprochene bemüht sich um Mäßigung: »Gerhard Schröder ist wohl etwas aufgeregt und verwirrt nach der Entscheidung des Parteivorsitzenden.«

Die Grünen geraten ins Grübeln

Spätnachmittag in Bonn. Es dämmert zeitig am Ende der ersten Septemberwoche. Im Deutschen Bundestag ist die Haushaltsdebatte im Gange. In der Hessischen Landesvertretung sitzt Hubert Kleinert, einer der Vordenker der Grünen, über Strategiepapieren. Jemand wirft Steinchen an das Fenster seines Büros. Es ist Joschka Fischer, der auf diese Weise Einlass begehrt. Bei den Sozis sei die Hölle los, die SPD-Fraktion völlig aus dem Häuschen, berichtet der Obergrüne und schaut seinen Berater nachdenklich an: »Wir sollten mal langsam anfangen, über neue Optionen nachzudenken.« Wenn sich die Grünen, weiterhin allein auf eine Koalition mit den Sozialdemokraten versteifen, will er damit sagen, dann kommen sie so rasch nicht an die Macht. In diesem Zustand sei die SPD nicht regierungsfähig. Der erste Eindruck ist, dass Joschka Fischer übertreibt. Äußerlich ist die SPD-Bundestagsfraktion am Ende dieser ereignisreichen Woche so ruhig und gefasst wie während einer Rede ihres Vorsitzenden im Bundestag. In der Stunde der Bedrängnis ist es gut, Freunde und Ratgeber um sich zu haben. Rudolf Scharping, der SPD-Vorsitzende und Kanzlerkandidat, weiß sich gut aufgehoben: Seit er den unerwünschten Vorsager Gerhard Schröder losgeworden ist, steigt die Zahl seiner Sekundanten zusehends.

Vom Vorstand der Bundestagsfraktion stammt die Empfehlung, er müsse einfach besser werden. Hinterbänkler drängen sich mit der Erkenntnis an ihn heran, er dürfe sich nicht verzetteln. Zugleich hört er Tröstliches: Seine Position als Partei- und Fraktionschef werde in diesem Herbst öffentlich nicht in Frage gestellt, sichern ihm seine Leute in der Fraktion zu. Zu Spekulationen über personelle Veränderungen in der SPD-Spitze und der Führung der SPD-Bundestagsfraktion teilt die stellvertretende Vorstandssprecherin Mechthild Reith mit: »Diese Spekulationen sind abwegig. In Partei- und Fraktionsführung ist personelle Stabilität notwendig.« Notwendig? Gibt es sie nicht?

Rudolf Scharping leidet. Er sieht noch schmaler aus als gewöhnlich, seit Tagen macht ihm eine Grippe zu schaffen, er fiebert. Bei der »Küstengang«, einer Gruppe von Bundestagsabgeordneten aus den norddeutschen Bundesländern, aber hält er an diesem Abend lange aus im Keller der bremischen Landesvertretung. Nur hin und wieder, zwischen zwei Päckchen Zigaretten, jammert er ein bißchen über den Termindruck und den fehlenden Schlaf. Scharping hatte über die Perspektiven der Partei reden wollen, ist nach ein paar Minuten aber von sich aus auf »diese Personalgeschichte« gekommen. Sein Erklärungsdruck ist offenbar groß. Zum wiederholten Mal beteuert Scharping, es habe so nicht weitergehen können mit Gerd. Die Abgeordneten stimmen zu, so habe es wirklich nicht weitergehen können mit Gerd, aber dann geben sie dem ehemaligen wirtschaftspolitischen Sprecher doch auch wieder Recht. In der Sache, also was er so über die Arbeitsplätze in der Produktion gesagt habe, da habe er ja nicht falsch gelegen, der Gerd. Nein, sagt Scharping, im Grunde nicht, aber es habe halt so nicht weitergehen können. Eben, pflichten die Abgeordneten bei, das habe der Rudolf nicht länger durchgehen lassen können. So wird es halb elf an diesem Abend, und Henning Scherf hat genug. Der

Bremer Bürgermeister und Hausherr verlässt die Runde, und beim Hinausgehen wollen Zurückbleibende die Bemerkung gehört haben, das sei ihm zu dumm.

Später, im Bierkeller, werden die Küstenabgeordneten mutiger. »Rudolf, so musst du das machen«, beginnen sie ihre Sätze, »Rudolf, darauf musst du dich konzentrieren«, fahren sie fort. Auch Ratschläge sind Schläge: Wie er seinen Redestil vervollkommnen könne, welche Hauptpunkte er aufgreifen müsse. Scharping hört geduldig zu, wie Herbert Wehner mit diesen mundfertigen Hinterbänklern verfahren wäre, kommt dem langmütigen Westerwälder nicht in den Sinn. Joschka Fischer hat Recht: Die Sozis sind außer Rand und Band.

Noch so eine Rede wie in der Haushaltsdebatte könne sich Scharping nicht leisten, grummeln sie hinter vorgehaltener Hand. Auch wenn man bedenke, »dass Schröders Zermürbungstaktik vielleicht jetzt Wirkung zeigt«, hätte Scharping »seinen Text nicht so leblos herunterhaspeln dürfen«. In einer Stunde Redezeit sei nicht klar geworden, »weshalb der Kanzler abgelöst werden sollte«. »Am unteren Rande des Mittelmaßes« und »Desaster« sind andere Bewertungen. Manche schieben, süffisant lächelnd, die Bemerkung »Wenn es nur diese eine Rede gewesen wäre…« nach. Was hatte Scharping nach dem Rauswurf Schröders gesagt?, »Wenn es nur dieses eine Interview gewesen wäre…«

Ein rheinland-pfälzischer Weggefährte Scharpings gibt zu bedenken, das Erfolgsrezept Kohls bestehe nicht allein darin, »seine Gegner wegzudrängen, sondern auch darin, Menschen an sich zu binden«. Das erste habe Scharping nun probiert, für das zweite fehle ihm jedes Talent. Vielleicht wolle er sich die Partei zurechtbiegen, wenn er im Kanzleramt sitze, »aber das hat Helmut Schmidt ja auch schon vergeblich versucht…« Von Überlastung ist die Rede und auch davon, dass Parteigeschäftsführer Günter Verheugen unter diesem Gesichtspunkt eines seiner Ämter abgeben sollte. Verheugen ist auch stellvertretender Fraktionsvorsitzender und außenpolitischer Sprecher der SPD.

Vor Wochen schon sind Spekulationen aufgekommen, es gebe zunehmend Widerstand gegen den »wenig dialogfähigen« Führungsstil Verheugens im Ollenhauer-Haus, auch davon, dass er die SPD so behandle wie früher die wesentlich kleinere FDP. Es müsse doch möglich sein, bei den am 24. Oktober anstehenden Neuwahlen in der Fraktion den Wählern »ein paar neue Gesichter zu präsentieren«, aber zugleich werden auch Befürchtungen laut, dass dann die Führungsdiskussion richtig aufbricht: »Dann kommt alles ins Rutschen.«

Die Parteispitze reist nach Berlin, um in einer Klausurtagung den Mannheimer Parteitag vorzubereiten. Die Spekulationen aus Bonn lässt man gerne hinter sich: »Es ist völlig gegenstandslos, dass ich eines meiner Ämter aufgeben könnte«, erklärt Günter Verheugen. »Jeder hat wohl schon mal einen schlechten Tag gehabt«, sagt Scharping mit dem Abstand von zwei Tagen über seinen Beitrag in der Generaldebatte des Bundestages. »Möglichst schnell wieder ein geschlossenes Erscheinungsbild« will Verheugen jetzt der SPD verpassen.

Es ist zwar alles gesagt über den Zustand der Partei, aber noch nicht von jedem. »Die Lage ist nicht gut«, berichtet der Parteiratsvorsitzende Harald Ringstorff aus Mecklenburg-Vorpommern. Das merke man in den Landesverbänden. Das Machtzentrum der SPD, wie Scharping die Bundestagsfraktion neuerdings nennt, »steht etwas einbeinig da«, meint in Kiel Ministerpräsidentin Heide Simonis und findet als Erste an der SPD-Spitze ein hilfreiches Wort für Gerhard Schröder. Es wäre ein Fehler, sagt sie, »ein solches Talent jetzt abzumessen«.

Johannes Rau, so ernst ist jetzt die Lage, muss der Öffentlichkeit erklären, dass die Lage so ernst nicht sei. Ein hartes Urteil der schleswig-holsteinischen Ministerpräsidentin könnte auf die Ursache allen Unbills hinweisen: Der Vorsitzende, hat sie in vertrautem Kreise gesagt, sei ein Autist. Jetzt ist das Wort heraus, das schon früher in Gebrauch war im lockeren Bonner Umgangston, im öffentlichen Sprachgebrauch aber sorgsam vermieden wurde; schließlich handelt es sich um eine schwere Krankheit.

Simonis muss wissen, was sie sagt, denn sie kennt Scharping schon seit langem. Trägt er nicht viele Züge dieses Krankheitsbildes, wie es sich der Laie eben noch vorstellen kann? Gewiss, Scharping ist kontaktscheu, nur ganz wenig und nur ganz wenige lässt er an sich herankommen. Der Wiener Pantomime Samy Molcho, ein kenntnisreicher Deuter der Körpersprache, beschreibt den gängigen Typ eines »Mannes unter Selbstblockade«, als habe er den Westerwälder vor Augen: Kopf und Nacken zurückgehalten, die Schultern in ständiger Spannung, der ganze Körper wird nur durch die Bewegung des Fußes nach vorne gezogen. Kommilitonen aus der Bonner Studentenzeit schwören, dass Scharping damals noch nicht diesen Gang hatte wie der 70-jährige Willy Brandt. Er hat ihn sich antrainiert. Alles an ihm ist Selbsterziehung. Diese ist noch nicht beendet.

Jetzt also geht es Scharping darum zu zeigen, dass er kein Autist ist. Also begibt er sich am Montag nach der Veröffentlichung des Autismusverdachts zu seinem Platz im Präsidiumszimmer des Ollenhauer-

Hauses, blickt in die Runde und sieht die aus der Südsee heimgekehrte Heidemarie Wieczorek-Zeul. Er versucht es bei ihr mit leichtem Amüsement:»Kannst du dir vorstellen, Heidi, wie sich hier alle freuen, dass du wieder da bist?« Weil die von so viel Ansprache Überraschte nicht sofort antwortet, legt Scharping nach:»Heidi, hast du deine Frisur verändert?« Nein, wer so viel Aufmerksamkeit verschenkt, ist doch kein Autist.

Weil er ständig den Vorhaltungen seiner Kritiker gegensteuern müsse, sagen Mitarbeiter, unter denen es von Woche zu Woche mehr Skeptiker als Zuarbeiter gibt, sei der eigentliche Scharping kaum noch zu erkennen. Auf diese Fähigkeit zur Selbstverleugnung sei auch ein ziemlich grober Fehler zurückzuführen, dessen Auswirkungen sich jetzt zeigen. Bei einer der wichtigsten außenpolitischen Entscheidungen der Partei in den vergangenen Jahren lässt sich Scharping von Oskar Lafontaine auf dessen schwärmerisch-pazifistische Linie zwingen, eine politische Arglosigkeit, die sich bitter rächt. Im Gegensatz zu Union und FDP lehnt die SPD den Einsatz deutscher Kampfflugzeuge zur Unterstützung der UN-Truppen im ehemaligen Jugoslawien ab. Ein solcher Einsatz würde die Lage verschärfen und eine politische Lösung erschweren, argumentiert der Parteivorsitzende, gegen die eigene Überzeugung und gegen vielfachen Rat aus der Fraktion. Für ihn zählt am Ende in erster Linie, Lafontaine nicht zu verprellen. Das ist wichtig für Scharping, er braucht ihn im Abwehrkampf gegen Gerhard Schröder. Von diesem Zeitpunkt an aber weiß der Saarländer, dass Scharping biegsam sein würde unter seinem Einfluss.

Der wochenlange Streit mit den Außenpolitikern der Fraktion, das unterschiedliche Abstimmungsverhalten am Tag der Tornado-Entscheidung, all dies hat tiefe Wunden gerissen in das Selbstbewusstsein der Atlantiker in der SPD: Hans-Ulrich Klose, Norbert Gansel und Karsten Voigt stehen auf einmal neben Fraktion und Partei, lange vor den Wirtschaftspolitikern Gerhard Schröder und Uwe Jens, dem Verkehrsexperten Christoph Zöpel und der Frauenpolitikerin Katrin Fuchs. Alle, bis auf Schröder, wollen nicht mehr in den Vorstand und sorgen mit der Bekanntgabe ihrer Entscheidung für weiteres, freilich bescheidenes Amüsement: Scharping könne bald eine Solokarriere starten, heißt es, und – natürlich – der Letzte solle doch bitte schön das Licht löschen.

Dass der in der europäischen Sozialdemokratie als Sicherheitspolitiker höchst angesehene Karsten Voigt jetzt die Konsequenzen gezogen hat mit seiner Ankündigung, nicht mehr für den Parteivorstand zu kandidieren, rührt vielleicht daher, dass er weniger leidensfähig ist als Gansel. Voller Häme, berichten Teilnehmer, sei Lafontaine in einer Vorstandssitzung über den redlichen Gansel hergefallen, habe ihm ironisch den Parteiaustritt empfohlen und ihn als »kleines Kinkelchen« verulkt. Gansel hat nicht nachgekartet, nur ein wenig die Tischdecke angehoben, um zu zeigen, wie es unter dem Tisch zugeht. »In die Parteigremien«, sagt Gansel, »ist eine stickige und verletzende Atmosphäre eingekehrt.« Scharping tut nichts, um den Zustand zu verbessern.

»Er steht da wie ein Schulmeister, dem die Autorität abhanden gekommen ist«, sagt ein führendes Fraktionsmitglied und fügt einen vorsichtigen Rat an den Vorsitzenden aus den Reihen jener »starken Mitte« der Fraktion heraus an, die ihn zu Anfang getragen haben. »Vielleicht«, sinniert der altgediente Sozialdemokrat, »sollte sich Rudolf ein Beispiel an Erich Ollenhauer nehmen und sich auf den Parteivorsitz zurückziehen.«

Ende September hat Verheugen genug. Er teilt dem Parteivorsitzenden mit, dass er sein Amt als Bundesgeschäftsführer niederlegt. Im »Bericht aus Bonn« spottet der sonst eher nüchterne Fernsehmoderator Martin Schulze beim Verheugen-Abschied, er werde die Zuschauer umgehend unterrichten, sollte es im Verlauf der Sendung zu weiteren Rücktritten in der SPD kommen. Das öffentlich-rechtliche Frühstücksfernsehen peppt seine Sendung mit dem Hinweis auf, von jetzt an könne sich jedermann für den Posten des SPD-Bundesgeschäftsführers bewerben entsprechend dem Motto »Parteimanager verzweifelt gesucht«. Mitte Oktober erklärt sich der nordrhein-westfälische Arbeitsminister Franz Müntefering bereit, das Amt zu übernehmen. Scharping sieht darin »ein starkes Signal«.

Wie hoch hat Lafontaine die Hand für Scharping gehoben?

Im Fraktionsvorstandszimmer der SPD muss Oskar Lafontaine am 17. Oktober noch einmal vormachen, wie hoch er bei der Abstimmung über Rudolf Scharping die Hand gehoben hat. Er führt seine Rechte dabei in einer fließenden Bewegung deutlich über Kopfhöhe und hält sie dort einen Moment lang still. Zeugen der Vorführung sind unter anderem der kommissarische Bundesgeschäftsführer Müntefering und der Partei- und Fraktionsvorsitzende selbst. Die Demonstration ist

notwendig geworden, weil sich Lafontaine am Vorabend im SPD-
Parteivorstand nach wochenlangem, selbst gewähltem Schweigen zu
Personalfragen geäußert und bei den 31 anwesenden Vorstandsmit-
gliedern vollkommen unterschiedliche Eindrücke hinterlassen hat.
Teilnehmer berichten später, Lafontaine habe eine Trennung des Par-
tei- und Fraktionsvorsitzes sowie der Kanzlerkandidatur vorgeschlagen, worauf Scharping »wie vom Donner gerührt« gewesen sei. Bei
der Abstimmung im Vorstand zur Wiederwahl des Parteivorsitzenden
sei die Hand Lafontaines nur zögernd auf halbe Kopfhöhe gegangen.

Scharping und Lafontaine bezeichnen diese Darstellungen übereinstimmend als »Falschmeldungen«. »Mein Votum für Rudolf konnte
jeder sehen«, sagt Lafontaine. Wer seine Vorschläge, die Lasten an der
Parteispitze auf mehrere Schultern zu verteilen und dabei Gerhard
Schröder nicht zu vergessen, als Angriff auf Scharping verstanden
habe, der erlaube sich »eine an der Realität vorbeigehende Interpretation«. Eine kollektive Führung habe er nicht verlangt. Sie wäre auch
»Quatsch«.

Im Anschluss daran hält Lafontaine, unterstützt von Müntefering,
ein flammendes Plädoyer für die Begnadigung Schröders. Der niedersächsische Ministerpräsident werde dringend gebraucht zur Verbesserung der Koordination zwischen Bundestagsfraktion und den SPD-
Länderregierungschefs. Lafontaine spricht davon, Schröder stärker als
bisher die Zuständigkeit für Wirtschaftsfragen zu übertragen. Die
Frage an Scharping, ob der Hinauswurf im Sommer denn ein Fehler
gewesen sei, beantwortet dieser mit der Bemerkung: »Leider nein.« Er
fügt aber hinzu, er sei schon immer gegen eine »Politik des Abmeierns
und des Abmesserns« gewesen.

Über die neue Offerte will sich Schröder nicht vor dem Parteitag
äußern. In Bonn wird sorgsam registriert, dass der hannoversche Regierungschef sich eisernes Schweigen verordnet hat. Müntefering griff das
Stichwort Parteitag auf und sagte, im Lichte der dortigen Entscheidungen könnten die Zuständigkeiten neu verteilt werden.

Lafontaine machte deutlich, dass seine Unterstützung dem Partei-
und Fraktionschef Scharping gelten werde. Auf die Entscheidung über
die Kanzlerkandidatur angesprochen, antworteten sowohl Lafontaine
als auch Scharping ausweichend. Bei der Parteiratssitzung wurde deutlich, dass auch die dort vertretenen Bezirksvorsitzenden die Kandidatenfrage als offen betrachten.

Entsetzen nach dem Berlin-Desaster

Wenn einer vom Glück gänzlich in Ruhe gelassen wird, dann scheinen sich sogar die alltäglichen Dinge gegen ihn zu wenden. Am Montag nach den herben Verlusten der SPD bei den Wahlen zum Berliner Abgeordnetenhaus am 22. Oktober 1995 wartet Rudolf Scharping im Erich-Ollenhauer-Haus in Bonn auf die Berliner Spitzenkandidatin Ingrid Stahmer, die sich leicht verspätet hat. Der SPD-Vorsitzende baut sich im Foyer der Parteizentrale auf, bolzengerade, den Blumenstrauß für die Genossin in der linken Hand.

Das Hin und Her der Fernsehkameraleute sorgt dafür, dass die lichtgesteuerte Schiebetür unentwegt auf und zu schwingt. Scharping ist es rasch leid, der Parteichef zieht sich zurück. Minuten später ein zweiter Aufbau, Blumenstrauß links, Rücken durchgestreckt. Und wieder zucken bloß die Scheiben. Schluss aus. Scharping eilt zur Unterrichtung der Medien. Kaum hat er zu sprechen begonnen, kommt Ingrid Stahmer.

Sie hat ihre Blumen dann doch noch bekommen, versehen sogar mit einer amüsanten kurzen Ansprache des Parteivorsitzenden. »Der Strauß«, sagt Scharping, »gilt mehr deiner Tapferkeit als dem Ergebnis.« Unvermittelt geht er zur Tagesordnung über. »Das Ergebnis«, sagt er stets verschleiernd, nie spricht er von den dürftigen 23,6 Prozent, die die Partei des ehemaligen Regierenden Bürgermeisters Willy Brandt in Berlin am Sonntag noch für sich verbuchen konnte. »Ein Ergebnis«, meint ein führender Genosse in der wartenden Runde vor dem Sitzungszimmer des Parteipräsidiums, »für das sich selbst die Bayern schämen müssten.« Henning Voscherau, Hamburgs Erster Bürgermeister, wird drinnen noch deutlicher. Keine Niederlage sei das, sondern ein Desaster.

Scharping kennt auch die Schuldigen: »Das von einigen wenigen vom Zaun gebrochene Sommertheater«, an dem er nach dieser Art der Darstellung gar nicht beteiligt gewesen sein kann, sei die Ursache des gegenwärtigen und – wie der Vorsitzende meint – vorübergehenden Tiefs der Partei »in der Wahrnehmung der Wähler«. Die Partei selbst, will Scharping sagen, befindet sich nicht in einem Tief, auch nicht im Bereich der Außenpolitik, auch nicht in der Wirtschaftspolitik. Dieses Tief existiert eben nur »in der Wahrnehmung der Wähler«.

Wer diese »einige wenige« gewesen sein könnten, die das Sommertheater vom Zaune gebrochen und die SPD in die Tiefe gerissen haben, wird in der neuen, zukunftsgewandten Zeit selbstverständlich nicht mehr ausgesprochen. Gerhard Schröder hört diese nur unbeholfen bemäntelten Schuldzuweisungen ohnehin nicht. Er hat ein Buch vorzustellen an diesem Tag in Bonn, das der Jenoptic-Chef Lothar Späth und der Unternehmensberater Herbert A. Henzler (McKinsey Deutschland) gemeinsam verfasst haben. Es trägt den Titel »Countdown für Deutschland« und enthält nach Schröders Aussagen »nichts zu Berlin«: Der niedersächsische Ministerpräsident hat eine Art Gelübde abgelegt, dass bis zum Mannheimer Parteitag in drei Wochen nichts zur Lage der Partei über seine Lippen kommen möge.

Später, als er dann endlich in der Parteizentrale auftaucht, stürmt Schröder wortlos in Richtung Sitzungszimmer. Erst der Zuruf, so verhalte sich doch sonst nur Oskar Lafontaine, lässt ihn kurz innehalten: »Das habe ich jetzt von ihm übernommen«, sagt Schröder lächelnd und verschwindet. Drinnen, in Abwesenheit von Lafontaine, Johannes Rau und Heide Simonis, spricht Henning Voscherau von »Teamunfähigkeit und egomanischem Ehrgeiz« einer kleinen Führungsgruppe. Dass damit vielleicht auch er gemeint sein könnte, scheint Scharping zu überhören. Ungerührt trägt der Vorsitzende Parteitagsplanungen vor.

Wie Schröder den Parteitag verblüfft

Ein kurzer Satz, eine Selbstverständlichkeit eigentlich, reißt für einen kurzen Augenblick den Parteitag der SPD hoch, lässt den Hormonspiegel der Delegierten und der Vorständler auf der Bühne hochschnellen. Auf der Tribüne der Medienvertreter klicken die mobilen Telefone an. Der Parteivorsitzende sitzt wie erstarrt, der Saal brummt wie ein Rummelplatz. Was ist passiert? Gerhard Schröder hat am Ende einer selbstbewussten Verteidigungsrede den Satz ausgesprochen: »Ich kandidiere nämlich« – und dann das Podium verlassen. Nach Sekunden der Verwirrung kommt er zurück und klärt alle auf: »Für den Vorstand«, also nicht für den Vorsitz. Scharping atmet tief durch.

Es sind die harten Schnitte, die raschen Wechsel des Tempos, die eine gute Dramaturgie in einem Film ausmachen. Die SPD, eine moderne Partei mit einem modernen Parteivorsitzenden, kennt sich aus in diesen Dingen und hat deshalb in Mannheim einen Parteitag auf modernste Art eröffnet, mit harten Schnitten und raschem Tempowechsel. So etwas nennt sich Multimediashow, in die es allerdings einzubauen gilt eine Rede von Rudolf Scharping, für den es dabei um alles geht.

Herta Däubler-Gmelin darf am 14. November die Mannheimer Delegiertenversammlung eröffnen, sie tut es in ihrer Art, ohne jede sanfte Einstimmung. »Was es hier nicht geben darf«, sagt sie, »ist ›business as usual‹, weiterwursteln also wie bisher.« Es müsse »ein reinigendes Gewitter geben«, »offene Worte, aber dann auch Konsequenzen« und alle, alle zollen ihr dafür Beifall: Zum Beispiel Oskar Lafontaine, Hans Eichel, Gerhard Schröder und Heidi Simonis am langen Tisch der sozialdemokratischen Ministerpräsidenten, und sie tun dabei ein wenig so, als seien sie unbeteiligte Zuschauer in diesem Film, der da abläuft. Erst als Däubler-Gmelin den abwesenden Erhard Eppler zitiert, am Ende des Parteitages dürfe es »keinen Kampf ums vergoldete Ego« mehr geben, da verzichtet mindestens einer aufs Mitklatschen.

Rudolf Scharping, dessen Gang an diesem Tag federnd und dessen Gestik im Gespräch mit Vertrauten ausgesprochen lebhaft ist, beginnt seine Rede mit der Außenpolitik und rammt in kurzen, klaren Sätzen ein paar Pflöcke ein: »Wer Deutschland regieren will, der darf Deutschland nicht aus der internationalen Gemeinschaft herauslösen oder in der internationalen Gemeinschaft isolieren«, sagt er und fügt zur Erläuterung an die Pazifisten vom linken Flügel hinzu: »Wenn die Vereinten Nationen um Hilfe bitten, kann keine Bundesregierung diese Hilfe ablehnen.« Der Satz steht, ein Sonderparteitag zur Außen- und Sicherheitspolitik im kommenden Jahr soll ihn zum Programm machen.

Nach neun Minuten Weltpolitik folgt der fließende Übergang zum eigentlichen Thema dieses SPD-Parteitages. »Wir werden gebraucht« in der Welt (Frieden usw.) und in Deutschland (soziale Frage usw.), sagt Scharping, und seine vorher laute und feste Stimme wird dabei ganz leise und seltsam rau, »aber wir waren in den vergangenen Wochen nicht immer brauchbar«. Wie befreit klingt der Beifall an dieser Stelle, dass endlich die Stunde der Abrechnung gekommen ist. Aber Scharping gelingt eine Überraschung.

Niemand wird namentlich angeklagt, der in den letzten Wochen zur Unbrauchbarkeit der SPD beigetragen hat, und »sollte doch jemand dabei gewesen sein, so wird der oder die hier nach vorne kommen und das erklären«. Es ist die sanfte und doch so brutale Methode der chinesischen Parteikader, die unverhohlene Aufforderung nämlich, öffentlich Selbstkritik zu üben. Der Parteivorsitzende schreitet mit gutem Beispiel voran, wohl dosiert freilich, es soll ja weitergehen mit ihm selbst.

Er habe zu viel gemacht, sagt Scharping, und dabei zu wenig bewirkt. Auch habe er den Willen zur vertrauensvollen Zusammenarbeit unterschätzt. Jetzt steigert er sich doch hinein in einen anklägerischen

Ton, die Stimme wird lauter, fast brüllt er die Partei zusammen wie einst Herbert Wehner. »Haltet euch an die einfache Regel: Was ich dem Genossen nicht ins Gesicht sagen kann, das erzähle ich über ›ihn‹ oder ›sie‹ auch nicht im Hintergrund!«

Die Debatte, angesetzt auf sechs Stunden, findet rasch ihr Thema: Gerhard Schröder. Der Reihe nach fordern ihn die Delegierten aus der dritten und vierten Reihe auf, sich zu stellen. Der Niedersachse wartet eine Weile ab, dann tritt er an, ganz nach der Vorgabe Scharpings nach öffentlicher Selbstkritik. »Ja, es ist wahr ...«, donnert er im Stakkato in den Saal, ja er kümmere sich mehr um die Arbeitsplätze hier und heute als um die mögliche bessere künftige Weltwirtschaftsordnung. »Ja, es ist wahr ...«, er sei ein Liebling der Medien, aber über diese erreiche man eben auch die Mitglieder und die möglichen Wähler. Nein, es sei nicht wahr, dass er der Partei geschadet habe. Schließlich habe er in Niedersachsen über eine rot-grüne Koalition die absolute Mehrheit geschafft, »was andere nicht erreicht haben«.

Am Ende der starke Abgang. Der Parteitag ist plötzlich wach. Daran ist natürlich wieder Gerhard Schröder schuld.

Lafontaines Coup

Zwei Tage später ist es soweit. Zum ersten Mal in ihrer langen Geschichte hat die SPD einen Vorsitzenden aus dem Amt gejagt. Zum ersten Mal hat ein Stellvertreter den Mann an der Spitze gestürzt. Mit seiner überraschenden Kandidatur hat Oskar Lafontaine Rudolf Scharping aus dem Amt gedrängt: In einer Kampfabstimmung setzt er sich klar mit 319 zu 190 Stimmen durch.

Unmittelbar nach der Wahl bittet Lafontaine die Partei um Unterstützung und äußert die Erwartung, dass die Personaldebatte beendet und die Führung mehr Willen zur Zusammenarbeit zeigen werde. Scharping sichert seinem Nachfolger seine Unterstützung zu: »Denn wir haben eine Aufgabe, die wichtiger ist als wir selbst.« Schröder begrüßt die Entwicklung. Die Delegierten strafen ihn ab. Im ersten Wahlgang bei den Vorstandswahlen fällt er durch. Im zweiten Anlauf gelang ihm der Einzug. Mit einem demonstrativen Vertrauensbeweis (93,2 Prozent der Stimmen) wählten die Delegierten Scharping zum stellvertretenden Parteichef. Einen deutlichen Dämpfer bei der Wahl der Stellvertreter erhält dagegen Johannes Rau, der sich für Scharping ausgesprochen hatte.

Oskar Lafontaine ist der Parteivorsitzende aus dem Bauch der SPD. Es ist aber nicht allein die mitreißende Rede des saarländischen Ministerpräsidenten und stellvertretenden Parteivorsitzenden gewesen, die die Delegierten in Mannheim zum Königsmord trieb. Jede Genossin und jeder Genosse weiß, dass der Westerwälder keiner ist und auch keiner mehr werden kann, der das Feuer der Begeisterung in der Wählerschaft zu entzünden vermag. Der Machtmensch Lafontaine hat zudem nie einen Hehl daraus gemacht, dass er Scharping für überfordert hält. So loyal, wie der bisherige Parteichef glaubte, war der Mann aus dem Saarland nie. Zweimal hatte der Saarländer die Übernahme des Amtes abgelehnt, als Willy Brandt und Hans-Jochen Vogel es ihm angeboten hatten. Wie er es jetzt errungen hat, passt auch besser in sein Charakterbild. Es bleibt noch, den wahren Grund für Oskar Lafontaines Putsch zu erkennen: Der Mann will eine zweite Chance als Kanzlerkandidat. Als ihm klargeworden ist, dass er sie nur bekommen kann, wenn er den Parteivorsitz übernimmt, hat er alle Rücksichten fallen lassen.

Die Zeit, sich ständig zurücknehmen zu müssen, um den Parteivorsitzenden ja nicht zu beschädigen, ist nun auch für Gerhard Schröder vorbei. Inhaltliche Unterschiede können nach dem Wechsel im SPD-Vorsitz von Rudolf Scharping zu Oskar Lafontaine wieder offen angesprochen werden, sagt der niedersächsische Regierungschef in einem entspannten Gespräch am Ende des Mannheimer Parteitages, »weil wir über alle Dinge in freundschaftlicher Weise sprechen können«.

Schröder vermeidet sorgfältig den direkten Vergleich zwischen früher und jetzt, es genügt, dass er die Vorzüge des neuen Parteivorsitzenden aufzählt: »Der Oskar« könne die Schwerpunkte sozialdemokratischer Politik eben glänzend darstellen und bündeln, und darauf komme es jetzt an. Der wirtschaftspolitische Beschluss des Parteitags sei zukunftsweisend und gut, besser als die Debatte darüber. Die habe freilich gelitten unter der Turbulenz des Führungswechsels. Die Vorschläge zur Verwaltungsreform, dem Lieblingsthema Scharpings, könnten sich sehen lassen, in der Außenpolitik habe sich die Linie Lafontaines durchgesetzt.

Meinungsunterschiede zu Lafontaine wischt Schröder nicht beiseite: Wir Ministerpräsidenten, so ist seine Linie für den künftigen Umgang miteinander, verstehen die Sorgen des anderen und respektieren sie. »Wenn ich für die Arbeitsplätze bei der DASA kämpfe und mich dabei für den Bau des ›Eurofighters‹ ausspreche, dann greife ich damit doch nicht Oskars außenpolitische Linie an. Als Ministerpräsident muss ich mich manchmal anders entscheiden als die Mehrheit der Partei.« Lafontaine kenne das, man denke doch nur an die Besonderheiten der saarländischen Kohlepolitik.

Den Seitenhieb Lafontaines aus dessen Bewerbungsrede, wer die Entwicklung einer neuen Reaktorlinie befürworte, sei noch lange kein Modernisierer, nimmt Schröder leicht hin. »Wir haben den Energiekonsens gemeinsam entwickelt bis zu diesem Punkt, haben aber unterschiedliche Auffassungen, wie man den Ausstieg aus der Kernenergie am besten organisiert. Ich erhebe ja nicht den Anspruch, dass meine Auffassung zur offiziellen Parteilinie wird.« Dass er sich als niedersächsischer Regierungschef zur Entsorgungspolitik den eigenen Kopf zerbrechen müsse, werde der neue Parteivorsitzende gewiss verstehen. Dass der alte seine besonderen Probleme mit diesem Ministerpräsidenten-Selbstbewusstsein hatte, läßt Schröder unerwähnt.

Überhaupt ist er zuversichtlich, dass sich die Zusammenarbeit zwischen den Landeschefs und der Bundestagsfraktion mit deren Vorsitzendem Scharping jetzt entkrampfen werde. »Wir müssen uns einfach darüber klarwerden, dass wir unterschiedliche Aufgaben haben.« Im gemeinsamen Angriff auf die Bundesregierung werde man sich dann aber vereint finden. Und die Kanzlerkandidatur? Darüber habe er mit Oskar eine Absprache. Über den Kandidaten? Nein, antwortet Schröder. »Wir haben eine Absprache darüber, dass das 1997 oder 1998 in freundschaftlicher Atmosphäre entschieden wird.« Und der Parteivorsitzende habe das erste Wort.

DREIZEHNTES KAPITEL

Niederlagen und Läuterungen

Seit dem dritten Wochenende des Jahres 1996 führt das seriöse »Politbarometer« Schröder wieder als populärsten, wenn man möchte, auch als beliebtesten deutschen Politiker. Wolfgang Schäuble und Helmut Kohl liegen knapp, Oskar Lafontaine und Scharping weit hinter ihm. Er selbst leitet daraus keine neuen Ansprüche ab, übt sich lieber in bundespolitischer Zurückhaltung. Die Klugheit seiner Ratgeber hat also zugenommen.

Zum ersten Mal seit jenem berühmt gewordenen Spaziergang auf dem Deich, in dessen Verlauf es zu der fotogenen Szene »dynamischer Politiker mit Handy« gekommen war, lädt er zu Beginn des Jahres ein paar Bonner Medienvertreter zu sich ein, um ihnen seine Einschätzung der Dinge zu erläutern. Fragen hatten sich angesammelt nach seiner Bedeutung im Machtdreieck der SPD, Interesse auch an seiner Haltung zu den anstehenden strategischen Fragen aus Bonner Sicht, also etwa zur Großen Koalition, baldigen Neuwahlen und zu eventuellen Überläufern.

Beim Abendbrot, zwischen Vorspeise und Hauptgericht, gibt Schröder seine Einschätzung wieder, aber das, was sein Mund spricht, passt nicht zu dem, was die verräterische Körpersprache erkennen lässt. Mit hörbarer Selbstironie nennt er sich in seiner Rede einen unbedeutenden Provinzpolitiker, dessen eigener Anspruch im Augenblick nicht zur Debatte stehe. In der rechten Hand aber hält er die ganze Zeit ein Besteckteil, mit kräftigen Bewegungen stößt er es rhythmisch auf die Tischplatte, Stärke demonstrierend. Mit dem Tafelsilber spielen viele Tischredner, und die meisten nehmen gern den Dessertlöffel. Schröder wählt das Messer, die scharfe Seite der Klinge ist nach vorne gerichtet.

Wo also steht er, wo die SPD? Die Einarbeitungszeit für die neue sozialdemokratische Führungsspitze geht allmählich zu Ende, der aktuelle Zustand des Regierungslagers verlangt nach einer wachen Opposition. Die SPD müsse als Partei und Fraktion viel stärker als in den zurückliegenden Jahren den Eindruck erwecken, hatte Oskar Lafontaine den Delegierten von Mannheim aus mit auf den Heimweg gegeben, dass sie bereit sei zur Regierungsübernahme. Zwei Monate später scheint zumindest ein erster Schritt getan. »Allein durch den

Führungswechsel in der SPD«, sagt Schröder, »sind die wirklichen Probleme von alleine in den Mittelpunkt gerückt: nicht mehr die uninteressanten Personalprobleme einer Partei, sondern die Zerstrittenheit und Handlungsunfähigkeit der Regierungskoalition in wichtigen Fragen.«

Den Provinzpolitiker ganz vergessend und das Messer beiseite legend, zählt Schröder die großen, globalen Zukunftsprobleme auf, mit denen die Bundesregierung nicht fertig werde: die Arbeitslosigkeit zuerst, die Zukunftssicherung der Unternehmen, die noch zu geringe Bereitschaft von Wirtschaft und Staat, in die neuen, sanften Technologien zu investieren, die Umweltfragen allgemein natürlich auch. Seine Chancen, diese Probleme in einem sowohl sozialdemokratischen als auch modernen Sinne lösen zu können, schätzt der Niedersachse hoch ein. Nicht sofort, weil er nicht glaubt, dass die Bonner Koalition im Laufe der nächsten Zeit zusammenkrachen wird, sondern nach der Bundestagswahl 1998. Um jede Gedankenregung bei den Zuhörern rasch zu unterdrücken, flicht Schröder flugs eine persönliche Bemerkung ein: Er habe in der Silvesternacht für dieses Jahr zwei Vorsätze getroffen, in dieser Reihenfolge: erstens zwei weitere Kilogramm abzunehmen, zweitens über die Kanzlerkandidatur nichts zu sagen.

Einer, der sich in diesen Tagen vorgenommen hat, mit allen Mitteln ein früheres Ende der christlich-liberalen Koalition herbeizuführen, ist Rudolf Scharping. In seiner Umgebung wächst die Zahl der Leute, die eine Große Koalition für den aussichtsreichsten Weg zur Ablösung Kohls halten. Nur so sind Scharpings Überläufergeschichten zu verstehen, der Beginn einer Kampagne zur weiteren Verunsicherung der FDP. Dass Scharping mit der anderen Möglichkeit des Regierungswechsels – mit raschen Neuwahlen – sowohl Schröder als auch Lafontaine in eine heikle Lage bringen und deren unverbrüchliche Freundschaft belasten könnte, nimmt der Fraktionschef gelassen hin.

Scharping hat seine neue Rolle als zweiter Mann angenommen in Bonn, zumindest nach außen hin. Nur selten und dann auch von gebremsten Emotionen begleitet, erlaubt sich der gestürzte Parteichef eine Anspielung auf die Umstände seiner Abwahl. Bisweilen scheint es bei den Fraktionssitzungen unter seiner Leitung so, als sei die Beklemmung bei den Tätern größer als beim Opfer. Abends, mit sozialdemokratischen Abgeordneten in der Kneipe, kann man die Bezahlung der Zeche darauf verwetten, dass irgendwann die Oskar-Rudolf-Nummer abgespult wird. Für wenige ist das Trauerarbeit, für die Mehrzahl Gewissensberuhigung, dass man letztlich doch richtig gehandelt habe, im Interesse der Sache versteht sich. Man spricht noch drüber.

Lafontaine selbst geht souverän damit um, dass er von Saarbrücken aus die SPD lenken muss. Der befürchtete Engholm-Effekt ist noch nicht eingetreten, der Sprung von der Saar an den Mittelrhein ist vergleichsweise kürzer als die Strecke von Kiel nach Bonn. Lafontaine ist also häufiger in Bonn als sein der Langsamkeit verschriebener Vor-Vorgänger, ohne dass dies jedoch groß registriert würde. Er erweckt den Eindruck, als habe er einiges aufzuarbeiten, zum Beispiel in der Fraktion. Lafontaine ist öfter dort zu Gast, wobei er die Wortführerschaft selbstverständlich Scharping überlässt. Eigene Ausführungen, in der Regel zu Weltwirtschaft im Allgemeinen und den makroökonomischen Erfordernissen im Besonderen, hat er schon mit der Bemerkung unterbrochen, an dieser Stelle mache nun »der Rudolf« weiter. Jeder soll sehen, wie gut man harmoniert.

Scharping übernimmt dann, ohne mit der Wimper zu zucken. Wann immer er mit Fraktionskollegen oder mit Bonner Journalisten frühstückt, versichert er, dass er »die Sache« hinter sich gelassen habe, auch wenn er in Mannheim erfahren habe, dass man in wenigen Minuten mehr lernen könne als in Jahren des Lebens. Es gelte der Ausspruch »Wir haben eine Aufgabe, die ist wichtiger als wir selbst«. Auch seine Vorsätze sind ähnlich schwer einzuhalten wie die von Schröder. Scharping will »weniger Akten fressen«, auch mal aus dem Bauch heraus Politik machen. Der Westerwälder beginnt sich neu zu sortieren, er ändert sein Äußeres, hat den Bart auf Stoppellänge gestutzt.

Das Möbel der Macht: Der Runde Tisch

Die Führungsriege der SPD kommt nicht klar mit der Art, wie Helmut Kohl die anstehenden Probleme angeht, vor allem Schröder und Lafontaine sehen für die eigene Partei strategische Probleme.

Übernächtigt vielleicht von der Beobachtung immer neuer Kanzlerrunden, hat eine Moderatorin des deutschen Frühstücksfernsehens die Örtlichkeiten in Bonn durcheinandergebracht und damit unbewusst anschaulich gemacht, auf welche Weise in diesen Tagen die bundesdeutsche Politik betrieben wird. Die Rentenformel, die da »in der Baracke« gefunden worden sei, werde die Hauptnachricht sein, kündigt sie den Zuschauern an. Auf den Einwand ihres Kollegen hin, sie verwechsle womöglich die SPD-Zentrale mit dem Domizil des Kanzlers, spricht sie den denkwürdigen Satz in die Kamera: Baracke oder Bungalow, darauf komme es doch nicht an.

Die Vorstellung, die deutsche Politik werde in ihren Richtlinien vom Bundeskanzler bestimmt, in den Ministerien vorbereitet und umgesetzt, dies alles unter der Kontrolle des Parlamentes und in einer zweiten Stufe auch von der Länderkammer – diese Vorstellung passt nicht zu der augenblicklichen Bonner Wirklichkeit. Das Wort von der »Hinterzimmerdemokratie« macht die Runde. Für Guy Kirsch, Professor für Finanzwissenschaft an der Universität Fribourg, besteht Anlass zu der Warnung in der »Frankfurter Allgemeinen«, Runde Tische seien gefährliche Möbel.

Regelmäßig lädt Kohl die Spitzen der Opposition zu sich ein und erweckt damit den Eindruck, er teile die Verantwortung in den schwierigen Fragen des Staates mit den sechs wichtigen »schwarzen« und »roten« Ministerpräsidenten: Kurt Biedenkopf, Edmund Stoiber, Erwin Teufel, Gerhard Schröder, Heide Simonis und, weil er auch SPD-Vorsitzender ist, Oskar Lafontaine.

Stoiber und Schröder, in steigendem Maße auch Biedenkopf, sind die Antreiber dieser Machtrunde, die sich ohne Scheu eine Große Koalition nennen lässt, wenn der Zusatz lautet: gegen die Arbeitslosigkeit, zur Sanierung der Finanzen und für den Umbau des Sozialstaates. Vor allem der Bayer und der Niedersachse, deren Nähe in wirtschaftlichen Fragen und im Denken schon beinahe verschwörerische Züge annimmt, erwecken den Eindruck, dass alles geregelt werden könne, wenn sie sich nur einig seien. Dass die Verfassung für Streitfälle zwischen den Mehrheiten des Bundestages und des Bundesrates einen Vermittlungsausschuss vorsieht, tritt in den Hintergrund. Schröder, Stoiber und die anderen werden gemeinsam mit dem Kanzler das Verfahren so weit verfeinern, dass Streit – Grundlage jeder Demokratie – überflüssig wird.

Weil es aber auch noch eine Opposition in Bonn gibt – sie wird formal angeführt von Rudolf Scharping –, melden sich trotz großer Harmonie auch Zweifler an diesem Verfahren. Von einer »formalen großen Koalition« zu reden, wie Schröder das getan habe, hält Scharping »für ganz unglücklich«, ja für »Gefasel«. Damit würden die klaren Verantwortlichkeiten der Regierung nur verdeckt. Im SPD-Vorstand urteilt Heidemarie Wieczorek-Zeul als Hauptbedenkenträgerin gegen Schröder: »So geht es nicht, Gerd. Wir dürfen uns nicht dazu hergeben, für die Regierung den Karren aus dem Dreck zu ziehen.« Dahinter steckt das alte Dilemma der SPD, wie viel Große Koalition der eigenen Partei zumutbar ist ohne echte Teilhabe an der Macht.

In diesem Punkt treffen sich die Interessen derer, die beim Stoiber-Schröder-Kohl-Verfahren außen vor sind. Einer der Ministerpräsidenten äußert sich nicht unzufrieden über die Vorstellung, »dass der (Fraktionsvorsitzende) Solms jetzt im Quadrat springen muss, weil seine FDP nun überhaupt zu nichts mehr gebraucht wird«. Liberale spielen an den Bonner Runden Tischen in der Tat keine Rolle. Die Grünen-Sprecherin Krista Sager äußert ihr Unbehagen über Vereinbarungen, denen die politische Opposition kaum noch ihre Zustimmung versagen könne.

Nicht zuletzt in der Fraktion der CDU/CSU regt sich Unmut über den förmlichen Ausschluss von den tief greifenden und weitreichenden Entscheidungen. Der Vorsitzende Wolfgang Schäuble ist weder beim Stabilitätspakt noch beim zweiten Runden Tisch in Bonn dabei, an dem über die Zukunft der Bundesrepublik verhandelt wird: bei den Kanzlerrunden älteren Typs.

Die Bewältigung der Erblasten der DDR war das eigentliche Anliegen der Kanzlerrunden, zu denen Helmut Kohl seit Februar 1990 regelmäßig einlädt. Beim ersten Treffen sagten Unternehmer und Gewerkschaften dem Kanzler ihre Unterstützung für eine Wirtschafts- und Währungsunion mit der DDR zu. Unter der politischen Führung des Kanzlers vereinbarten die Tarifpartner Regelungen, wie die marode Wirtschaft des Ostens auf Westniveau gehoben werden sollte. Die Opposition unter Lafontaine stand damals abseits.

Seit 1995 hat sich die Zielsetzung der Kanzlerrunden geändert, nunmehr rückt die Zukunftssicherung des Standortes Deutschland in den Mittelpunkt der gemeinsamen Anstrengungen. Die große, reichlich ineffektive Runde der frühen Wiedervereinigungsjahre wird verkleinert. Neben dem Kanzler sitzen jetzt nur noch vier Wirtschaftsvertreter, fünf Gewerkschaftler und fünf Minister am Tisch. Die Runden Tische beruhen zwar auf freiwilligen Vereinbarungen, sind aber auch ein Zeichen dafür, dass es mit der politischen Ordnung nicht mehr zum Besten steht. Sie sind Ausdruck einer Notlage.

Oskar Lafontaine –
Wenig Glanz nach 100 Tagen

Im März 1996 ziehen die politischen Beobachter die Bilanz der ersten 100 Tage von Oskar Lafontaine im Amt des SPD-Vorsitzenden. Die Urteile ähneln einander, auch der Verlierer wird nicht vergessen: Rudolf Scharping gehe es soweit prima, er habe bereits zwei gute Reden gehalten und sich in der Öffentlichkeit mehrmals heiter und locker gezeigt. Und weiter: Die Archivare der Nachrichtenmagazine, Illustrierten und Boulevardblätter hätten die Mappe mit dem Thema »Lafontaine/Rotlicht« wieder ganz nach vorne gezogen.

Weshalb ist das so, dass den Leuten nur so wenig und dann immer zuerst dieses einfällt zu dem Parteivorsitzenden Lafontaine? Hat er nicht größere Verdienste, wo er sich doch im vergangenen November wie ein Wunderheiler der daniederliegenden SPD angenommen und sie wieder belebt hat? Seine wenigen Auftritte im Deutschen Bundestag, seine stille Arbeit in der Parteizentrale, seine eher wortkargen Auftritte bei Präsidiums- und Vorstandssitzungen können es doch nicht bewirkt haben, dass »der Wettkampf um die politische Führung in Deutschland wieder offen ist«, wie die SPD in diesen Tagen gerne verlauten lässt.

Die Umfragezahlen der seriösen Institute stützen die Behauptung: Die Sozialdemokraten liegen im Frühjahr wieder durchgängig bei 33 bis 34 Prozent. Bei einer weiterhin schwachen FDP, so rechnet man in der »Baracke«, könnte ein anhaltender SPD-Aufwärtstrend gemeinsam mit den zwölf Prozent starken Grünen den Machtwechsel bringen.

»Zieht euch warm an«, hatte Lafontaine vor den jubelnden Delegierten des Mannheimer Parteitages dem politischen Gegner zugerufen, »wir kommen wieder.« Von der euphorischen Stimmung dieser Tage ist allerdings nicht viel hinübergerettet worden über den langen, kalten Winter. In der SPD-Zentrale herrscht die gleiche langweilige Geschäftsmäßigkeit wie unter dem Vorgänger Scharping. In der Fraktion sind die Kreidestücke hinuntergeschluckt worden, mit deren Hilfe die Stimmen geschmeidig gemacht worden sind im Umgang mit dem aus früheren Zeiten nicht gerade beliebten saarländischen Ministerpräsidenten. Die alten Besserwissereien gegenüber den regierenden Landespolitikern werden neu aufgelegt, die Linke hat ihre Rolle als Hüterin der Parteitagsbeschlüsse wieder gefunden. Oskar, der frühere Spalter und Zuspitzer, muss vermitteln und zusammenführen. Die neue Rolle verlangt es von ihm.

Wie er das tut, wird anschaulich beim aufflammenden Streit um die Ökosteuer. Man darf sie als Lieblingsidee von Lafontaine ansehen, mit ihr hat er sogar wesentliche Teile des Wahlkampfes 1990 bestritten, als die Mehrheit der Deutschen die Probleme der Einheit wälzte. Das Ergebnis hat man in Erinnerung. Jetzt vertritt Gerhard Schröder, der unter Lafontaine wieder wirtschaftspolitischer Sprecher seiner Partei geworden ist, die Auffassung, der Einstieg in die Ökosteuer passe nicht in wirtschaftlich schwierige Zeiten wie diese. Die Einführung müsse, verkürzt gesagt, in eine konjukturelle Schönwetterlage verschoben werden.

Prompt fällt die versammelte linke Fachkompetenz, angeführt von Michael Müller und Heidemarie Wieczorek-Zeul, über Schröder her, bindende Parteitagsbeschlüsse anmahnend. Über die linke Szene hinaus wird wieder die Vorstellung von Schröder als unbelehrbarem Störenfried verbreitet, zumal er gleich noch den Sozialstaat in seiner derzeitigen Form für unbezahlbar und eine große Koalition gegen die Arbeitslosigkeit für sinnvoll erklärt.

Anders als Scharping (»Gefasel«), der in dieser Zeit zum Nachtreten neigt, schweigt Lafontaine. Er schlägt sich öffentlich auf keine Seite und versucht stattdessen, hinter den Kulissen eine Sprachregelung herbeizuführen. Bundesgeschäftsführer Müntefering darf schließlich im Abstand von einer Woche nach dem Schröder-Vorstoß mitteilen, die SPD-Führung halte an der Ökosteuer fest. Die Energiesteuer müsse aber vernünftig eingebunden werden in die konjunkturelle Lage. Für diese elegante Form der Zustimmung erhält Lafontaine aus Hannover die Zusicherung, den Ball in diesem Spiel künftig flacher zu halten. Lafontaine erinnert sich wohl auch daran, auf welche Weise er selbst soziale Themen aufgreift. 1988 plädierte er für kürzere Arbeitszeiten ohne Lohnausgleich. Als die Gewerkschaft »Verrat« rief, legte Lafontaine nach: Das Verbot der Sonntagsarbeit sei auch nicht tabu.

Die Ruhe um Oskar, über den von Scharping Wochen zuvor schon mal die Bemerkung zu hören war, »der kriegt den Hintern nicht hoch«, ist gewollt. Nach dem Putsch von Mannheim folgen rasch Reisen nach Paris und Moskau, der Wirbel um das Gespräch mit PDS-Gruppenchef Gregor Gysi und die anhaltende Weihnachtspause, unterbrochen nur von wenigen Auftritten im Bundestag und die regelmäßige Leitung der Vorstandsgremien. Glanzlichter sind nicht dabei, seine Rede zum Thema Arbeitslosigkeit vor dem Parlament wird noch in derselben Debatte von der Regierung genussvoll zerrupft. Lafontaine hatte die Amerikaner als Vorbild dargestellt bei der Schaffung neuer Arbeitsplätze und musste sich dann erklären lassen, dass die meisten dieser Jobs in der Bezahlung unter den deutschen Sozialhilfesätzen liegen. Sozialdemokratisch-vorbildlich sei das nicht.

Was will Lafontaine? Hat er in den ersten 100 Tagen seines Wirkens etwas getan, um seine Aussage zu untermauern, die SPD sei eine Linkspartei? Das klang programmatisch-zukunftsweisend, passiert ist noch nichts. Nach dem Rätsel Scharping habe sich die SPD nun die Sphinx Lafontaine eingehandelt, heißt es in Bonn, der Neue sei freilich exotischer und deshalb auch interessanter fürs Publikum. Strebt er auch die Kanzlerkandidatur an?

Die gleichlautende Antwort von Lafontaine und Schröder, dem einzigen denkbaren Konkurrenten, lässt zu dieser Frage kein Urteil über die wahren Absichten zu: Beide haben sich darauf verständigt, Ende 1997 oder Anfang 1998 in Ruhe zu prüfen, wer die besseren Aussichten habe. Wenn also nichts dazwischenkommt, sagt auch Schröder, dann ist Lafontaine der Kandidat, weil er der Parteivorsitzende ist. Die beiden halten diese Absprache bis zur Entscheidung – die bringt schließlich die Niedersachsenwahl im Frühjahr 1998 – eisern durch: ganz im Gegenteil zu der vergleichbaren Situation in den Unionsparteien mit den Hauptdarstellern Angela Merkel und Edmund Stoiber im Herbst und Winter 2001 auf 2002. Dass sie einander näher gewesen wären, ist damit freilich nicht gesagt. Die beiden Kontrahenten und ihre Partei waren einfach disziplinierter. Sie hofften auf einen Sieg, die CDU/CSU hatte eine Niederlage hinter sich und durchschritt ein tiefes Krisental.

Was bei Lafontaine in der Zeitspanne zwischen 1996 und einer möglichen Kür zum Kanzlerkandidaten dazwischenkommen könnte, ist zweierlei: Nicht die alten Rotlicht-Geschichten selbst, heißt es in der SPD, sondern schon allein die ständige Bedrohung, dass neue alte Geschichten wieder aufgewärmt werden könnten. Die Frage laute überspitzt, aber anschaulich: Kann die SPD ihren Kanzlerkandidaten vom Wohlwollen der Archivare abhängig machen? Der zweite Grund dafür, dass die Ära Lafontaine am Ende zu dem Kandidaten Schröder führen könnte, liegt in der Lebensgeschichte des Parteivorsitzenden. Gelegentlich, zu späterer Stunde, kommt Lafontaine auf den Anschlag vom 25. April 1990 zu sprechen, als ihn die geistesgestörte Adelheid Streidel mit einem Messer lebensgefährlich verletzte. Er frage sich, ob er sich den Strapazen eines Wahlkampfes noch einmal aussetzen müsse. Aber dann klingt Lafontaine auch wieder kämpferisch. Er habe sich die Partei aufgeladen und er wisse auch, wofür.

In der Bonner Parteizentrale der SPD hat man sich eine Neuerung einfallen lassen, deren Sinn nicht sogleich einleuchtet. Im Foyer, wo die Spitzenkandidaten der Partei nach einer Landtagswahl aufzutreten haben, sind auf dem Podium an der Stirnseite des Raumes die Sitzgelegenheiten fortgeschafft, und das Pult ist um einige Handbreit erhöht worden. Man steht also, und der Beobachter kann gut sehen, wie man steht. Oskar Lafontaine klammert sich an diesem Montag, dem 25. März 1996, mit den Händen an der Tischkante fest, und seine

Füße setzt er in gebührender Entfernung nebeneinander, kurz, es wirkt bockbeinig, wie er dasteht.

Es mag sein, dass dieser Eindruck verstärkt wird durch das, was er sagt. Er sehe keinerlei Anlass für einen Kurswechsel, erläutert der Parteivorsitzende in Bonn, die herben Verluste in Rheinland-Pfalz, Schleswig-Holstein und Baden-Württemberg müssten nur aus einem anderen Blickwinkel gesehen werden. Der SPD-Vorsitzende und die drei sehr bleich und bedrückt wirkenden Wahlkämpfer Heide Simonis aus Schleswig-Holstein, Dieter Spöri aus Baden-Württemberg und Kurt Beck aus Rheinland-Pfalz haben sich entschlossen, die Lage verhältnismäßig gut zu finden: Denkt daran, wie tief die SPD im vorigen Jahr gefallen war, und das Wohlbefinden steigt.

Bei der Frage, ob er sich mitverantwortlich fühle für die Stimmenverluste der drei Landtagswahlen vom Vortag, schlägt Lafontaine jenen teils beleidigten, teils aufbrausenden Ton an, der das napoleonhaft-selbstgefällige seines Wesens augenfällig herausstreicht. »Ich fühle mich mitverantwortlich dafür«, doziert er, »dass die Krise des vergangenen Jahres endlich überwunden ist.« Politiker, die innerhalb so kurzer Zeit Zuwächse in der Wählergunst von rund zehn Prozentpunkten bewirkt hätten, seien ihm in der Geschichte der Bundesrepublik nicht bekannt. In den Umfragen, die Bundesgeschäftsführer Franz Müntefering regelmäßig veröffentlicht, ist ein Anstieg von 27 Prozent zur Zeit des Mannheimer Parteitages auf jetzt rund 34 Prozent zu verzeichnen.

So ganz ist der Parteivorsitzende dann doch nicht darum herumgekommen, über die Wahlkampfthemen Aussiedler und Eurowährung zu reden. Auch einige klarstellende Worte werden im Foyer von den Journalisten und später im Sitzungssaal von Mitgliedern des Parteivorstands verlangt, mit welcher Strategie der Vorsitzende den Regierungswechsel in Bonn 1998 vorbereiten möchte. Heide Simonis überwindet dabei als Erste die allgemeine Scheu, die wichtigste Erkenntnis des dreifachen Wahlabends auszusprechen: Die Wähler hätten aus schierer Angst vor Rot-Grün entschieden.

Ein Rat Schröders vom Wahlabend, wegen der Aussiedlerfrage keine Kritik an Oskar Lafontaine zu üben, wird vom Parteivorstand nur zum Teil befolgt. Das Staatsbürgerschaftsrecht sei nicht mehr zeitgemäß, nicht europäisch und müsse deshalb revidiert werden, hatte Lafontaine in der Schlussphase der Wahlkämpfe gefordert. Mittlerweile ziehe bereits die dritte Generation der Aussiedler in die Bundesrepublik. Es sei fraglich, ob dies noch zulässig sei angesichts von weit über vier Millionen Arbeitslosen.

Ausgerechnet eher dem linken Flügel zuzurechnende Vorständler halten Lafontaine vor, Themen mit nationaler Bedeutung nicht oder zu spät als solche zu erkennen. Wie der Vorsitzende sich verteidigt, wird dann aber wieder allgemein als ein Lehrbeispiel Lafontaine'scher Verdrängungskunst bewertet. Zunächst gesteht er noch ein, dass die Republikaner in Baden-Württemberg auch Stimmen aus der SPD-Wählerschaft abgezogen hätten. Insgesamt aber sei es gelungen, ihren Stimmenanteil unter das vorige Landtagswahlergebnis zu drücken. Und in Schleswig-Holstein sei doch die rechtsextremistische DVU aus dem Landtag herausgedrängt worden.

Übereinstimmung herrscht darüber, dass die in diesen Tagen häufigen und heftigen Kurdenkrawalle vor den Wahlen die SPD Stimmen gekostet haben. Der Partei werden in Fragen der inneren Sicherheit nach wie vor geringere Kompetenzen zugeschrieben als CDU und FDP. Konsequenzen werden aber keine gezogen.

Der frühere Parteivorsitzende Hans- Jochen Vogel meldet sich nach den Wahlniederlagen mit der Auffassung zu Wort, dass die SPD noch immer mit zu vielen Stimmen spreche. In den Führungszirkeln der Partei fällt auch Lafontaine mit der Bemerkung auf, der vielstimmige Chor der SPD sei zwar seit dem Mannheimer Parteitag ein wenig ruhiger geworden, dennoch müsse sich das Verhalten Einzelner weiter bessern. Während Lafontaine ausdrücklich keine Hinweise darauf gibt, wen er damit meint, wird Vogel im Rundfunk deutlich: »In letzter Zeit gibt es wieder Tendenzen zum Rückfall, insbesondere – ich will das mit aller Vorsicht sagen – kommt das immer wieder aus Hannover. Das macht dem Parteivorsitzenden und dem Fraktionsvorsitzenden die Arbeit nicht leichter.«

Der Zorn Vogels und einiger aktiver Vorständler gegen Schröder rührt in erster Linie von dessen Äußerungen über die Mehrwertsteuer her. Schröder hatte erklärt, eine Erhöhung unter bestimmten Voraussetzungen sei für ihn kein Tabu. Lafontaine hatte im engen Führungskreis eine andere Bewertung vorgenommen und betont, gegenüber der Regierungskoalition müsse auf die Ablehnung einer Mehrwertsteuer gepocht werden.

Wiewohl auch der Vorsitzende selbst in die Kritik gerät. Im Parteivorstand war nur verschlüsselt Kritik an der schönfärberischen Art geübt worden, in der Lafontaine das Wahlergebnis bewertet hatte. Vogel verlangte lediglich, doch besser »ehrlich« nach den Gründen für die dreifache Wahlschlappe zu suchen. Deutlicher drücken die Sprecher des gewerkschaftsnahen »Seeheimer Kreises«, Gerd Andres und

Karl-Hermann Haack, ihre Beklemmung über die Zukunft der SPD aus:»Die Wahlen des letzten Wochenendes waren die ersten Wahlgänge seit dem Mannheimer Parteitag. Nicht Umfrageergebnisse, sondern handfeste Wahlergebnisse machen klar: Die SPD hat ihre Krise nicht überwunden.«

Dass der Putsch von Mannheim noch nachwirkt, legen die »Seeheimer« in ihren Ausführungen nahe: Die Art des Wechsels im Vorsitz werde von den Bürgern anders beurteilt als von der punktuellen Mehrheit der Parteitagsdelegierten. Einen neuen Führungsstil Lafontaines sehen die Vertreter der Basis auch nicht:»Verlautbarungen im Stile verblichener ZKs dienen nicht der Klärung des eigenen Standpunktes.«

Der Zugewinn an Lebenserfahrung, den Schröder in dieser Zeit für sich verbuchen konnte, reicht offenbar nicht aus, ihn vor neuen Gefährdungen und Anfechtungen zu schützen. Was er seit dem SPD-Sommertheater des vergangenen Jahres nicht gelernt hat, steckt in der alten lettischen Volksweisheit, dass schon ein grimmiges Gesicht ein schlecht verborgener Fehdehandschuh ist. Und die Befolgung der deutschen Kalenderregel, dass das Wort, kaum ausgesprochen, einem anderen gehört, hätte ihn vorsichtiger agieren lassen müssen.

In der SPD hat sich in den ersten Monaten des Jahres ein Zustand wieder eingeschlichen, der seit dem Mannheimer Parteitag nur scheinbar überwunden war: der Zustand des gegenseitigen Belauerns. Nach den Wochen selbst gewählter Zurückhaltung war der niedersächsische Ministerpräsident mal wieder zu den Gremiensitzungen der Partei angereist. Nach einer eher oberflächlichen Debatte über die dreifache Wahlniederlage vom Sonntag hatte Schröder öffentlich sinngemäß gesagt, das Letzte, was die SPD jetzt brauche, sei eine Personaldebatte. Er schaute dabei besorgt drein.

Die früher scherzhaft so genannte Schröder-Verhinderungsmafia schlägt sofort zu. Es handelt sich dabei nicht um eine Art von eingetragenem Verein, die Mitglieder wechseln häufig, je nach persönlicher Interessenlage. Zu den Schröder-Gegnern zählen zeitweilig Johannes Rau ebenso wie Rudolf Scharping und Oskar Lafontaine, große Teile der Bonner Bundestagsfaktion, die sich von der Bezeichnung »Kartell der Mittelmäßigkeit« beleidigt fühlen kann. Weil er sich, vor seiner Zeit als Vorsitzender, auch nicht sonderlich um die Partei gekümmert hat, sind auch große Teile der Funktionärsebene und viele der fest angestellten Mitarbeiter des Ollenhauer-Hauses zu den Schröder-Gegnern aus Leidenschaft zu zählen. Schließlich finden sich unter den Bonner Korrespondenten, soweit sie der SPD nahe stehen, in dieser

Zeit weit mehr »Lafontainisten« als »Schröderianer«. Das ändert sich zu Beginn der Kanzlerschaft schlagartig.

Schröders Äußerung über die Personaldebatte, mit grimmiger Miene vorgetragen, wird als Fehdehandschuh gegen Oskar Lafontaine dargestellt, wird als Versuch gewertet, eben eine solche Personaldebatte zu beginnen. Das Wort, kaum ausgesprochen, wird ihm im Munde herumgedreht. Der Ruheständler Hans-Jochen Vogel deutet mit dem Finger nach Hannover und warnt vor dem bekannten Quertreiber, die Parteilinke um Heidemarie Wieczorek-Zeul fordert Lafontaine auf, Scharpings Beispiel vom vergangenen Sommer zu folgen und Schröder sofort vom Posten des wirtschaftspolitischen Sprechers der Partei zu entbinden.

Schon wieder tritt der Personenstreit an die Stelle der Auseinandersetzung über Strategien und Inhalte. »Wir haben zu viele Fürsten, die sehr oft ›ich‹ sagen«, knüpft der baden-württembergische SPD-Fraktionschef Ulrich Maurer an die Zeit vor dem Mannheimer Parteitag an. »Wenn jemandem ein Mikrofon unter die Nase gehalten wird, fängt er an, Selbstverwirklichung zu betreiben und fragt nicht danach, was der Sozialdemokratie nutzt.« Als Beispiel fällt Maurer wieder dieser Schröder ein. Es ist erst Ende März, aber die SPD nähert sich mit forschen Schritten dem Sommertheater.

Dabei kann den Parteivorsitzenden, dem man das Beiwort »neu« jetzt allmählich entziehen muss, niemand mehr vor einer Personaldebatte schützen. Sie ist längst im Gange. Anders als der Saarländer, der früher in den Parteigremien gern Spitzen gegen Scharping verteilte, wenn dieser den Raum verlassen hatte, wartet Herta Däubler-Gmelin im Parteivorstand mit ihrer schonungslosen Analyse der Wahlniederlagen, bis Lafontaine nach einer Pause wieder in den Raum zurückgekehrt ist. Selten hat Däubler-Gmelin, der in der Partei ansonsten kaum noch jemand freiwillig zuhört, nach einem Beitrag so viel Zustimmung erfahren.

Nur weil die Enttäuschung über Lafontaine sich noch nicht an handfesten Fehlleistungen festmachen lässt, ist sie bislang unterschwellig geblieben. Über Scharping prasselten unvermittelt aufgestauter Spott und Häme nieder, als er in einer Pressekonferenz brutto und netto durcheinander brachte. Der Niedergang Lafontaines in der Wertschätzung der Zunft der Bonner Korrespondenten wird eher in kleinen Schritten deutlich. Als er in einer eilends anberaumten Pressekonferenz dem Kanzler die Schau stehlen will, dann aber nur eine zwei Seiten lange, phrasenhafte Erklärung herunterhaspelt, wird er mit der

Höchststrafe belegt: Niemand stellt eine Frage an ihn. Wenn der diplomierte Physiker Genossen und Journalisten wieder einmal mit seinen makroökonomischen Erkenntnissen und seinen internationalen Zinstheorien nervt, wird schon mal über »Disketten-Oskar« gelästert, der den durchschlagenden Erfolg seiner Mannheimer »Putschrede« am liebsten konservieren möchte. Genossen in seiner Umgebung pflegen eine Kaffeepause einzulegen, wenn der stets gleiche Helmut-Schmidt-Teil einer Lafontaine-Rede beginnt (Der SPD-Kanzler nervte seine Zuhörer gerne mit der Weltwirtschaftsoper). Kommen sie nach einer halben Stunde wieder, haben die Zuhörer alles über die makrokosmischen Aspekte der Weltwirtschaft, über die »Triade« und die »Japan AG« gehört, ohne zu erfahren, was das ist.

Allmählich scheint Lafontaine zu dämmern, dass sich die früheren Vorwürfe der Partei gegen Scharping auch gegen ihn richten könnten: Die Vielstimmigkeit ist der SPD eigen, und die Bundesländer sind nicht in erster Linie ein Instrument der Oppositionspolitik. Als der Parteivize Wolfgang Thierse ihn auffordert, die SPD-Ministerpräsidenten in ihren Gesprächen mit den Bonner Koalitionsparteien auf eine Parteilinie festzulegen, antwortet Lafontaine ihm, das würden diese sowieso nicht mitmachen. Unter Vertrauten klagt der Saarländer bisweilen, dass er gegen Linienabweichler als Parteivorsitzender nicht dieselben Sanktionsmöglichkeiten habe wie als Chef einer Landesregierung.

Ausgerechnet der Grünen-Fraktionschef Joschka Fischer heizt die Personaldebatte in der SPD wieder an. Die Lage bei den »Enkeln« Willy Brandts sei nicht so, dass man hoffnungsvoll beflügelt sein könnte, ließ er sich in einem Interview vernehmen. Weder Schröder noch Lafontaine, noch Scharping würden die notwendige Mehrheit für ein rot-grünes Bündnis im Bund zusammenbekommen. Keiner der drei möglichen SPD-Kanzlerkandidaten habe bei der nächsten Wahl Aussicht auf Erfolg.

Die Wahrnehmung Fischers wird gestützt durch die jüngste Emnid-Umfrage nach den 20 wichtigsten deutschen Politikern. Gegenüber dem Februar-Ergebnis hat Lafontaine den tiefsten Sturz erlebt: Nur noch 42 Prozent der Befragten äußerten die Meinung, dieser Politiker solle künftig eine wichtige Rolle spielen – ein dickes Minus von 16 Prozent.

Abgedriftet in der Publikumsgunst sind aber Ende April auch Schröder und Scharping. Der Niedersachse, um die Jahreswende noch einer der unangefochtenen Spitzenreiter, rangiert nach einem Beliebtheitsminus von sieben Punkten jetzt noch hinter Klaus Kinkel und Eberhard Diepgen. Rudolf Scharping bewegt sich nach einem Minus von sechs

Punkten zwischen Manfred Kanther und Günter Rexrodt am unteren Ende der Skala.

Unter diesen Vorzeichen spricht sich Fischer dafür aus, als SPD-Kanzlerkandidaten »eine unabhängige Persönlichkeit von hoher Wirtschaftskompetenz, die eben nicht im etablierten Politikbetrieb drin ist«, zu benennen. Sie könne in die bürgerliche Mitte ausstrahlen und Vertrauen wecken. Dass so etwas funktionieren könne, zeige das Beispiel des Parteilosen Romano Prodi und seines Mitte-Links-Bündnisses in Italien. Jedenfalls müsse das »Enkel«-Spiel aufhören nach dem Muster: »Jetzt soll der das mal machen, dann kriegt er was auf die Nase, dann habe ich vielleicht das nächste Mal eine Chance.«

Mit seinen Beobachtungen bleibt Fischer nicht allein. Auch in der SPD mehren sich im Laufe des Frühjahrs die Stimmen, die dem Führungspersonal alles zutrauen, nur nicht die Rückeroberung der Macht.

Die Nörgler von der Muppet-Show

Die Figuren des amerikanischen Puppenspielers Jim Henson haben ihre weltweite Berühmtheit erlangt, weil sie menschliche Eigenschaften mit einem außerordentlich hohen Wiedererkennungswert besitzen. Man beobachtet das wirkliche Leben und ist verblüfft über die Detailtreue der Typen: In der Sozialdemokratischen Partei Deutschlands (SPD) beispielsweise üben sich eine Menge Leute in der Rolle von Waldorf und Staedler.

Das sind, wie erinnerlich, die beiden nörgelnden Alten aus der legendären Muppet-Show. Sie sitzen auf ihrem Theaterbalkon und bekritteln zahnlos, aber bissig alles, was sich auf der Bühne vor ihnen abspielt. Waldorf und Staedler heißen in der SPD unter anderem Helmut Schmidt und Hans-Jochen Vogel, Erhard Eppler und Peter Glotz, Friedhelm Farthmann und Peter von Oertzen, Hans Apel und Georg Kronawitter.

Jeder aus dieser politischen Seniorenriege hat in den zurückliegenden Wochen und Monaten seinen Teil dazu beigetragen, die Krise der SPD in dicken Büchern und dünnen Zeitungsartikeln von der hohen Warte der Zuschauerloge aus zu beurteilen. Wie im Kinderpuppentheater bekommen der vorlaute Frosch Kermit, der genusssüchtige Fozzy-Bär und der steifleinene Gonzo, die sich auf der Bühne redlich Mühe geben, abwechselnd ihr Fett weg. Als Begleiterscheinung ihrer mutmaßlich zahlreichen Krankheiten leidet die SPD nunmehr auch noch unter dem Theaterlogensyndrom. In der Psychologie ist das Phänomen unter anderen Bezeichnungen durchaus bekannt: Söhne, die ihr Leben lang unter ihren Vätern leiden, werden zu Versagern und erwachsene Frauen von ihren Müttern mit Vorschriften zur Haushaltsführung in den Wahnsinn getrieben.

Glaubt man dem Urteil der Alten, dann ist die SPD wie ihre Bonner Parteizentrale »eher ein Chaosbetrieb«, »die Partei ist in Alltagsroutine versunken. Der Apparat hat sich erschöpft«. Die Einschätzung stammt von Friedhelm Farthmann, der seine Erfahrungen aus 20 Ministerjahren in Nordrhein-Westfalen unter dem Titel »Blick voraus im Zorn« zusammengefasst hat. Farthmann bekräftigt, was Herbert Wehner seiner Partei bei der Wende 1982 prophezeite (»15 Jahre Opposition«): »Die Sozialdemokratie hat es den Konservativen seit dem Machtwechsel 1982 sehr, sehr leicht gemacht. Kohl hatte praktisch keinen Gegner.«

Altkanzler Schmidt bedient nicht nur den Büchermarkt mit zwei Abhandlungen über die SPD, eine davon mit Ratschlägen für den Kanzler Scharping. Als Herausgeber der Hamburger Wochenzeitung »Die Zeit« verfügt er über ein Sprachrohr und bemüht sich als Zwischenrufer aus der Loge in erster Linie um die inhaltlich bessere Sicht der Welt. Andere unterziehen mit Vorliebe das Führungspersonal einer gutachterlichen Bewertung. So erfahren die Genossen vom früheren Bonner Minister Hans Apel, dass der augenblickliche Parteivorsitzende Oskar Lafontaine »ein politischer und moralischer Luftikus« sei.

In der persönlichen Bewertung des Spitzenpersonals der Partei legt sich der Rat der Alten keine Fesseln an: »Heute gebärden sich Landesfürsten so, als hätten sie auf niemanden in der Partei Rücksicht zu nehmen. Was immer die Spitze von Partei und Fraktion – oder sogar beide miteinander – als Politik der Partei formulieren, wird, zur Freude der Gegner, rasch durch profilneurotisches Gemecker aus mindestens einer der Staatskanzleien entwertet«, schreibt Erhard Eppler.

Der knapp 70-jährige asketische Friedens- und Umweltschützer, dem noch immer der Ruf nacheilt, er gönne niemandem eine zweite Sorte Wurst, hat den Hedonismus der 68er-Generation als Wurzel fast aller Übel in der SPD ausfindig gemacht: »Die schlimmste Schwäche der Achtundsechziger ist ihre Ich-Bezogenheit, der leidenschaftliche Tanz um das vergoldete Ego.« Oskar Lafontaine habe durchaus politische Begabung, erkennt Eppler immerhin an, »und sogar Gerhard Schröder: an Gaben fehlt's ihm nicht. Aber wie sagen die Schwaben: ›Einer allei wär scho recht, aber zwei sind a Sauhaufa!‹«

Der scharfzüngige Glotz verpackt sein Lob für den Parteivorsitzenden in vergiftete Watte, die Wahrheit setzt er in Klammern. Lafontaine nennt er »in Wahrheit das größte politische Talent der 68er-Generation«. Aber dann: »Er hat Grundsätze (die allerdings viele Menschen ablehnen), ein Charisma (vor dem sich seine Gegner fürchten), und er verfügt über Flexibilität (die gelegentlich vor dem Verdacht der Beliebigkeit geschützt werden muss).« Peter von Oertzen, der stille Weise aus Hannover, ist ausnahmsweise zupackender als Glotz: »Die Leute sind nicht so dumm, wie manche meinen. Irgendwann fallen sie auf populistische Windbeuteleien nicht mehr herein.«

Hans-Jochen Vogel, der sich während und nach seiner Zeit als Partei- und Fraktionsvorsitzender nur äußerst selten zu einer öffentlichen Bewertung von Personen hat verleiten lassen, hat gleichwohl in seinen Memoiren in einem besonderen Fall scharf attackiert. Den Niedergang seines Nach-Nachfolgers Scharping schreibt er zunächst allgemein »Führungspersonen, denen die Tugenden der Loyalität und der Disziplin nur in beschränktem Umfang zu Gebote stehen«, zu. Dann wird er aber deutlich: »Soweit dies Gerhard Schröder betrifft, ist seine Niederlage bei der Mitgliederbefragung vielleicht eine Erklärung, aber keinesfalls eine Entschuldigung für sein Verhalten.«

Im Großen und Ganzen sind sich die SPD-Weisen darüber einig, dass die »Enkel«-Generation der nunmehr gut 50-jährigen in der Zeit um 1968 alles mögliche mitbekommen hat, bloß keine Tugenden. Manfred Lahnstein, früher kurzzeitig SPD-Finanzminister und anschließend im Unternehmerlager zu Hause, zählt auf, was der aktuellen Führungsriege fehlt: »Handeln für das Gemeinwesen + konzentrierter Reformwille + Arbeit bis zum Umfallen.« Aus solchem Holz seien Wahlsieger geschnitzt. Stattdessen: »Periodischer, kollektiver Autismus.« Lahnstein: »Ohne persönliche Autorität, ohne klare Führung also bleibt das Ringen um die rechte Programmatik reine Selbstbefriedigung.«

Diese Scheu vor dem Zupacken, die Angst vor der Verantwortung, sieht der frühere Bonner Minister und Hamburger Bürgermeister Klaus von Dohnanyi überhaupt als Grundübel der SPD an. Die die Willensbildung bestimmenden mittleren Funktionärsgruppen der Partei würden die Freiheitsversprechen und die Brutalitäten des Individualisierungsschubs am liebsten verdrängen. Auch Münchens Altoberbürgermeister Georg Kronawitter findet, dass sich die SPD zu sehr »um unsere Funktionärs-Politologen« kümmert und zu wenig um das untere und das mittlere Drittel der Gesellschaft.

Der Münchner hat einen treuherzigen Ratschlag parat, er leistet sich aber auch die düsterste Prognose. Die schon wieder hier und dort gestellte Frage, wer denn der nächste Herausforderer des Kanzlers sein solle, müsse »intern und geräuschlos« gelöst werden. Gäbe es erst so etwas wie eine Kandidaten-Findungskommission, könne heute schon gesagt werden: »Lasset alle Hoffnung fahren!«

Die Angesprochenen reagieren angesäuert auf die geballte Kritik. Die Wirkung ist indes erstaunlich: Auf offener politischer Bühne in Bonn sieht es so aus, als bahne sich eine Wiederannäherung zwischen Schröder und Scharping an. Für seine allgemeine Behauptung, soziale Errungenschaften dürften auch von Sozialdemokraten nicht zum Tabu erklärt werden, ist Schröder vor allem vom linken Flügel, aber auch von traditionellen Gewerkschaftern in der Bonner Bundestagsfraktion hart gerügt worden. Andererseits wird im gemäßigten Lager die Auffassung vertreten, gerade dieses wichtige Feld dürfe nicht allein der Koalition und den strammen Marktwirtschaftlern überlassen werden. Scharping lädt daraufhin Schröder zu einem Besuch der Bundestagsfraktion ein. Das sei doch eine glänzende Gelegenheit, mal wieder zusammenzukommen. Am 21. Mai 1996 ist es soweit.

Rudolf Scharping tut so, als müsse er einen Moment überlegen, was ihm Schröders Auftritt vor der Bundestagsfraktion der SPD wohl bedeuten könnte, dann sagt er endlich, was er sich mutmaßlich schon lange zurechtgelegt hat. »Pffffff«, lässt der Fraktionschef die Atemluft aus dicken Backen entweichen, »pfffff, wir hatten doch schon häufiger Ministerpräsidenten zu Gast, Reinhard Höppner oder Manfred Stolpe und Oskar Lafontaine, in verschiedenen Funktionen.« Letzterer ist an diesem Dienstagnachmittag in Bonn nicht dabei gewesen. Über Nacht hatte ihn eine Erkältung gepackt.

Es hat sich so gefügt, dass sich die sozialdemokratische Bundestagsfraktion an diesem Tag ohnehin mit Gewerkschaftern über die Sparpläne der Bundesregierung austauschen wollte. Eine Begegnung mit Schröder ist deshalb genehm, weil dieser ja eine in der SPD nicht sehr entwickelte Meinung zum Umbau des Sozialstaates hat. Um diese einmal von ihm selbst zu hören, »unter anderem deshalb haben wir ihn eingeladen«, sagt Scharping vor der Begegnung. Als es nach der Offerte an den niedersächsischen Ministerpräsidenten geheißen hatte, es gebe eine Annäherung der beiden, hatte der Fraktionsvorsitzende solche Gedanken sofort zerstreuen lassen. Der Parlamentarische Geschäftsführer Peter Struck aus Uelzen, dessen erstes Gespräch mit Schröder nach langer Schweigezeit aufmerksam registriert worden ist, beeilt sich zudem mit der Erklärung, er habe mit »dem Gerhard« in seinem Büro die Meinung darüber ausgetauscht, was man voneinander zu halten habe, und das eigne sich nicht für die Öffentlichkeit.

Die Befindlichkeiten sind also hinreichend geklärt, als Scharping »den lieben Gerd herzlich willkommen« heißt, den Zeitrahmen des Gesprächs auf eine gute Stunde festsetzt und nicht unerwähnt lässt, dass es Schröder einige Überwindung gekostet haben müsse, in einen Hubschrauber einzusteigen eigens für diesen Termin. Man tut sich Gutes, soweit es eben geht.

Eine halbe Stunde lang trägt der Gast vor, keiner der Teilnehmer erinnert sich später daran, dass die Rede von Beifall unterbrochen worden sei. Am Ende habe es aber Höflichkeitsapplaus gegeben.

Der Niedersachse versichert, dass sein Land zu den Plänen der Bundesregierung zum Sozialabbau Nein sagen werde, wie die anderen SPD-Bundesländer auch. Auf Nachfrage des Abgeordneten Gerd Andres aus Hannover bestätigt Schröder gern, dass seine Auffassung, tiefe Einschnitte ins soziale Netz seien notwendig, allein mit Blick auf Niedersachsen zu verstehen sei. Wie anders hätte er es nennen sollen, da er doch eine Milliarde Mark aus dem Sozialhaushalt habe herausstreichen müssen.

Zur Energiepolitik macht Schröder deutlich, er bedaure das seinerzeitige Scheitern der Konsensgespräche, und könne als Ministerpräsident nicht hinnehmen, dass sein Land die alleinige Last der Entsorgung tragen solle. Für diese Aussage erhält er später die Unterstützung Scharpings. Zu guter Letzt noch ein Bekenntnis Schröders zur sozialdemokratischen Sittenlehre: Beim Ladenschluss vertrete er wie die übrige SPD die Gewerkschaftslinie. So viel Übereinstimmung war selten.

Sie will auch nicht enden, als der Abgeordnete Christoph Matschie auf die Sache mit der Ökosteuer zu sprechen kommt. Da, sagt Schröder, gebe es doch hinreichend viele unterschiedliche Auffassungen, und er sei nicht grundsätzlich gegen diese Art der Besteuerung. Über das von der Bundestagsfraktion erarbeitete Modell könne man reden.

Überhaupt, sagt Schröder, als er nach zwei Stunden den Fraktionssaal verlässt, überhaupt »gibt es doch viele kompetente Redner in der SPD«, und es sei natürlich, wenn man in manchen Dingen unterschiedlicher Meinung sei. Scharping hat den Gast an der Tür mit einem Händedruck verabschiedet. Beim Hineingehen bläst er wieder die Backen auf: »Pfffff.« Es wirkt wie ein Kommentar.

Auf der Suche nach Perspektive

An einem milden, aber leicht regnerischen Montagvormittag Anfang Juni gegen zehn Uhr hat eine nicht geringe Zahl von Augenzeugen die Gelegenheit gehabt, den niedersächsischen Ministerpräsidenten mit Lebensgefährtin und Kind in einer belebten Einkaufsstraße in Hannover zu bestaunen. Dieses Ereignis wäre an sich von untergeordneter Bedeutung, hätte nicht die Sozialdemokratische Partei zur selben Stunde in Königswinter bei Bonn eine Perspektivkonferenz eröffnet.

In der Parteizentrale hatte es geheißen, nein, Schröder komme nicht, wegen der Kurzfristigkeit der Einladung habe es wahrscheinlich Terminprobleme gegeben. Das kann stimmen: Dass sie über ihre längerfristigen Perspektiven nachdenken müsse, ist der SPD nämlich 14 Tage vor dem Ereignis erst eingefallen.

Die Professoren Friedhelm Hengsbach, ein Jesuit und Wirtschaftswissenschaftler aus Frankfurt, Peter Bareis, der Steuerexperte aus Stuttgart-Hohenheim und Bert Rürup, ein Arbeitsmarktanalytiker aus Darmstadt, hatten jedenfalls Zeit, wie auch Rudolf Scharping und Oskar Lafontaine, Henning Scherf und Hans Eichel. An die 200 Funktionäre aus allen Regionen und allen Gliederungen der Partei sind schließlich zu der »Perspektiv-Konferenz 1996« in den Festsaal eines Königswinterer Hotels gekommen. Der Zweck der Konferenz ist nicht auf Anhieb zu erkennen. So bleibt die Mutmaßung, man wolle Oskar Lafontaine die Gelegenheit geben, der SPD wie gewünscht ein schärferes Profil zu verschaffen.

Seit jenen legendären Tagen von Mannheim will nämlich in der Sozialdemokratischen Partei das Gemurmel nicht verstummen, wo denn eigentlich Lafontaine geblieben sei. Bisweilen steigert sich das verbreitete Unbehagen über Zurückhaltung des Saarländers in eine Art öffentliches Mobbing (»Quartalspolitiker«, ähnlich dem Quartalssäufer), das Schlechtmachen eines Kollegen also, manchmal wider besseres Wissen. Lafontaine ist schließlich der Parteivorsitzende der SPD und in dieser Funktion häufig unterwegs. Er ist anwesend bei Fraktionssitzungen in Bonn, hat noch keine Gremiensitzung leichtfertig versäumt und in der Partei jene Verwerfungen zu glätten gehabt, die er mit seinem Coup von Mannheim selbst ausgelöst hatte.

Seine Parteifreunde wissen das, und dennoch verlangen sie von ihm, dass er die Dynamik seiner Amtsübernahme auch einmal nach außen wenden möge: Kurz, man erwartet die Auseinandersetzung mit dem politischen Gegner.

Zuvor aber nun doch noch eine Perspektivkonferenz, die nach den Worten des Versammlungsleiters Scharping »der weiteren Verfeinerung sozialdemokratischer Vorstellungen« dienen sollte, die die wirtschafts-, finanz- und sozialpolitische Debatte »an der Randschärfe verbessern« sollte. Anknüpfend an die programmatischen Vorgaben seiner Mannheimer Bewerbungsrede, an seine erweiterten makroökonomischen Erkenntnisse und seine Neigung zu Kassandrarufen geht Lafontaine hart ins Gericht mit den ökonomischen Irrlehren der Regierung.

»Es wurde in den letzten Jahren in vielen Staaten der Welt eine bestimmte Wirtschaftspolitik gemacht. Ich behaupte: Diese Wirtschaftspolitik war falsch«, trug Lafontaine als Kernthese seiner Rede vor. Eine Stunde lang nagelte der SPD-Vorsitzende die Zuhörer mit der Wucht seiner Argumente förmlich auf ihren Sitzen fest, eine knallharte Abrechnung mit den Irrlehren des Neoliberalismus, des Monetarismus, kurz, des Thatcherismus: »Diese Irrlehre ist auch die Philosophie der Regierung Kohl.«

Die Staaten dürften nicht länger wie Firmen in einen Wettstreit darüber geführt werden, wer die niedrigsten Löhne, die billigsten Sozialleistungen, die geringsten Umweltstandards zu bieten habe. Statt einander »niederzukonkurrieren«, müssten die Sozialstaaten enger miteinander kooperieren. An dieser Stelle legte Lafontaine dann ein Bekenntnis für die pünktliche Einführung der europäischen Währungsunion ab, so deutlich wie es bisher von ihm noch nicht zu hören gewesen war.

Hier und da blitzt auf, was in den kommenden Wochen die gemeinsame Angriffslinie der Sozialdemokratie und der Gewerkschaften werden soll, ja was letztlich den Wahlkampf bestimmen wird: Lafontaine reißt das Sparpaket der Bundesregierung auf und teilt es eindrucksvoll in ein Sparpaket für die breite Mittelschicht und die sozial Schwächeren, und er beschreibt das »Geschenkpaket« für die Reichen, mit denen der Kanzler mit Champagner anstoßen wird – auf die Abschaffung der Vermögenssteuer. Da klingt der Beifall nicht bloß höflich.

Nach den Ausführungen der Professoren, bei denen Peter Bareis dem Scharping-Vorschlag einer Vermögensabgabe für die Reichen ein Begräbnis erster Klasse beschert, gibt es drei Wortmeldungen aus dem Kreis der Zuhörer, die Perspektiven der SPD betreffend. Sie werden mit aufschiebender Wirkung behandelt wegen nahender Essenszeit.

»Aus der Partei ruft ihn keiner«

Wenn man in der Rückschau nach dem Zeitpunkt sucht, an dem Schröder den Kampf um die Kanzlerkandidatur für 1998 aufgenommen hat, dann könnte die Zeit nach den Kommunalwahlen im September 1996 in Niedersachsen festgehalten werden. Er stellt das natürlich nicht so an, wie es frühere Weggefährten von ihm vielleicht noch kennen. Er sagt nicht, »Hoppla, jetzt kommt Gerd«, wie der Grünen-Vorstandssprecher und ehemalige niedersächsische Minister Jürgen Trittin gelegentlich zu spotten pflegt. Nein, es gebe tatsächlich einen geläuterten Schröder, schreiben die Medien sinngemäß, und machen das in erster Linie an der Beteuerung fest, die zu Schröders Standardsatz in diesen Tagen wird: »Oskar hat das erste Wort.«

Das stimmt, doch obwohl das noch lange nicht fällig ist, macht man sich in der SPD schon Gedanken darüber, auf welchem Wege die Kanzlerkandidatur entschieden werden könnte. Die Antworten, die man erhält, klingen alle gleich: Nur wenn sich Lafontaine nach sorgfältiger Abwägung seiner Popularität und Leidensfähigkeit entschließe, nicht noch einmal die Kanzlerkandidatur der SPD auf sich zu nehmen, nur dann könne Schröder nach vorne kommen. Da mag der Niedersachse noch so sehr »der charismatischste sozialdemokratische Politiker der »Enkel«-Generation« sein. Oskar müsse vor die Genossen treten und sagen: »Gerd, mach du's.«

»Aus der Partei ruft ihn keiner«, sagen die Funktionäre im Ollenhauer-Haus, »obwohl viele tief im Innern ahnen, dass wir nur mit ihm eine wirkliche Chance zum Wechsel haben.« Mit Lafontaine ist es tatsächlich immer noch so, dass ihn beharrlich ein Schimmer von Rotlicht umspielt, obwohl es schon lange in diesem Sinne nichts mehr zu berichten gab. Allein die Vorstellung aber, mitten in den Wahlkampf könnte eine Enthüllungsgeschichte irgendeiner Art platzen, treibt manch führendem Sozialdemokraten den Angstschweiß auf die Stirn.

Dazu kommt, dass die ostdeutschen Spitzengenossen nach wie vor warnen, Lafontaine komme trotz aller Anstrengungen im Osten nicht an. Zwar habe er Recht gehabt mit seinen Warnungen vor einer schnellen Währungsunion und der schnellen Einheit. Das Etikett »Einheitsgegner« hänge ihm aber immer noch an. Aus der Spitze der sächsischen SPD ist zu hören: »Wir sind für Schröder.« Nur laut sagen will das im Augenblick niemand.

Beim traditionellen Herbsttreffen des »Seeheimer-Kreises« Ende September in Tutzing am Starnberger See läßt Lafontaine durchblicken,

dass er nicht die Erfolgsaussichten eines Kandidaten als alleiniges
Kriterium ansieht. Darüber hinaus müsse »der Kandidat« schon vorher glaubhaft machen, dass für ihn Parteipositionen nicht lästiges
Beiwerk seien. Deshalb müsse die SPD jemanden aufbieten, der nicht
nur den Kurs Helmut Kohls mit einigen kosmetischen Änderungen
fortführen wolle, sondern zu klaren Einschnitten bereit sei.

Wie ist der Stand der Dinge? Nicht viel anders als in der CDU wartet
man auch in der SPD darauf, was der Parteivorsitzende entscheiden
wird: Tritt er selbst an, oder benennt er einen Kandidaten seiner Wahl?
Hier enden freilich die Gemeinsamkeiten unter anderem schon deshalb, weil Lafontaine die Möglichkeit einer Mitgliederbefragung in
Erinnerung gerufen hat. Vor nicht allzu langer Zeit galt sie in der SPD
als ein fortschrittliches, basisdemokratisches Instrument zur Klärung
strittiger Personalfragen. Wegen der zweifelhaften Erfahrungen bei der
ersten Bewährungsprobe hält sich die Begeisterung für eine Mitgliederbefragung im Augenblick in Grenzen.

Die Sache ist also nicht -entschieden, nur ein Dritter kommt neben
Lafontaine und Schröder nicht in Frage. Rudolf Scharping spiele keine
Rolle mehr, heißt es, »er ist keine strategische Größe«. So klar die
Vorgaben Lafontaines an den noch zu findenden Kandidaten auch
gewesen sein mögen, in der Partei sind sie unterschiedlich ausgelegt
worden. Auf den ersten Blick scheinen die Anforderungen nur von
Lafontaine selbst erfüllt werden zu können. Sie dürfen aber auch so
verstanden werden, dass der Parteivorsitzende dem niedersächsischen
Ministerpräsidenten zu verstehen geben wollte, was ihn erwarten
würde, falls er ihn vorschlüge.

Wie unentschieden und -entschlossen die SPD am Ende des Jahres
1996 wirkt, drückt sich auf einem Jugendparteitag in Köln aus, von
dem allenfalls die Bilder von dem wild tanzenden, tapsigen Oskar
Lafontaine in Erinnerung geblieben sind. Ausgerechnet Rudolf Scharping hat auf dem Parteitag sein Urteil über die bisherige Amtszeit seines Nachfolgers Oskar Lafontaine mit der zutreffenden Bemerkung
versehen, die SPD habe ihren Zustand verbessert, aber den entscheidenden Schritt nicht geschafft: Die Bürger hätten mehrheitlich genug
von der regierenden Koalition, aber sie seien noch nicht so weit zu
sagen, die SPD werde es besser machen.

Woran liegt das? Diese Frage an die eigene Partei ist in Köln nicht
nur von den ausgewählten Vertretern der jungen Generation an die
führenden Politiker gestellt worden. Die Vorsitzende der Jungsozialisten, Andrea Nahles, hat in ihrer Parteitagsrede genau auf diesen

Schwachpunkt gezielt und als ihre Antwort der Partei »Hasenherzigkeit« vorgeworfen. Die Beobachtung, mit der sie ihren Vorwurf belegt hat, ist durchaus zutreffend: Schon viel zu lange vermittelt die SPD den Eindruck, als hätte sie Angst davor, durch den beherzten Einsatz für ihre eigene Sache die Leute zu verprellen.

Der Führungsriege scheint erst allmählich zu dämmern, dass sie in den vergangenen Jahren Antworten auf die drängenden Probleme der Gesellschaft nur halbherzig gegeben hat. In der Energie- und in der Wirtschaftspolitik, bei den Ausbildungsplätzen wie beim Asylrecht, bei der Staatsbürgerschaft und bei Europa (Währungsunion), auch bei der Außenpolitik (Bosnien) können selbst Experten nicht genau angeben, wie eigentlich die augenblickliche Haltung der SPD dazu ist.

In Köln haben die Sozialdemokraten daran erinnert, dass sie zu Zeiten Willy Brandts, also zu Regierungszeiten, einmal die Partei der Jugend gewesen sei. Daneben hatten sie die breite Zustimmung der Arbeitnehmerschaft, was in der Summe der SPD die Mehrheit der Wähler bescherte. Die Methode, einzelne gesellschaftliche Gruppen gezielt anzusprechen, ist ja nicht neu und birgt auch Gefahren. Gerhard Schröder hat darauf hingewiesen, dass die Summe von Minderheiteninteressen noch lange nicht die Mehrheit ergebe. Mit dieser Erkenntnis steht er nicht allein.

VIERZEHNTES KAPITEL

Annäherungen an die Macht

In dem Gesellschaftsspiel »Cluedo« müssen die Mitwirkenden gemeinsam und zugleich gegeneinander einen Dunkelmann aufspüren. Das Ziel des Spiels besteht darin, anhand von Hinweisen den Aufenthaltsort und den Namen des Gejagten herauszufinden und ihn allmählich in die Enge zu treiben, bis man seiner habhaft werden kann. Dass die Indizien, die Vermutungen und Verdächtigungen von den Mitspielern absichtsvoll beeinflusst werden können, erhöht den Reiz.

Die Suche nach dem Kanzlerkandidaten der SPD verläuft im Frühjahr und Sommer 1997 auf geradezu verblüffende Weise entlang derselben Grundidee. Nach dem Prinzip von »Cluedo« folgt das politische Bonn den Spuren jenes Mannes im Untergrund, den man als Kanzlerkandidat entlarven möchte. Als sei's ein Detektivspiel, werden kriminalistische Methoden ausprobiert, Motive gesucht und gefunden, Indizien gesammelt, bewertet und verworfen, bis ein Mosaik entsteht und das Profil des Gesuchten sich vor den Augen des Beobachters abbildet.

Das Sammeln von Indizien. Der engere Führungskreis um Parteichef Oskar Lafontaine versucht den Eindruck zu erwecken, als sei formal gesehen die Entscheidung noch offen, in Wirklichkeit aber alles entschieden. Wer in Gesprächen mit den Beratern des SPD-Vorsitzenden das Thema Kanzlerkandidatur anschneidet, erntet ein mildes Kopfschütteln, als fragte er einen Regisseur nach der Pointe seines Films: Oskar kennt sie, aber er wird nichts verraten, sonst ist die Spannung verdorben.

Würde es sich um ein Detektivstück handeln, kämen drei Politiker als Hauptverdächtige in Frage. Lafontaine natürlich, Gerhard Schröder, der im Frühjahr 1997 wieder Monat für Monat Spitzenwerte in den politischen Umfragen erhält, und Rudolf Scharping. Ja doch, auch Scharping. »Das Dumme an der Sache ist«, sagt ein Landsmann, »dass der Rudolf immer noch glaubt, er liegt irgendwie mit im Rennen.« Seine Rolle in der Verhandlungskommission zur Steuerreform steht deshalb unter verschärfter Beobachtung. Bislang zu verzeichnen ist, dass Scharping sich dort kompromissbereiter zeigt, als es Lafontaine lieb sein kann. Motiv Rache? Nein, nur eine unterschiedliche Vorstellung von Opposition: Scharping gibt sich zufrieden mit der Teilhabe an der Macht. Lafontaine will die Macht.

Das Erstellen eines Mosaiks. Versehen mit dem Hinweis der größten Vertraulichkeit, werden von der ganz auf Oskar eingeschworenen Parteizentrale mit Vorliebe Binsenwahrheiten als zwingende Indizienbeweise angeboten: Der Saarländer sei nicht Parteivorsitzender geworden, um einem anderen den Vortritt bei der Kanzlerschaft (nicht Kanzlerkandidatur!) zu lassen. Der Parteivorsitzende spüre zudem jetzt aus den Gliederungen der SPD heraus soviel Zuspruch, dass er sich eines Tages selbst auf den Schild heben werde. Wann dies geschehen werde, wisse der Oskar ganz alleine, sagt Bundesgeschäftsführer Franz Müntefering, aber es sei bestimmt erst nach dem nächsten Parteitag im Dezember in Hannover.

Wie die Partei das durchstehe, einen langen Sommer, den Herbst und dann noch eine volle Woche Parteitag, ohne ein Wort der Klärung über den Kandidaten und dann noch in Hannover? Das werde schon gut gehen, macht sich Müntefering Mut. Und Schröder, vor die gleiche Frage gestellt, lacht nur und sagt, er könne sich nicht vorstellen, dass das durchzuhalten sei, aber es sei seine Sorge doch wohl nicht, oder? Dann sagt er doch noch, dass es schwer werde für die SPD, das Thema Kandidatur auch in dem Augenblick klein zu halten, in dem der amtierende Kanzler seine Bereitschaft erkläre. Und dass es noch schwerer werden könne, wenn bei der CDU die Kandidatur auf Wolfgang Schäuble zulaufe.

Im Grunde weiß das jeder in der SPD, aber Lafontaine hat das Thema zum Tabu erklärt. Ein solches Verhalten führt dazu, dass sogar die Union sich berufen fühlt, Ratschläge zu erteilen und Wünsche zu äußern. Eine CDU-nahe Zeitung darf die Einschätzung des Kanzlers wiedergeben, Lafontaine sei der Wunschgegner Kohls für 1998, eine Einschätzung, die auch FDP-Chef Wolfgang Gerhardt teile.

Die Erforschung der Motive. In der sozialdemokratischen Bundestagsfraktion gibt es eine Reihe einflussreicher Abgeordneter, die vorerst nur parteiöffentlich die Auffassung vertritt, die Wahl sei an dem Tag verloren, an dem Oskar erklärt, »Ich trete an«. Dass diese Leute in der Mehrheit eher auf dem wirtschaftsnahen Flügel der SPD zu Hause sind, ist mehr als eine Vermutung. Ihre Befürchtungen rühren aus der Vergangenheit her und werden gespeist von der Erinnerung an die Anfälligkeit Lafontaines für Affären.

Nicht, dass man in der SPD glaubt, der »beste Parteivorsitzende seit Willy Brandt«, wie Gerhard Schröder sagt, könne von neuen Widrigkeiten gehemmt werden. Die Sorgen der Genossen kommen von dem Wissen, dass Lafontaine durch ein bloßes Wiederaufwärmen der alten Geschichten (Pensionen, Rotlicht) aus dem Gleichgewicht zu bringen wäre. Auch die Linken in Partei und Fraktion, die nach wie vor hinter Oskar stehen, beginnen sich zu fragen, ob der Saarländer überhaupt will. Die Meinungen sind auch bei ihnen zweigeteilt. Die eine Gruppe sagt, er möchte die Scharte der Niederlage von 1990 auswetzen und trete deshalb noch einmal an. Die andere Gruppe hält mit der Begründung dagegen, Lafontaine kandidiere nicht noch einmal, weil er Angst vor einer erneuten Niederlage habe. Sie würde sein (bundes-)politisches Aus bedeuten, denn er würde in einem solchen Fall auf mittlere Sicht auch den Parteivorsitz verlieren. Würde er den Niedersachsen als Kandidaten vorschlagen und würde dieser tatsächlich Kanzler, hätte Schröder einen Partei- und Fraktionsvorsitzenden neben sich, von dem die Anhänger dieser Überlegung schon einmal den Satz gehört haben wollen: »Dann kann es mir egal sein, wer unter mir Kanzler ist.«

Fingerzeige und Hilfsargumente. In solchen Situationen, wenn die Ratlosigkeit sogar im engsten Führungszirkel um sich greift, werden auch Hilfsargumente vorgetragen. Ob man denn nicht sehe, »wie sehr sich Oskar darum bemüht, den Gerd in die Partei hinein zu vermitteln«? Dass Schröder auf dem besten Wege sei, sich selbst in eine gute Ausgangsposition zu bringen – nicht auf Kosten des Parteivorsitzenden, sondern allein zu seinem Nutzen. Und ob man denn nicht wisse, dass Oskar für sich, seine Frau Christa und den Säugling Carl Maurice im Saarland einen Bauernhof suche? Ginge er wohl in der Heimat ans Nestbauen, wenn er fern davon Kanzler werden wolle?

Aufmerksam registriert die Bonner Parteizentrale Schröders Tingeltour durch die Landesverbände und dabei besonders sein auffallend häufiges Auftreten im mitgliederstarken Ruhrgebiet. Der in der nordrhein-westfälischen SPD recht einflussreiche wirtschaftspolitische Sprecher der SPD-Landtagsfraktion, Bodo Hombach, hat Schröder bei solchen Gelegenheiten schon unwidersprochen als jenen Genossen vorgestellt, der für die SPD beim Kampf um Bonn am meisten herausholen könne. Im »Friesenkeller« seiner Bonner Landesvertretung erläutert der Niedersachse den Abgeordneten des Arbeitskreises Wirtschaft der Bundestagsfraktion, wie er die SPD an den Tisch der Macht bringen will: über eine Große Koalition. Er erntet mehr Zustimmung als Widerspruch.

Falsche Fährten. Im Ollenhauer-Haus und in der Bundestagsfraktion werden diese Fingerzeige sorgfältig registriert. Die Mitglieder des seit

der Urabstimmung über den Parteivorsitz bestehenden Schröder-Ver-
hinderungsvereins bemühen sich, eine eigene, neue Theorie daraus zu
entwickeln. Schröder habe eingesehen, sagen sie, dass Oskar die Kanzlerkandidatur nicht zu nehmen sei. Weil er dies nicht verhindern könne,
habe sich der Hannoveraner dazu entschlossen, das Amt eines Super-
ministers (Wirtschaft, Technologie, Forschung usw.) in einer Regierung
Lafontaine anzustreben.

Schröders Freunde in Bonn, die wieder mehr werden und die sich
auch schon mal aus der Deckung trauen, kennen diese Überlegungen
und bewerten sie als Ablenkungsmanöver. Wenn es eines ist, dann
nimmt der Oberservierte die Fährte geschickt auf. »Ich war nicht beim
Steuergipfel«, hat er neulich in Bonn erzählt, »weil ich mit den Wirt-
schaftlern der Fraktion verabredet war.« Und schelmisch hinzugefügt:
»Mit denen muss ich mich doch gutstellen, wenn ich Superminister
werden soll.«

Die blockierte Steuerreform

Die Steuerreform ist auf Bundesebene das beherrschende politische
Thema. Die Regierung geht damit in die Offensive und hofft, die
Opposition hinter sich lassen zu können. Tatsächlich antworten SPD
und Bündnisgrüne nur vage und vielstimmig auf die Steuerreform-
vorschläge der Koalition. 1998 sollen nach den Plänen von CDU/CSU
und FDP in einem ersten Schritt die gewerbliche Einkommens- und
Körperschaftssteuer gesenkt und einige Vergünstigungen der Unternehmen abgeschafft werden. Gleichzeitig ist eine Erhöhung der Steuer
auf Benzin und Energie vorgesehen; ein dritter Mehrwertsteuersatz
soll eingeführt werden. 1999 sollen die Steuersätze für alle fallen –
eine Senkung des Eingangssteuersatzes von 25,9 auf 20 Prozent und
des Spitzensteuersatzes von 53 auf 40 Prozent ist im Gespräch.

Wenn Joschka Fischer hin und wieder einen ironischen Unterton in
seine Stimme legt, dann kommen seine Sprüche nicht mehr ganz so
schnodderig daher wie früher. Zu seinem neuen schmalgesichtigen
Äußeren passt es, dass die Anmerkungen zur Tagespolitik einen gallen-
bitteren Eindruck vermitteln. Beim Frühstück in trauter Runde, ist
Fischer auf jenes Thema zu sprechen gekommen, das ihn seit Monaten
umtreibt. Allzu gern gibt er der Öffentlichkeit zur Kenntnis, dass die
Sozialdemokraten noch nicht so recht bei der Sache seien beim Sturm-
reifschießen der Regierung Kohl. Dabei habe doch »dieser bedeutende

Staatsmann aus Niedersachsen« eine prima Vorlage gegeben, »als er den Herrn Waigel prügelte und den Herrn Kohl meinte«. Fischer meint mit dem »Staatsmann aus Niedersachsen« nicht etwa Schröder, sondern den Oppositionsführer Christian Wulff in Hannover. Der hatte seine Parteifreunde kritisiert, weil sie auf den Gedanken gekommen waren, die Steuerreform so zu teilen, dass die Segnungen vor der Wahl bekannt gemacht werden sollten, die Zumutungen aber erst danach.

Fischer steht aufseiten der Opposition nicht allein mit seiner strategischen Überlegung, dass die vermeintlich große Steuerreform und ihre undurchsichtige Finanzierung die richtigen Themen seien, um die Koalition von CDU/CSU und FDP bis zum Wahltag im Herbst 1998 zu zermürben. Auch in der SPD gewinnt die Erkenntnis an Anhängern, das von der Koalition geplante Verfahren sei so etwas wie eine Verabredung zum Wahlbetrug.

Nur wie man damit umgehen sollte, haben die Sozialdemokraten noch nicht so recht erfasst. Sie sind gegen die Steuerreform in diesem Stil, haben der Regierung aber vorsorglich Gespräche angeboten, weil sie eine Fundamentalopposition in dieser Frage für schädlich halten. Das ein wenig unterwürfig klingende Angebot des Parteivorsitzenden Oskar Lafontaine, er sei notfalls Tag und Nacht bereit, mit der Regierung zu sprechen, verdichtete der Fraktionsvorsitzende Rudolf Scharping zu der Forderung, nur ein Spitzengespräch zwischen Lafontaine und dem Bundeskanzler werde dem Reformwerk gerecht.

Die Bundesregierung hat dieses Ansinnen der Opposition gewohnt huldvoll zur Kenntnis genommen, durch den Kanzleramtsminister Friedrich Bohl aber zugleich mitteilen lassen, dass es als Voraussetzung für ein solches Gespräch ja wohl so etwas wie ein eigenes SPD-Konzept geben müsse. Es sei halt immer schwer, stichelt Bohl, »mit jemandem zu verhandeln, der keine eigenen Vorstellungen hat«.

Ebendiese Erkenntnis hatte der Bündnisgrünen-Fraktionssprecher Fischer beim Frühstück auch schon verkündet, und genau dies macht den Sozialdemokraten am meisten zu schaffen. »Nur mit einem Nein sich hinstellen und sagen, wir haben aber keine eigenen Vorschläge, das geht nicht«, hatte Fischer der SPD geraten und vorsorglich schon einmal erklärt, die Bündnisgrünen arbeiteten auf der Basis ihres ökologischen Ansatzes an einem Gegenmodell. Weil sie auf ihrem Suhler Parteitag im Advent 1996 auch schon gründliche Vorarbeiten geleistet haben, ist mit der Vorlage eines solchen Gegenmodells auch bald zu rechnen.

Trotz gegenteiliger Beteuerungen tut sich die SPD da seit dem Jahresbeginn 1997 schwerer. In einer anderen Frühstücksrunde befragt, ob seine Partei eine Liste mit konkreten Tarifen einer Steuerreform vorlegen werde, hat Scharping gesagt, wenn man eine solche Liste brauche, werde seine Partei sie »auf den Tisch legen«, die SPD sei jedenfalls jederzeit in der Lage, so etwas zu präsentieren; im Moment brauche man sie jedoch nicht. Lafontaine wiederum verspricht überall, die SPD werde ein eigenes Steuermodell vorlegen, wenn sie wisse, wie der Gesetzentwurf der Koalition genau aussehe. Das kann noch ein paar Wochen dauern.

Auf Bildungsreise in den USA

Als wolle er dem nervtötenden Gezerre um die Steuerreform entfliehen, bricht Schröder in der zweiten Aprilhälfte zu einer USA-Reise auf. Die Opposition höhnt ihm hinterher, es werde Zeit, dass der Mann mal den wichtigsten Verbündeten Deutschland kennen lerne, nachdem er auf Kuba ja schon häufiger gewesen sei.

Amerikanische Journalisten können so schön naive Fragen stellen. Man sitzt im Konferenzraum der Firma Microsoft in Seattle im Staat Washington. Gerhard Schröder hat sich gerade länger als eine Stunde mit Bill Gates unterhalten. Da will eine junge Reporterin aus Seattle von dem deutschen Politiker wissen, welches denn seine Lieblingswebseite im Internet sei und wie viel Zeit er am Personalcomputer verbringe. Schröder setzt sein Wolfslächeln auf – und bekennt, er befasse sich noch nicht mit solchen »Zukunftsprojekten« wie dem Internet. Und dann: »Das ist ein Ärgernis, ich gebe es zu. Das muss sich ändern.«

Sein Blickfeld in den USA zu erweitern, wo er seit 17 Jahren nicht mehr war, ist gewiss ein wichtiger, aber nicht der vorrangige Grund für diesen elftägigen Trip quer durch die Vereinigten Staaten, vom Silicon Valley in Kalifornien über Seattle im Nordwesten, Chicago und Detroit an die Ostküste nach New York. Begleitet wird Schröder von einem knappen Dutzend hochrangiger Unternehmer. Er sei hier, erläutert der Regierungschef den amerikanischen Managern seinen selbst gestellten Auftrag, um »die amerikanischen Mütter der deutschen Töchter« kennen zu lernen. Wenn dabei für die Töchter etwas herausspringt oder sich sogar neue Töchter in Niedersachsen ansiedeln, soll es Schröder nur recht sein.

Nach einem Drittel der Reise sind die deutschen Wirtschaftsleute zurückhaltend mit ihren Einschätzungen, es ist noch mehr von Wollen und Hoffen die Rede als von Können und Haben. Jürgen Großmann

zum Beispiel, Selfmademan und Eigner des Stahlwerks Georgsmarien-
hütte, würde gern mit dem Flugzeugbauer Boeing ins Geschäft kom-
men, und er lässt dabei hin und wieder den Namen des Standorts
Lemwerder einfließen. Zur Wirtschaftsdelegation zählen auch Manfred
Bodin, der Vorstandsvorsitzende der Norddeutschen Landesbank, Conti-
Chef Hubertus von Grünberg, Ralf Corsten, der Vorsitzende des hanno-
verschen Reiseunternehmens TUI, Preussag-Vorstandsmitglied Rainer
Feuerhake und der Vizepräsident von DOW-Stade, Enno Schüttemeyer.

Ein Regierungschef als Türöffner der gehobenen Klasse für die Wirtschaft seines Landes – das ist gängige Praxis in Deutschland. Aber dass
Schröder noch etwas anderes bewegt, so sehr, dass er es nur mühsam
überspielen kann, ist nur allzu offensichtlich. Entweder sind die amerikanischen Bosse von ihren deutschen Managern bestens vorbereitet worden, oder Schröders persönliches Büro hat glänzend vorgearbeitet: Überall erlaubt man sich Anspielungen auf seine Popularität in Deutschland.
Spitzenreiter von Charts, auch von politischen, beeindrucken selbst Amerikaner, die den Namen Schröder zwei Wochen vorher noch nicht kannten.

Bei der im Silicon Valley ansässigen Baan-Company, einem Anbieter
von Geschäfts- und Organisationssoftware mit deutschem Sitz in Hannover, freut sich der Firmengründer Jan Baan wie ein König über seine
Bemerkung: »Wann immer Bill Clinton seine Kampagne hier im Valley
begonnen hat, hat er die Wahl gewonnen.« Und Louis Platt, der Chef
von Hewlett-Packard, einem der größten Anbieter von Computer-Hard-
ware und knallharter Vorreiter des US-Wirtschaftswunders, gefällt sich
darin, das Beharrungsvermögen der Deutschen als ein wesentliches
Hindernis für einen kräftigen Wirtschaftsaufschwung zu benennen.

Als kenne er sogar die Situation in Schröders Partei nur allzu genau,
lässt Platt Bemerkungen in seine Statements einfließen, die dem Gast
sichtlich behagen. Wer an alten Programmen klebe, wer die Innova-
tionskraft der Industrie als Vorreiter wirtschaftlichen Aufschwungs
verkenne, wer das Risiko bei der Schaffung neuer Arbeitsplätze scheue,
der werde nie und nimmer Erfolg haben.

Deutschland, sagt Platt, sei ein wichtiger Partner für die USA. Aber
dann kommt ein Nachsatz, der einen tiefen Eindruck hinterlässt und
der im weiteren Verlauf der Reise auch von anderen Managern in ähn-
licher Weise zu hören sein wird. Vor 15 Jahren, als die Informations-
technologie ihren Aufschwung nahm, sei Deutschland noch der erste
und wichtigste Partner in Europa gewesen. Heute, meint Platt, sei
Deutschland immer noch wichtig – ungefähr so wichtig wie Argentinien, Indien und Vietnam.

Es entspricht nicht Schröders Naturell, sich immer nur Ratschläge anzuhören. Er wolle den Amerikanern auch sagen, dass es mit der Fähigkeit zur Erneuerung nicht gar so düster aussehe in Deutschland. Ob im World Trade Club von San Francisco oder vor der deutsch-amerikanischen Handelskammer des US-Staates Washington – so gut es eben geht, wirbt Schröder dafür, aus der deutschen Gründlichkeit und dem amerikanischen Mut zum Risiko eine Verbindung zu knüpfen. Dafür könnte, und dies ist ein weiterer Beweggrund der Reise, die Expo 2000 in Hannover stehen. Wo und wann immer möglich, engagiert sich der Ministerpräsident für die Weltausstellung.

In Detroit, wo Schröder als Aufsichtsratsmitglied des Volkswagenwerkes einen Schlussstrich zieht unter die lange schwelende Affäre um den ehemaligen VW-Manager López, muss der Wirtschaftsreisende Schröder für eine Weile wieder zum Politiker Schröder werden, weil die aufkeimenden Auseinandersetzungen in seiner Partei daheim in Deutschland ihn natürlich auch hier erreichen. Die Kommentare aus den deutschen Medien, die ihn dort erreichen und die darin gipfeln, der Parteivorsitzende Oskar Lafontaine zeige erste, aber durchaus ernste Führungsschwächen, lässt Schröder freilich an sich abperlen. Niemand soll ihm vorhalten können, dass er sich aus dem Ausland in die deutsche Innenpolitik einmische, eine Regel, die im Übrigen auch der amtierende Kanzler strikt einzuhalten versucht.   .

Schröders Methode hat sich verfeinert seit dem innerparteilichen Sommertheater 1995, sie ist der schädlichen Rückwirkung entkleidet. Hat er von Seattle aus nach dem Wahlsieg des Labour-Führers Tony Blair das Idealbild eines sozialdemokratischen Kanzlerkandidaten gezeichnet, das genau auf ihn selbst passt (hohe Wirtschaftskompetenz, den Sozialstaat im Auge, mit Charisma gesegnet), so entwickelt er auf den folgenden Stationen, eindringlich natürlich hier in Detroit, Schwerpunkte eines Programms.

Außenpolitik, so sagt Schröder zum Beispiel, sei heutzutage zuvörderst Außenwirtschaftspolitik. In der Runde der deutschen Wirtschaftsvertreter widerspricht niemand, und aus der amerikanischen Wirtschaftsdelegation, vorerst noch aus dem zweiten Glied, kommt eine ergänzende, ganz erstaunliche Anmerkung. Die Spitzenleute der US-Autoindustrie seien nicht allein am VW-Aufsichtsratsmitglied (das Schröder als niedersächsischer Ministerpräsident kraft Amtes ist) und Garanten des Deals mit GM (die US-Firma verzichtet auf eine Klage wegen des López-Skandals, im Gegenzug gibt es ein Übereinkommen über den Kauf von Zubehörteilen durch Volkswagen) interessiert gewesen, sie hätten auch den möglichen kommenden deutschen Kanzler kennen lernen wollen. Dabei neigen amerikanische Automanager nicht im geringsten zu Ironie.

Dass der niedersächsische Ministerpräsident diese Reise als einen rein wirtschaftlichen Trip verstanden haben möchte, unterstreicht er auf mehrerlei Weise. Den weiten Bogen, den er um die Hauptstadt Washington macht, hat man in der dortigen deutschen Botschaft als beinahe ungehörig empfunden. Doch Schröder unterstreicht seine Unabhängigkeit von einer offiziellen Mission auch dadurch, dass er bei den Kontrollen an den Flughäfen seinen rotbraunen Europass und nicht den blauen Diplomatenpass vorlegt, und vielleicht ein wenig auch dadurch, dass er nicht mit Staatsgepäck reist, sondern seinen Koffer von einem ihm befreundeten Menschen mit den Initialen D.K. ausgeliehen hat. Mit dem Besuch des Holocaust Memorial Center in der Nähe von Detroit, dem ersten Museum dieser Art in den USA, unterstreicht Schröder immerhin, dass er die moralischen Verpflichtungen eines deutschen Politikers in Amerika ernst nimmt.

Die Amerikaner sind durchaus angetan von dem netten Politiker aus Deutschland, den sie vor allem schon deshalb bestaunen, weil er es mit dem »Chancellor« aufnehmen will, als wäre das in ihren Augen eine Art Majestätsbeleidigung. Die junge Dame, die bei den Boeing-Werken in Seattle für die Betreuung der Medien zuständig ist, hat ihm den ganzen Tag lang fasziniert zugehört. Erst am Abend, bei der Schiffsfahrt auf dem Sund, traut sie sich, eine Frage zu stellen: »And Mr. Schroeder, he's really a Socialist?« Sie kann das nicht glauben, schließlich sind Sozialisten doch üble Burschen. Man versucht es, aber es ist müßig, ihr den Unterschied zwischen einem Sozialisten und einem Sozialdemokraten zu erklären. Man einigt sich darauf, dass »Mr. Schroeder« eine Art Liberaler sei.

Hinter den Kulissen

Die Sommerpause nutzt Schröder, hinter den Kulissen der Bonner Bühne neue Bündnissen zu schmieden. Als Erstes redet er ausführlich mit dem einflussreichen Parlamentarischen Geschäftsführer der SPD-Bundestagsfraktion, Peter Struck. Das Gespräch wird in Bonn als Zeichen dafür gewertet, dass Schröders Akzeptanz in der SPD-Fraktion langsam, aber beständig wächst. Mehr und mehr Abgeordnete aus Süddeutschland und aus dem Osten ergreifen mittlerweile offen für Schröder Partei.

Auch seine zahlreichen Touren durch Nordrhein-Westfalen zahlen sich für den Niedersachsen aus. »Viele haben zwar noch die Faust in der Tasche geballt, aber sie wissen, es geht nur mit Gerd«, erläutert nach dem Struck-Gespräch ein Mitarbeiter die Stimmungslage. Die Wiederannäherung an Struck ist von Schröder ausgegangen. In allen für die SPD strategisch wichtigen Fragen (zum Beispiel Steuerreform, Haushalt) wollen die beiden Niedersachsen als Ergebnis ihrer Unterredung künftig enger zusammenarbeiten. Dies ist durchaus im Sinne des Parteivorsitzenden Oskar Lafontaine, der für seine harte Strategie »Keine Zugeständnisse gegen die Interessen der Partei und ihrer Wähler« im Vermittlungsausschuss eine einheitliche Linie aufseiten der SPD-Länder braucht. Struck soll für die Bundesebene, Schröder für die Länder Koordinationsaufgaben übernehmen. Mit dem Fraktionssprecher der Grünen im Bundestag, Joschka Fischer, vereinbart Schröder schon zu diesem frühen Zeitpunkt, man müsse unbedingt den Fehler aus dem Lafontaine-Wahlkampf aus dem Jahre 1990 vermeiden, sich im linken Lager gegenseitig die Wähler streitig zu machen. Damals hatten die Grünen den Einzug in den Bundestag verfehlt. Fischer unterstützt – im Gegensatz zum linken Flügel der Grünen – die Absicht Schröders, für die SPD in der Mitte um Stimmen zu kämpfen.

Noch bevor die Sommerpause zu Ende geht, legt Schröder ein wirtschaftspolitisches Papier vor, das allerdings wenig Spektakuläres verheißt. Das Besondere daran ist nicht ein Versprechen, das der Kanzler auch schon gegeben hat. Helmut Kohl und Gerhard Schröder versprechen, die Zahl der Arbeitslosen in etwa halbieren zu wollen, in welchem Zeitraum auch immer. Nein, das Hervorstechende an den Schröder-Thesen sind vielmehr die stilistischen Ähnlichkeiten mit einem Regierungsprogramm. Mit der Autorität und Seriosität des Politikers, der sagen kann: »Wenn wir – Sozialdemokraten – an der Regierung sind und ich Kanzler bin, dann machen wir Folgendes ...«

Weil der Amtsinhaber den Wahlkampf schon vor der Sommerpause offiziell für eröffnet erklärt hat, hält es Schröder offensichtlich für angebracht, Eckpunkte für ein Regierungsprogramm vorzutragen – und gerät prompt in eine Zwickmühle. Er ist natürlich noch nicht der Kanzlerkandidat der SPD, aber er könnte es ja werden. Und wenn die Entscheidung gefallen sein wird, dann muss der Kandidat die Schwerpunkte und die großen Linien des Wahl- und Regierungsprogramms festlegen dürfen. Schließlich muss er glaubwürdig vor den Wähler treten.

Nun muss Schröder aber ernstlich damit rechnen, dass seine Partei während der langen Zeitspanne bis zur Kandidatenkür vor allem in den Bereichen Soziales und Wirtschaft so allerlei beschließen könnte, was nicht ganz seinen Absichten und seiner dynamischen Herangehensweise entspricht. Also muss er frühzeitig Festlegungen im Grundsätzlichen treffen. Die Stichworte Sozialhilfereform und Niedriglohnsektor veranschaulichen, in welcher Richtung er die Grenze zieht.

Rückschlag

Die Bürgerschaftswahlen in Hamburg Ende September 1997 bereiten dem angestrebten rot-grünen Projekt einen herben Rückschlag und lassen erkennen, dass Schröder noch immer gerne als Watschenmann bei Fehlschlägen genommen wird. In Bonn haben sich am Montag nach der Wahl mehrere Beraterkreise getroffen, was an sich nicht ungewöhnlich ist, aber diese haben in der Mehrzahl öffentlich getagt und als Ziel ihrer Beratertätigkeit eine einzige Person ausgesucht. Nach dem Wahlergebnis von Hamburg müssten nun dringend einige Konsequenzen gezogen werden, stellt das SPD-Präsidium für sich fest, gerade mit Blick auf die nun folgenden Wahlen. Der Grünen-Spitzenkandidatin Krista Sager ist das noch zu vage: »Konsequenzen, klar«, sagte sie, »aber nicht nur im Ollenhauer-Haus, besonders auch bei einem gewissen Herrn in Niedersachsen.«

Der gewisse Herr aus Niedersachsen hat sich an diesem Tag nach einem Besuch bei VW in Emden früher als vorgesehen auf den Weg nach Bonn gemacht, war aber dann doch dem Präsidium seiner Partei ferngeblieben. Wichtige Termine im Dienste seines Landes, so sagte man, hätten ihn abgehalten. Auf diese Weise entgehen Gerhard Schröder ein paar Schuldzuweisungen, die zwar schräg in die Luft hinein gesprochen werden, die aber eindeutig auf ihn gezielt sind, und jede Menge kluger Ratschläge.

Was Schröder mit den Verlusten der SPD in Hamburg und dem Rückzug des Ersten Bürgermeisters Henning Voscherau zu tun hat, erschließt sich erst auf Umwegen: Teile der SPD, vor allem die Linken, und die Grünen sind nach den Stimmenverlusten überzeugt, das Thema innere Sicherheit habe die rechten Parteien gestärkt und der SPD geschadet. Die Anhänger dieser These sehen in Schröders Vorstoß, kriminelle Ausländer schneller abzuschieben, den Ursprung allen Übels. Wie Voscherau darauf eingestiegen ist, wird als Fehler gebrandmarkt, der sich in den Wahlkämpfen in Niedersachsen und im Bund nicht wiederholen dürfe.

Während man sich im SPD-Präsidium in Anwesenheit Voscheraus eher wolkig ausdrückt, tragen die Grünen ihr besseres Wissen über die falsche Themenwahl breit und öffentlich vor. Die innere Sicherheit sei ein Nebenschauplatz, sagt Vorstandssprecherin Gunda Röstel. Co-Sprecher Jürgen Trittin pflichtet ihr bei, die thematische Instandbesetzung sei falsch gewesen, allenfalls könne man noch sagen, »Operation gelungen – Patient tot«. Nur so weit will Spitzenkandidatin Sager gehen einzuräumen »dass man den rechten Wählern das Gefühl geben muss, dass an ihren Problemen etwas getan wird«. Das Gefühl geben, dass etwas getan wird ... – das scheint schon genug zu sein.

Voscherau hält dagegen und stärkt auf diese Weise wiederum dem nächsten Wahlkämpfer Schröder den Rücken. Die Sorgen um die innere Sicherheit sei »doch nichts, was die Bürgerinnen und Bürger erfunden haben«, argumentiert der scheidende Bürgermeister beharrlich. Nicht er, sondern die Wähler hätten das Thema auf die Tagesordnung gesetzt. Und dann fügt er einen bemerkenswerten Satz an: »Die Stimmung auf den Wahlveranstaltungen war so brachial, wie ich es in 30 Jahren nicht erlebt habe.« Der Unmut der Wähler, der sich nach diesen Beobachtungen noch in bescheidenem Maße im rechten Lager ausgetobt hat, »war auf den politischen Sektor insgesamt gerichtet«.

Weil Schröder auf persönliche Anwesenheit verzichtet hat, muss ihm von den vielen wohlmeinenden Ratschlägen berichtet werden. Angenommen hat er sie offenbar nur begrenzt. Die Bekämpfung von Kriminalität und ihrer Ursachen sei ein sozialdemokratisches Thema, richtet er den selbst ernannten Beratergremien aus: »Dies darf man nicht dem rechten Mob überlassen.«

Die Aufregungen nach der Hamburg-Wahl haben sich kaum gelegt, da lässt die Bonner SPD-Zentrale die Aussage streuen, die nach dem Jahreswechsel anstehende Wahl in Niedersachsen habe im Grunde keinen Einfluss auf die Kanzlerkandidatur. Der Hintersinn ist leicht erkennbar: Das Gesetz des Handelns in der Kandidatenfrage soll beim Vorsitzenden bleiben, ein gängiges Muster auch bei der Behandlung späterer K-Fragen bei anderen Parteien. Schröder mag das nicht, wenn er sich in eigenen Angelegenheiten von anderen gesteuert fühlt. Er tut also das, was er immer tut, wenn es in Personalfragen um ihn selbst geht. Er prescht vor und erklärt in mehreren Interviews, wenn er bei der Wahl im eigenen Lande einen nennenswerten Verlust erleide, komme er selbstverständlich als Kanzlerkandidat nicht mehr in Frage. »Was ich gesagt habe, gilt«, bekräftigt in einem Gespräch mit der »Hannoverschen Allgemeinen Zeitung« und präzisiert bei der Gelegenheit

auch gleich die »nennenswerten Verluste«: Wenn er und die SPD bei
der Wahl am 1. März kommenden Jahres zwei Prozent der Stimmen
(oder mehr) verlören, stehe er als Kanzlerkandidat nicht zur Verfügung. In den folgenden Wochen muss er häufig wiederholen, dass er
an der selbst gesetzten Marke nicht rütteln werde: »Zwei Komma null
sind zwei Komma null.« Der Ministerpräsident fügt meist noch hinzu:
»Ich pflege meine Ankündigungen einzuhalten.«

Der SPD-Bundesgeschäftsführer Müntefering, der auch Chef der Wahl-
kampfkampagne »Kampa 98« ist, hatte zuvor die Auffassung vertreten, an der Frage von zwei oder drei Prozentpunkten für die SPD in
Niedersachsen entscheide sich nicht, wer für die SPD bei der Bundestagswahl antrete. Einen »Automatismus« gebe es dabei nicht. Dieser
letzte Satz ist in Bonner Parteikreisen im Nachhinein als der Kern der
Aussage bezeichnet worden: Müntefering könne eher so verstanden
werden, dass ein siegreicher oder sogar dazugewinnender Schröder nicht
automatisch Kanzlerkandidat werden müsse.

Rolls-Royce mit Drei-Liter-Motor

»Grün ist der Wechsel« steht als Motto der Bundesdelegiertenversammlung Mitte November an der Stirnseite der Kasseler Stadthalle, und
das klingt wie ein beschwörender Appell an die Basis, die bevorstehende
Auseinandersetzung um die Macht in Bonn nicht allzu locker zu sehen
oder – gefährlicher noch – durch allzu pausbäckige Prinzipienreiterei
zu gefährden: »Es bringt überhaupt nichts«, spricht der Mahner
Fischer, »vor den Wahlen noch einmal laut gebrüllt zu haben.« Man
müsse auch hinterher noch in der Lage sein, seine Forderungen umzusetzen, denn »mit der SPD wird es vielleicht einen Machtwechsel geben,
einen Politikwechsel aber nur mit den Grünen«. Fundamentalisten
aufgepasst, heißt das, wenn wir überziehen mit unseren radikalen Positionen, dann stehen wir am Ende mit leeren Händen da. »Dann machen
Wolfgang Schäuble und Gerhard Schröder die Große Koalition.«

Überhaupt Schröder. Ihn hat sich der beste Redner des Deutschen
Bundestages diesmal als Gegner ausgesucht, Taktik auch dies, wie
alles beim großen Inspirator der grünen Partei. Wohl wissend, dass im
Falle seiner Nominierung zum Kanzlerkandidaten der SPD Schröder
genauso rücksichtslos in »fremde« Wählerschichten einzubrechen versuchte, sucht Fischer seinerseits die scharfe Abgrenzung zu dem Niedersachsen. Heißa, da kann Fischer seinen kabarettistischen Neigun-

gen freien Lauf lassen und »den bedeutenden automobilpolitischen Sprecher« ein klein wenig damit zwicken, dass dieser »künftig Rolls-Royce fährt, natürlich mit Dreilitermotor«.

Um die Außenwirkung zu verstärken, haben die einen oder anderen dann noch Angriffe auf die politischen Widersacher losgelassen, wobei es der niedersächsischen Spitzenkandidatin Rebecca Harms vorbehalten blieb, Gerhard Schröder als den Hauptgegner auszumachen. Die Basis, schon auf die Wahlen im Bund ausgerichtet, lässt sich nur schwer auf den Urnengang in Niedersachsen einstimmen. Aber die deftige Anschuldigung, Schröder habe das Land mit Stammtischparolen regiert und treibe mit der Aufstellung der Zweiprozenthürde »selbst verliebte Spielchen«, wirkt dann doch noch gemeinschaftsstiftend. Das allerdings hat Joschka vorbereitet, der mit »Gemeinsam schaffe mer des schon« den Delegierten Mut zugesprochen hatte und noch ein mahnendes »Kämpfen, kämpfen, kämpfen« hinterherschickt.

Genau lässt sich natürlich nicht mehr sagen, wer zuerst von diesem Albtraum berichtet hat. Jeder, der ihn in der Führungsspitze der SPD weitererzählt, schmückt ihn ein wenig mehr aus. Dabei geht es schon gar nicht mehr um die Einzelheiten, sondern bloß noch darum, wer darüber lachen kann. Lachen über einen Albtraum?

Er geht so: Präsidiumssitzung im Erich-Ollenhauer-Haus in Bonn, am ersten oder zweiten Montag im März 1998 nach der Landtagswahl in Niedersachsen. Die sozialdemokratische Führungsspitze sitzt in gespannter Erwartung beisammen. Der Parteivorsitzende Oskar Lafontaine hakt ungerührt einen Punkt nach dem anderen ab. Steuern, Renten und solche Dinge. Erst ganz am Ende sagt er, es gebe da ja noch eine Personalie zu klären. Einige schauen, unter ihnen Gerhard Schröder, angestrengt an die Decke. Lafontaine fragt, ob jemand das Wort dazu wünsche. Gespanntes Schweigen. Da endlich meldet sich einer: »Ja wenn es sich keiner zutraut«, sagt Rudolf Scharping und schaut triumphierend in die Runde, »dann heißt das ja wohl, dass ich noch mal ran muss.«

Die Heiterkeit an dieser Stelle ist wohlfeil, weil jedermann weiß, dass es so nicht kommen wird. Oskar Lafontaine wird die Entscheidung über den Kanzlerkandidaten der SPD treffen wie ein Mann, »der will, was er macht«. So wird über ihn in der Partei neuerdings geredet, und auch wenn man einen Augenblick überlegen muss, was damit wohl gemeint sein könnte, so wird doch rasch klar, dass die absolute Entscheidungsgewalt in der SPD beim Parteivorsitzenden liegt. Lafontaine entscheidet häufig aus dem Bauch heraus, doch was dieser entschieden hat, das wird dann auch zielstrebig umgesetzt. Früher wären an dieser Stelle die alten Vergleiche vom »Sonnenkönig« oder »Saar-Napoleon« bemüht worden, heute heimst er Bewunderung selbst beim politischen Gegner ein für seine Art, über die Partei zu herrschen.

Zwei Jahre ist es her, dass Lafontaine im Zusammenspiel mit Gerhard Schröder und anderen den kaum noch tragbaren Partei- und Fraktionsvorsitzenden Scharping auf dem Mannheimer Parteitag von der Bürde des Parteiamtes befreite. In der ersten Dezemberwoche steht der Saarländer auf dem Parteitag in Hannover zur Wiederwahl, und es ist mehr als wahrscheinlich, dass diese glorios ausfallen wird. Die SPD steht geschlossen hinter ihrem Vorsitzenden, vom heftigen Flügelschlagen früherer Jahre ist nichts mehr zu spüren. Nicht wenige Kenner der Partei und der Mentalität des Saarländers mussten ihre Auffassung korrigieren, Lafontaine werde nach dem Kraftakt des Mannheimer Putsches alsbald seiner Neigung zum Wohlleben nachgeben und die Knochenarbeit im Parteivorsitz wenn möglich meiden.

Es kam anders, und die Umstände waren hilfreich. Zu Scharpings Naturell gehört nun einmal eine beachtliche Menge an Loyalität, ein Glücksfall für den Vorsitzenden. So konnte Lafontaine die Bundestagsfraktion auf seine Seite ziehen, ohne dass der zweifellos maßlos enttäuschte Scharping nachhaltig dabei gestört hätte. Bei einer freien Abstimmung unter den Parlamentariern über den Kanzlerkandidaten, so sagen innerlich ungebundene Mitglieder der Fraktion kurz vor dem Wechsel zum Wahljahr, gebe es für Schröder vielleicht 60 Stimmen. Das wäre nicht einmal ein Viertel.

In der Baracke, der SPD-Zentrale, hält der umtriebige Geschäftsführer Franz Müntefering dem Parteivorsitzenden den Rücken frei, hinzu kommt die nicht zu unterschätzende Untergrundtätigkeit einer eingeschworenen Gruppe, deren höchster Lebenszweck die Verhinderung von Gerhard Schröder zu sein scheint. Man frönt dem alten Glauben, dass eine Parteizentrale in erster Linie für sich selbst da ist. Dass einige aus dieser weltanschaulich festgefügten Gruppe sich festgesetzt haben in der Wahlkampfmannschaft »Kampa 98«, könnte den Mitbewerber im fernen Hannover zum Grübeln bringen.

Dieser wiederum muss sich jede Zuwiderhandlung gegen den Vorsitzenden verkneifen, wenn er sich die Chance auf die Kanzlerkandidatur erhalten will. Der Blick auf die Macht wirkt ungeheuer disziplinierend, dies gilt nicht allein für Schröder. Die Stimmung in der SPD gleicht der Gefühlslage einer Großfamilie, deren entfernter Erbonkel im Sterben liegt. Alle zwingen sich zu Wohlverhalten, weil niemand weiß, wer den ersten Zugriff haben wird, wenn es ans Verteilen geht. Das muntere sozialdemokratische Stimmengewirr früherer Tage ist abgewürgt, aber Lebendigkeit und Dynamik kann sich auch nicht entwickeln. Nur keine Eile, sagen die Berater Lafontaines, alles wird gut:»Die Zeit arbeitet für Oskar.« Welcher Gedanke nun dahintersteckt, erläutert der Göttinger Politologe Franz Walter in einem der vielen Vergleiche zwischen den Volkssportarten Fußball und Politik: Aus dem »Mittelstürmer der Medien«, schreibt er, sei »der Libero der Partei geworden, der aus der sicheren Abwehr heraus allmählich erst die Offensive aufbaut«. Das Wechselfieber, sagt Lafontaine, kommt ohnehin erst vier Wochen vor der Wahl.

Er selbst kokettiert mit seiner gegenwärtigen Überlegenheit in der SPD, in jener Mischung aus scheinbarer Bescheidenheit und verkappter Großmäuligkeit, die der Gefühlswelt des kleinen Saarlandes im hintersten Winkel des Reiches entspringt. »Mir wird zugeschrieben«, formuliert Lafontaine im kleinen Kreis, »dass ich die Partei hinter mir versammelt habe.« Nach einem solchen Satz schaut er in die Runde, wohlig lächelnd prüfend, ob auch jeder die schamlose Untertreibung mitbekommen hat. Es gibt auch Genossen, die sagen, er führe autoritär und »sehr auf sich bezogen«.

Überhaupt sind die scharfen Beobachter gefragt, die Kenner der Körpersprache in einer Partei, in der die zwei spannendsten Themen auf absehbare Zeit unter Flüstervorbehalt stehen: die Kanzlerkandidatur, klar, und die Frage nach der Strategie – das Wort Blockade darf dabei natürlich nicht vorkommen. Wenn Lafontaine von Schröder spricht, so ist auch unvoreingenommenen Betrachtern aufgefallen, dann muss man darauf achten, wie er die Worte »der Kollege« ausspricht und wie er milde lobt, dass der sich ja »wirklich Mühe« gebe. Man will auch gehört haben, dass Lafontaine dem Hannoveraner »nicht immer auf die Hühneraugen treten«, ja dass er ihm sogar Freiräume lassen will.

Wie stark Lafontaine die Strategie der SPD und der sozialdemokratisch regierten Bundesländer bestimmt, zeigt sich derzeit an dem Hin und Her um die Rentenbeiträge. Trotz einiger abweichender Äußerungen hat der Parteivorsitzende im Präsidium die harte Linie durchgesetzt. Die Entscheidung darüber, wann sich die SPD, gegebenenfalls noch vor Weihnachten, dann doch zu Gesprächen mit der Regierungsseite bereit erklärt, fällt ganz allein der Vorsitzende. Solche Dinge mit seinem Kandidaten-Zwilling abzustimmen, kommt ihm nicht in den

Sinn. Überhaupt nimmt er den Blockadevorwurf weit gelassener als manche Genossen, ja er verkehrt ihn sogar in die Offensive:»Wenn die Leute bis zum Wahltag gemerkt haben, dass die Blockade nur aufgelöst werden kann, wenn die SPD gewinnt, na dann haben wir doch nichts zu verlieren.«

Die Eindrücke mehren sich, dass Schröder vor dem Heimspiel in Hannover seiner guten Frühform hinterherläuft. Er wirke derzeit merkwürdig gehemmt, sagen selbst seine Bewunderer, er nehme sich stärker zurück als ihm und der Partei gut tue. Er brauche ein Erfolgserlebnis vor den Delegierten, doch dies ist eine Auffassung, die Oskar und seine Bonner Hilfstruppen nicht ohne weiteres teilen. Ein Vorgespräch zur Feinplanung des Parteitages verläuft nicht gerade in größtmöglicher Harmonie. Der Parteivorsitzende wird die Eröffnungsrede halten, und er behält sich das Schlusswort vor. Der Gastgeber dürfe am Schlusstag den Antrag »Innovationen für Deutschland« vorstellen und dabei so lange sprechen, wie er wolle. Immerhin.

In Teilen der SPD wächst die Sorge, Schröder könne beim Parteitag politisch beschädigt werden. Aus Bonn dringen Mahnungen nach Hannover, dass die Anhänger des Parteivorsitzenden das Treffen der Delegierten dazu nutzen wollen, den Saarländer als strahlenden Sieger und uneingeschränkten Herrscher darzustellen – und damit die Frage der Kanzlerkandidatur schon in Hannover zu entscheiden. Eine Demütigung erster Klasse.

Die Gelassenheit, mit der Schröder nach eigenem Bekunden dennoch auf den Parteitag blickt, macht seine Anhänger ungeduldig. In einem Gespräch mit der »Woche« sagt Schröder:»Natürlich gibt es Menschen in Bonn, die Freude daran haben, Unruhe zu stiften. Das will ich gar nicht ausschließen, aber ich beschäftige mich nicht damit.« Seine Berater drängen Schröder, die Absprachen über den Zeitplan zur Kanzlerkandidatur aufzukündigen, um auf diese Weise wieder in die Offensive zu gelangen. Dieses Ansinnen habe der Niedersachse aber »beinhart« zurückgewiesen, klagen sie später.

Irgendwann dämmert es den Genossen in Bonn dann doch, Schröder steht in seinem eigenen Bundesland im Wahlkampf. Bundesgeschäftsführer Franz Müntefering warnt eindringlich:»Es darf in Hannover keine Verletzten geben, es muss ein Parteitag der Geschlossenheit werden.« Auf keinen Fall dürfe Schröder, heißt es in der Parteispitze,– wie vor zwei Jahren in Mannheim –, erst im zweiten Anlauf in den Vorstand gewählt werden. So etwas wäre »Munition für den CDU-Wahlkampf in Niedersachsen«. Lafontaine selbst habe Schröders

Durchkommen bereits sichergestellt, heißt es in der Parteiführung. »Wir betreiben Fürsorge, dass beide Kandidaten gleich behandelt werden.« Andererseits könne man nichts »für die Eigendynamik von Parteitagen«.

Parteitag in Hannover

So ungefähr in der Mitte der langen Rede von Oskar Lafontaine, als im Publikum die Anspannung und die Bereitschaft zum Zuhören ein wenig gewichen sind, da hat der Parteivorsitzende zu einem bis dahin ungewohnten Stilmittel gegriffen und einzelne Zuhörer ganz persönlich mit ihrem Namen angesprochen. Nicht, dass er »den Schorsch« (Leber), »den Jochen« (Vogel), »den Kurt« (van Haaren) hätte wecken müssen, nein, die Partei war hellwach an diesem 2. Dezember und nur allzu bereit, jedes Wort ihres Vormannes in sich aufzusaugen wie die Erde den Regen nach einer langen Dürre.

Lafontaine hat aber besser als andere in der SPD begriffen, eine Partei nicht mit dem Verstand allein in einen langen und zweifellos harten Wahlkampf zu führen, sondern auch ihre Gefühle zu streicheln und zu hätscheln. Ziemlich häufig ist auf dem Parteitag in der ersten Dezemberwoche in Hannover die Rede gewesen von »positiver Emotionalität.«

Der hannoversche Bezirksvorsitzende Wolfgang Jüttner hat dem Bundesvorsitzenden ein schönes, nicht allzu buntes Bild von Willy Brandt überreicht, damit es in der künftigen SPD-Parteizentrale in Berlin aufgehängt werden möge, und er hat dafür die aufrichtige Zusicherung mit vom Podium herunternehmen dürfen, dass sich die ganze Partei bis zum 1. März schier zerreißen wird für ein gutes Wahlergebnis in Niedersachsen.

Im Bund sei der Machtwechsel eben nur zu schaffen – das haben der Parteivorsitzende und danach noch eine ganze Reihe von Debattenrednern so festgehalten –, wenn in drei Monaten in Niedersachsen alles glatt gehe. Weil an diesem Tage aber die Harmoniesucht vor der Streitlust rangierte, ist niemand auf den Gedanken gekommen, die unmittelbaren Folgen für Gerhard Schröder im Falle kleinerer Stimmenverluste der SPD anzusprechen.

Ja, die gnadenlose Friedenssehnsucht geht sogar so weit, dass vor allem jene Genossen dem stellvertretenden Parteivorsitzenden Rudolf Scharping mit besonderer Herzlichkeit zum 50. Geburtstag gratulieren, die ihm vor zwei Jahren mit größtem Eifer den Vorsitz entwunden haben. Scharping hat das allerdings ziemlich gut getan, überhaupt merkt man, die Karriere dieses Mannes in der SPD ist nach dem Tiefpunkt beim Mannheimer Parteitag noch nicht zu Ende.

Dann endlich ist die Reihe an den Parteivorsitzenden gekommen, auf dem ein ungeheurer Erwartungsdruck lastet, obwohl eine solch wirkungsvolle Rede wie seinerzeit in der nordbadischen Metropole nicht jederzeit zu wiederholen ist. Auch wenn die Beteiligten vor dem Parteitag mit bewundernswerter Geduld betont haben, in Hannover gebe es kein Schaulaufen der möglichen Kanzlerkandidaten, darf man doch gespannt darauf sein, wie der Parteivorsitzende den Schlussspurt auf dem Weg zurück an die Macht anziehen wird. Wolfgang Thierse, der Denker im Parteivorstand, hat von dem »ironischen Behagen« gesprochen, mit dem die Partei die öffentliche Debatte darüber verfolge. Seinen Kollegen an der Parteispitze rät er, über dieser ungeklärten Frage nicht in »griesgrämige, entrückte Selbstverleugnung« zu verfallen, sondern den Menschen draußen im Lande den Eindruck nahe zu bringen: »Schaut sie an, es ist ein Vergnügen, sie zu sehen.«

FÜNFZEHNTES KAPITEL

Schröder und die Seinen

Wer den Menschen Gerhard Schröder am besten kennt, lässt sich nicht sagen. Der Gedanke ist verlockend, die vier Ehefrauen zu bitten, ein Persönlichkeitsbild zusammenzusetzen. Es wäre vermutlich ziemlich widersprüchlich. In einem Radio-Interview ist er einmal gefragt worden, ob so einer wie er eigentlich noch echte Freunde habe. Nach einigem Nachdenken antwortet Schröder, »Ich glaub', einen hab' ich.« Es ist verbürgt, dass nach dem Gespräch mehrere Menschen von sich gesagt haben, sie seien gemeint gewesen.

Über die Jahre seines Aufstiegs aus der niedersächsischen Provinz ins Zentrum der Macht in Berlin betrachtet, ist es Sigrid Krampitz, die die tiefsten Einblicke in das Wesen, wenn man so will, in die Seele Schröders gewonnen hat. Sie ist, um diesen altmodischen Begriff zu gebrauchen, in dieser Zeit stets seine »rechte Hand« gewesen und dabei ein Glücksfall für ihn. Auf eine freundlichere Art als Sigrid Krampitz kann man kaum verschwiegen sein. Auf eine sanftere Art, als sie es tut – ohne es jemals irgendjemandem vorzuführen –, kann man einen solchen Machtmenschen nicht durch die Unwägbarkeiten des Alltags dirigieren. Um die intime Kenntnis zu überprüfen, bedarf es einer einfachen Probe. Der schärfste Tadel, den man je aus ihrem Mund über Schröder gehört hat, ist: »Dieser unduldsame Mensch«. Wenn man dann ihn fragt, ob er eine Untugend an sich erkenne, dann fällt ihm ein, dass er zu oft unduldsam sei mit seinen Mitmenschen.

Seit er 1994 Ministerpräsident wurde, leitet die 1954 in Rotenburg/Wümme geborene Lehrerin für Deutsch und Geschichte das Büro Schröders. Am Anfang hat sie nur Reden für ihn schreiben dürfen, dabei aber so rasch den passenden Ton getroffen, dass er sie bald mit der Organisation seines politischen Lebens betraut hat. Dass ihre berufliche Karriere beim niedersächsischen Verfassungsschutz begonnen hat, spielt nur eine Nebenrolle, auch dort hat sie administrativ gewirkt, in der Pressestelle. Noch in der Albrecht-Zeit wechselte Sigrid Krampitz in die Regierung, als Protokollchefin in Hannover.

In Bonn hat sie sich »wie auf Montage« gefühlt, und es ist kein Zufall, dass der Chef beinahe die gleichen Worte wählt über die kurze

Schröder mit seiner Büroleiterin Sigrid Krampitz und zwei Leibwächtern

Übergangszeit am Rhein. Wie sie es schafft, zuerst den Ministerpräsidenten und später den Kanzler zu dirigieren, kann man von ihr nicht
erfahren, man kann es nur durch Beobachtung herausfinden. Wie groß
die Abhängigkeit des Chefs gelegentlich ist, wird vor allem dann augenfällig, wenn man die Nervosität sieht, die Schröder befällt, wenn er
ruft, »Wo is' Sigrid«, und »Sigrid« nicht sofort da ist. Das ist kein
Machtgehabe in dem Moment, sondern wirkliche Hilfsbedürftigkeit.
Wenn Schröder mal wieder schroff wird, zum Beispiel einem Besucher
gegenüber, von jetzt auf gleich, ohne einen erkennbaren Grund, dann

hilft ein einziger Blick der Büroleiterin, mit dem sie alles sagt: »Nicht erschrecken, das kenne ich, das ist gleich wieder vorbei.« Referenten können noch so drängeln, Minister unruhig auf den Zeitdruck verweisen, wenn es Schröder gerade gefällt, bleibt er sitzen. Wenn Sigrid Krampitz, irgendwo in der letzten Stuhlreihe sitzend, dezent auf ihre Armbanduhr zeigt, dann steht der Kanzler auf und verabschiedet sich. Weshalb das so ist, bekommt man nicht erklärt, weder von ihm noch von ihr. Es ist einfach so.

Wenn der Name Bodo Hombach fällt, dann schürzen altgediente Sozialdemokraten die Lippen und kräuseln die Stirn. Ein Selbstdarsteller sei der, und wenn der ins Kanzleramt einziehe, dann werde der Karren wohl bald an die Wand gefahren sein, haben sie 1998 vorhergesagt und damit dann auch Recht behalten. Aber es gibt auch ein paar andere in der SPD, die in Hombach jenen Typ Politiker sehen, der die Begriffe prägen und Themenfelder besetzen kann. Zu jenen, die Hombach dafür schätzen, gehört Gerhard Schröder. Unter anderem deshalb hat er ihn zu Beginn seiner Amtszeit 1998 zum Chef des Kanzleramtes gemacht.

Hombach besitzt die seltene Gabe, die schwierigen Dinge des Lebens in anschauliche Worte zu kleiden und sie damit auch Menschen verständlich zu machen, die langsamer und mühsamer denken als er. Dass zu dieser Sorte eine erkleckliche Zahl von Sozialdemokraten alten Typs zählt, hat Hombach häufig genug gesagt, und deshalb ist er nicht überall beliebt. Vor einiger Zeit hat er für die deutsche Gesellschaft einen Begriff erfunden, der sehr schnell deutlich macht, dass Hombach in Bildern denken kann, die jeder auf Anhieb versteht. Während andere vielleicht tausend Worte brauchen, um zu erklären, dass es in Deutschland eine Tradition von Neuerungsverhinderern gibt, die jeden, vor allem aber auch den gesellschaftlichen Fortschritt bremsen, prägte Hombach den Begriff der »Malefiz-Gesellschaft«. Ziel dieses Gesellschaftsspieles ist es zwar auch, nach vorne zu kommen mit seinen Figuren. Man erreicht dieses Ziel jedoch am ehesten, wenn man den Gegner und Mitspieler behindert, ihn förmlich einmauert. Hombach zieht offenbar die Regeln des »Mensch-ärgere-Dich-nicht« vor: Jeder stürmt nach vorne, so schnell er kann. Man kann aus dem Rennen geworfen werden, aber auch selbst andere rauswerfen.

Über den Wahlkampf sind sich Hombach und Schröder näher gekommen. Wie der Kanzler ist dieser übrigens ein Mann des zweiten Bildungswegs, er ist gelernter Fernmeldetechniker. Mit 27 Jahren leitete

Hombach seinen ersten Wahlkampf für Johannes Rau, den er schließlich im Lauf der Jahre in Nordrhein-Westfalen auf 52 Prozent hievte. Hombach ist es auch, der Schröder in den selbstbewussten Parteibezirken an Rhein und Ruhr den Weg bereitet, als er lange vor der Entscheidung über die Kanzlerkandidatur dort den Boden bereiten will. Im Rau-Land ist Schröder nicht gerade wohl gelitten, also vergisst er es Hombach nicht, dass er dort für ihn geworben hat, auch wenn es seinem direkten Chef überhaupt nicht gefallen hat. Hombach ist der klassische Strippenzieher. Einige Jahre lang schafft er es, Manager in der Wirtschaft (Preussag) und zugleich wirtschaftspolitischer Sprecher seiner Partei im Düsseldorfer Landtag zu sein.

Die Technik des Wahlkämpfens lernte er in den Siebzigerjahren als Beobachter in der amerikanischen Provinz, noch während der Kampagne für Gerhard Schröder warfen ihm Gegner vor, einen Waschmittelwahlkampf zu führen. Solange die Vorhaltungen aus dem eigenen Lager kamen, nahm Hombach sie achselzuckend hin. Dass es der Union gelungen sei, Schröder »den Vorwurf des inhaltslosen Wahlkämpfers an die Backe zu kleben«, wurmt Hombach sogar noch nach dem Triumph, »wo man doch nicht inhaltsloser werben kann als mit ›Weltklasse für Deutschland‹«, wie der CDU-Slogan in der Schlussphase des Wahlkampfes 1998 hieß.

Was Hombach nun ausdrücklich nicht liegt, ist die mühsame und zeitaufwendige Arbeit mit Akten. Das hätte er aber leisten müssen in den mühsamen ersten Tagen der rot-grünen Koalition. Der Schreibtisch des Kanzler-Managers, wie sich Hombach selbst gesehen haben mag, erweist sich als überquellendes Zwischenlager, wenn der Besitzer gerade mal wieder in Sachen Selbstdarstellung unterwegs ist. Irgendwann sieht auch der Kanzler ein, dass er seinen Chefverkäufer nicht mehr halten kann, als dieser sich mehr und mehr als Mann ohne Überblick erweist. In solchen Fällen – wenn ein Missstand auf seine eigenen Knochen geht – nimmt Schröder bekanntlich keine übertriebene Rücksicht mehr. Für Hombach findet sich ein hohes Amt als EU-Beauftragter für den Wiederaufbau auf dem Balkan. Dort wird er anfänglich hoch gelobt, doch als er den Posten Ende 2001 wieder quittiert, hört man aus der Brüsseler Zentrale, Hombach habe es stets verstanden, einen unglaublichen Wirbel zu entfachen, Versprechungen zu machen, die andere zu halten hatten, und sich dann schon wieder in das nächste Projekt gestürzt. »Eine gute Beschreibung von dem Mann, das passt«, ist dazu aus dem Berliner Kanzleramt zu hören.

Schon während der Chaostage im Kanzleramt, als Hombach formal noch der Chef ist und Frank-Walter Steinmeier ihm nur zuarbeiten darf, lastet auf diesem die meiste Arbeit: Er muss den Überblick behalten, er muss zurechtbiegen, was jener nicht auf die Reihe bekommen hat, und er muss den ganzen Rest auch noch erledigen. Dennoch entfährt Steinmeier auch heute noch kein abfälliges Wort über seinen Vorgänger. Ein leichtes Anheben der Augenbrauen genügt und jeder weiß, was er denkt. Als Hombach Ende Juni 1999 das Kanzleramt verlässt, überträgt Schröder die Leitung der Administration seinem hannoverschen Weggefährten, dem einzigen aufgeräumten Kopf in dem anfänglichen Tohuwabohu.

Landsmannschaftlich gesehen sind Schröder und Steinmeier gewissermaßen Nachbarn, vom Temperament her vollkommen unterschiedlich. Steinmeier ist in Detmold/Kreis Lippe geboren, knapp zwölf Jahre jünger als Schröder. Nach dem Besuch des Gymnasiums in Blomberg und dem Wehrdienst, studiert Steinmeier von 1976 an Rechtswissenschaft, seit 1980 zusätzlich Politikwissenschaft an der Universität Gießen. Die Zweite juristische Staatsprüfung legt er nach einer dreijährigen Tätigkeit als wissenschaftliche Hilfskraft am Gießener Lehrstuhl für Öffentliches Recht und Wissenschaft von der Politik sowie dem juristischen Vorbereitungsdienst am Landgericht Frankfurt/Main im April 1988 ab. Zum Dr. jur. wird er 1991 mit dem Thema »Polizeiliche Traditionsreste in den Randzonen sozialer Sicherung. Eine Untersuchung des administrativen Instrumentariums zur Intervention bei Obdachlosigkeit« promoviert.

Rein äußerlich wirkt der früh ergraute, inzwischen weißhaarige Mann eher wie ein Wissenschaftler und nicht wie ein Spitzenbeamter, der den Fortgang des politischen Geschehens in seinen Händen hält. Bis zum Abschluss seiner Ausbildung arbeitet Steinmeier auch wissenschaftlich, erst nach der Promotion entscheidet er sich für die Politik. Er beginnt als Referent für Medienrecht und Medienpolitik in der niedersächsischen Staatskanzlei. 1993 avanciert er zum Leiter des persönlichen Büros des Ministerpräsidenten Gerhard Schröder, und ein Jahr später wird er Leiter der Abteilung für Richtlinien der Politik. Im November 1996 macht Schröder ihn zum Staatssekretär und Leiter der Niedersächsischen Staatskanzlei, weil er mittlerweile seine Fähigkeit schätzen gelernt hat, ruhig, verlässlich und effektiv zu arbeiten.

Das ist auch nach dem gemeinsamen Aufstieg der beiden aus der Regionalliga in die Bundesliga noch so. Ohne Steinmeier hätte sich die rot-grüne Regierung nach den Lehrlingsmonaten 1998/99 nicht

Die graue Eminenz im Kanzleramt, Frank-Walter Steinmeier

so rasch gefangen. Zu den Verdiensten von des Kanzlers »getreuem Ekkehard« zählen die Zustimmung zur Steuerreform 2000 und der Fortgang der Gespräche über das Bündnis für Arbeit. Unter seiner Leitung standen auch die Atomkonsensgespräche zwischen der Bundesregierung und den Vorstandsvorsitzenden der vier großen Energieversorgungsunternehmen, die am 9. Juni 2000 mit der Vereinbarung zum Atomausstieg erfolgreich abgeschlossen wurden.

Seit dem 11. September muss Steinmeier als Koordinator der Geheimdienste in Deutschland eine Aufgabe erfüllen, die schon in ruhigen Zeiten eine große Aufmerksamkeit erfordert: täglich, teilweise mehrmals, leitet er die so genannte »Sicherheitslage«. »Mich kennt doch keiner«, hat er früher gerne gesagt, ein Understatement pflegend, das ihn so sehr von seinem Chef unterscheidet. Seit sich die Gefährdungslage in Deutschland so drastisch geändert hat, nutzt ihm sein vermeintliches Inkognito nichts. Auch er muss sich dem Diktat der Personenschützer beugen.

Der Chef des Bundespresseamtes spricht für Gerhard Schröder, seit dieser Regierungsfunktionen innehat, zuerst in Hannover, dann in Bonn und Berlin. Niemand anders hat dies an verantwortlicher Stelle tun dürfen. Die Unrast, mit der Helmut Kohl seine Regierungssprecher ausgewechselt hat, ist Schröder nicht eigen. Auch das spricht für die Behauptung, der Kanzler sei im Grunde ein treuer Mensch. Uwe Karsten Heye, Jahrgang 1941, nennt sich selbst mit dem ihm eigenen ironischen Zug um den Mund »als so eine Art Zeuge der Zeitgeschichte – ich bin bei Lichte betrachtet auch schon ein ziemlich alter Sack«.

Angefangen hat der Journalist in den Sechzigerjahren bei der Nachrichtenagentur UPI in Bonn. Später wechselte er als Redakteur zur »Süddeutschen Zeitung«. Kurz vor dem Ende seiner Kanzlerschaft (1974) heuerte Willy Brandt den Linksintellektuellen als Redenschreiber an. Bis 1979 arbeitete Heye für den SPD-Vorsitzenden, danach sechs Jahre als freier Journalist, bevor ihm das ZDF das Magazin »Kennzeichen D« anvertraute. Aus dieser Zeit rühren die ersten Kontakte zu Schröder.

Ein wenig möchte Heye sein wie Klaus Bölling, der scheinbar politisch allwissende Berater und Sprecher Helmut Schmidts. Wenn man Heye gut möchte, dann kann man die Rollen der beiden durchaus vergleichen. Heye ist nahe dran am Kanzler, er zählt zum Beraterstab und er hat die Lizenz zum Interpretieren. Während Kohls Sprecher lieber dreimal geschwiegen haben, wenn die Korrespondenten wissen wollten, wie der Kanzler denn dieses oder jenes gemeint habe, kommt von Heye stets eine Antwort. Mit sonorer Stimme, meist herablassend im Tonfall, erhält jeder, der es wünscht, eine Interpretation der Haltung des Kanzlers, geschliffen stets, aber selten erhellend. Den Mann kann man genauso wenig festlegen, wie man ein Drehtür zuschlagen kann. Wenn es sein muss, bekommen Korrespondenten – aber nur solche, die als würdig erachtet werden – auch schon mal eine Nachhilfestunde von Heye in Form eines Anrufes oder einer Vorladung. Verpackt in höfliche Superlative wie »Verehrtester« oder »Maestro« werden als irrig empfundene Informationen oder Einschätzungen zurechtgerückt. Wie in Hannover üblich, fast britisch dezent, niemals ausfallend.

Der entscheidende Unterschied zu Bölling liegt in der Entwicklung der Medienlandschaft begründet. Als Darsteller werden Leute wie Heye fast überflüssig, weil Schröder noch stärker als Schmidt bei Bedarf selbst auf dem Bildschirm präsent sein kann. Wenn Schröder die Wahl gewinnt, wird er sich einen neuen Sprecher oder eine Sprecherin suchen müssen, weil Heye seinen Rückzug aus Altersgründen schon angedeutet hat. Ob der Nachfolger indes noch die Lizenz zum Interpretieren haben wird, ist mehr als fraglich.

Den Gerd habe er während der Referendarzeit kennen gelernt, erzählt der hannoversche Anwalt Götz von Fromberg dem Reporter der heimischen Zeitung. Neben dem Rechtswesen hätten sie noch zwei Steckenpferde gemeinsam gehabt: Politik und Fußball. Noch heute spielt Hannover-96-Mitglied von Fromberg linker Verteidiger bei den »Veteranos«, einer Hobbytruppe, für die Schröder vor Jahren noch fleißig Tore schoss. Als er einmal fünf Tore in einem Spiel erzielt, hängt er die Schuhe an den Nagel. Ihm sei sofort klar gewesen, sagt er, »das kannst du nicht mehr toppen. Jetzt hörst du auf.«

Vor 30 Jahren war Schröder bei den Jusos und Fromberg aktives Mitglied beim Sozialistischen Hochschulbund (SHB). Die beiden haben sich auf Anhieb verstanden, denn Fromberg ist einer dieser Saft- und Krafttypen, die Schröder mag. Der Mann ist ein Genießer. Man sieht es, 120 Kilo kommen ungefähr hin. Auch Fromberg liebt Currywurst, am liebsten »Bei Biggi« hinter der Markthalle in Hannover. Auch sonst ähnelt sich der Lebensweg der beiden. Mit 16 Jahren war Fromberg Vollwaise, mit 26 Hannovers jüngster Anwalt. Bissig sei er damals wie heute gewesen, sagt er, womöglich ist damit auch seine Vorliebe für den Boxsport zu erklären. Er ist in Hannover-Kleefeld aufgewachsen, »links von der Bahn«, einem Viertel, wo damals unter Jugendlichen nicht viel diskutiert wurde, schon gar nicht mit einem Sohn aus dem schlesischen Landadel. Boxtraining sei da schon recht hilfreich gewesen. Sein Jugendidol heißt Cassius Clay, heute zählt er Boxweltmeister Dariusz »Tiger« Michalczewski zum Freundeskreis. Dieser ist im Übrigen groß und bunt zusammengewürfelt: Neben dem Kanzler wären da noch der Komödiant Karl Dall, Thomas Gottschalk, Rocksänger Klaus Meine, Ministerpräsident Sigmar Gabriel, allesamt Duz-Freunde auch von Schröder. Mit seiner Ehefrau, einer Berufskollegin, ist Fromberg schon seit 26 Jahren verheiratet. Darin unterscheidet er sich dann wieder von seinem Kumpel.

SECHZEHNTES KAPITEL

1998: Der doppelte Triumph

Wann genau das Diskussionsverbot in der SPD ende, hat einer wissen wollen vom Bundesgeschäftsführer Franz Müntefering, ob denn gleich um 18 Uhr oder erst später, wenn die Sache in Niedersachsen klar sei. Die Frage war spaßeshalber gestellt, weil niemand mehr über etwas anderes geredet hat als über den Kanzlerkandidaten.

Im Erich-Ollenhauer-Haus in Bonn ist auf den ersten Blick überhaupt nicht auszumachen, worum es sich am Abend dieses 1. März handelt, weil an diesem Ort niemand den Anschein erwecken will, das niedersächsische Ergebnis als solches interessiere noch.

Der Blick richtet sich starr auf die Stelle hinter dem Komma: Dort, so hofft man in der SPD-Zentrale, werde man womöglich schon an diesem Abend den Kanzlerkandidaten finden. Bei den ersten Hochrechnungen zeichnet sich dann aber überraschend ab, dass man die Antwort schon deutlich vor dem Komma finden würde. Und doch ist der Beifall der Belegschaft noch merkwürdig verhalten, so als könne man das große Glück nach vielen Nackenschlägen nicht recht begreifen.

Irgendwoher aus Niedersachsen waren am späten Nachmittag schon die ersten Gerüchte herübergeschwappt, es gebe etwas wie Trendmeldungen, und diese sähen günstig aus für Gerhard Schröder. Der Ministerpräsident, so raunten die aufgescheuchten Anhänger des Parteivorsitzenden Oskar Lafontaine, habe auch schon verdächtig früh angekündigt, er wolle noch am Abend mit dem Saarländer telefonieren. Was er wolle, das könne man sich ja wohl denken. Und weil man an solchen Tagen, an denen der Pulsschlag der Innenpolitik einmal nicht in der Stadt am Rhein zu spüren ist, sondern anderswo, doppelt empfindsam reagiert, treffen sich die üblichen Hinterzimmerkreise früher als gewöhnlich.

Und da ist schon das scheinbar Unglaubliche zu hören, was sich später am Abend dann als wahr herausstellt: Lafontaine hat Schröder bereits am Nachmittag in Hannover angerufen und ihm angekündigt, er werde ihn am Montag dem Parteivorstand als Kanzlerkandidaten vorschlagen, wenn das Ergebnis auch nur annähernd so sein werde, wie es die letzten, unveröffentlichten Umfragen vorhergesehen hatten: nämlich bei 47 Prozent. Die Familie Schröder, die private mit Doris und Stieftochter Klara, und die politische mit dem hannoverschen Beraterkreis um Regierungssprecher Uwe-Karsten Heye, haben in der kleinen Dachgeschosswohnung in der Arnswaldtstrasse beisammengesessen, irgendjemand hat ein Gesellschaftsspiel ausgepackt, aber man hat sich nicht recht darauf konzentrieren können vor lauter Nervosität, als gegen 16 Uhr das Telefon klingelt. Der Mann am anderen Ende der Leitung meldet sich nicht mit Namen, sondern sagt nur: »Hallo Kandidat«. »Wer ist denn da?«, oder so etwas Ähnliches fragt Schröder, bis er registriert, dass es sein Parteivorsitzender ist, der ihn da anruft und der ihm nichts weniger mitteilen möchte als seine Entscheidung in der Kandidaten-Frage. Das Gespräch dauert nicht lange, Oskar will noch hinaus vor das Gartentor und den wartenden Journalisten einen Schnaps bringen. Man verabredet sich für den nächsten Tag.

Im Ollenhauer-Haus in Bonn nimmt Bundesgeschäftsführer Müntefering vor den Mikrofonen und Kameras einen langen Anlauf, bis er auf den Punkt kommt. Das sei ein großartiges Ergebnis, sagt er und schüttet dann noch ein wenig Häme über den Kanzler, der doch im Wahlkampf ein Signal haben wollte aus Niedersachsen. Dann endlich sagt er, ganz unaufgeregt, den Satz: »Oskar Lafontaine wird morgen Gerhard Schröder als Kanzlerkandidaten vorschlagen.«

Nicht zu Unrecht sagen die Chinesen, wenn sie jemanden verfluchen wollen: »Mögest du in interessanten Zeiten leben.« In der Bonner SPD-Zentrale ist man am Montag nach der Wahl doch ein wenig überwältigt worden von den jetzt heraufziehenden interessanten Zeiten, so dass der Ansturm der Fotografen und Fernsehleute ein Chaos auslöst. Als sich vor Beginn der üblichen Präsidiumssitzung frühere Lichtgestalten der Partei so im Halbkreis im Foyer aufbauten, dass der herannahende Kanzlerkandidat und der Parteivorsitzende durch die Rückenansichten von Rudolf Scharping und Johannes Rau fast vollkommen verdeckt werden, dringen dann auch die ersten derben Flüche der neuen Zeitrechnung an ihre Ohren. Jubeln und Hochlebenlassen muss die SPD behutsam wieder lernen.

Freilich, es ist ein vergleichsweise herzlicher Empfang für den Kandidaten aus Niedersachsen, aber eben nur vergleichsweise. Das Präsidiums- und Vorstandsmitglied Gerhard Schröder ist in diesen beiden Gremien eher sporadisch zu Gast, es gab Zeiten, da hielt sich die Freude über sein Erscheinen in Grenzen. Transparente für ihn hat man

nicht aufgehängt, obwohl sich das geräumige Treppenhaus dazu eig-
net. »Björn, halt durch« konnte man vor einiger Zeit da noch lesen
und später auch Trost für gescheiterte Kanzlerkandidaten.

An diesem Tag aber gilt es, einen neuen Hoffnungsträger willkommen zu heißen, und soweit Oskar Lafontaine daran beteiligt ist, geschieht das durchaus stilvoll. Der Parteivorsitzende bemüht sich in
die niedersächsische Landesvertretung und wartet dort in dessen
Wohnung auf den Erwählten. Eine herzliche, aber nicht übertriebene
Umarmung bekräftigt die Männerfreundschaft, ein kurzer Gedankenaustausch zwischen zwei Politikern, die im Gleichklang zu wirken
scheinen, und die gemeinsame Fahrt in Schröders Bonner Dienstwagen
zur Parteizentrale folgen. Den Jet zum Anflug auf Bonn hatte im Übrigen die Partei geschickt; die Bewegungen des Kandidaten werden
von Stund an zentral gesteuert.

Beim Gang in die Gremien zeigt sich Schröder noch ein wenig steif,
ringt sich ein »Wir lassen jetzt nichts mehr anbrennen« ab und scheint
beinahe erleichtert, wenn Lafontaine für ihn antwortet. Irgendwelche
Ängste muss er nicht haben, denn was sollte sich da in Präsidium und
Vorstand noch regen außer überschwenglichem Zuspruch? Irgendwelche Bedenken vielleicht gegen den Personalvorschlag des Vorsitzenden, dessen Proklamationsauftritt am Wahlabend im heimatlichen
Saarbrücken ein Meisterstück der Selbstinszenierung gewesen war? So
wie Lafontaine da ins unverschämt grelle Schweinwerferlicht vor seinem Haus trat, eine dunkelblaue Strickjacke tragend und in der Hand
die wohlgeformte Flasche mit Zirbengeist, um den ungebetenen Gästen
ein anständiger Gastgeber zu sein, so zeigte er dem Publikum, dass er
der gütige und treu sorgende Hausvater ist, der unter den Seinen freilich keinen Widerspruch dulden wird. Er werde Gerhard Schröder den
Gremien der Partei am Montag vorschlagen, und er rechne nicht damit,
dass es zu ausschweifenden Debatten kommen werde.

So geschieht es dann auch, nur die Begrüßung zwischen Johannes
Rau und Schröder fällt doch sichtlich unterkühlt aus; auch der von
einem schweren Autounfall wieder genesene Rudolf Dreßler ist gekommen, ebenfalls kein Freund Schröders. Dass man den Kandidaten nun
gemeinsam tragen wird, dafür steht dann sogar Heidemarie Wieczorek-Zeul auf, die ganz neu in der Anhängerschaft Schröders ist. Das
Präsidium votiert offen – einstimmig. Im Vorstand gibt es – geheim –
drei Enthaltungen.

Flugs hat sich das Kanzleramt gewendet in der Einschätzung, welcher der härtere Gegner für den Amtsinhaber Helmut Kohl gewesen

wäre. Der Kanzler, hieß es da auf einmal, habe sich niemals Oskar Lafontaine als Gegner gewünscht. Mit Schröder nehme es Kohl gern auf, sehr gern sogar, dass er sich das einmal merke, der Herr Schröder: Der Lafontaine wäre der schwerere Gegner gewesen, weil er seine Partei hinter sich habe und Schröder eben nicht.

Solcherlei Keile werde man künftig nicht zwischen sich treiben lassen, machen Lafontaine und Schröder dann bei ihrem gemeinsamen Auftritt vor der Bundespressekonferenz klar. Zur Koalitionsfrage, sagt Schröder, der auf einmal weniger angespannt wirkt als noch kurz zuvor in der Parteizentrale, sei doch »in fast zwillingshafter Übereinstimmung alles gesagt«. Bei einer außenpolitischen Frage springt ihm Lafontaine einmal bei. Schröder seinerseits versichert, es gebe keine Richtlinienkompetenz des Kanzlerkandidaten. Vorsichtshalber streicht Schröder noch ziemlich dick die Integrationskraft des Vorsitzenden heraus, er weiß nämlich, dass er Oskars harte väterliche Faust brauchen wird, um die SPD auf Kurs zu halten in den folgenden interessanten Zeiten.

Die SPD-Bundestagsfraktion, bislang ein Hort der Skepsis, empfängt den Kandidaten mit Dauerapplaus knapp unter der Jubelgrenze. Fraktionschef Scharping fasst die neue Zuneigung mit den Worten zusammen: »Natürlich hat es in der Vergangenheit in der Fraktion einige gegeben, die Gerd skeptisch gegenüberstanden.« Scharpings Begrüßungsrede ist warmherzig und humorvoll zugleich, Oskar Lafontaines Worte werden von Fraktionsmitgliedern sogar als »bewegend« empfunden.

Zuvor hat Schröder die ersten Personalentscheidungen getroffen. Sein Regierungssprecher Uwe-Karsten Heye wird künftig von Montag bis Freitag in der Bonner Wahlkampfzentrale »Kampa 98« arbeiten. Strategisch-organisatorische Beihilfe wird dort von jetzt an auch der 45-jährige nordrhein-westfälische Landtagsabgeordnete Bodo Hombach leisten, der in der SPD als »Schröders persönlicher Wahlkampfmanager« firmiert. Heyes Wechsel nach Bonn ist in der Medienszene aufmerksam registriert worden, weil es dem Vernehmen nach schon »einen Stapel von Bewerbungen und Anfragen« für das Amt des Regierungssprechers in Bonn gibt. Unter ihnen sind einige bekannte Namen. Überhaupt, erzählen Schröders hannoversche Weggefährten, gebe es seit Sonntagabend um 18.30 Uhr eine gewaltige Zahl von Leuten, die »allesamt alte Freunde von Schröder« seien.

Scharping, der Schröder vor dem Fraktionssaal in Empfang nimmt, erstickt Begehrlichkeiten aus Partei und Fraktion im Keim, dem Kanzlerkandidaten als Erstes schon mal Vorschläge oder gar Vorschriften für die Zusammensetzung seiner Kernmannschaft zu machen. Aus eigener, leidvoller Erfahrung rate er dringend davon ab, irgendwelche Ansprüche zu stellen oder die Personalentscheidungen »durch öffentliches Gequatsche zu beschädigen«. Lafontaine stellt allerdings klar, wichtige Entscheidungen würden im Einvernehmen mit ihm und den Gremien getroffen. In der Fraktion gibt es dafür zustimmendes Gemurmel. Wie gut, finden die meisten hier, dass er Oskar an seiner Seite hat.

Schröder eröffnet seine kurze Rede mit der Erinnerung an seine Mitgliedschaft im Bundestag in den Jahren 1980 bis 1986 und an Willy Brandt. Es sei gewiss in dessen Sinne, wenn der erste Bundeskanzler, der von Berlin aus regiere, ein Sozialdemokrat sei. Als sehr angenehm wird Schröders Angebot empfunden, ihn jederzeit anzurufen, wenn er im Wahlkampf Dinge sage oder zu sagen vergesse, die einem Mitglied der Fraktion wichtig seien. Vereinzelt wird Schröder daraufhin um seine Telefonnummer gebeten. Auf den muss man aufpassen.

Nach der ersten regulären SPD-Vorstandssitzung mit dem Kandidaten Mitte März führen Lafontaine und Schröder vor, wie sie sich die künftige Arbeitsteilung vorstellen: Schröder beantwortet alle Fragen zur Wirtschaftspolitik und zur inneren Sicherheit, Lafontaine nimmt zu Themen der sozialen Gerechtigkeit Stellung.

Das Wahlprogramm, das vom Vorstand mit einigen Änderungen gebilligt wird, ist nach Schröders Worten »das entschieden marktwirtschaftlichste in der Geschichte der SPD«. Die SPD lege jedoch stets Wert auf die soziale Gerechtigkeit, merkt Lafontaine sofort an. Das vorrangige Ziel sei die Bekämpfung der Arbeitslosigkeit und eine grundlegende Erneuerung von Wirtschaft, Staat und Gesellschaft. Der Kandidat macht klar, alle im Programm enthaltenen Versprechen stehen unter einem strikten Finanzierungsvorbehalt: »Wir wissen nicht, was nach dem Kassensturz Ende September auf uns zukommt.«

Die amtierende Regierung arbeitet einfach »mit zu vielen Luftbuchungen«. Neben dem Aufbau Ost könne es aber weitere steuerfinanzierte Konjunkturprogramme nicht geben, sagt Schröder. Ganz sicher aber werde eine SPD-geführte Bundesregierung die von der Koalition beschlossene Streichung der Lohnfortzahlung korrigieren und die »unsoziale Rentenkürzung« zurücknehmen. Das Risiko Krankheit dürfe nicht das Einkommen mindern, sagt Schröder und fügt hinzu: »Keiner bekommt 20 Prozent Rabatt bei der Miete und beim Lebensmittelhändler, wenn er krank ist.«

Geändert worden ist der Programmentwurf vor allem im Bereich der inneren Sicherheit, und das vor allem auf Betreiben der Frauen im Vorstand. So soll der Schutz von Opfern von Gewalttaten erweitert werden. Bei Kindesmissbrauch sollen den Tätern härtere Strafen drohen, die Möglichkeit der Sicherungsverwahrung stärker genutzt werden. Die materielle Stellung allein erziehender Frauen wollen die Sozialdemokraten verbessern.

Im Bereich Arbeitsmarkt ist die Anregung aufgenommen worden, sich bei den Dienstleistungen nicht allein auf die Schaffung von Arbeitsplätzen in Haushalten zu konzentrieren. Auch im industrienahen Bereich sei dort mit besseren Rahmenbedingungen eine steigende Nachfrage nach Arbeitskräften zu erzielen.

Die Kür in Leipzig

Eigentlich hätte alles sehr spannend und aufregend werden können, wenn nicht am Abend vor dem großen Ereignis am 17. April ein schmales Papier mit der Überschrift »Ablaufplan« herumgereicht worden wäre. Darin war zu lesen, wann und wie lange der sozialdemokratische Kanzlerkandidat Gerhard Schröder den Delegierten des Leipziger Parteitags zuzuwinken habe und wann und wie lange der Jubel des Parteivolks sich austoben dürfe. So ist eben ein gutes Stück der Überraschung weg gewesen von dieser aufwendigen Inszenierung, die etwas vollkommen anderes war als ein SPD-Parteitag alten Typs, sondern vielmehr eine wirkliche Krönungsmesse von beinahe religiösem Charakter.

Wann jemals sind sozialdemokratische Spitzenpolitiker eingezogen in einen Saal unter hymnischen Klängen, in liturgischer Ordnung, als seien sie Oberhirten, rechts und links Hände schüttelnd, Berührungen austeilend wie Segensgrüße, um sich dann niederzulassen im Angesicht des Parteivolks, als säßen sie nicht auf dem Podium in einer modernen, stählernen Messehalle, sondern im Chorgestühl einer barocken Kirche?

Die SPD, eine Partei im Zustand der vollkommenen geistigen Verzückung, hat sich entschlossen zu feiern. Und sie hat sich entschlossen, endlich wieder Bundestagswahlen zu gewinnen, und wenn es anders nicht geht als mit Gerhard Schröder, dann eben mit Gerhard Schröder. Immer und immer wieder haben sie das einander versichert, die Führungsriege im gemeinsamen Choral und die Parteitagsbasis mit nur wenigen schiefen Tönen beim Absingen der Hymne an die Freude.

Hörbar geworden ist dies, als der gerade neu gewählte sozialdemokratische Leipziger Oberbürgermeister-Kandidat Wolfgang Tiefensee das Ergebnis der geheimen Abstimmung über die Kanzlerkandidatur bekannt gibt. Unter all den Jubilierenden sind nämlich etliche, die dabei bleiben, dass dieser Schröder nicht der richtige Kandidat sei. Also muss der mit dem Votum von zehn Enthaltungen und 24 Neinstimmen in den Wahlkampf ziehen. Mit einer Zustimmung von 94 Prozent hat er das schlechteste Ergebnis solcher Abstimmungen über SPD-Kanzlerkandidaten erhalten. Hundert Minuten lang dauert die Rede des Kandidaten. Schröder hat sie am Vortag geprobt im Kreise des Präsidiums, und da hat er seine Botschaft in 47 Minuten heruntergehaspelt. Weil das zu kurz gewesen ist, und weil er beim Vortrag vielleicht ein wenig hölzern und ungewöhnlich gehemmt gewirkt hat, ermutigen ihn seine Freunde und Förderer, doch ruhig ein wenig abzuweichen vom Konzept, den alten Kämpfer herauszulassen aus dem Käfig der Befangenheit, die seiner Umgebung an ihm aufgefallen ist seit jenem Tag, da er zum Kanzlerkandidaten ausgerufen war.

Oft ist er in diesen Tagen darauf angesprochen worden, mit welchem Grad der Zustimmung er denn rechne und ab welcher Prozentzahl er ins Grübeln komme. Da hat er stets seine Wahlkampfphilosophie ausgebreitet, er werde locker bleiben, wie immer das Ergebnis ausfällt, und seine freundliche Gelassenheit nicht verlieren, auch wenn der politische Gegner bald »das Holzen anfangen wird, damit rechne ich ganz sicher«. Wahrscheinlich, so flachst er dann in einem Augenblick der Entspannung, »werden die mich irgendwann nackt auf dem Eisbärfell zeigen wollen, aber da werden sie kein Glück haben, wir hatten nämlich zu Hause kein Eisbärfell«.

Und diese seine Herkunft hat er dann voll eingebracht in seine Kandidatenrede, die eine Verknüpfung ist von einer vorweggenommenen Regierungserklärung und einer Liebeserklärung an den deutschen Mittelstand. Da schwingt nicht nur das übliche Verständnis für die soziale Lage der Normalverdiener mit, die ja auch zu dieser gesellschaftlichen Gruppierung der »Neuen Mitte« gehören, nein, Schröder rückt den Kampf für diese »Neue Mitte« in den Mittelpunkt. »Ich kündige der Union hier und heute den Kampf um ihre sicher geglaubte Bastion in Handwerk und Mittelstand an«, lautet einer der Kernsätze, der die Delegierten zum Beifall animiert. »In meiner Regierungserklärung werde ich anregen« oder »Ich kandidiere für ein Amt, dessen

Inhaber die Richtlinien für die ganze Politik bestimmt« – solche Floskeln sollen die Entschlossenheit des Kandidaten deutlich machen. Natürlich haben auch andere Leute das Wort ergriffen auf diesem Schröder-Parteitag. Helmut Schmidts Rede für den Kandidaten ist eine Weihestunde, der Parteivorsitzende Oskar Lafontaine und Fraktionschef Rudolf Scharping führen mit ihren Auftritten gewissermaßen körperlich vor aller Augen vor, wie geschlossen die Partei in den Wahlkampf ziehen möchte. Der von einer Gelbsucht wieder genesene, angriffslustige Scharping weist stolz auf die neuesten Zahlen des Politbarometers hin, das die Sozialdemokraten nunmehr bei 43 Prozent ansiedelt und das den Grünen noch acht Prozent gibt (»Das ist die Strafe für kollektiven Schwachsinn«). Da hat man die Augen leuchten sehen, auch die in den Gesichtern jener, die vor nicht allzu vielen Tagen noch mit vor Zorn zitternder Stimme geschworen hatten, dieser Schröder dürfe auf keinen Fall der Kandidat werden, nein auf gar keinen Fall, eher würden sie austreten aus der Partei. Was soll's, sagt Schröder dazu, auch die Pharisäer hatten Zugang zum Tempel.

Lafontaine, dem die allgemeinen Lobesworte über seine gestrenge Vaterrolle im Sinne des Zusammenhalts der Partei sichtlich wohl tun, brauchte in dieser Atmosphäre des Wohlgefühls gar nicht erst für gute Stimmung zu sorgen, er tut es gleichwohl in einer gelösten, geradezu befreiten Weise, und er springt auch kecker mit dem amtierenden Bundeskanzler um, als der Kandidat Schröder dies tun kann. Helmut Kohl solle doch, rät der Saarländer dem Pfälzer in schönstem Trapattoni-Deutsch, am Wahlabend vor das Volk treten und verkünden: »Haben regiert wie Flaschen leer. Haben fertig. Das war's. Danke.«

Debatte um den Euro

Draußen lache die Sonne vom Himmel, hat Bundestagspräsidentin Rita Süssmuth am 23. April gleich zweimal von Amts wegen erwähnt. Da ließ sich ihre Hoffnung heraushören, die folgende achtstündige Debatte im Deutschen Bundestag möge von Harmonie und Gelassenheit erfüllt sein.

Der Wunsch der Präsidentin ist im Großen und Ganzen in Erfüllung gegangen, ja, man gewann den Eindruck, dass die Hauptfiguren des Schauspiels allmählich Gefallen daran finden, einander zu schmeicheln und um den Bart zu gehen, so sehr, dass sie fast ihre Rollen zu tauschen beginnen: Gerhard Schröder gibt schon mal den Kanzler, Helmut Kohl ist derweil in eine geschichtliche Dimension entrückt, und Wolfgang Schäuble füllt die Position des Herausforderers aus, wobei nicht ganz klar wird, ob er nur Schröder oder doch auch Kohl angreift. Zum ersten Mal seit seiner Ernennung und seiner Wahl zum Kanzlerkandidaten tritt Schröder also im Bonner Parlament auf, und weil ein solches Ereignis nicht allzu häufig vorkommen wird bis zum Wahltag am 27. September, klettern die Erwartungen überaus hoch. Von einem Duell mit dem amtierenden Kanzler ist rasch die Rede gewesen, mehr aufseiten der Opposition als aufseiten der Regierung – und das ausgerechnet in einer Sitzung, die über die Einführung des Euro zu entscheiden hat, ein Thema, das Schröder nicht in allen Facetten genauso sieht wie seine Partei.

Die Koalition will hineinstoßen in diese weiche Seite Schröders, das merkt man gleich. Aber die Opposition passt gut auf und achtet sorgfältig darauf, dass für jeden Angriff auf den Euroskeptiker Schröder eine Attacke gegen die Eurokritiker Kurt Biedenkopf (CDU) und – mit noch größerem Lustgewinn – Edmund Stoiber (CSU) geritten wird. So scharf entwickelt sich die Debatte aber nun doch nicht, vielleicht weil man gemeinsam wünscht, dass dies ein »historischer Tag« (Theo Waigel), eine »historische Stunde« (Ingrid Matthäus-Maier), eine »Entscheidung von europäischer Dimension« (Hans-Dietrich Genscher), eine »Entscheidung von einiger Bedeutung« (Gregor Gysi) und nicht zuletzt ein »Jahrhundertereignis« (Helmut Kohl) werden möge.

Sehr wahrscheinlich ist in dieser historischen Dimension der Grund dafür zu sehen, warum der Kanzler vor seinem Herausforderer reden will. Zuerst aber muss Kohl warten, was ihn sichtlich nervt. Weil nämlich bekanntlich draußen die Sonne lacht und die Stimmung im Saale glänzend ist, glaubt sich die PDS eine kleine Abweichung von den parlamentarischen Gepflogenheiten leisten zu können. Nach der Rede ihres Gruppenchefs Gysi stellen die Sozialisten Klappschilder vor sich auf die Pulte mit der Aufschrift »Euro – So nicht«. Ein Saaldiener sammelt die Demonstrationsobjekte ein, erst dann kann der Regierungschef mit jenen Ausführungen beginnen, die bei ihm zum Thema Euro stets im Sommer 1948 beginnen und im Herbst 1990 enden.

Der Kanzler erzählt gern von der Zeit nach dem Krieg, als die D-Mark eingeführt wurde, und er macht sich dann ein wenig lustig über Leute, die neuen Währungen gegenüber skeptisch sind: »Die Gurus der damaligen Zeit waren voller Zweifel, dass aus dieser Sache etwas werden könnte.« Und nach ein paar grundsätzlichen Aussagen zum Geld (»Währungen sind viel mehr als ein Zahlungsmittel. Sie

haben etwas zu tun mit kultureller Identität.«) wagt Kohl eine Vorhersage, die auch auf seinen Herausforderer Schröder zielt: »Die heutigen
Neinsager werden ihre Haltung in zehn Jahren leugnen.«

Obwohl er Zweifler am Euro nicht mag, obwohl er die »onkelhafte
Betrachtung (des Euro) auch von Teilen unserer amerikanischen
Freunde« nicht ausstehen kann, will der Kanzler niemandem die Aufnahme in den Kreis der Erleuchteten verweigern: »Ich hätte Verständnis dafür, wenn Sie jetzt sagen würden: Wir haben uns geirrt, ihr habt
einen guten Job gemacht.«

Der Kanzler spürt, dass er ein wenig zulegen muss, wenn der Mantel
der Geschichte an diesem Tag nicht an ihm vorbei wehen soll, und so
schaltet er doch auf Angriff gegen die Opposition um. Die Entscheidung für den Euro setze wichtige politische Prozesse in Gang, sagt er,
da brauche man dann schon eine Regierungsmannschaft, die erfahren
und erprobt sei. Auf ein paar naseweise Zwischenrufe aus den SPD-
Reihen hin lässt sich Kohl zur Replik verleiten, »Nun warten Sie
doch mit Demutsgebärde das Wahlergebnis ab«, worauf ihm erst recht
ein fröhliches »Und tschüs« entgegenschallt.

Der Kanzlerkandidat der SPD scheint sich zunächst auf das Wahl-
kampfspiel einzulassen, und die sozialdemokratische Fraktion ist
bereit, dem einst so Ungeliebten kräftige Unterstützung zu gewähren.
Für einen matten Redeauftakt spendet sie heftigen Applaus, als Schröder nämlich sagt, er glaube dem Kanzler gern, dass dieser die Wahl
gewinnen wolle – »aber wie bringen Sie das Ihrer Partei bei?« Schon
bald aber wechselt Schröders Haltung auf »staatsmännisch«, er nimmt
jetzt das Rednerpult in seiner ganzen Breite in Beschlag, stützt nicht
wie früher den linken Unterarm auf die Platte, um seine Worte mit der
gestikulierenden Rechten zu unterstreichen.

Wer die D-Mark ersetzen wolle, der brauche verdammt gute Gründe,
trägt Schröder vor, aber die habe diese Regierung nicht in jedem Fall.
Die Einführung des Euro sei richtig, Niedersachsen werde an diesem
Freitag im Bundesrat auch zustimmen. Woran es aber mangele, sei die
europäische Feinabstimmung in der Wirtschafts-, Finanz- und Sozialpolitik. Daraus folge, dass hierzulande weniger als anderswo für die
Bekämpfung der Arbeitslosigkeit getan werde. Hier nun beginnt es in
den Koalitionsfraktionen zu rumoren. Zum einen will man die Vorhaltungen nicht auf sich sitzen lassen, zum anderen will man dem
Kanzlerkandidaten die allzu staatsmännische Tour vermasseln.

Der jedoch bleibt bei seiner Linie vom Leipziger Parteitag (»Ich
werde im Wahlkampf gelassen bleiben, auch wenn die das Holzen

anfangen«) und zieht das Fazit seiner Rede: »Diese Regierung hat nicht alle Voraussetzungen für einen erfolgreichen Euro geschaffen.« Und er versprach, diesen Punkt nach dem 27. September zu ändern.

Der andere mögliche Nachfolger des Kanzlers, Wolfgang Schäuble, nimmt sich an Kohls Stelle den Kandidaten vor und lässt ihn ein wenig auf den jüngeren und älteren Glasscherben der Geschichte herumspazieren. Schröders Rede sei ja nicht so toll gewesen, aber ohne einen Regieplan wie beim Leipziger Parteitag könne der Kandidat wohl nicht so recht: »Ohne Musik und ohne Scheinwerfer ist das ziemlich dünn.« Bei Schröders Bemerkung, die Leute aus dem Osten Deutschlands hätten die D-Mark als Symbol für die Teilhabe am Wohlstand begriffen, habe er gestutzt, sagt der CDU/CSU-Fraktionsvorsitzende: »Wer hat denn damals gegen die Währungsunion gestimmt? Niedersachsen und das Saarland!«

Schäuble offenbart also, auf welche Weise man den SPD-Kanzlerkandidaten packen will: Er soll als schwankende Gestalt, die so redet und dann anders handelt, erscheinen. Der Applaus der Koalitionäre für Schäuble, den Kämpfer gegen Schröder, fällt am Ende um einiges kräftiger aus als zuvor für den Kanzler.

Schröder präsentiert die »Kernmannschaft«

Für jeden seiner künftigen Mitstreiter hat der Kanzlerkandidat ein freundliches Wort übrig. Charmant hingetupfte Komplimente für ein Team, mit dem Gerhard Schröder »die schöne und schwierige Aufgabe angehen möchte, bei der Bundestagswahl am 27. September gut abzuschneiden, um die Regierungsverantwortung übernehmen zu können«. So vorsichtig drückt sich der niedersächsische Ministerpräsident am Dienstag der letzten Maiwoche vor der sozialdemokratischen Bundestagsfraktion aus, als er den Bonner Abgeordneten »den Kernbestand eines Teams für den Wahlkampf« vorstellt. In der Fraktion gibt es einige enttäuschte Blicke.

Die überwiegende Mehrzahl der Namen hat in den Tagen davor schon in den Zeitungen gestanden. Gerade deshalb ist es den Bonner Abgeordneten wichtig, vom Kandidaten selbst die Begründung dafür zu hören, weshalb dieser oder jener Name nun genannt wird und nicht der eigene. Zunächst aber – vielleicht auch um die Spannung zu erhöhen – leistet sich der Kandidat einen kleinen Seitenhieb auf den politischen Konkurrenten. Schröder lobt den »bislang so erfolgreichen Wahlkampf« seiner Partei, der deshalb so erfolgreich sei, weil er fair verlaufe. Das werde auch so bleiben, verspricht Schröder, unabhängig davon, welche Art von neuen Sprechern oder Beratern die Regierung noch aus dem Hut zaubere.

Vor allen anderen nennt Schröder den Fraktionschef Rudolf Scharping für den Bereich der Außen- und Sicherheitspolitik, in dem dieser eine außerordentliche Erfahrung gesammelt habe. Dann erst ist der Parteivorsitzende Oskar Lafontaine an der Reihe, der für die Finanz- und Europapolitik stehen wird. Als brillante Rechts- und Verfassungsexpertin präsentiert Schröder Herta Däubler-Gmelin, zum Innenpolitiker Otto Schily sagt Schröder am meisten. Er »garantiert die notwendige Liberalität«, beachte aber auch stets »die Sicherheitsgesichtspunkte«. Er habe die Ursachen der Kriminalität im Blick, trete aber »hart gegen ihre Erscheinungsformen« auf.

Knapper fällt die Vorstellung des Gewerkschaftsführers Walter Riester aus, dessen Zuständigkeit für Arbeit und Soziales als Erstes bekannt geworden war. Darüber hatte es nicht nur beim »Platzhirschen« Rudolf Dreßler einigen Unmut gegeben. Über den sächsischen Abgeordneten Rolf Schwanitz sagt Schröder, er solle den Aufbau Ost vertreten. Dabei gehe es nicht um Änderungen im finanziellen Bereich, vielmehr um den »intelligenteren Einsatz der Mittel«. Die Berliner Senatorin Christine Bergmann soll sich laut Schröder um die Frauenförderung und um die Jugendpolitik kümmern.

Überraschung löst die Berufung der ausgewiesenen Technologie- und Forschungsexpertin Edelgard Bulmahn aus Hannover für den Umweltbereich aus, den sie »in Zusammenarbeit mit den Umweltexperten« betreuen soll. Fraktionskollegen sehen in dieser ressortfremden Entscheidung ein Signal an die Grünen, dass das Umweltressort bereits für sie reserviert sei.

Ohne bestimmten Verantwortungsbereich, einfach wegen seiner Kompetenz, gehört SPD-Bundesgeschäftsführer Franz Müntefering dem Team Schröders an.

Gelegentlich tauchen in der bunten Welt der Kultur neue Begriffe auf, und manche davon sind so gewählt, dass man sie übernehmen muss, obwohl sie eine sprachliche Hochstapelei sind. Dazu zählt das »Rockland Niedersachsen«, das als solches noch nicht in das Bewusstsein der Landeskinder eingedrungen ist. Von Bonn aus, wo der Landesvater nicht nur den Posten des Kanzlerkandidaten, sondern in Personalunion auch noch den des Bundesratspräsidenten erfüllt, hat Gerhard Schröder nunmehr dieses »Rockland Niedersachsen« ausgerufen.

Wie dieses Ereignis vonstatten gegangen ist, hat durchaus für Aufsehen gesorgt. Ein Bundesratspräsident hat im Verlaufe seiner einjährigen Amtszeit mit seinem Etat ein kulturelles Ereignis zu bestücken. Die Bonner Sommerfestszene ist bislang fest darauf abonniert gewesen, ein erstklassiges Streichquartett oder dergleichen vorgeführt zu bekommen. Nun aber hat der aussichtsreiche Kanzlerkandidat – der noch nach einem namhaften Kulturbeauftragten für seine Kernmannschaft sucht – entschieden, anstelle eines hannoverschen Symphonieorchesters kurz vor Beginn der Sommerferien Ende Juni die Rockgruppe »Scorpions« auftreten zu lassen und damit so eine Art Wertewandel eingeleitet.

Vermutlich kennt niemand die Bonner Gesellschaft besser als die Kolumnistin der örtlichen Zeitung. Die Anwesenden der üblichen Festversammlungen hätten ein wenig schmallippig ausgesehen, notiert die Beobachterin auf ihrem Notizblock, und das Freundlichste, was sie gesagt hätten, seien Bemerkungen wie »gewöhnungsbedürftig« gewesen. Das mag daran gelegen haben, dass man nicht so ganz unter sich war, weil draußen vor dem sorgfältig abgesperrten VIP-Bereich so um die 6000 ganz gewöhnliche Rockfans anwesend sein durften. In Bonn gibt es dafür einen recht netten Ort: ein großes Zeltdach, errichtet zwischen zwei Museen, vis-à-vis dem Regierungsviertel.

Und dann hat sich dieser Herr Schröder auch noch hingestellt und gesagt, vor all diesen gewöhnlichen Rockfans, dass er dieses Fest für sie gedacht habe und eben keinen Empfang machen will, »mit immer dem gleichen schlechten Wein und immer den gleichen Leuten, die sich nix zu sagen haben«. Das ist ziemlich gut angekommen, außerhalb des VIP-Bereiches vermutlich noch ein bißchen mehr. Obwohl dem genauen Beobachter nicht entgangen sein dürfte, dass sich die Bonner Szene in ihrer erstaunlichen Anpassungsfähigkeit in einzelnen Exemplaren schon auf die neue Kultur eingestellt hatte: So mancher Herr hatte sich in die Lederjacke gezwängt, so manche Dame war in die Tigerpumps geschlüpft. Zarte Hinweise auf ein Ende des konservativen Zeitalters.

Die heiße Phase des Wahlkampfes

So erstaunlich ruhig und gleichförmig läuft die Wahlkampfmaschine der SPD, dass den Mitarbeiterinnen und Mitarbeitern der »Kampa 98« zwei verdrießliche Zwischenfälle aus der Sommerpause schon wieder wie heitere Anekdoten vorkommen mögen. Weder die spontanen Eingebungen des Kanzlerkandidaten noch die aufmunternden Einfälle des Wirtschaftsmannes Jost Stollmann haben die sozialdemokratischen Wahlkampfplaner so aus der Ruhe bringen können, wie ein paar Bonner Kanalarbeiter, die dem graugesichtigen Gebäude an der Bonner Regierungsmeile schon verdächtig nahe gekommen sind.

Einmal haben sie nämlich ein dickes Stromkabel durchtrennt, so dass eine elektrische Luftpumpe ausfiel und der große schöne rote Ballon auf dem Dach des Bürohauses in sich zusammensackte. Da haben sie im Konrad-Adenauer-Haus ein paar hundert Meter schon schön gefeixt, der SPD gehe die Luft aus, aber der Ballon steht rasch wieder stramm. Und ein anderes Mal hat sich vor dem Chef der »Kampa«, Franz Müntefering, der Polier der Buddeltruppe aufgebaut und erklärt, das Bürogebäude werde unverzüglich abgerissen.

Der Abriss ist tatsächlich geplant, aber Müntefering hat Aufschub erwirken können zumindest bis zum Wahltag. Wie viele Tage es sind bis dahin wird den Passanten auf einer Uhr in luftiger Höhe angezeigt. Selbst die Stunden und die Minuten werden gezählt, was einer jener Einfälle ist, auf die sich die SPD diesmal so viel zugute hält.

Der genialste Coup aber war, wenn man den Wahlkampfplanern glauben darf, dass die »Kampa« aus der knapp 300 Meter entfernten Parteizentrale ausgezogen ist. Nicht etwa, weil es dort zu sehr nach Oskar Lafontaine riecht, nein man arbeitet einfach freier ohne die Politikfunktionäre im Nacken, die sich selbst fürs Mittagsschläfchen noch das Parteiprogramm unter den Kopf schieben.

»Raus aus der Baracke, neue Leute«, das sei der entscheidende Schritt gewesen, sagt Peter Struck, Mitglied im Führungsteam. Wer sich in der »Kampa« umschaut, findet neben Müntefering und Struck dann zwar noch die Namen von ein paar alten Schlachtrössern, aber schon in der Arbeitsebene darunter wird plötzlich alles anders. »Die neuen Leute von außen sagen halt nicht ständig: »Das haben wir vor zwanzig Jahren schon mal vergeblich versucht«, sie sind einfach ganz anders motiviert«, beschreibt Struck die Stimmungsmelange aus Kampfeswille und Überschwang, die dort nun schon erstaunlich lange anhält. Und dann folgt der nächste Satz, der im Erich-Ollenhauer-Haus wohl gar nicht verstanden würde: »Feste Arbeitszeiten haben die in der ›Kampa‹ nicht.«

Alle neuen Mitarbeiter – in der heißen Phase des Wahlkampfes ist ihre Zahl auf 60 angewachsen – hätten bei ihrem Dienstantritt auf die einzige Zielrichtung geschworen: »Die SPD muss gewinnen.« Die 77 Millionen Mark, die die Partei nach inoffiziellen Angaben für ihren Wahlkampf diesmal ausgeben kann, werden vermutlich nicht reichen:

Es geht schließlich um ein hohes Ziel, die Rückeroberung der Macht nach 16 Jahren in der Opposition. Damit das gelingt, sind die Funktionäre der Traditionspartei gleich über mehrere Schatten gesprungen. Die Agentur ist gewechselt worden, so schön zopfige Plakate und schwülstige Filme wie 1994 wird es diesmal nicht geben: Keine Troika, die zu den Klängen von »Pomp an' Circumstances« zwischen Walhalla-Säulen wandelt und auch keine niedlichen Windelbabys, die für mehr Kindergeld demonstrieren. Die Hamburger Agentur KNSK, die davor ausschließlich für Waschmittel, Zigaretten und Lottofirmen gearbeitet hat, entwickelt die Konzepte, bis zu acht weitere Werbefirmen, PR-Unternehmen und Meinungsforschungsinstitute schaffen Daten heran.

Dass Müntefering vor der Gründung der »Kampa« Henry Sheinkopf, genannt Hank, nach Bonn eingeladen hatte, merkt man, weil der freiberufliche Wahlkampfberater von US-Präsident Bill Clinton den Sozialdemokraten als Erstes den erhobenen Zeigefinger ausgeredet hat. Auch der Spitzenkandidat, der gelegentlich zu dieser Überlegenheitsgeste neigt, lässt im Wahlkampf den Finger unten.

Was Struck elegant mit der Formulierung umschreibt, »der Kanzlerkandidat muss und kann sich nicht vollkommen einbinden lassen in den Wahlkampf der Partei«, hat zwischenzeitlich für Aufregung und Reibungsverluste gesorgt. Seine Taktik für den Sieg lässt sich Schröder von jeher von einem eigenen Team empfehlen, dessen Kern aus dem früheren Wahlkampfberater von Johannes Rau und späteren nordrhein-westfälischen Wirtschaftsminister Bodo Hombach und aus seinem langjährigen Regierungssprecher in Niedersachsen, Uwe-Karsten Heye, besteht.

Die beiden, der eine ein dynamischer Tatmensch mit opulenter Formulierungsgabe, der andere ein nachdenklicher Ratgeber und begnadeter Interpret von Schröder'schen Spontanideen, lassen sich nicht so ohne weiteres einbauen in dieses gut geölte Räderwerk der »Kampa«, in der bei aller Kreativität doch mit Müntefering ein Parteigeschäftsführer an der Spitze steht. Allmorgendlich bekommen mehr als tausend »Kommunikatoren« auf allen Ebenen der Partei über ein internes Computernetz (»Intranet«) ihre Losungen aus der Zentrale, und seien es nur aufmunternde Sprüche oder Stammtischwitzchen über den Gegner.

Diese »Gegnerbeobachtung« geschieht zum ersten Mal nicht rein zufällig, sondern obliegt einer eigenen Abteilung. Deren Arbeit wird als erfolgreich bewertet, der jüngste Coup sei gewesen, einen Tag vor der

Union das Thema »Innere Sicherheit« zu besetzen. »Da haben die getobt, da drüben«, erinnert man sich gerne.

Was Schröders Leibgarde angeht, hat man sich über die Sommermonate zusammengerauft. Die Müntefering-Crew sorgt für die stabile Kulisse, indem sie unermüdlich die sechs als wichtig erachteten Politikfelder bearbeitet: Arbeitslosigkeit, Sozialstaat, Gesundheits-, Jugend-, Familien- und Rentenpolitik. Die »Kampa« fährt die Werbestrategie mit Plakaten, Kongressen und Wahlkampfauftritten der Parteigrößen. Und Schröders Kreativköpfe dürfen ab und an die Überraschungseffekte setzen, wie bei einem Feuerwerk, wenn aus den Strahlenkränzen heraus plötzlich Leuchtraketen noch höher in den Himmel hinaufschießen. Langeweile wäre das Letzte, was passieren dürfte in Schröders Wahlkampf.

Kohl in der Offensive

Es ist ein denkwürdiger Auftritt vor den Bonner Medienleuten, die der Kanzler im Sommer 1998 ohnehin im Generalverdacht hat, sie wollten ihn auf einer Abschiedstournee begleiten. Helmut Kohl hat sich angemeldet zum Besuch bei der Bundespressekonferenz und beim Verein

Noch passt kein Blatt Papier zwischen ihre Ellbogen, Bundestagswahlkampf 1998

der Auslandspresse. Als zu Beginn verkündet wird, der Herr Bundeskanzler habe unbegrenzt Zeit, geht ein Raunen durch den Saal, weil
den Fernseh- und Zeitungsleuten die Zeit im Nacken sitzt und ihnen
ein Regierungschef mit unbegrenzt viel Zeit geradezu verdächtig erscheinen muss.

Anlass für die Versammlung mit größtem Andrang ist die Vorstellung der christdemokratischen Wahlplattform für die Jahre 1998 bis
2002. Deshalb ist Kohl streng genommen gar nicht als Regierungschef
erschienen, sondern als CDU-Vorsitzender, und in seinem Gefolge, neben
Fraktionschef Schäuble der CSU-Chef und Finanzminister Theo Waigel, die Generalsekretäre Peter Hintze (CDU) und Bernd Portzner (CSU)
sowie Parteisprecher fast im Dutzend. Unangekündigt fädelt sich noch
Michael Glos, der CSU-Landesgruppenvorsitzende im Bundestag, ein.
Er bleibt aber schweigsam.

Zur Wahlplattform spricht auch der CDU-Vorsitzende kaum oder
nur insoweit, als sie ihm dienlich ist, den Kanzlerkandidaten der SPD
und seine Parteifreunde vorzuführen. Der Wahlkampf, so erläutert Kohl
seinen Zuhörern, sei allerdings »nicht eine Olympiade der gegenseitigen Beschimpfungen«, sondern eine programmatische Auseinandersetzung. In diesem Sinne setzen sich Kohl, Waigel und Schäuble also
mit dem »Erpresser« Oskar Lafontaine, dem »Rattenfänger aus Hameln«
(Schröder), dem »Altkommunisten aus Niedersachsen« (Jürgen Trittin), dem »tumben Toren« (gemeint ist der frühere Verleger und Publizist Michael Naumann, der Kulturminister werden soll) inhaltlich
auseinander.

Der Vortragsstil des Kanzlers bleibt dabei merkwürdig schleppend –
ein scharfer Gegensatz zum Inhalt seiner Aussagen. Beinahe murmelnd
teilt er mit, dass der Aufschwung nunmehr da und die Trendwende bei
der Arbeitslosigkeit geschafft sei. Das soll die Kernaussage der letzten
Wochen bis zur Wahl werden: Noch zwei Monate Geduld, und der
Wähler wird klarer sehen als alle Wirtschaftssachverständigen. Dann
nämlich wird bei der Zahl der Arbeitslosen »eine Drei vorne stehen
anstelle einer Vier«. Es handelt sich um Millionen.

Wie es seine Art ist, greift der Kanzler auf die Geschichte zurück,
diesmal auf die jüngere. Er erinnert daran, dass es noch nicht allzu
lange her sei, dass die SPD im Bunde mit den Gewerkschaften die Berg-
leute zum Sturm aufs Parlament aufgehetzt habe wegen der Kohle-
subventionen. Und jetzt? Stumm schlucke die Partei die Vorschläge
des fabelhaften Herrn Stollmann, die Subventionen zu streichen. Den
Computer-Unternehmer Jost Stollmann hat Schröder zum Erstaunen

der eigenen Partei als Wirtschaftsminister in seinem Kabinett vorgesehen. Überhaupt Stollmann: Noch nie habe er den amtierenden Wirtschaftsminister Günter Rexrodt so fröhlich gesehen wie in letzter Zeit, freut sich der Kanzler mit. Und noch mal überhaupt: Der Herr Stollmann und sein marktwirtschaftlicher Anstrich für das SPD-Programm – »eine Wählertäuschung ersten Ranges«.

Während der langen Ausführungen des Kanzlers darf sich der Beobachter bisweilen vorkommen wie in einer Kabinettssitzung der vergangenen 16 Jahre. Bei Waigel ziehen sich die Augenbrauen noch dichter zusammen, ein einziger schwarzer Fleck verdüstert die Stirn des Finanzministers. Schäuble beginnt, seine Hände zu kneten, eine notwendige Übung zur Steigerung der Durchblutung.

Aber nichts, auch nicht der kleinste Hinweis kommt dem Kanzler über die Lippen, was zu einer Klärung der Nachfolgefrage beitragen könnte, die die Leute in diesen Augusttagen schon interessiert. Die SPD-Wahlkampfplaner haben lange damit gerechnet, dass Kohl zu Beginn der heißen Wahlkampfphase mit der Ankündigung kommen werde, wann er den Stab an Schäuble übergeben wolle. Die Annahme scheint sich als Irrtum zu erweisen, wieder einmal gibt der Kanzler nur unklare Auskünfte. Die Frage, ob er nochmals volle vier Jahre zu regieren gedenke, beantwortet er einmal orakelnd mit »Ich trete an für vier Jahre«, dann wiederholt er frühere Aussagen: »Ich kenne den Zeitpunkt, und Wolfgang Schäuble kennt ihn auch.« Nur einmal wird Kohl deutlicher als sonst: Wenn er die Wahl verlieren sollte, räumt er in einem Anfall von Schwäche ein, dann werde er den Parteivorsitz selbstverständlich niederlegen.

Freilich fängt sich der Kanzler rasch wieder und bürstet auch gleich alle Frager nieder, die den Begriff »Große Koalition« in den Mund nehmen. Da hilft ihm sein reicher Schatz an Floskeln, von »Ich bitte Sie«, über »Ich habe überhaupt keine Veranlassung« bis zu »Das ist völlig inakzeptabel«. Er weigere sich, heute darüber nachzudenken, ob der Wahlausgang so sein könnte, dass nur eine Große Koalition weiterhelfe. Ein solches Regierungsbündnis, so verkündet der Kanzler ein für allemal, sei eine Erfindung Schröders, um vom wirklichen Ziel abzulenken, nämlich einer rot-grünen Regierung, »wenn möglich und – vom Wähler erlaubt – auch mit der PDS«.

Am Ende – es ist nicht ganz klar, ob es sich um ein Vermächtnis an die Bonner Presseleute oder um eine Arbeitsanweisung handelt – wendet sich der Kanzler zum Gehen: »Ich gebe Ihnen den Rat, schreiben Sie noch nicht den Abschlußartikel für den Wahlabend.«

»Ich weiß, wo ich herkomme«

Wenn die Sommerferien im Rheinland zu Ende sind, ist es nicht mehr lang hin bis zum Beginn der Karnevalssaison. Weil die Wahlkampfplaner der SPD das wissen, haben sie den Geschmack des Publikums voll und ganz getroffen, als sie zur Eröffnung der letzten Phase eine Unterhaltungskapelle mit dem Namen »De Höhner« engagierten. Deren bekanntestes Lied heißt »Die Karawane zieht weiter«, was an einen Lieblingsspruch des Bundeskanzlers erinnert, der heftige Angriffe gegen sich gern mit dem Merkspruch kontert: »Mögen die Hunde bellen, die Karawane zieht weiter.« Eben um zu verhindern, dass Helmut Kohl mit seiner Karawane aus Dinosauriern noch einmal vier Jahre durch die soziale und kulturelle Wüste Deutschland weiterziehen kann, ist Gerhard Schröder angetreten. Damit es wenigstens einen Richtungswechsel gibt.

Auf einer großen Bühne in den Bonner Rheinauen sollen die »Höhner« und andere Gruppen die Zeit vertreiben, bis die SPD-Führungsspitze mit Schröder, Oskar Lafontaine und Rudolf Scharping ihren Dreisprung von Berlin über München nach Bonn absolviert hat. Diese Hatz an drei Orte innerhalb von acht Stunden ist etwas Neues, wie so vieles im SPD-Wahlkampf 1998.

Berlin, der Auftritt dort soll das Bekenntnis zur Hauptstadt und zu den Menschen in den neuen Ländern ausdrücken. In München verspricht man sich Wahlkampfhilfe für Renate Schmidt, die 14 Tage vor der Bundestagswahl ein gutes Ergebnis bei der bayerischen Landtagswahl gegen Edmund Stoiber und seine CSU holen soll. Es ist ein hartes Stück Arbeit, das die Wahlkampfplaner der »Kampa 98« ihren Spitzenleuten da zumuten, was sich nicht allein im bemitleidenswerten stimmlichen Zustand des Kanzlerkandidaten bei seiner Bonner Rede ausdrückt. Lauter Großveranstaltungen sollen es werden in diesem Jahr, mit musikalischer Unterhaltung und Ansprachen von Lokalgrößen, Einschweben des Kandidaten per Hubschrauber, aufrüttelnder Rede und weg. Die Kanzlerkandidaten Hans-Jochen Vogel, Johannes Rau, Lafontaine und Scharping waren im Wahlkampfzug durch die Lande gezockelt, viel zu langsam und unbeweglich auf eingefahrenen Gleisen. Schröder will Raum und Zeit rasch überbrücken, wenn es geht, auch von oben hereinschweben, obwohl er das Fliegen mit dem Hubschrauber nicht sehr mag. Nach dem sonnigen Auftakt am Morgen in Berlin und dem überdachten Auftritt am Mittag in München soll die Regierungsstadt Bonn am späten Nachmittag den Höhepunkt des

Tages bilden. Unglücklicherweise färbt sich der Himmel zusehends schwärzer. Dem Redner verschafft das zwar Gelegenheit zu allerlei Bonmots, nur springt schwer ein Funke über, wenn das Wort an 10 000 Regenschirme gerichtet wird.

Auf keinen Fall durch einen Seiteneingang, nein, durch die Mitte drängen die drei Spitzenleute nach vorn, wie ein Dreigestirn, das auf der Bühne vom Elferrat erwartet wird, in diesem Falle gebildet aus Mitgliedern der Regierungsmannschaft und lokalen Größen. Dann erteilen sie einander das Wort: Scharping an Lafontaine, und dieser bittet um Aufmerksamkeit für den Kandidaten.

Zunächst also erzählt Scharping von seiner Radtour durch Deutschland, wo er viele Menschen getroffen hat, die sich wieder Politiker wünschen, »die noch wissen, wie es in einer normalen Familie zugeht«. Der ehemalige Parteivorsitzende und gescheiterte Kandidat spannt den Bogen von den Grundlagen der Sozialpolitik über die 40 000 ausländischen und die 30 000 arbeitslosen deutschen Bauarbeiter in Berlin (»ein Skandal«) bis hin zu der Feststellung, dass es Deutschland »zu Zeiten von Willy Brandt und Helmut Schmidt besser ging als heute«. Den Sozialdemokraten im Publikum empfiehlt Scharping angesichts der guten Umfragen und der großen Siegeszuversicht: »Tragt die Nasen nicht zu hoch, damit es nicht hineinregnet. Schaut aber auch nicht nur auf eure Schuhspitzen, sondern offen und gerade nach vorn.«

Lafontaine entlockt den Zuhörern einige zaghafte »Kohl-mussweg«-Sprechchöre, dann spricht Schröder. Vielleicht liegt es an der schwer angegriffenen Stimme – der Kandidat nähert sich erstaunlich gedämpft seinen Zuhörern, fast um nachträgliche Zustimmung für seine Nominierung werbend. Der »Genosse für die Bosse« werde er bisweilen genannt, aber »ich weiß, wo ich herkomme, also weiß ich auch, wo ich hingehöre«. Das verschafft ihm Beifall. Der Inhalt der Rede darf ursozialdemokratisch genannt werden: Chancengleichheit, Bildung für alle, wirtschaftliches Wohlergehen, verbunden mit sozialer Gerechtigkeit. Wenn Lafontaine von der Stärkung der Binnennachfrage spricht, dann benutzt Schröder die Formulierung, »die Leute müssen wieder ein auskömmliches Einkommen haben«.

So wird er verstanden: Er wird nicht alles anders machen, aber alles besser. Am Ende amüsiert sich Schröder über die nette Art, mit der Bundesgeschäftsführer Franz Müntefering die Leute nach Hause entlässt: »Sorgt bitte dafür, dass am 27. September nicht die Sozialdemokraten im Regen stehen, sondern Helmut Kohl.«

Der Schlussabbinder in den Wahlkampfreden Schröders ist immer gleich. »Wann, wenn nicht jetzt? Wo, wenn nicht hier? Wer, wenn nicht wir?«, ruft er in die Mikrofone. Der Dreiklang ist nicht von ihm, sondern von Rio Reiser, dem früheren Sänger von »Ton, Steine, Scherben«, die sie auf den Juso-Feten so gerne und so oft gehört haben. Das hat sie damals alle aufgewühlt, und, merkwürdig, es hat noch heute die dieselbe Wirkung.

Rededuell im Bundestag

Ob Helmut Kohl auch nur einen winzigen Gedanken daran verschwendet hat, dass diese Rede am 3. September 1998 sein letzter Auftritt als Bundeskanzler im Deutschen Bundestag gewesen sein könnte? Wer solches vermutet, täuscht sich. Im Gegensatz zu manchen seiner treuen Parteigänger, die beim mühseligen Wahlkampf auf den Straßen und Plätzen bisweilen einen Hauch von Resignation erkennen lassen, legt sich dieser Mann voll ins Zeug – als sei er nicht der in 16 Jahren erprobte Amtsinhaber, sondern der Herausforderer. Er greift an, dass es nur so eine Freude ist. Niemand sollte Kohl darauf ansprechen, dass er einmal gesagt hat, dieses sei seine letzte Amtszeit. Allenfalls ein spöttisches Lächeln wird er ernten. Spöttisch und entspannt zugleich.

»Natürlich ist das ein gewaltiger Schlagabtausch«, ruft er in die Runde, als ob es noch einer besonderen Ermunterung bedurft hätte. Dabei sind die Besuchertribünen schon brechend voll, Fotografen und Kameraleute haben die besten Plätze schon lange eingenommen, bevor »das Duell« in der Mittagsstunde beginnt. Rudolf Scharping, Wolfgang Gerhardt, Gregor Gysi, ja selbst Vortragskünstler wie Joschka Fischer müssen sich an diesem letzten Debattentag der 13. Legislaturperiode mit der Rolle der Zeitvertreiber begnügen.

Auch der Kanzler ist früh gekommen und wirkt sogar ein wenig nervöser als sonst. Er hat in solchen Momenten die Angewohnheit, beschriebene Blätter in kleinste Stücke zu reißen und mit großer Sorgfalt in ein Ablagefach in seinem Pult zu versenken. An diesem Tag fallen viele Schnipsel an.

Auch auf der Bundesratsbank herrscht großer Auftrieb. Ministerpräsidenten der SPD sind zahlreich erschienen und drängen neben Schröder in die erste Reihe. Der Mainzer Kurt Beck hält eisern aus auf seinem Platz, weil er ihn nicht verlieren will, wie der Düsseldorfer

Wolfgang Clement, der nur solange neben Schröder sitzen darf, wie der Parteivorsitzende Oskar Lafontaine noch nicht da ist. Es ist schon ein bisschen wie beim Schaulaufen.

Dass es an diesem Tag um einen Haushaltsplan für 1999 geht, der am Abend schon wieder Makulatur ist, weil alle Gesetzentwürfe mit dem Ende der Legislaturperiode verfallen, ist nur aus einigen spitzen Bemerkungen herauszuhören. »Kein Mensch hat bisher zum Haushalt geredet«, wischt PDS-Gruppensprecher Gysi alle Skrupel beiseite, »also sehe ich auch keinen Anlass dazu.«

Der Parlamentarische Geschäftsführer der SPD, Peter Struck, hatte zuvor in der Fraktion die strikte Weisung ausgegeben, den Kanzler in Ruhe ausreden zu lassen. Ein wenig steckte die Hoffnung dahinter, Kohl könnte in seinen bisweilen lustlosen Vortragsstil verfallen, jenes den Pfälzern eigene Bramabarsieren, das nur von gelegentlichem Bellen unterbrochen wird, wenn der Redner einen Gedanken herausheben will: »Die Zukunft Europas« ist ein solches Schlagwort an diesem Donnerstag oder »Wir haben uns nicht in die Büsche geschlagen bei der deutschen Einheit« ein anderes.

Um solche Aussagen über seine schönen Jahre im Amt rankt sich die Rede Kohls: Seine Erfahrung in der Außenpolitik und seine Verdienste um die deutsche Einheit sind die Pfunde, mit denen der Kanzler in den verbleibenden Wochen bis zur Wahl wuchern will. Er macht das souverän, viele – auch auf den Oppositionsbänken – sagen hinterher, sie hätten die beste Bundestagsrede Kohls seit langer Zeit erlebt. Über lange Passagen aber leistet sich »der Kanzler für die Jahrtausendwende« den Widerspruch, jeden, aber auch jeden Satz in der Vergangenheit vorzutragen. Da reiht sich ein »Wir haben erreicht«, an ein »Es ist uns gelungen« und an ein »Nur so konnten wir Erfolg haben«.

Wenn Kohl dann doch einmal auf die Pläne seiner künftigen Regierung zu sprechen kommt, mag die Opposition den Ratschlag Strucks nicht mehr achten. Dann ertönt hier und da ein hämisches »bye-bye«, ähnlich dem Stundenschlag einer Kuckucksuhr. Aber der Kanzler lässt sich nicht stören, er lässt die Zeit seiner 16 Jahre Regentschaft Revue passieren und tut auf diese Weise nur wenig dafür, als Kanzler der Zukunft dazustehen. Nur einmal empört er sich ein wenig heftiger. Vorredner hatten ihm unterstellt, er wolle die Krisen in Russland und im Kosovo benutzen, sich selbst als Garanten der Stabilität und als Sicherheitsanker darzubieten. »Niemand kann in einer solch dramatischen Lage dem deutschen Bundeskanzler verbieten«, ereifert sich Kohl, »ein paar Worte zur Außenpolitik zu sagen.« Und dann nutzt

er noch rasch die Gelegenheit, dem möglichen Außenminister einer rot-grünen Koalition einen Schlag mitzugeben:»Bei Ihnen«, ruft er Joschka Fischer zu,»sagt jeder in der Welt: Um Gottes willen, was steht uns denn da ins Haus.«
Nach 80 Minuten endet Kohl, indem er seinen einstigen Lieblingsgegner anspricht. Man werde sich wiedersehen nach dem 27. September,»und Sie, Herr Scharping werden wieder die Opposition führen. Das ist eine gute Ordnung, die sich da entwickelt.« Der Beifall bei der Koalition ist kaum mehr als höflich, der Respekt dafür umso größer. Die Unionsfraktion erhebt sich von ihren Plätzen und applaudiert stehend. Das Klatschen endet rasch, es soll nicht klingen wie ein Schlussapplaus.

Natürlich ist auch Gerhard Schröder aufgefallen, dass der Wortschatz des Kanzlers viele Vergangenheitsformen kennt, was er sogleich zum Aufhänger seiner Rede macht. Eisern, wie es ihm von seinen Beratern eingeschärft worden ist, widersteht der SPD-Kandidat der Versuchung, auf einen der Zwischenrufe zu reagieren, die jetzt auf ihn herunterprasseln.»Sagen Sie doch mal was zur niedersächsischen Arbeitslosenquote«, ist ein Dauerläufer, auch einige persönliche Dinge wie Ehestand und Herkunft Schröders werden im Hohen Haus aus den christdemokratischen Reihen in geistvolle Bemerkungen verpackt.

Schröder behält seine staatsmännische Haltung bei, ja er gewinnt sogar an Lockerheit und Souveränität, je länger er am Pult steht und je heftiger die Angriffe werden. Erst als ihn einmal der Kanzler – ganz gegen seine Gewohnheit – zwischenrufend stört, da entschließt sich Schröder zu einem rhetorischen Befreiungsschlag:»Sie sagen doch immer, Herr Bundeskanzler, sie gehen so häufig über Straßen und Plätze, weil sie dort die Stimmung im Volk hören. Wir beide sind in Niedersachsen schon häufig über Straße und Plätze gegangen. 1986 zum ersten Mal. Damals hatte die CDU um die 50 Prozent, wir 36. Heute haben wir 48 Prozent und Sie 36. Das ist eine gute Entwicklung. Das kann so bleiben.«

Fortan wird es ein wenig ruhiger aufseiten der Koalition, so dass der Herausforderer seine politischen Botschaften von der sozialen Gerechtigkeit und dem notwendigen Bündnis für Arbeit anbringen und seine große Sorge äußern konnte, dass der Lagerwahlkampf das Volk spalte. Mit einer Bemerkung gegen Ende seiner knapp einstündigen Rede hat Schröder den Kanzler und seine Partei sogar noch ein wenig ärgern können:»Wir Sozialdemokraten haben zu Beginn unserer Kampagne gesagt: ›Danke Helmut – es reicht.‹ Ihre Leute haben schon das Danke vergessen.«

Es scheint so, als hätte Helmut Kohl an dieser Stelle unwillkürlich genickt. Aber der Kanzler fing sich rasch und lächelte spöttisch. Spöttisch und entspannt zugleich.

Rückschlag in Bayern

Wer die Gemütszustände von Leuten deuten kann anhand von Äußerlichkeiten, hätte an diesem 14. September in Bonn seine reine Freude. Der Kanzlerkandidat zum Beispiel lässt sichtbar seine Schultern ein paar Zentimeter tiefer hängen als gewöhnlich, er fängt lange Sätze an, ohne sie ganz zu Ende zu bringen, und seine Siegeszuversicht verbreitet er mit der Glaubwürdigkeit eines Fußballbundestrainers vor dem Rücktritt. Das Ergebnis der Wahl in Bayern, 14 Tage vor der Bundestagswahl, hat die SPD doch ein wenig ärger mitgenommen, die Zuversicht ist einer Stimmung gewichen, in der man anfängt, Durchhalteparolen auszugeben.

Er werde, erklärt Schröder, als er nach einer Präsidiumssitzung der SPD vor die Öffentlichkeit tritt, nichts mehr zur bayerischen Landtagswahl sagen. Das halte er für überflüssig, weil er es am Vorabend schon getan habe. Dann holt Schröder aber doch ein wenig aus und trägt im Wesentlichen das vor, was im Präsidium festgehalten worden ist: Bayern habe nicht alle Hoffnungen erfüllt, aber am 27. September gehe es nicht um Edmund Stoiber, »sondern um die Frage, ob Helmut Kohl oder ob die SPD mit einem unverbrauchten Kandidaten, also mir, gewinnen wird«.

Wer an dieser Stelle noch nicht verstanden hat, dass die SPD und auch die Grünen am Montag so rasch wie möglich alles vom Tisch wischen wollen, was irgendwie an bayerische Zustände erinnert, der kann sich gleich nach Schröders Auftritt von Jürgen Trittin die Bestätigung dafür holen. Es sei doch etwas anderes, springt der einstige niedersächsische Minister seinem einstigen Ministerpräsidenten bei, »ob in Bayern der Herr Stoiber gegen eine Frau Schmidt antritt« oder ob es in Bonn darum gehe, mit Schröder »die verbrauchte Regierung von Helmut Kohl abzulösen«.

Schröder müht sich redlich, ein wenig von der Siegeszuversicht der vergangenen Wochen herüberzuretten in die Schlussphase des Wahlkampfes. Am frühen Morgen ist er von Hannover mit dem Flugzeug zur Präsidiumssitzung in die Bonner Parteizentrale gekommen, wo man sich in kleinerem Kreise schon darauf verständigt hat, die Taktik »Mit Zuversicht für den Wechsel« bis zum Wahltag nicht mehr zu ändern.

Schröder schließt sich diesen Überlegungen an, auch dem Wunsch des Parteivorsitzenden Oskar Lafontaine, jetzt vordringlich noch schwankende Stammwähler mit ihren Herzensthemen zu bedienen. Schröder wählt die Formulierung: »Am 27. September geht es auch darum, wer von uns beiden, Kohl oder ich, besser geeignet ist, die Bekämpfung der Arbeitslosigkeit in den Mittelpunkt der Politik zu rücken.«

Unversehens setzt sich der Kanzlerkandidat dann aber doch zu seinem Parteivorsitzenden in Widerspruch, und das ausgerechnet, als er aus dem SPD-Ergebnis der Bayern-Wahl noch etwas Gutes herauslesen will. Jetzt habe man schwarz auf weiß, dass »noch nichts gelaufen« sei, und überhaupt habe er sich immer über diejenigen in der Partei gewundert, die das behaupten. Obwohl er darauf hingewiesen wird, dass zu diesen Leuten in der Partei ausdrücklich Lafontaine gehöre, lässt sich Schröder nicht beirren: Nein, nein, der Parteivorsitzende sage lediglich, dass die Voraussetzungen günstig seien.

So geht das noch eine ganze Weile hin und her, und je deutlicher Schröder herausstreichen will, dass es keinen Anlass zur Sorge gebe, dass man in der SPD »ruhig selbstbewusst, aber nicht überheblich sein dürfe«, umso schwerblütiger wird er selbst, umso umständlicher wird seine Rede. Als er gefragt wird, ob es neben Rot-Grün und einer Großen Koalition unter seiner Führung vielleicht noch eine weitere Möglichkeit in Bonn gebe – etwa die SPD als Juniorpartner in einer Großen Koalition –, da schraubt sich Schröder eine solche Antwort zurecht: »Auf dem Hintergrund der gegebenen Situation haben wir keine Veranlassung zu glauben, dass diese dritte Möglichkeit notwendig werden könnte.«

An dieser Stelle merkt Schröder dann doch, er ist kein Hamlet-Typ und ihm liegt das Markige mehr. Rasch schickt er den Merksatz hinterher: »Die Frage einer Niederlage habe ich schlicht verdrängt.« Ein Nachhaken in diese Richtung lässt er dann nicht mehr zu, wobei er – sicherlich ungewollt – neuen Spekulationen Vorschub leistet. Ob er denn auch als Vizekanzler nach Bonn kommen würde, hat er bis vor kurzem noch markig mit dem Satz zurückgewiesen »Als Kanzler oder gar nicht«; am Tag nach der Bayernwahl lässt er das offen.

Schäuble im »Playboy«

Eine Woche vor der Bundestagswahl reißt der Ärger von Bundeskanzler Helmut Kohl über Spitzenleute aus der eigenen Partei nicht ab.
Seiner Familienministerin Claudia Nolte muss der Kanzler nachdrücklich bestätigen, mit ihren Äußerungen über eine mögliche Erhöhung
der Mehrwertsteuer »eine Dummheit« begangen zu haben. Von seinem Fraktionschef Wolfgang Schäuble bekommt Kohl unterdessen
vorgehalten, seine frühzeitige Benennung zum Wunschnachfolger von
Kohl durch den Bundeskanzler sei »politisch ungeschickt« gewesen.
»Es gibt in der Demokratie keine Personalentscheidungen auf Vorrat«, sagt Schäuble dem Magazin »Playboy«. Solche Entscheidungen
müssten dann getroffen werden, wenn sie anstünden. »Zuviel Freund-
schaftsbekundung kann schaden«, klagt Schäuble. Die SPD habe mit
dem »Rivalen-Szenario Schröder-Lafontaine vorgemacht, wie es geht.
Das war perfekte Regie«, lobt der Fraktionsvorsitzende anerkennend.
Auf die Nachfrage, ob er denn für die Kanzlerschaft bereitstehe, antwortet die Nummer zwei der Bonner Union nur knapp: »Ich sitze.«
Die Veröffentlichung des Interviews komme zu einem unglücklichen
Zeitpunkt, heißt es vorsorglich in Schäubles Stab, weil es als Spitze
gegen Kohl so kurz vor der Wahl verstanden werden könne. Gefallen
seien die Äußerungen aber bereits im August während eines Aufent-
halts Schäubles auf Sylt. Das Interview mit dem Hochglanzfoto-
Magazin hat Julia Boenisch geführt, die Ehefrau des früheren CDU-
Regierungssprechers und »Bild«-Journalisten Peter Boenisch.
Auf ihre Frage nach einer »Männerfreundschaft« zwischen Kohl
und Schäuble antwortete der CDU/CSU- Fraktionsvorsitzende distan-
ziert. Er sagt, der Kanzler und er kämen aus zwei politischen Generationen. Schon deshalb könne dies keine Männerfreundschaft sein. Es
sei vielmehr ein kollegiales Verhältnis. Sie redeten viel miteinander,
auch sehr vertraut unter vier Augen.
Auf diese Äußerungen reagiert zur Überraschung vieler der Kanzler.
Den Begriff Männerfreundschaft habe er nie verwendet. »Wir haben
eine menschlich gute Beziehung.« Bei der Gelegenheit rückt Kohl noch
einmal die steuerpolitischen Äußerungen seiner jüngsten Ministerin
zurecht. Sie habe ihren Fehler inzwischen nicht nur korrigiert, sondern
auch eingesehen. Im übrigen mache Nolte »einen guten Job«.
Mehr als hundert Mal in fünf Wochen hält Schröder seine Wahl-
kampfrede, eine Komposition aus mehreren Leitmotiven, mit sponta-
nem Rhythmuswechsel, jeweils für das örtliche Publikum neu arran-

giert. Jedes Mal muss er den Spagat vorführen, der »Genosse der Bosse«
zu sein und zugleich der »Sohn einer Kriegerwitwe mit fünf Kindern«,
der weiß, wo er herkommt »und deshalb niemals vergisst, wo er hingehört«. Gegen Ende des Wahlkampfs, vor allem nach der Wahl in
Bayern, rücken solche Gefühlspassagen in den Hintergrund. Stattdessen spitzt Schröder die Entscheidung zu auf das Duell mit dem
Kanzler. Jetzt lässt er schon einmal garstige Ausdrücke einfließen, wie
»Steuerlüge« und »Führungslosigkeit«. Der Herausforderer hat sich eine
eiserne Disziplin auferlegt: keinen Fehler zu machen hat er als Schlüssel für den Wahlerfolg angesehen.

Endlich Kanzler

Die Uhr ist einfach stehen geblieben, so wie man es sich wünscht, dass
die Zeit stehen bleiben möge, wenn das Glücksgefühl am größten ist.
Länger als ein Jahr hat die Anzeige an der Wahlkampfzentrale der SPD
an der Bonner Friedrich-Ebert-Allee im Stunden- und Minutentakt
rückwärts gezählt, und nun in der Stunde des Triumphs ist Schluss. So
schrecklich einfach sind die Dinge des Lebens. Oder auch nicht.
   Als nämlich die Uhr stehen bleibt und Sekunden später die ersten
Prognosen zum Ausgang der Bundestagswahl über die Bildschirme
flimmern, da freuen sich die versammelten Genossen im Zelt vor dem
Erich-Ollenhauer-Haus und in der Baracke unbändig über das Erreichen des ersten Wahlziels. Aber Vorsicht, große Vorsicht. Ist der
Jubel, der natürlich losbricht unter den getreuen Genossen und alten
Freunden Schröders – merkwürdig, ihre Zahl ist in den vergangenen
Tagen noch einmal in wundersamer Weise gewachsen angesichts der
Pfründe, die es nun vielleicht zu verteilen gibt –, ist also dieser Jubel
nicht doch ein wenig verfrüht? Jetzt blickt man nämlich mit Bangen
auf die Sitzverteilung, und auf einmal sieht man, dass der Vorsprung
von Rot-Grün noch alles andere als beruhigend ist.
   Während draußen an die 2000 Journalisten und um die 3000 Gäste
und Getreue bei allerlei niedersächsischen und saarländischen Spezia-
litäten noch der neuen Hochrechnungen harren, deren Eintreffen dann
mit stets aufbrausendem Jubel begrüßt wird, hat sich der Führungszirkel in die hinteren Räume des Ollenhauer-Hauses zurückgezogen.
Fraktionsgeschäftsführer Peter Struck zählt zu den ersten Gratulanten
des siegreichen Kanzlerkandidaten Gerhard Schröder, der Wahlkampfmanager Bodo Hombach bringt das erste Geschenk: einen weiß-golde-

nen Zigarrenabschneider, weil der künftige Kanzler seine teuren Zigarren doch schlecht weiterhin abbeißen kann.

Kurz nach 15.30 Uhr treffen Schröder und seine Frau Doris mit dem Flugzeug in Bonn ein. Ein ursprünglich geplantes Mittagessen im Ollenhauer-Haus mit dem Ehepaar Lafontaine fällt dem Zeitdruck der Anreise zum Opfer. Um 16 Uhr am Nachmittag treffen sich Schröder und Parteichef Oskar Lafontaine deshalb zum ersten Mal an diesem Tag. Um diese Stunde teilen die Umfrageinstitute ihren Kunden erste Ergebnisse ihrer Wahlnachfragen mit. Was die Demoskopen an Daten hereinreichen, lässt die beiden SPD-Oberen zufrieden aussehen. »Gerd,« sagt der hannoversche Regierungssprecher Heye, »du kannst ruhiger werden.« Gerd wird aber nicht ruhiger, er wird nur blasser.

Die Prognose ist um diese Uhrzeit so günstig, dass die Empfänger die Nachricht zuerst nicht glauben wollen: Fünf Prozentpunkte Vorsprung für die SPD gegenüber der CDU/CSU bei einer der beiden Fernsehanstalten, die Grünen sicher im Bundestag, die FDP wohl auch. Andere Umfrageinstitute liegen ein wenig tiefer, aber immerhin noch bei drei Prozentpunkten Vorsprung. Geredet wird nicht viel in der Stunde so nahe am Triumph.

Schröder, der nun hie und da schon nach Posten gefragt wird, überarbeitet eine vorbereitete Rede an die Parteifreunde, die er unbedingt von einer Bühne vor der Baracke halten will, noch ehe er zu den Fernsehanstalten gehen würde. Wie eine Verbeugung sollte es aussehen vor der SPD, die »geschlossen und einig wie selten zuvor gekämpft« hatte, wie ihr Lafontaine später ein ums andere Mal stolz bescheinigte.

Dass es dann doch später wird, nämlich fast 19 Uhr, ehe sich der Sieger blicken lässt, liegt auch am unerwartet guten Abschneiden der PDS, deren Anwesenheit im Bundestag die Luft für Rot-Grün verknappt. Draußen lassen junge Genossen schon einmal viele rote und einige wenige grüne Luftballone in den verhangenen Bonner Himmel steigen, ein Plakat wird herumgezeigt, »der liebe Herr Kohl« möge beim Auszug aus dem Kanzleramt bitte nicht vergessen, den Schlüssel abzugeben.

Die spannende Frage ist, ob Lafontaine wenigstens an diesem Abend Schröder einmal alleine nach vorne lassen würde, aber er tut es natürlich nicht. Der Parteivorsitzende betritt als Erster die provisorische Bühne vor dem Ollenhauer-Haus, aber Schröder stürmt an ihm vorbei in seinem nagelneuen »Ermengildo Zegna«-Anzug, reißt die Arme hoch, formt beide Hände zum Siegeszeichen, mal rechts, mal links, tritt dann ans Mikrofon und liest den Dank an die Genossen, an

Der Sieger. Bundestagswahl, 27. September 1998

»meine Partei, die SPD« vor, erinnert »in dieser historischen Stunde« an Willy Brandt und Helmut Schmidt. Nach ein paar Worten des Respekts vor der Leistung des bisherigen Bundeskanzlers Helmut Kohl verkündet Schröder den »Generationswechsel für unser Land«. Dann sagt er, dieser Machtwechsel sei nicht möglich gewesen »ohne meinen Freund Oskar«.

Groß war die Überraschung dann, auch unter den Genossen, als der Parteivorsitzende im Fernsehen in der »Bonner Runde« auftauchte. Schröder hatte sich bis zuletzt die Teilnahme vorgemerkt gehabt; Lafontaine bestimmt dann aber, dass er selbst zur Fernsehsendung gehen werde. Schröder lässt ihm den Vortritt. In der Sendung wehrt sich der Parteichef gegen Unterstellungen, Schröder werde ein »Kanzler unter Lafontaine« sein.

Noch in der Nacht wird die rot-grüne Koalition auf die Gleise gesetzt. In der niedersächsischen Landesvertretung, in die sich das Ehepaar Schröder ziemlich bald zurückzieht, geht es beinahe zu wie in der Personalabteilung eines florierenden Unternehmens: Im viertelstündigen Wechsel laufen Kandidaten für Parteiposten und Staatsämter auf, sie werden angehört, bewertet und wieder weggeschickt mit der Bemerkung, man lasse von sich hören. Für 22.40 Uhr ist ein Anruf von Bill Clinton angekündigt, aber da steht Schröder noch plaudernd bei jener nun wieder modisch-linken Bussi-Gesellschaft, deren Angehörige dem neuen Heilsbringer möglichst schnell möglichst nahe sein wollen: Prominente Fernsehschaffende beispielsweise, aber auch eine ehemalige Direktorin der Norddeutschen Landesbank, ach, man kennt den Kandidaten ja schon so lange, und jetzt, da er in der politischen Bundesliga spielt, steht man ihm auch schon ganz lange sehr nahe.

Andere stehen mit größerem Recht hier, wie der Uelzener Peter Struck, der seinen einst tief schwarzen Wahlkreis direkt erobert hat und nun keine bittere Titulierung von Schröder mehr erwarten muss, etwa, er sei der Abgeordnete, der seinen Wahlkreis nicht gewinnen könne. Der Chef der Landesvertretung, Staatssekretär Helmut Holl, der als Schröders Mann in Bonn leise, aber wirkungsvoll Mehrheiten im Bundesrat organisiert hat, muss ebenso sanft wie nachdrücklich Personalspekulationen zurückweisen. Da geht es beispielsweise um den Chef der Staatskanzlei in Hannover, Frank-Walter Steinmeier, und um Alfred Tacke, der noch Staatssekretär im Wirtschaftsministerium in Hannover ist und in gleicher Funktion in Bonn aufpassen soll, damit Jost Stollmann, dem man noch immer einen Ministerposten zutraut, nicht allzu viel Unfug anstellt. Wie aus dem Boden gewachsen steht urplötzlich Hans-Olaf Henkel im Raum und neben Schröder. Der Industrieverbandspräsident war noch wenige Stunden vor der Wahl auf das Entschiedenste gegen einen Kanzler Schröder, dessen Pläne für ein Bündnis für Arbeit er verhöhnte. Nun also stellt sich heraus, dass Henkels Rückgrat zu fest nun auch wieder nicht ist, dass er sich als einer der Ersten heranpirschte und das Erstaunen von Medienvertretern darüber mit den Worten niederschmettert:»Ich bin immer auf der Seite der Sieger.«

So schnell kann es gehen, wenn die Macht wechselt. Gegen 23 Uhr klappt es dann noch mit den Glückwünschen aus dem Oval Office in Washington, und danach können die Anstandsbesuche fortgeführt werden. Natürlich ist Lafontaine der Erste, der hinein darf zum künftigen Kanzler, allzu lange bleibt er aber nicht, denn eigentlich war alles gesagt zwischen den beiden. Dann kommen die Grünen: erst Joschka Fischer, eine Viertelstunde später Gunda Röstel und Jürgen Trittin.

Im Friesenkeller der Landesvertretung ist bald das gesamte Schattenkabinett versammelt. Es gibt Gulaschsuppe, Landjäger und Jever. Götz von Fromberg, der Anwaltsfreund aus hannoverschen Tagen ist auch da und singt laut:»So sehen Sieger aus«. Die meisten schauen aus, als wunderten sie sich noch darüber, dass er es geschafft hat, der arme Junge aus dem Lipper Land. Nur einer hat schon den Blick drauf als sei er nie etwas anderes gewesen als der Kanzler der Bundesrepublik Deutschland.

Der Kanzler und der Parteichef

Wenn zwei Männer aufeinander zugehen und einer von ihnen einen Händedruck anstrebt, der andere aber eine Umarmung im Sinn hat, dann kommt es vor, dass sie ins Wanken kommen. So geht es am Morgen nach der Wahlnacht Gerhard Schröder und Oskar Lafontaine, als der Sieger der Bundestagswahl in der Parteizentrale ankommt, seinem Freund staatsmännisch die Hand entgegenstreckt und dieser zu einer herzlich-heftigen Umarmung ausholt. Lafontaine setzt sich durch mit seinem Ansinnen, was Schröder im Augenblick der Freude gelassen hinnimmt. Es gibt einen Strauß aus weißen Lilien und roten Rosen.

Von ernsthafter Arbeit kann anschließend im Parteivorstand nicht gleich die Rede sein, weil die Sozialdemokraten vom ungewohnten Glücksgefühl nach einer Bundestagswahl gefangen sind. Das Wort, das Schröder an die Parteiführung richtet, ist mindestens so warmherzig wie die Ansprache, die der Parteivorsitzende zu Ehren des Kandidaten hält, der nun Kanzler im Wartestand ist.

Über die Koalitionsfrage hat man beraten und entscheiden wollen an diesem Morgen, jedenfalls hatten die Wahlkampfplaner über den Tag der Entscheidung hinaus das so vorgesehen. Nun hat aber der Wähler ein Ergebnis beschert, das langes Nachdenken über mögliche Alternativen überflüssig, ja unmöglich macht. In die SPD-Vorstandssitzung werden die Signale der Grünen hineingefunkt, dass man mit einer zwölfköpfigen Verhandlungskommission erscheinen werde, und da fügt es sich gut, dass das SPD-Präsidium exakt diese Größe hat, so dass man in dieser Runde noch in der gleichen Woche zusammensitzen kann. Personalien würden erst ganz am Ende besprochen, versichern Schröder und Lafontaine treuherzig. Schröder ermannt sich immerhin, sein Versprechen an Stollmann zu bekräftigen, dass dieser ein Ministeramt bekommen werde. Welches, sagt Schröder nicht so genau, ebenso wenig, ob er das Kabinett erheblich verkleinern wird.

Eine weitere wichtige Personalentscheidung lässt sich schon ablesen, wenn man Schröders Fähigkeit zu schauspielerischen Einlagen richtig deutet. Nach einer eher belanglosen Frage zur Mehrwertsteuer auf Expo-Eintrittskarten, huscht ein Lächeln über sein Gesicht als er sagt, das sei Sache des künftigen Finanzminsters. Mit einem kurzen Zucken nach rechts deutet der künftige Kanzler auf Lafontaine, der daraufhin sogar etwas rot wird. Oh, oh, sagt der Saarländer rasch, das sei noch gar nicht entschieden, und im Übrigen werde er über die Expo-Karten nach Aktenlage befinden.

Einem Journalisten fällt an diesem Tage immerhin noch die Frage ein, wie lange Schröder denn nun zu regieren gedenke. Er gesteht, dass er noch nicht darüber nachgedacht habe. Den Willen des Wählers einmal außer Acht lassend, versichert er: »Aber keine 16 Jahre, das kann ich versprechen.«

Schon um zu demonstrieren, wie viele sie jetzt auf einmal sind, verlegen die Sozialdemokraten ihre erste Fraktionssitzung am Dienstag nach der Wahl in den Behelfsplenarsaal im alten Wasserwerk in Bonn: Seht her, draußen im Lande, wir sind nun 298 Führungskräfte der künftigen Politik, und dass unser kommender Kanzler uns einmal das »Kartell der Mittelmäßigkeit« genannt hat, ist vergeben und vergessen. Schwamm drüber, jetzt gehört Gerhard Schröder wieder dazu.

Es handelt sich eher um eine Art sozialdemokratischer Betriebsversammlung als um eine wirkliche Fraktionssitzung, weil sowohl die alten als auch die neuen Abgeordneten eingeladen worden sind. Von den 298 Mitgliedern sind 105 Frauen. Ausgeschieden sind 41 Abgeordnete, 88 sind neu hinzugekommen. Von den Ausscheidenden haben sich nur wenige – unter ihnen Hermann Rappe, Karsten Voigt und Peter Conradi – blicken lassen, so dass sich die neu Bonner Truppe schon einmal aneinander gewöhnen kann. Nach Dienstschluss ist tatsächlich ein »Bunter Abend« anberaumt. Das erinnert schon vom Titel her an die Siebzigerjahre, als die Sozialdemokraten schon einmal die stärkste Truppe im Bundestag waren.

Noch bevor die Koalitionsverhandlungen offiziell aufgenommen werden, wird in den Parteien und Fraktionen über die anstehenden Personalfragen diskutiert. Fast alle Überlegungen beginnen beim saarländischen Ministerpräsidenten und Parteivorsitzenden Oskar Lafontaine. Bislang hat der starke Mann der SPD nicht zu erkennen gegeben, wohin er gehen wird – selbst die mimische Glanzleistung Schröders, als er ihm mit einem Kopfzucken das Finanzministerium andienen wollte, hat Lafontaine nur kurz aus der Fassung gebracht. Es ist kein Geheimnis, dass er sich so lange wie möglich die Möglichkeit offenhalten möchte, den Vorsitz der Bundestagsfraktion zu übernehmen. Weil diese Entscheidung, wie er selbst sagt, womöglich am Ende der Koalitionsverhandlungen mit den Grünen fallen oder Lafontaine erst zu einem späten Zeitpunkt damit herausrücken wird, sitzt der Parteivorsitzende sozusagen wie ein Pfropfen auf einem Flaschenhals: Erst wenn er herausgezogen ist, kommt Bewegung in die Sache. Sollte Lafontaine in die Fraktion wechseln, was für ihn sehr apart wäre, weil er dann mit Fraktion und Partei zwei Machtblöcke hinter sich hätte, würde Scharping ins Verteidigungsministerium oder ins Auswärtige Amt wechseln.

Lafontaine entscheidet sich schneller, als viele erwartet haben. Er will ins Finanzressort, das gestärkt werden soll durch wichtige Teile des Wirtschaftsministeriums. Im Grunde, so schwebt Lafontaine vor, könnte er so eine Art Schatzkanzler sein mit herausgehobener Funktion im Kabinett. Ein Wochenende lang glaubt Rudolf Scharping, er könnte nach dem »Verzicht« von Lafontaine auf die Übernahme des Fraktionsvorsitzes sein Amt behalten, dann wird er eines Besseren belehrt. Er muss auf die Hardthöhe.

Man müsste »wohl einen Tiefenpsychologen beschäftigen, um zu verstehen, weshalb Scharping da weg muss«, versucht ein künftiges Regierungsmitglied zu erklären, was dem Fraktionschef widerfahren ist. Bei einem ersten Dreiertreffen in der saarländischen Landesvertretung muss der Parteivorsitzende allein auf Scharping einreden, während der künftige Kanzler nebenan vor dem Fernsehgerät sitzt. Als Gegengewicht

zum grünen Außenminister Joschka Fischer sei er als Verteidigungsminister im Kabinett wertvoller als an der Spitze der Fraktion, versucht ihn Lafontaine zu locken, stößt aber auf taube Ohren. Da sei
Lafontaine »auf einmal wild entschlossen gewesen, das Finanzministerium hinzuschmeißen und gegen den Rudolf anzutreten«, heißt es
später. Beteiligte wollen das Wort »Vertrauensfrage« gehört haben.
Doch nicht einmal die Drohung mit einer solchen Kampfkandidatur
um den Fraktionsvorsitz kann Scharping in seinem Beharrungsvermögen erschüttern.

Lafontaine plagt wohl die Befürchtung, Scharping könnte als Fraktionschef irgendwann einmal die Gelegenheit nutzen, sich für die
»Schmach von Mannheim« zu rächen. Und er hegt die Vorstellung,
der Fraktionschef müsse ein enges Verhältnis zum Parteivorsitzenden
haben, was bei Scharping nicht gewährleistet sei. Lafontaine steht
indes alleine da, als sein Wunschkandidat für den Fraktionsvorsitz,
Bundesgeschäftsführer Franz Müntefering, von sich aus den Verzicht
erklärt. Er habe nicht als Königsmörder dastehen wollen, sagen seine
Leute, und sie vermeiden dabei, die andere Möglichkeit beim Namen
zu nennen: Er will nicht zur Marionette des Parteichefs werden. So
loyal der Sauerländer gegenüber Lafontaine stets war, er will nicht
riskieren, von der Fraktion für den Amoklauf Lafontaines bestraft zu
werden. Sogar enge Anhänger des Parteichefs entrüsten sich nach einer
Fraktionssitzung, in der das ganze Ausmaß der ersten Personalquere-
len offenbar wird, völlig entgeistert: »Der Oskar spinnt.«

Dass Schröder sozusagen im Vorgriff auf seine Richtlinienkompetenz als Regierungschef entscheidet, nun müssten alle drei – Lafontaine, Scharping, Müntefering – ins Kabinett, wird von der Fraktion
mit Respekt aufgenommen. Immerhin hat der künftige Kanzler den
Abgeordneten das peinliche Spektakel erspart, Lafontaine durch die
Wiederwahl Scharpings zu brüskieren oder sich dem Parteivorsitzenden mit einer Unterwerfungsgeste zu fügen. Ein führender Vertreter
der Grünen, die kopfschüttelnd das muntere Treiben beim angehenden
Koalitionspartner verfolgen, sieht das augenblickliche Machtverhält-
nis so: »In den Koalitionsverhandlungen führt Oskar das erste Wort,
derweil setzt sich Schröder bei den Personalentscheidungen durch.«

Am Rande der Koalitionsverhandlungen trifft sich Struck mit ein
paar vertrauten Journalisten zu einer Kaffeerunde. Ohne, dass man
ihn besonders bitten müsste, beschreibt der Uelzener Bundestagsabgeordnete die Anforderungen an einen Fraktionsvorsitzenden. Loyalität, klar. Organisieren können, sowieso. Mehrheiten beschaffen, auch

in Ordnung. Aber, und da wird Struck ganz ernst, so ein Fraktionsvorsitzender müsse auch verwundete Seelen pflegen, Minderheiten das Ohnmachtsgefühl nehmen und sie innerlich aufrichten können. Den freundlich gemeinten Hinweis, genau das spräche doch für ihn in diesem Amt, weist Struck eilig zurück: »Darüber entscheiden andere.«

Gewollt hat der Niedersachse von Anfang an, doch er verhielt sich klug: In einer wichtigen Phase seiner Karriere überlässt er anderen, was er nach Ansicht des noch amtierenden Bundeskanzlers Helmut Kohl am besten kann: das Ziehen von Strippen. Weil er an der Entthronung von Rudolf Scharping als Fraktionsvorsitzender unbeteiligt war, ist der Jurist aus der Lüneburger Heide der aussichtsreichste Anwärter auf die Nachfolge. Es gibt noch einen zweiten Grund: Er ist der einzige Kandidat, dem sowohl Lafontaine als auch Schröder die schwierige Aufgabe zutrauen, der Fraktion ihre neue Rolle zu vermitteln – sie muss nicht mehr opponieren, sondern die Ansprüche einer Regierungsfraktion erfüllen.

Die Fraktion kann sich selbst einen Vorsitzenden wählen, weitgehend ohne Beeinflussung von außen. Gegen Struck tritt der saarländische Sozialpolitiker Otmar Schreiner an, ein »Oskar-Mann«, wie es keinen zweiten gibt in der Fraktion. Außerhalb der saarländischen Landesgruppe ist seine Anhängerschaft eher schwach. Die gewerkschaftsnahen »Seeheimer« und die »Parlamentarische Linke« neigen zu der Auffassung, dass sie beide mit Struck besser fahren würden.

Kurzzeitige Überlegungen, die mit Posten unterversorgten Frauen mit dem Fraktionsvorsitz ruhig zu stellen, verflüchtigen sich rasch. Man hatte Ingrid Matthäus-Maier ins Auge gefasst, die jedoch in die Privatwirtschaft wechseln will und deshalb abwinkt, ebenso wie Herta Däubler-Gmelin. »Die Herta hat sich schon im Justizministerium verbarrikadiert«, sagen Freunde, um die Vorfreude der wackeren Schwäbin auf das Amt zu veranschaulichen.

Stollmanns Rückzug

In der kurzen Zeit seit der Bundestagswahl sind erstaunlich schnell Wehklagen zu hören, dass mit dem Abgang des Kabinetts Kohl den Karikaturisten und Imitatoren, überhaupt den politischen Kabarettisten nun auf einmal der Stoff ausgehe. Aber diese Wehklagen sind verfrüht. Mitte Oktober ist die politische Wirklichkeit schon wieder so schön wie richtiges Kabarett und kein bisschen weniger unterhaltsam als zu den Hochzeiten der Konservativ-Liberalen.

Die Nummer ist natürlich nicht einstudiert. Wie auch. Der Rücktritt eines Ministers, der noch nicht einmal einer war, und seine Ersetzung durch einen 52-Jährigen, der sich selbst einen grauen Pensionär im Hintergrund nennt, hat rheinisches Niveau. Die Roten sind wie vom Donner gerührt. Ihre Anführer im Parteirat zeigen nicht die kleinste Regung, als Gerhard Schröder ihnen vom Verzicht des Jost Stollmann auf das Wirtschaftsministerium berichtet.

Und die Schwarzen scheinen nicht weniger beeindruckt, ihr Vorständler Matthias Wissmann spricht von »einem der größten Täuschungsmanöver der deutschen Nachkriegsgeschichte«. Das wäre es bestimmt auch gewesen, aber nur dann, wenn Schröder nicht trotz, sondern wirklich wegen Stollmann die Wahl gewonnen hätte.

Als Nächstes schrecken auch noch die Grünen auf, weil sie den Ersatzmann für Stollmann bei den Verhandlungen über den Energiekonsens als Atomlobbyisten wahrgenommen haben. Nur die Liberalen bleiben gelassen, ihr Vorsitzender Wolfgang Gerhardt bietet dem heimatlosen Stollmann bei der FDP sogar eine neue Heimstatt und Aufgabe. Die Wirklichkeit ist doch schöner als die Kleinkunstbühne.

Als Stollmann am 19. Oktober 1998, einem Montagmorgen, zu einem letzten klärenden Gespräch mit Gerhard Schröder in die niedersächsische Landesvertretung kommt, ist die Sache bereits entschieden. Schröder lässt sich die Gründe für den Verzicht vortragen, widerspricht nicht einmal, und man trennt sich schon vor Vertragsbeginn im gegenseitigen Einvernehmen. Was Stollmann ihm vorträgt, kennt er schon aus einem Brief: Es sei die Abmachung, hat der Jungunternehmer geschrieben, dass er das Wirtschaftsministerium mit allen seinen Bestandteilen übernehme.

Nun ist es aber so, dass der künftige Finanzminister Oskar Lafontaine einige Europakompetenzen aus dem Wirtschaftsministerium herauslösen will. Das wäre durchaus zu verkraften, denn Stollmann soll dafür einige Bereiche aus dem Forschungsministerium erhalten, die ohnehin besser zu seinem Tätigkeitsprofil passen würden. Stollmann, dem solcherlei Basargeschäfte zunächst völlig fremd scheinen, prescht aber am Ende mit der Forderung nach vorne, eigentlich gehöre auch die Abteilung Geld und Kredit in sein künftiges Haus und nicht zum Lafontaine-Ministerium. In der Tat war das einmal so, zu Helmut Schmidts Zeiten und noch früher.

Stollmann, der sich offenbar gut beraten ließ, wußte natürlich, dass

Schröder dieser Rückholaktion niemals hätte zustimmen können, ohne einen Machtkampf mit dem SPD-Vorsitzenden zu riskieren. Auf diese Weise ist Stollmann fein aus einer Sache herausgekommen, zu der ihm am Ende der Mut fehlte – so wollen es zumindest Beobachter der zahlreichen Bonner Verhandlungsrunden festgestellt haben. Stollmann habe schlichtweg Angst vor der eigenen Courage bekommen. Das mag stimmen, aber natürlich ist auch ein wenig gemobbt worden. In der Fraktion haben sie ihn schnell »Tollmann« getauft, auch wenn man mit Namen keine Scherze treiben soll. Nach seinen wenigen öffentlichen und seinen häufigen virtuellen Auftritten nennen sie ihn den »Minister fürs Internet«, und wann immer er nicht da ist, wo ihn die alten Fuhrleute des Regierungswechsels gerne gesehen hätten, da behaupteten sie dreist, Stollmann könne nicht kommen, weil er sich im World Wide Web herumtreibe. Besonders übel genommen wird so einem Paradiesvogel natürlich, wenn er es wagt, nicht beim Bunten Abend der SPD-Fraktion zu erscheinen. Aber zur Strafe hat er dann in einer Fraktionssitzung dabeisitzen müssen. Vielleicht ist dem Mann mit der schnellen Auffassungsgabe in diesem Augenblick bewusst geworden, dass das mit der Politik vielleicht doch nicht das Richtige für ihn ist.

Der Umstand, dass Schröder so rasch einen Ersatz vorweisen kann, zeugt wiederum auch davon, dass der Rückzug des ersten Seitenein- und -aussteigers der rot-grünen Regierung nicht völlig überraschend gekommen ist. Zwar war der ehemalige Veba-Manager Werner Müller als Staatssekretär unter Stollmann vorgesehen gewesen, rückt also nur eine Reihe nach vorne, doch so ganz unvorbereitet kann ihn die Beförderung nicht getroffen haben. Immerhin führt sich der 52-jährige promovierte Musikwissenschaftler mit einem Bonmot in Bonn ein, an dem er anscheinend länger gefeilt hat: »Ich wäre lieber der graue Pensionär im Hintergrund geblieben.« Für einen Hoffnungsträger in einem jung-dynamischen Team ist die Pointe eher danebengegangen. Kommt schon mal vor bei Stegreif-Auftritten im Tingeltangel.

Fröhlich in der neuen Familie

Man kann nicht oft so tief in das menschliche Gefüge der künftigen Bonner Koalition hineinschauen wie an diesem Tag. Es ist der 20. Oktober, die Koalitionsvereinbarungen werden unterschrieben. Die Stimmung ist wie bei einem Richtfest, alle am Bau Beteiligten sind guten Mutes, dass das Gesamtwerk gelingen wird. Es ist Tradition, ein paar offene Worte zu sprechen, der kommende Hausherr wird zeigen, ob er ein strenges oder eher ein sanftes Regiment führen wird. So menschelt es mächtig an diesem Dienstag in Bonn, schlimmer noch, es ist beinahe familiär.

Geschmacksfragen rücken dann schon einmal in der Hintergrund; so stößt sich anscheinend niemand daran, dass der Koalitionsvertrag zwischen der SPD und den Bündnisgrünen tatsächlich in rotes und grünes Leder gebunden worden ist. Da leiht man sich, auch als künftiger Kanzler, eben mal einen Federhalter, weil man ausgerechnet dann keinen zur Hand hat, wenn man einen benötigt, obwohl doch ein solch wichtiger Vertrag unterschrieben werden muss. Auch dass der Finanzminister seine Brille sucht, bevor er seinen Namen aufs Papier setzen kann, und dass der nette Nachbar Schröder dem Herrn Lafontaine seine Sehhilfe leiht – am Dienstag in Bonn, da ist man halt fröhlich beieinander in dieser neuen großen Familie.

Damit sich niemand in der Verwandtschaft beleidigt fühlt, was ja leichter passieren kann, als einem lieb ist, hatten die Koalitionäre genau aufgepasst, dass die Sitzordnung bei Tische stimmt. Bei der Unterzeichnungszeremonie in der nordrhein-westfälischen Landesvertretung darf natürlich der künftige Kanzler in der Mitte Platz nehmen, links neben ihm der SPD-Vorsitzende Oskar Lafontaine. Der angehende Außenminister und Vizekanzler Joschka Fischer sitzt ganz rechts. Daneben nehmen die Grünen Gunda Röstel, Kerstin Müller und Jürgen Trittin Platz sowie die künftigen SPD-Ministerinnen Christine Bergmann und Heidi Wieczorek-Zeul. Die Anwesenheit dieser beiden ist nicht auf Anhieb verständlich. Man muss aber nur anfangen zu zählen und ein wenig von den Quotenregelungen der beiden Parteien verstehen, dann kann man festhalten, dass der erste rot-grüne Koalitionsvertrag von vier Frauen und vier Männern unterschrieben werden muss. Nach der Unterzeichnung gibt es Blumen, ohne Quote, nur für die Damen.

Um die Mittagsstunde setzen sich Schröder und Fischer für eine Stunde ab, um das Vertragswerk der Öffentlichkeit zu präsentieren. Schröder merkt man zu dieser Zeit schon an, dass ihn der Vortag mit dem Rückzug von Jost Stollmann mehr mitgenommen hat, als er zugeben will. Er wirkt blasser als an den Verhandlungtagen, bei Fragen nach seiner Mannschaft reagiert er ein wenig gereizt. Er habe ja nur ein einziges Ministeramt eingespart, muss er sich vonseiten der Medien anhören, und bei den Parlamentarischen Staatssekretären habe auch nicht jener Kahlschlag stattgefunden, den SPD und Grüne zu Oppositionszeiten immer verlangt hätten.

Schröder pariert mit der leicht geschönten Version, es seien andere gewesen, die von Verschlankung des Kabinetts gesprochen hätten. Zur Sicherheit hat man ihm noch den Spruch aufgeschrieben, das Bundeskabinett sei immerhin kleiner als die bayerische Staatsregierung. Der künftige Kanzler spricht vom »Geist der Partnerschaft und Fairness«, lobt die Kürze der Verhandlungen: »Inhalt und Tempo können sich sehen lassen.« Zugleich baut er jedoch vor und bittet um Milde, wenn es beim Regieren nicht mit demselben Schwung weitergehe, denn die Lage sei schwierig. Damit meine er nicht einmal die Erblasten, die die Regierung Kohl hinterlassen habe: »Die werden uns noch ein Stück begleiten.« Nein, er denke an die schwierigen internationalen Bedingungen, unter denen er sein Amt antrete. An dieser Stelle kann Schröder einflechten, dass er schon Hausaufgaben verteilt hat in seinem künftigen Kabinett. Er tut das anscheinend besonders gerne, weil es Lafontaine getroffen hat: »Ich habe den Finanzminister gebeten, als erste Aufgabe eine Zusammenstellung zu machen über die Verbesserungen der internationalen Zusammenarbeit.«

Sogleich wird an Schröder die Frage gerichtet, ob er sich auch um die Belange der Außenpolitik kümmern werde. Das sei schon von der Verfassung her so, belehrt der angehende Regierungschef den Fragesteller, da der Bundeskanzler die Richtlinien der Politik bestimme. Dass Fischer, der Außenminister werden wird, an dieser Stelle ruhig bleibt, kann niemand erwarten, auch Schröder nicht. »Wie ich ihn kenne«, hebt Fischer an, »wird die Richtlinienkompetenz des Kanzlers in dem Satz zusammengefasst: Der Kanzler macht alles. In diesem Sinne wird es eine gute Zusammenarbeit geben.« Da nickt Schröder wohlgefällig.

Erst am Nachmittag, vor und während der Fraktionssitzung der SPD, verfliegt die freundlich-familiäre Stimmung ein wenig. Neben der Entscheidung über den Fraktionsvorsitz steht nämlich die Festlegung für das Amt des Bundestagspräsidenten an. Die Frauen wollen nicht kampflos hinnehmen, dass sie bei den höheren Ämtern gnadenlos übergangen worden sind. Sie schicken als Gegenkandidatin zu dem Berliner Wolfgang Thierse die Abgeordnete Christel Hanewinckel aus Sachsen-Anhalt ins Rennen, die dann allerdings ehrenvoll unterliegt. Hätten die Frauen früher und geschlossener gekämpft, wären mehr als die 116 Stimmen für Hanewinckel möglich gewesen. Für Thierse stimmen 171 Abgeordnete. Geschlossenheit demonstriert man dann wieder bei der Nominierung von Thierses Stellvertreterin: Anke Fuchs erhält 284 von 290 abgegebenen Stimmen.

Sollte jemand an der Wahl von Peter Struck zum Fraktionsvorsitzenden gezweifelt haben, dann verfliegen die Bedenken spätestens während der einführenden Worte des bisherigen Ersten parlamentarischen Geschäftsführers. In dieser Eigenschaft wacht Struck seit acht Jahren über die Disziplin der Fraktion ohne Ansehen der Person, auch an diesem Tag. Die einfachen Abgeordneten haben schon zuvor mit einigem Missmut festgestellt, dass ihr Kollege Schröder in dieser wichtigen Sitzung zu fehlen scheint. Als er dann endlich auftaucht, merkt Struck ungerührt an, dass die Fraktionssitzung um 15 Uhr beginne und nicht erst um 15.35 Uhr. Der Beifall für diese Bemerkung lässt ahnen, was sich dann bald herausstellte. Struck erhält 271 von 290 Stimmen, eine Quote von 93,5 Prozent. Nicht viele seiner acht Vorgänger haben solche Traumergebnisse geschafft. Es scheint so, als habe die Fraktion belohnt, dass ihr Vorsitzender offensichtlich keine Angst vor Fürstenthronen hat.

Der große Tag

Noch ist es eine Stunde bis zur Sitzung des Bundestages in Bonn, und der Abgeordnete Gerhard Schröder steht einsam im Fraktionssaal der SPD. Er trägt dunkles Tuch, die Krawatte ist dezent silbern, schwarz gemustert. Schröder schaut sich um nach vertrauten Gesichtern, die Anspannung vor den bisher größten Stunden seines politischen Lebens möchte er gern herauslassen, er sucht das Gespräch.

Er fühle sich gut, meint der Kanzlerkandidat, er habe auch geschlafen wie immer. »Warum auch nicht? Ich habe kein Amt. Ich bin ein freier Abgeordneter und nur meinem Gewissen unterworfen.« Ob er damit auch verantwortungsvoll umgehen werde, will man von ihm wissen. »Also, wenn Sie's genau wissen wollen, ich werde mich selber wählen. Nur damit da später mal keine Zweifel aufkommen.« Den Hinweis, bislang habe noch kein Kanzler alle Stimmen aus den künftigen Koalitionsfraktionen bekommen, kontert der einfache Abgeordnete Schröder mit jenem lockeren Selbstbewußtsein, das ihn während des Wahlkampfs getragen hat: »Einmal ist immer das erste Mal.«

Während die SPD-Abgeordneten an diesem 27. Oktober zum morgendlichen Zählappell einlaufen, fängt Schröder von sich aus an, über seinen Amtsvorgänger zu reden. Das hat er in den vergangenen Tagen schon häufiger getan, dessen Schicksal scheint ihn nicht ganz kalt zu lassen. Er habe sich jüngst mehrfach mit Helmut Kohl unterhalten,

persönlich habe er größtes Verständnis dafür, »dass der im Kanzler-
bungalow wohnen bleibt. Ich bin wahrscheinlich sowieso selten vor
sechs Uhr abends zu Hause, und wenn ich mal Zeit habe, dann werde
ich in Hannover sein.« Es ist nun nicht gerade das Stadtgespräch im beschaulichen Bonn,
aber man plauscht schon angeregt darüber bei den politischen Tee-
gesprächen, welch seltsame Wohngemeinschaft sich da anbahnt im
Bundeskanzleramt. Die Kohls wohnen weiterhin im Privattrakt (Schröder: »Die haben da ja zum Teil ihre eigenen Möbel reingestellt.«) – für
2 600 Mark Miete im Monat. Doris Schröder-Köpf will ohnehin nicht
nach Bonn ziehen, weil Tochter Klara nicht innerhalb eines Jahres
zweimal die Schule wechseln soll. Dass sie später auch nicht nach
Berlin ziehen, wird dann wieder so erklärt: Klara soll überhaupt nicht
die Schule wechseln, das Schülerdasein in Hannover sei für sie einfacher, als es in Berlin wäre.

Solange noch in Bonn regiert wird, wohnt der neue Kanzler zunächst bei Joschka Fischer zur Untermiete: im Gästehaus des Auswärtigen Amtes auf dem Venusberg. Er hat da ein möbliertes Zimmer
unterm Dach. Im Kanzleramt können sich der alte und der neue
Regierungschef allenfalls in der Küche begegnen, dort ist die einzige
Verbindungsstelle zwischen der Kohl-Wohnung im hinteren und den
Diensträumen im vorderen Teil des Gebäudes.

Die Regierungsbank bleibt natürlich leer, der noch kommissarische
Kanzler Kohl strebt, ohne auch nur einen Moment des Zögerns oder
Schwankens, auf die erste Reihe der Oppositionsbänke zu. Er hat von
dort aus jenen Sessel mit der erhöhten Lehne im Blick, der ihm bisher
gehörte. Die Tribünen des Bundestages sind gut gefüllt, aber die
Diplomaten aus anderen Ländern haben sich nicht gerade gedrängelt,
um diese historische Stunde zu erleben. Doris Schröder-Köpf, die am
Vortag längere Zeit mit Hannelore Kohl gesprochen hat – es ging nach
offiziellen Angaben darum, welche humanitäre Aufgabe sie künftig
übernehmen könnte –, ist vom Protokoll in der Mitte der Haupt-
tribüne platziert worden. Sie trägt ein dunkles Kostüm mit einer
schlichten weißen Bluse. Ihr zur Seite sitzt Annemarie Renger, von
1972 bis 1976 die erste sozialdemokratische Bundestagspräsidentin.

»Der Bundeskanzler wird auf Vorschlag des Bundespräsidenten vom
Bundestag ohne Aussprache gewählt«, heißt es im Grundgesetz, im
ersten Satz des Artikels 63. Für seinen neuen Stil, die Abgeordneten
mit einem fröhlichen »Guten Morgen, meine Damen und Herren« zu
begrüßen, erntet Bundestagspräsident Wolfgang Thierse (SPD) ein an-

erkennendes Geraune im Plenum, nach kurzen handwerklichen Hinweisen kann der Wahlgang beginnen.

Kohl vermittelt seiner Umgebung einen gelassenen, beinahe heiteren Eindruck. Nach seinem Namensaufruf lässt er eine Weile verstreichen, bis er sich zu einer der Wahlkabinen zur Rechten und zur Linken des Bundesadlers an der Stirnseite des Plenarsaales begibt. Er wird vom bisherigen Bundesarbeitsminister Norbert Blüm zu einem Schwatz aufgehalten und schlendert dann zurück.

Es ist mittlerweile 11.30 Uhr geworden, als der Name Schröder aufgerufen wird. Eher beiläufig steckt der Anwärter auf das hohe Amt seinen Stimmzettel in die Urne aus Acrylglas. Von der Bundesratsbank aus beobachten ihn seine ehemaligen Amtskollegen Heide Simonis, Wolfgang Clement und Kurt Beck. Der niedersächsische Amtsnachfolger Gerhard Glogowski ist noch nicht da, ein Verkehrsunfall bei der Anreise hat ihn aufgehalten. Später, bei der Gratulationsrunde in der Lobby, wird er dabei sein.

Um 11.50 Uhr gibt es in den Abgeordnetenbänken der neuen Regierungskoalition kein Halten mehr. Oskar Lafontaine drückt Schröder noch eher unauffällig unter dem Pult die Hand, als den beiden das Ergebnis der Wahl zugeflüstert wird. Schröder patscht mit der flachen Hand auf den Tisch, die Anspannung muss raus. Anke Fuchs, die neue Bundestagsvizepräsidentin, herzt und küsst den nunmehr gewählten Kanzler. Die Grünen nehmen das als Freigabe Schröders zur Gratulation und stürmen in der Reihenfolge Kerstin Müller (Umarmung) Joschka Fischer (halbe Umarmung), Andrea Fischer (beherzter Händedruck) und Rezzo Schlauch (Knuff in die kurzen Rippen) nach vorn.

Bei der Bekanntgabe des Ergebnisses durch den Bundestagspräsidenten bricht Jubel los, 16 Stimmen über der notwendigen Kanzlermehrheit von 335 Stimmen. Schröder hat mit seiner gewagten Vorhersage vom frühen Vormittag Recht behalten: Zum ersten Mal hat ein Kanzler mehr Stimmen bekommen, als seine Koalition aufbringen kann. Mindestens sechs Abgeordnete aus den Oppositionsparteien müssen ihn gewählt haben, vermutlich waren es mehr, denn ein grüner Abgeordneter fehlt wegen eines Trauerfalls. Weil man doch ein wenig bange gewesen ist, hat man eine kaum genesene SPD-Abgeordnete heranschaffen lassen, sie hatte in einem Ruheraum abstimmen dürfen.

Obwohl mit den verfrühten Gratulationen das Protokoll schon durchbrochen ist, hält sich wenigstens der Altkanzler daran. Kohl wartet, bis Schröder die Wahl offiziell angenommen hat, erhebt sich dann und geht den schweren Gang zur Gratulation für seinen Nachfolger. Es ist einen Augenblick ruhiger im Saal, so dass die Worte »Ich wünsche Ihnen alles Gute und Gottes Segen« zu verstehen sind. Währenddessen packt Lafontaine zwei Päckchen in eine Jutetasche. Sie enthalten Geschenke von den Grünen (kubanische Zigarren) und von ihm selbst (kubanische Zigarren).

Nach dem Besuch beim Bundespräsidenten kehrt Schröder am Nachmittag noch einmal in den Bundestag zurück. Er hat den Eid zu leisten, er tut es als erster Kanzler ohne die religiöse Formel »So wahr mir Gott helfe«.

Die Abfolge der Worte »Bundeskanzler« und »Gerhard Schröder« ist tatsächlich noch ungewohnt am ersten Arbeitstag nach der Wahl und der Vereidigung im Parlament. Die Regierungsgeschäfte in Bonn können langsam anlaufen, die Amtsübergabe der Macht klappt reibungslos. In Schröders Vorzimmer im Kanzleramt sitzt nun Marianne Duden, die diesen Platz schon bei Helmut Schmidt innehatte, bevor sie ihn 1982 für Juliane Weber räumen musste. Ein paar Versprecher in den Frühsendungen des Rundfunks hat man im Ohr, da die Moderatoren nach 16-jähriger Praxis schon mal »Bundeskanzler Hel ...« anheben zu sagen, sich räuspern und erst dann der neuesten Ent-

Generationswechsel. Amtsübergabe am 27. Oktober 1998

wicklung folgen. Bei seinem ersten, spätabendlichen Auftritt vor der Bundespressekonferenz stockt Staatssekretär Uwe-Karsten Heye schon nach dem »Bundeskanzler« und räumt dann heiter ein, auch er müsse sich daran erst gewöhnen.

Am Vorabend hat Schröder mit seiner Dankesrede den scheidenden Amtsinhaber Helmut Kohl noch einmal sichtlich gerührt, auch der Neue kann bei der offiziellen Amts- und Büroübergabe seine innere Bewegung angesichts des leibhaftigen Denkmals kaum verbergen. Schröder verspricht zwar, er werde den Altkanzler in seiner Regierungserklärung am 10. November im Bundestag noch einmal lobend erwähnen, »aber dann ist Schluss«, doch mutmaßen die Leute in seinem Stab offen, der neue Kanzler werde vielleicht häufiger bei Kohl anrufen und dessen Einschätzung und Rat erfragen, als Wolfgang Schäuble, der künftige CDU-Vorsitzende, dies tun werde. Auf diese Mutmaßung angesprochen, antwortet Schröder – schon vor der Amtsübernahme –, es werde ihm bestimmt kein Zacken aus der Krone fallen, wenn er auf die ungeheure Erfahrung seines Vorgängers baue. Dass er die Politik dann auf seine eigene Weise mache, das könne man ihm aber gern glauben.

»Wir machen Deutschland zum Bewegungsort«

Viel ist vom schlechten Start der neuen Regierung die Rede in diesen Tagen, und es sind nicht einmal nur die von der Macht Befreiten, die dieses harte Urteil in die Welt setzen. Sogar »die Hamburger Magazine«, wie Alt-Bundeskanzler Helmut Kohl knurrig zu sagen pflegt, selbst diese linke Wochenpresse geht ihren Lieblingspolitiker Gerhard Schröder überraschend schnell hart an, sehr zur Freude der neuen Opposition im Deutschen Bundestag.

Wo denn Schröder sei, haben sie hämisch gefragt, und das war natürlich nicht auf seine persönliche Anwesenheit gerichtet gewesen, weil jeder weiß, dass ein neuer Bonner Regierungschef Antrittsbesuche im Ausland abzustatten hat. Die Frage richtet sich vielmehr nach seinem Einfluss auf die künftige Politik, im Besonderen auch auf Bundesfinanzminister Oskar Lafontaine; »und dessen Gattin«, wie Oppositionsführer Wolfgang Schäuble unter dem schenkelklopfenden Gejohle seiner Fraktion partout hinzufügen muss.

Wo denn Schröder sei, wollen allerdings auch die Abgeordneten der SPD-Fraktion am Vorabend der Regierungserklärung wissen, und diesmal geht es durchaus um seine körperliche Anwesenheit. Der Kanzler und die Minister haben den Sitzungen beizuwohnen, hat der neue Fraktionschef Struck als Order ausgegeben, zumindest dürften sie nicht unentschuldigt fehlen. Nun aber hat Schröder die Entschuldigung, dass er bis spät in die Nacht mit seinem Öffentlichkeitsberater Heye und seinem Politikberater Bodo Hombach den Text der für ihn und die SPD historischen Erklärung hat durchgehen müssen. Dass sie dabei zu kürzen vergessen, merken sie vermutlich am nächsten Morgen. Dass die Fraktion gerne vorab informiert worden wäre aus erster Hand, lässt man ihnen noch am Abend übermitteln.

Weshalb es sich um eine Regierungserklärung von historischem Rang handelt, macht Schröder gleich mit seinem ersten Satz deutlich. Wärmender Beifall umfängt den nervös an seinem Manuskript entlangstreichenden Redner – später erfinden die Korrespondenten für diese Art des Vortrags den Begriff »Bügelrede« –, als er sagt: »Erstmals in der Geschichte der Bundesrepublik haben die Wählerinnen und Wähler durch ihr unmittelbares Votum einen Regierungswechsel herbeigeführt.« Dieser Wechsel der gründlichen Art soll zum Kernstück der Regierungserklärung werden: dort die alte, ideenlose, verbrauchte Regierung Kohl, hier die aufbruchbereite, im guten Sinne reformfreudige und durchsetzungsfähige Regierung Schröder.

Vielleicht wird es einmal der Begriff »Republik der neuen Mitte« sein – den Schröder schon im Wahlkampf von Brandt übernommen und im eigenen Sinne erweitert hat –, der mit seiner ersten Regierungserklärung verbunden bleiben wird. Man müsse in diesem Land, sagt Schröder, keine Blut-Schweiß-und-Tränen-Rede halten wie einst Winston Churchill, weil die Menschen in diesem Land stark und intelligent genug seien, das Ihre zu einer besseren Zukunft beizutragen. Schröder spielt mit dem Begriff »Standort Deutschland«, den die alte Regierung so geliebt hat, der unter ihr jedoch zum »Stillstandort« geworden sei. Die neue Regierung aber werde Deutschland wieder zu einem »Bewegungsort« machen, was immer man sich darunter vorstellen mag.

Zweimal hat sich Schröder aus dem Konzept bringen lassen während seiner Regierungserklärung. Als er der Opposition vorhält, sie habe nicht genug gegen die Jugendarbeitslosigkeit getan, braust Widerspruch auf, den Schröder moralisch niederbürstet mit dem Ratschlag: »Das ist eine Schande, sie sollten sich was schämen«, und ein zweites Mal, als er Schäuble auf einen Zwischenruf hin vorhält, wegen ihrer Machtverliebtheit und Machtversessenheit habe die Union die Wahl verloren.

An dieser Stelle hakt der neue OppositionsführerWolfgang Schäuble
– der im Übrigen nicht weniger Mühe hat, sich in seiner neuen Rolle
zurechtzufinden als manche Mitglieder der alten Regierung – später
ein. Es wirkt schon ein wenig boshaft, ist aber wohl eher ein Versehen,
dass Schäuble sowohl den Kanzler als auch seinen Finanzminister als
Ministerpräsidenten ansprach. Schäuble bittet Schröder, nicht dauernd auf sein Wahlergebnis zu verweisen, sondern endlich mit der
Arbeit zu beginnen, was ihm aber offensichtlich schwer falle, »denn
sie sind schlecht vorbereitet«. Im Verlauf der Rede wird Schäubles Ton
fordernder, die Regierung möge nicht dauernd auf ihre Mehrheit
pochen, bis es schließlich, nach einem Schwall von Zwischenrufen, aus
Schäuble herausbricht: »Sie müssen schon ertragen, auch in Ihrer
Machtbesoffenheit, dass es andere Meinungen in Deutschland gibt.«

Spätestens an diesem Punkt hat der Bundestag zur parlamentarischen
Normalität zurückgefunden, der Rollentausch ist auf offener Bühne vollzogen. Als dann der SPD-Fraktionsvorsitzende Peter Struck auch noch
die alte Schäuble-Tradition übernimmt, zuerst die Opposition ein wenig
zu zwiebeln, bevor er zur Sache redet, da leert sich das Parlament zusehends. Nicht, weil es keinen Spaß gemacht hätte, Struck zuzuhören,
sondern weil auch das zum Ritual gehört: Die Spannung sinkt, weil eine
Regierungsfraktion selten mehr zu bieten hat als Ja und Amen.

Erste Anzeichen von Chaos

Der SPD-Vorsitzende Oskar Lafontaine hat mit der Faust auf den
Tisch geschlagen. Die erste Adventswoche 1998 beginnt alles andere
als friedlich. In der Regierung habe es Koordinationsprobleme gegeben, sagt der Finanzminister, auch das Wort Chaos spricht er aus. In
den ersten Wochen der Regierungszeit haben Arbeitsminister Walter
Riester und die Fachleute aus den Koalitionsfraktionen beinahe täglich neue Vorschläge unterbreitet, wie die so genannten geringfügig
Beschäftigten an der Renten- und Sozialversicherung beteiligt werden
könnten. Die Kritik am Umgang mit den 630-Mark-Jobs sei berechtigt
gewesen, räumt Lafontaine ein: »Das haben wir nicht zu Ende diskutiert.« Doch dann kündigt der Parteichef an, dass er – mit Unterstützung des Kanzlers – das Heft wieder fest in die Hand nehmen
werde. Er.

»Das Präsidium ist einmütig der Auffassung«, sagt Lafontaine,
»dass das Präsidium wieder das Zentrum der Koordinierung ist.«

Gerhard Schröder, der wegen eines deutsch-französischen Gipfels nicht an der Sitzung des obersten Parteigremiums teilnehmen kann, verspricht am Telefon, künftig wieder häufiger im Präsidium zu erscheinen. Eine »Meuterei der Ministerpräsidenten« habe es nicht gegeben. Die jüngsten Steuerbeschlüsse würden den Bundesrat passieren: »Alle Hoffnungen, dass wir das im Bundesrat nicht umsetzen, sind vergeblich. Wir haben da große Erfahrungen, was Mehrheiten angeht.« Aus Nordrhein-Westfalen war der Vorschlag gekommen, durch eine Anpassung der Mehrwertsteuer an das höhere europäische Niveau die Senkung der Lohnnebenkosten zu finanzieren. Er könne keine Festlegung für viele Jahre abgeben, sagt Lafontaine. Aber gegenwärtig sei eine Mehrwertsteuererhöhung nicht gut für die konjunkturelle Situation.

Allen möglichen künftigen Abweichlern vom Partei- und Regierungskurs erteilt Lafontaine vorsorglich Ratschläge: »Jeder Ministerpräsident hat nur dann Erfolg, wenn der Pegel in Bonn hoch ist.« Auch die Fraktion erhält vom Parteichef eine vorsorgliche Mahnung. Mit einem Anflug von Ironie stellt Lafontaine fest: »Wenn immer ein Abgeordneter etwas über die Fahrradgepäcksteuer mitzuteilen hat und der Finanzminister – und der Kanzler – steht nicht dahinter, dann kann ich hier schon sagen, das muss man tief hängen.«

Im Grunde könnte es ein beruhigendes Signal sein, dass der Bonner Finanzminister dem verwirrenden Arbeitsstil seiner Regierung noch eine heitere Note abgewinnt. Aber von Beruhigung kann so rasch keine Rede sein, denn auf einmal ist eine neue Runde des Streitens eröffnet worden, nunmehr also über eine Fahrradgepäcksteuer, die es zu allem Überfluss nicht einmal gibt. So weit ist es nun gediehen mit der großen Regierungspartei SPD, dass sich schon nach fünf Wochen an der Macht Witz und Geist des Wahlkampfs in Galgenhumor verwandeln.

Rasch wurde der Vorsitzende eines Besseren belehrt, und zwar mit vollem Ernst und ohne jeden Anflug von Ironie. Weil der Finanzminister als Adressaten seiner Warnung ausdrücklich die Abgeordneten genannt hat, fühlt sich Fraktionschef Peter Struck herausgefordert. Vor und in der routinemäßigen Fraktionssitzung stellte er klar, dass kein Abgeordneter von einer Fahrradsteuer oder etwas Ähnlichem gesprochen habe. Und Recht hat Struck da: Die vorweihnachtliche Steuerdiskussion haben andere entfacht, nämlich Ministerpräsidenten, namentlich der Nordrhein-Westfale Wolfgang Clement (Mehrwertsteuer), Landesminister, in erster Linie der Niedersachse Heinrich Aller (Zinsabgeltungssteuer), und Koalitionäre wie Jürgen Trittin (Kerosinsteuer).

Aber Struck, der sehr darum bemüht ist, die Fraktion als eine schritt- und trittfeste Truppe neben und hinter der stolpernden, bisweilen voraus- und dann wieder hinterhereilenden Regierung darzustellen, lässt es dabei nicht bewenden. Wer immer über Steuergesetze reden wolle, so rückt der Fraktionschef die Aussagen des Parteivorsitzenden zurecht, der müsse zwar mit dem Finanzminister und dem Bundeskanzler reden, vor allem aber mit der Fraktion.

Diese kostenlose Nachhilfe in Sachen Parlamentarismus ist nicht zuletzt auch für den Kanzler gedacht, der sich in seiner kurzen Amtszeit kaum neue Freunde in der Fraktion gemacht hat. Mitten im schönsten Getümmel um die Zukunft der 630-Mark-Jobs hat Schröder in der ihm eigenen, generösen Art um Verständnis für das Anfängerchaos gebeten mit der Begründung, die Fraktion müsse nach 16 Jahren in der Opposition das Regieren erst wieder lernen. Dabei hatten sich die Abgeordneten bei dieser Vorführung rot-grüner Regierungskunst vollkommen zurückgehalten, so sehr, dass sie am Ende vom Kanzler vor vollendete Tatsachen gestellt wurden.

In dieser Lage lädt der Kanzler zu einem Treffen in einer Runde, die auf keinen Fall Koalitionsausschuss genannt werden darf. Ein Gremium mit diesem Namen soll nämlich nach den Festlegungen des Koalitionsvertrags bei Bedarf tagen, was freilich schwer nach Krisenmanagement klingt. Ein solches aber darf es nicht geben nach so kurzer Zeit, weshalb nicht vertragsgemäß acht Personen auf jeder Seite von Rot und Grün zusammenkommen, sondern nur fünf von der SPD und sieben von den Grünen. Da steckt jede Menge Formalismus dahinter, eine Rolle spielen auch Begehrlichkeiten und Zwänge, die schon die abgewählte Koalition mehr gelähmt als beschwingt hatten.

Um das politische Klima im Allgemeinen soll es also gehen, wenn Kerstin Müller, Rezzo Schlauch und die Parlamentarische Geschäftsführerin Kristin Heyne für die Grünen-Fraktion, die Parteisprecherin Gunda Röstel sowie die Grünen-Minister Andrea Fischer, Joschka Fischer und Jürgen Trittin mit den SPD-Vertretern zusammentreffen. Der große Koalitionspartner schickt nur fünf Vertreter, dafür steht der Kanzler an ihrer Spitze. Ihn begleiten sein Amtschef Bodo Hombach, Finanzminister Lafontaine, Fraktionschef Struck und der neue Erste Parlamentarische Geschäftsführer Wilhelm Schmidt.

Da will man der breiten Öffentlichkeit vorführen, wie sehr nun alles seine gute Ordnung hat in der deutschen Bundesregierung, und prompt geht schon wieder etwas schief. Gemütlich hat man es sich gemacht an diesem Abend des 2. Dezember 1998 im kleinen Kabinettsaal im Kanzleramt von Gerd Schröder. Die Grünen sind auch schon da, dann erst fällt irgendjemand auf, dass der sozialdemokratische Block beim ersten Koalitionsgipfel der neuen Zeitrechnung vollkommen ohne weibliche Beteiligung aufgestellt worden ist

Eilends lässt man nach einer Quotenfrau Ausschau halten und verfällt schließlich auf Heidemarie Wieczorek-Zeul. Man nimmt einfach an, dass sie aus ihrer Entwicklungspolitik am leichtesten abkömmlich sei – und behält Recht. Binnen weniger Minuten ist die Ministerin da. Wie die meisten Vertreter vonseiten der SPD lässt sie sich mit dem Wagen vorfahren, die Grünen sind durch die beißend kalte Bonner Nacht zu Fuß gekommen. Sagen muss Wieczorek-Zeul dann in der Runde nicht viel; im Grunde gar nichts, weil die Matadore das Wort führen.

Damit also ist dem vielfachen Wunsch Genüge getan, die Bundesregierung möge einen Moment innehalten in ihrem ebenso unbändigen wie hastigen Streben nach neuen Gesetzen und alten Wohltaten und in einer adventlichen Runde über alles sprechen, damit im kommenden Jahr so manches besser werde. Es war im Voraus vereinbart worden, dass das Treffen ein Erfolg werden würde, dass man die Arbeits- und Sprechweise harmonischer aufeinander abstimmen werde und dass man das Inhaltliche erst zu Beginn des kommenden Jahres in Klausurtagungen beschließen werde. Der Kanzler kündigt sogar sein Kommen bei der traditionellen Grünen-Klausur in Görlitz an.

Kerstin Müller von den Grünen, die in der vorausgegangenen Legislaturperiode zu jenen gehörte, die sich beharrlich und heftig über die Kungelrunden im Kanzleramt erregt hatten, meint jedenfalls auf einmal, man könne auch lernen von der alten Regierung. So viel Wendemut bringen die Fraktionsvorsitzenden Struck und Schlauch nicht auf. Sie weisen das harte Wort von der Kungelei zwischen den Verfassungsorganen Parlament und Regierung weit von sich. Zwar haben die Koalitionäre als ein Ergebnis des abendlichen Treffens nun auch eine ständige Runde installiert, freilich ganz anders als die berühmten Koalitionsrunden unter Kanzler Kohls Leitung. Die große CDU/CSU-Fraktion, beschreibt Struck den entscheidenden Unterschied, sei damals zu einem »Abnickverein« verkommen, daran sei zuletzt auch die Koalition gescheitert. »Wir haben aber selbstbewusste Fraktionen«, sekundiert Schlauch an dieser Stelle, denen könne man nicht einfach fertige Lösungen zur Zustimmung vorlegen.

Weil man eine griffige Begründung bis dahin nicht geliefert hat für die nunmehr regelmäßigen rot-grünen Runden, lässt sich Schlauch rasch den Begriff »Institutionalisierung der Normalität« einfallen. Darunter kann man sich nun alles und nichts vorstellen, politisch korrekt ist es jedenfalls. Weil man andererseits aber auch nicht ausschließen kann, dass weiterhin munter diskutiert wird in und unter den Fraktionen, erklärt Schlauch vorsorglich, er wolle »keine Friedhofskoalition«, was Struck seinerseits bestätigt.

Mehr und mehr ist in den vergangen Tagen deutlich geworden, dass die Störungen im Regierungsbetrieb keineswegs auf mangelndem Informationsaustausch zwischen den Koalitionspartnern beruhen. Es ist der größere Partner SPD, der trotz der nun beinahe vollendeten Besetzung der Schaltstellen der Macht mit verdienten Genossen nicht recht vorankommt. Weshalb das so ist, wird allmählich klar: Man hat sich das Regieren nicht so schwer vorgestellt.

Einen kleinen Einblick in sein persönliches Weltbild im Wandel gestattet Bundeskanzler Schröder der parlamentarischen Linken, also den Abgeordneten vom linken Flügel der SPD-Fraktion. Nachdem er sich eingeschmeichelt hat mit der Bemerkung, er habe diesen bedeutenden Kreis vor Jahr und Tag einmal selbst koordiniert, folgen zwei klare Rügen. Er habe es nicht gut gefunden, dass der Sportausschussvorsitzende Julius Beucher eine Steuer für Spitzensportler vorgeschlagen habe und dass die Abgeordnete Elke Leonhard sich öffentlich an dem Kulturbeauftragten Michael Naumann gerieben habe. Wer sich so verhalte, ziehe die Aufmerksamkeit der Leute von den ersten Erfolgen der Regierung ab. Im Vergleich zu dem, was ein paar Monate später an Auseinandersetzungen ansteht, kümmert man sich zu Beginn der Regierungszeit um Kleinigkeiten.

Er selber habe die Gewichte seiner Aufgaben zu Beginn anders eingeschätzt als heute, kehrt der Kanzler sein Innerstes nach außen. Ursprünglich habe er, ganz anders als sein Vorgänger, ein Kanzler der Innenpolitik werden wollen, ungefähr in einem Verhältnis 70 zu 30 zugunsten der inneren Probleme. Jetzt liege das Verhältnis eher bei 50 zu 50, meint Schröder, und nennt eine rührende, wenn sie ehrlich gemeint ist, auch erstaunlich naive Begründung für die Verlagerung der Gewichte: »Deutschland ist wichtiger, als wir uns vorgestellt haben.«

Dann folgt auffällig viel Lob für die gute menschliche Zusammenarbeit mit Außenminister Joschka Fischer. Kein vergleichbares Wort verliert Schröder über den Parteivorsitzenden und Finanzminister. Der Kreis der Linken hat dies natürlich aufmerksam registriert, niemand will später jedoch in Schröders Verhalten eine bewusste Distanzierung hineingeheimnissen. Die beiden hätten ihre Rollenprobleme noch nicht gelöst, einigt man sich, auch darin sei ein Grund für den stotternden Start der Regierung zu sehen.

Nun soll bis zur Weihnachtspause die Koordinierung der politischen und strategischen Arbeit zwischen dem Kanzleramt, der Fraktion und den SPD-regierten Ländern verbessert werden. Ursprünglich soll dies alles in den Händen des Kanzlersamtsministers Bodo Hombach liegen. Doch die Stimmen mehren sich, dass der Hombach mit der Administration überfordert ist.

Er gilt im Kanzleramt als blendender Selbstdarsteller mit einem Talent, Aufgaben an sich zu ziehen, sie nach seinem Gutdünken wieder zu delegieren, Erfolge dann für sich zu beanspruchen und Misserfolge anderen anzukreiden. Hombach wird meist zuerst genannt, wenn es darum geht, Schröder bei der Auswahl seiner Mitarbeiter Versagen anzulasten. Genau das Gegenteil gilt für Frank-Walter Steinmeier, den er aus Hannover mitgebracht hat und von dem es nun heißt, er sei der einzige aufgeräumte Kopf im rot-grünen Durcheinander.

Das Schlusswort zur ersten Runde darf SPD-Fraktionschef Struck sprechen. Als stehe er vor dem Nikolaus, gelobt er in allem Besserung: »Einen Fehler werden wir nicht mehr machen: Uns zu schnell zu viel auf die Schultern zu laden.«

Außenpolitisch noch immer zweite Liga

Überraschend für die Öffentlichkeit hat sich der seit langem andauernde Konflikt um die Kontrolle der irakischen Waffen in einem Militärschlag entladen. Die USA und Großbritannien wollen den Diktator Saddam Hussein endlich zur Räson bringen. Erneut hat der irakische Präsident UN-Kontrolleure behindert, die den Auftrag haben, mögliche nukleare, biologische oder Giftgaskapazitäten im Irak aufzuspüren. Kurz nach der Abreise der Kontrolleure schlagen amerikanische und britische Luftwaffeneinheiten zu. Militärische Anlagen werden zerstört, Bomben schlagen in Bagdad ein.

Die üblichen schnellen Bonner Reaktionskräfte sind am 7. Dezember aushäusig, weshalb es ein wenig schleppend anläuft mit den Meinungen und Bewertungen des amerikanisch-britischen Militärschlags gegen den Irak. Auch sind die Einschätzungen nicht sehr fein aufeinander abgestimmt innerhalb des Regierungslagers. Die Gegensätze laufen dabei nicht zwischen Rot und Grün, sondern quer durch die

Parteien. Noch in der Nacht lässt der Bundeskanzler seinen Regierungssprecher die Richtung vorgeben. Die Anwendung von Gewalt sei
bedauerlich, aber die Amerikaner hätten nun einmal keine andere
Wahl gehabt. Gerhard Schröder äußert sich dann selbst, und zwar an
einem durchaus pikanten Ort. Er ist wegen der Amtseinführung eines
neuen Chefs in der Zentrale des Bundesnachrichtendienstes in Pullach
bei München, wo man in den vorangegangenen Tagen schon erste
Informationen über die sich abzeichnende »Operation Wüstenfuchs«
gesammelt hat.

Wie schon bei früheren Militäraktionen der Vereinigten Staaten ist
Bonn zwar ungefähr ins Bild gesetzt worden, den genauen Beginn der
Aktion erfährt die Regierung Schröder aber auch nicht eher, als so
etwas früher bei der Regierung Kohl der Fall gewesen ist. »Wir wussten, dass etwas im Busch ist«, lautet die vornehme Umschreibung für
den Umstand, dass die Weltmacht USA die Deutschen erst dann offiziell informiert, als die ersten Bilder schon beim amerikanischen Nach-
richtensender CNN zu sehen sind. Schröder bleibt dennoch auf Kurs,
als er sagt, die Solidarität mit den Bündnispartnern, also den USA und
Großbritannien, stehe außer Zweifel.

Bei der SPD trauen sich nur die Jungsozialisten, gegen den Strich zu
bürsten. Von einer rot-grünen Koalition müsse man eine kritischere
Haltung erwarten dürfen, erklärt SPD-Präsidiumsmitglied Benjamin
Mikfeld. Die Bundesregierung zeige sich als der verlängerte Arm amerikanischer Interessen. Bei den Grünen nennt die Militärexpertin An-
gelika Beer die Angriffe »riskant, aber verständlich«. Nicht gut sei allerdings, dass sie ohne ein Mandat der Vereinten Nationen geschehen
seien. Die beiden Vorstandssprecherinnen Antje Radcke und Gunda
Röstel erklären später gemeinsam, die Militäraktion sei völkerrecht-
lich bedenklich. Die Fraktionsvorsitzenden Rezzo Schlauch und Kerstin Müller sagen, dass sie, »wie die französische Regierung« die militärische Eskalation bedauern.

Schröder und Trittin geraten aneinander

Auch in der Innenpolitik bekommt der Kanzler keine Ruhe. Schon
nach wenigen Wochen im Amt kracht es im Kabinett, kommt es zu
Umstimmigkeiten zwischen Schröder und Umweltminister Jürgen Trittin. Umstritten ist die Frage, wann und unter welchen Bedingungen
der Atomausstieg vollzogen werden soll.

Der erste scharfe Wortwechsel in der rot-grünen Koalition klingt nach bis zum Tag vor Heiligabend. Der Kanzler ist seinen alten politischen Weggefährten, Trittin, hart angegangen im Kernenergiestreit, so hart, dass sich manche im Regierungsviertel schon wieder fragten, ob die beiden nicht vielleicht ein nur kleines Drama vorführen wollen, dessen glückliches Ende dann im neuen Jahr hätte gezeigt werden solle. Über die Feiertage wäre die Spannung darüber erhalten geblieben, wie es denn weitergeht mit der Atomkraft in Deutschland; ein schönes Thema, das den Daheimgebliebenen die festtägliche Langeweile vertreiben hilft.

Einiges spricht dafür, dass Gerhard Schröder und sein Umweltminister den Streit ein wenig schüren, um ihn dann auf eine solche Weise beizulegen, dass beide den Erfolg für sich verbuchen können. Von 1990 bis 1994, zu Zeiten der rot-grünen Koalition in Niedersachsen, haben die beiden wiederholt vorgeführt, wie schön es sein kann, sich öffentlich so gekonnt zu zerstreiten, dass die Versöhnung am Ende wie ein politisches Meisterstück aussehen muss. Trittins Erkenntnis aus dem Lehrstück mit der von Daimler-Benz geplanten Teststrecke im Emsland lautet: Wer hart mit den Bossen verhandelt, die Gesetzeslage im Rücken, wird ihnen schließlich seinen Willen aufzwingen.

Die Gesetzes- und Vertragslage, davon ist Trittin auch diesmal überzeugt, ist auf seiner Seite. Das Umweltministerium habe nach sorgfältiger Prüfung der Verträge herausgefunden, so lauteten die Mitteilungen aus seinem Hause, dass ein Ausstieg aus der Kernenergie auch ohne Entschädigung der Stromwirtschaft möglich sei. Was Trittin nicht mitteilen lässt ist der Umstand, dass diese an sich klare Einschätzung auf einer strittigen juristischen Interpretation beruht. Wie in vielen Verträgen dieser Art werden als Ausstiegsoptionen allerlei Fälle von höherer Gewalt genannt. Ob auch der politische Wechsel dazu zählt, müssten im äußersten Fall die Juristen entscheiden. Trittin findet offenbar, dass die rot-grüne Koalition tatsächlich wie höhere Gewalt über die Deutschen gekommen ist.

Wer die politische Philosophie des Jürgen Trittin kennt, weiß, dass er häufig dieselbe Taktik wie bei der emsländischen Teststrecke wählt. Zuerst hat er beim Atomausstieg die Dehnbarkeit des Koalitionsvertrags getestet, als er die Einbeziehung von Forschungsreaktoren (Garching) in Überprüfungs- und Stilllegungspläne forderte. Dann hat er nach und nach Details der Atomgesetznovelle verlauten lassen, die provozierend klangen, aber vom Koalitionsvertrag gedeckt waren: Verbot der Wiederaufarbeitung, direkte Endlagerung von abgebrann-

ten Brennstäben, Umkehr der Beweislast bei Gefährdungen durch Atommeiler, die Erhöhung der Versicherungssumme auf fünf Milliarden Mark
bei Unfällen. Das waren lauter kleine Sticheleien in dem Psycho-Polit-
stück zweier alter Rivalen, die einander gut kennen und durchschauen.
Weil der Kanzler die Kabinettsberatung über das Atomgesetz unter-
band, reizte er seinerseits den Umweltminister. Nach allem, was bekannt ist, setzt Schröder zudem auf ein Ausstiegsszenario, das die Grünen mit jenem Modell des »Auslaufenlassens« vergleichen, das schon
zu Zeiten der Regierung Kohl diskutiert wurde. Er sei von niemandem
zurückgepfiffen worden, kommentiert Trittin den Stand im rot- grünen Methodenstreit. Bei ihm heißt das: Die Atomnovelle mag Schröder stoppen können, mich nicht.

An dieser Stelle droht der Koalitionskrach den kalkulierten Rahmen zu sprengen. Der Jurist Schröder weiß aus alten Zeiten, dass der
Nicht-Jurist Trittin Verträge mit größerer Akribie auszuhebeln versteht als ein Winkeladvokat. Deshalb ist der Schröder bei der an sich
harmlosen Ankündigung des Umweltministers, die Strahlenschutz-
kommission und die Reaktorsicherheitskommission aufzulösen und
im Januar mit neuen Mitgliedern neu zu gründen, hellhörig geworden.

Schröder muss fürchten, dass Trittin auf kaltem Wege den angestrebten, ja angeblich schon fast fertigen Kompromiss mit den Strom-
versorgungsunternehmen hintertreibt. Der Umweltminister möchte
alle 19 Atommeiler im kommenden Jahr einer Sicherheitsüberprüfung
unterziehen. Beraten und unterstützt von sorgfältig ausgewählten
Wissenschaftlern in den beiden Kommissionen, könnte er Gründe finden, den einen oder anderen Meiler abzuschalten, im Streitfall auch
alle. Des Regierungschefs schöne Übereinkunft mit den Stromversor-
gern – verlässliche Restlaufzeiten gegen Verzicht auf Schadensersatz –
wäre gebrochen. Dann könnte es passieren, dass dem Kanzler wieder
mal herausrutscht, was er wirklich von seinem Duzfreund Trittin hält.

Das Duzen und die neue Lockerheit

Am Silvesterabend 1998 wird es also wieder eine Ansprache des
Bundeskanzlers im deutschen Fernsehen geben, aber kein übel wollen-
der oder bloß trantütiger Mitarbeiter wird sie diesmal vertauschen
können. Da sitzt ein anderer Kanzler als in den 16 Jahren zuvor, und
die Szenerie um den Hauptdarsteller herum wirkt auch schon ganz
anders. Er selbst ist viel kantiger ums Kinn und dynamischer, passend

zur modernen Zeit, und nicht so großväterlich wie der alte vor der Wand mit den Hölderlin-Bänden und dem schwarz-rot-goldenen Tuch in der Ecke.

Zuhören muss man auch in diesem Jahr nicht unbedingt, aber es lohnt sich, ein paar Gedanken daran zu verschwenden, welch enormer Stilwandel da stattgefunden hat im Zentrum der politischen Macht. 1998, hat der neue Kanzler in Bonn mehr als einmal gesagt, sei nicht nur das Jahr des Regierungs-, sondern auch des Generationswechsels gewesen. Wir gehen noch einen Schritt weiter: Zu besichtigen war der Stilwechsel nach dem Machtwechsel. Die ständigen Beobachter sind gewissermaßen verpflichtet, in dieser Hinsicht ein paar Handreichungen zu geben.

Was Roman Herzog mit seiner legendären Aufforderung an alle Deutschen (»Seid unverkrampft«) gemeint haben könnte, durchdringt seit dem Wechsel in Bonn endlich auch den politischen Raum. Der Umgangston hat sich unüberhörbar geändert. Das fängt, wie so häufig in Stilfragen, ganz oben an. Das Erstaunen unter den deutschen Parlamentariern war nicht gespielt, als der neue Bundestagspräsident Wolfgang Thierse im Oktober den Sitzungssaal betrat, in die Runde blickte, bevor er den Sitz mit der hohen Lehne einnahm, und ein freundliches »Guten Morgen, meine Damen und Herren« sagte. Das war parlamentarisch geradezu unerhört, hatte aber mehr echte Würde als die steifleinenen Eröffnungen in der Ära Rita Süssmuth. Bei seiner Antrittsrede brachte Thierse dann jeden Satz sinnvoll zu Ende, was man nicht weiter erwähnen müsste, wenn es nicht eine weitere Neuerung gegenüber früheren Ansprachen von gleicher Stelle gewesen wäre.

Am auffälligsten ist der Wandel der Umgangsformen bei den Anreden. Der Grünen-Umweltminister Trittin verkündete bei seinem Amtsantritt im Ministerium, er habe nicht seinen Namen geändert und heiße weiterhin Trittin. Bei Journalisten, die es probehalber mit »Herr Minister« versuchen, revanchiert er sich mit »Herr Schriftleiter«. Herta Däubler-Gmelin lässt sich nur einmal gefallen, worauf Vorgängerinnen gesteigerten Wert legten. Bei jedem weiteren »Frau Ministerin« droht sie auf gut schwäbisch: »Des war jetzt aber's letschte Mal.« Auch Edelgard Bulmahn duldet das »Frau Ministerin« mehr, als dass sie es verlangt.

Die Soziologen haben in den Wochen seit dem Wechsel eifrig Gelegenheiten gesucht und gefunden, den Deutschen den Stilwandel zu erklären, ohne dass sie ihn aber anschaulich beschrieben hätten. Die Lieblingsthese der Gesellschaftskundler ist ganz einfach: 30 Jahre nach den Straßenschlachten von 1968 haben die rebellischen Söhne und Töchter den Marsch durch die Institutionen geschafft. Sie stehen an der Spitze des Staates und richten es sich dort behaglich ein.

Auf der letzten Bundesdelegiertenversammlung der Grünen hat der frühere »Kommunistenbündler« Trittin die grüne Basis unvermittelt mit »Meine Damen und Herren« angesprochen statt mit dem gemeinschaftsstiftenden »Liebe Freundinnen und Freunde«. Das waren erste Anzeichen einer Entfremdung, ohne Zweifel, und am Ende sagt er sogar, als habe er zu einer Unternehmerversammlung geredet: »Ich bedanke mich für die Aufmerksamkeit.« Was anderswo eine pure Höflichkeitsfloskel sein mag, in diesem Zusammenhang wird es zum Beleg für den Wandel.

Ungefähr zu Beginn desselben Jahres 1998 hat sich eine Szene abgespielt, die zum Vergleich noch einmal in Erinnerung gerufen werden sollte. Im Saal der CDU/CSU-Fraktion, der damalige Kanzler ist schon da, sein Blick ist von einer solchen Seligkeit, dass man ihn kaum anzusprechen wagt. »Herr Kohl«, versucht es der Korrespondent eines privaten Fernsehsenders dennoch mutig. »Ich bin nicht ›Herr Kohl‹, für Sie schon gar nicht.« Der Medienmann unternimmt einen neuen Anlauf: »Herr Doktor Kohl, Herr Doktor Kohl, können Sie bitte zur Kamera schauen?« Auch als »Herr Doktor Kohl« will er anscheinend nicht. Erst mit der Unterstützung des Fraktionsvorsitzenden Wolfgang Schäuble kommt der Fernsehmann auf die Anrede, die sich geziemt und auf die der damalige Amtsinhaber ziemlich viel Wert legte: »Herr Bundeskanzler.«

Nun ist es nicht so, dass Gerhard Schröder etwas gegen diese Anrede hätte. Zu Beginn seiner Amtszeit hat sie ihn sichtlich amüsiert. Vertrauten hat er erzählt, der Titel sei gewöhnungsbedürftig. Wer es dennoch tat, zum Beispiel »Glückwunsch, Herr Bundeskanzler« sagte, der wurde mit der Linken am Arm gepackt und in den Schraubgriff genommen. Eine Szene wie die zwischen dem Fernsehmann und Helmut Kohl ist mit Schröder nicht vorstellbar. Zwar kann der neue mindestens so schroff auf Journalisten reagieren wie der alte Kanzler, in der Regel aber versucht er, sie auf seine Seite zu ziehen.

Über den Roten Platz in Moskau – bei minus 20 Grad und eisigem Ostwind – schreitet Schröder Mitte November 1998 ohne Kopfbedeckung und mit offenem Mantel, damit es zu Hause schöne Bilder gebe. Einen russischen Leibwächter, der Kameraleute zurückdrängen will, schiebt der Kanzler eigenhändig zur Seite: »Nun geh'n Se mal aussem Bild!«

Weil die russische Sicherheit bei einem Drehtermin im Hotel den Schminkkoffer des einheimischen Fernsehens nicht hat durchgehen lassen, zückt die ungemein attraktive Interviewerin Swetlana Sorokina ihr eigenes Täschchen und pudert dem Kanzler mit ihrer Quaste die Nase. Was Helmut Kohl an dieser Stelle gesagt hätte, kann man sich lebhaft vorstellen. Schröder hingegen genießt die Behandlung sichtlich.

»Gerd«, ruft also jetzt schon mal ein Korrespondent, »Gerd, hast du heute schon mit Trittin telefoniert?« – »Nö«, antwortet der Bundeskanzler, »warum soll ich'n den anrufen, he?« Dem Bundespräsidenten kann Vollzug gemeldet werden schon nach wenigen Monaten der rotgrünen Regierung: Völlig unverkrampft sind sie, die Untertanen. Der Kanzler ist allerdings schon immer ein gefürchteter Duzer gewesen, vor allem in früheren Jahren. Sein überfallartiges »Übrigens, ich heiße Gerd« hat auch schon so manchen Wirtschaftsboss kalt erwischt.

Der neue Bonner Schnodderton wird nicht nur »in der Familie« gepflegt. Auch nach außen redet man so. Die Partner in der Europäischen Union haben das erstaunt zur Kenntnis nehmen dürfen. Dass Oskar Lafontaine auf den Titelseiten britischer Zeitungen als Oberfiesling vorgeführt wird, hängt sicher auch mit der neuen deutschen Deutlichkeit zusammen. Ohne diplomatische Zurückhaltung sagt der Kanzler, die Deutschen zahlten mehr als die Hälfte der Beiträge, die in Europa »verbraten« würden. Für Kranzniederlegungen ließ der Kanzler im Ausland zudem verlauten, »sind Diplomaten zuständig«.

Die politische Tonlage ist eben schneidiger geworden: Aufgepasst, »wir sind nicht mehr das doofe Bonn«, wie Heinrich Jaenecke, ein Enkel des Reichspräsidenten Friedrich Ebert, die neuen deutschen Umgangsformen in diesen Tagen auf den Punkt bringt: »Wir sind wieder Herr im eigenen Haus.«

SIEBZEHNTES KAPITEL

Schröder und die Medien

Es ist Donnerstagnachmittag, irgendwann Mitte der Neunzigerjahre in Bonn. Im Büro der »Hannoverschen Allgemeinen Zeitung« im Tulpenfeld läutet eines der Telefone. Der Korrespondent nimmt ab. Am anderen Ende eine markige Stimme: »Schröder hier.« Es entwickelt sich ungefähr folgender Dialog: »Herr Ministerpräsident, was verschafft mir die Ehre?« Der Ton am anderen Ende der Leitung ist aber gar nicht förmlich, sondern kumpelhaft: »Pass auf, ich bin hier gerade im niedersächsischen Landtag. Ich hab' was gesacht zum Energiekonsens. Ich glaub', die ham das hier nich richtich verstanden. Is' aber wichtig für Niedersachsen. Schreib mal auf ...«

Gerhard Schröder weiß, wie man mit Journalisten redet. Und er weiß sich zu helfen, wenn er das Gefühl hat, dass er nicht richtig rüberkommt. Er hält jedenfalls nicht hinter dem Berg mit dem, was er den Leuten im Lande von sich und seinen politischen Zielen mitteilen will. Das hat er schon als Juso gelernt, als die Altvorderen in Hannover dem zornigen jungen Mann vom linken Flügel am liebsten den Mund verboten hätten. »Man kann Journalisten mit Informationen bestechen ...«, hat Schröder gelegentlich als junger Politiker gesagt und als Jurist hinzugefügt: »... is nich strafbar.« Schröder hat den Umstand auszunutzen verstanden, dass es viele, zu viele Journalisten gibt, die ihren Beruf so verstehen, dass sie selbst gerne Politik machen wollen. Solche Journalisten hat Schröder auch schon mal ausgenutzt. Es hat aber nicht den Anschein, dass er nur schöntut mit den Medienleuten, weil er sie braucht, sie aber im Grunde alle verachtet. Wie es bei Helmut Kohl der Fall war, und zeitweise auch bei Helmut Schmidt.

Angeblich gibt es einen Merkspruch von Schröder über die Bedeutung der Medien. Wirklich wichtig, soll er einmal gesagt haben, seien für ihn »Bild, BamS und Glotze«. Das mag er gesagt haben, aber er handelt nicht danach. Sonst wäre er auch nicht zum »Medienkanzler« geworden. In den niedersächsischen Jahren hat er sorgsam darauf geachtet, die kleineren Zeitungen des Landes gut zu bedienen. Die Journalisten auf dem flachen Land haben sich geschmeichelt gefühlt, wenn sich der Oppositionsführer und später auch der Ministerpräsident zu ihnen an den Biertisch klemmte und mit ihnen auf Augenhöhe redete. Die »Hamburger Chefredakteure«, über die seine politischen Gegner immer sagten, sie würden ihn groß schreiben und später genauso schnell wieder niedermachen, mit denen verkehrte er sowieso, weil die ein Interesse an ihm hatten. Er aber brauchte auch die Meinungsführer im Harz und in Ostfriesland. Seine politischen Vorstösse, seine selbst bestimmten Kandidaturen hat Schröder in regionalen Publikationen kund gemacht, zum Beispiel in der »Deister- und Weserzeitung« aus Hameln und nie in »Bild«, »BamS« oder der »Glotze«.

Dass er als Kanzler nicht mehr so verfahren kann, versteht sich von selbst. Sein Umgang mit den auflagenstarken Boulevardblättern und den elektronischen Massenmedien ist so nüchtern wie möglich. Die Übung ist immer die gleiche: Es ist ein Geben und Nehmen. Als Schröder im Frühjahr 2001 das Gefühl hat, dass in den Zeitungen des Springer-Konzerns eine Kampagne gegen ihn und die rot-grüne Regierung läuft, interveniert er. Natürlich nicht juristisch, so etwas löst man eleganter. Man ruft Leute an, die wichtig sind und sich doch geschmeichelt fühlen, wenn der Kanzler selbst am Telefon ist. Ein Exklusivinterview wird verabredet. Danach hat man fürs Erste wieder Ruhe. Der Chefkolumnist von »Bild« darf dann den vorübergehenden Friedensschluss verkünden und schreiben, der Kanzler sei gelegentlich empfindlich, aber man habe natürlich nichts gegen ihn.

Die Nähe zu den Medien zu finden, bereitet Schröder keine Mühe. Als Rudolf Scharping im Wahlkampf 1994 in den roten SPD-Bus einsteigt, um zwischen zwei Auftritten mit den Journalisten im Begleittross zu plaudern, greifen die Medienvertreter wie auf Kommando unter ihre Sitze oder in die Ablagefächer und stellen ihre Laptops oder irgendeine Aktentasche auf den Sitz neben sich. Hauptsache der ist belegt und der Kandidat muss sich woanders hinsetzen. So etwas wäre Schröder nie passiert, auch nicht in der Zeit vor seiner Kanzlerschaft, als er noch weniger bedeutend war. Wie beim Umgang mit anderen Leuten auch, kommen Schröder auch beim Umgang mit den Journalisten die Erfahrungen seines gesellschaftlichen Aufstieges zugute: Bei den Chefredakteuren oder Bedeutungträgern vom Fernsehen gibt Schröder den Staatsmann, bei den eher rustikalen Typen kann er ohne Mühe auf die kameradschaftliche Tour umschalten. Journalisten, die aus dieser vermeintlichen Nähe zu dem Politiker Schröder schließen, sie könnten ihn bei passender Gelegenheit mal eben locker von der Seite angehen, können sich dabei eine böse Abfuhr einhandeln. In – im günstigsten Fall – schnoddrigem oder –

Das Kabinett in seiner ersten Besetzung. Letzte Reihe, v.l.: Walter Riester (Arbeit und Soziales), Karl-Heinz Funke (Landwirtschaft, später durch Renate Künast ersetzt), Werner Müller (Wirtschaft). Mitte: Franz Müntefering (Verkehr, später Reinhard Klimmt, dann Kurt Bodewig), Andrea Fischer (Gesundheit, später Ulla Schmidt), Bodo Hombach (Kanzleramt, später ausgeschieden), Oskar Lafontaine (Finanzen, später Hans Eichel), Jürgen Trittin (Umwelt), Rudolf Scharping (Verteidigung), Christine Bergmann (Familie). Vordere Reihe: Heidemarie Wieczorek-Zeul (Entwicklungshilfe), Edelgard Bulmahn (Bildung und Forschung), Bundespräsident Roman Herzog, Bundeskanzler Gerhard Schröder, Joschka Fischer (Äußeres), Otto Schily (Inneres), Herta Däubler-Gmelin (Justiz)

häufiger – schroffem Ton hält er sich Leute vom Hals, die er gerade nicht gebrauchen kann. Andererseits gibt es Journalisten, die sich kleine Frotzeleien oder freche Fragen erlauben dürfen, die Schröders sämtliche Vorgänger im Amt des Bundeskanzlers als Majetätsbeleidigung aufgefasst hätten.

Sein Lehrgeld als Bundeskanzler bezahlt Schröder, als er sich zu Beginn seiner Amtszeit dazu hinreißen lässt, sich für ein Hochglanz-Blatt von einem ausgezeichneten Fotografen in hochwertiger italienischer Herrenmode ablichten zu lassen. Die Bilder sind gelungen, ästhetisch jedenfalls. Schröder schauspielert sogar ein wenig, versucht, wie Humphrey Bogart auszuschauen, ahmt seinen Blick nach. Die Havanna

Der Brioni-Kanzler

lässig in der Hand. Der Kanzler aus der Arbeiterschaft (»Ich weiß, wo ich herkomme«) schmückt sich mit den Insignien der Bosse. Das ist noch die Zeit, in der er mit dicken Backen herumläuft und jedem erzählt, wie viel Spaß das Regieren doch mache und wie wichtig Deutschland sei in dieser Welt, die geradezu auf ihn gewartet habe. Irgendwann merkt er, ein Politiker, der sich von den bunten Blättern zum Dressman machen lässt, lässt sich im Zweifel auch von diesen dressieren. Da ist es zu spät und die Würde des Amtes beschädigt. Seine Reaktion ist typisch: Fortan gibt es keine Fotos dieser Art mehr, was sich von selbst versteht, aber auch das Rauchen dicker Zigarren in der Öffentlichkeit verkneift sich der Kanzler für längere Zeit. Alles, was entfernt mit Genuss in Verbindung gebracht werden könnte, wird nicht mehr vorgeführt.

Zu Beginn der rot-grünen Regierungszeit hat sich Ulrich Sollmann, ein Psychotherapeut aus Bochum, die ganze neue Truppe aus dem Blickwinkel seiner Wissenschaft angeschaut und sie bewertet. »Der typische Schröder« sieht für ihn so aus: Die dichten Augenbrauen sorgenvoll zusammengeschoben, das Kinn energisch nach vorne gedrückt. Es ist die tiefe Kerbe zwischen den Augenbrauen, die das Gesicht beherrscht und so einzigartig wirken lässt. Und diese Kerbe ist es, die den unnachahmlichen Blick Schröders ausmacht, es sind nicht die wasserblauen Augen, wie man vielleicht annehmen könnte. Weil Schröders Gegenüber nicht erkennen kann, ob die Kerbe seine Augen trennt oder verbindet, entsteht der Eindruck, von zwei Augen gleichzeitig angeschaut zu werden, wo immer man sich auch hinbewegt im Raum, ohne dass man selbst gleichzeitig in beide Augen schauen könnte. Es ist das Geheimnis der Hypnotiseure.

Ein wenig mehr als sein Blick ist aber dran am Kanzler, seine Arme und Hände beispielsweise sprechen häufig das Gegenteil von dem, was sein Mund sagt. Wenn Schröder den großen Macher herauskehrt, dann sieht Sollmann zugleich Gesten des Bittens und Umarmens: Behaltet mich bei euch. Worte und Körper, sagt der Experte, seien häufig asynchron bei diesem Mann. Die politischen Kommentatoren haben das auch schon fest gestellt, sie haben es nur anders ausgedrückt: Den Politiker Schröder kann man nicht festlegen. Er sei mal so, mal so. Nein, sagt der Psychologe, nur Unsicherheit sei das. Fragt sich, was für einen Kanzler schmeichelhafter ist.

Bei der Silvesteransprache zum Jahr 2002 wird ausprobiert, wie sich der Kanzler im Wahlkampf von seinem vermuteten Herausforderer Stoiber abheben könnte. Dynamischer soll er wirken als der bisweilen hölzerne bayerische Ministerpräsident. Moderner auch, jugendlicher als der weißhaarige Herr im Trachtenanzug. Also setzt man den Kanzler auf einen Drehstuhl, nimmt die verschiedenen Absätze der Ansprache aus verschiedenen Blickwinkeln auf, man setzt ihn beinahe Kurzfilm-Oscar-reif ins Bild.

Dabei spielt sogar der Zufall eine Rolle. Bevor das Team des Zweiten Deutschen Fernsehens sich am Nachmittag des 29. Dezember an die Aufzeichnung machte, holte es sich Tips von Michael Ballhaus. Der in Hollywood hoch geschätzte deutsche Kameramann war zufällig wegen eines Lehrauftrages an der Filmhochschule in Potsdam-Babelsberg in der Gegend und schaute sich das Kanzleramt unter dem Gesichtspunkt an, wie man es noch besser für Medienauftritte nutzen könnte. Schröders Berater nutzen jede Gelegenheit, auf medialem Gebiet alles zu tun für ihren Chef.

ACHTZEHNTES KAPITEL

Kanzler – und wie weiter?

Während in den Studios und Redaktionsstuben die ersten 100-Tage-Bilanzen der Regierung Schröder entworfen werden, feiert die SPD für die Spitzen von Partei und Fraktion in der Godesberger Stadthalle ein großes Fest unter dem Motto »Regieren macht Spaß«. Stargast am 2. Februar ist der rheinische Parodist und Stimmenimitator Jörg Knör. Er spult seine Nummern herunter, imitiert den Papst, Inge Meysel und als Brüllnummer Helmut Kohl. Man ist amüsiert. Am Ende kündigt der Künstler an, er wolle jetzt einen der Anwesenden darstellen, ein Bemühen, das im Publikum Ratlosigkeit hervorruft, wen er denn meinen könnte. Erst als Knör mit kehliger, leicht schnarrender Stimme den Satz hervorstößt: »Ich kann das, ich will das, ich mach das«, da erkennen die Sozialdemokraten ihren Kanzler wieder – nicht an der Stimme oder an dem nur schwer zu imitierenden westfälisch-hannoverschen Zungenschlag, sondern ganz einfach an diesem kernigen Spruch. Das muss er sein, so isser nämlich, der Gerd.

Dieses Selbstbewusstsein hat Gerhard Schröder 100 Tage zuvor den Weg ins Kanzleramt geebnet. Er hatte den Wählern versprochen, nicht alles anders, aber vieles besser zu machen. Einer Mehrheit der Wähler hat das genügt, um Helmut Kohl aufs Altenteil zu schicken. Der neue Kanzler und sein Kabinett gingen an die Arbeit wie einst die Nachwuchsmusiker der Neuen Deutschen Welle: »Ich geb Gas, ich geb Gas. Ich will Spaß, ich will Spaß.« Das hohe Tempo der Koalitionsverhandlungen sollte mitgenommen werden in die Regierungstätigkeit: Steuerreform, neues Staatsbürgerschaftsrecht, Billigjobs, Wiedereinführung des Schlechtwettergeldes am Bau, Zahnersatz für Jugendliche. Möglichst alles noch vor Weihnachten.

Zu jenen Ministern, die in der Bevölkerung auf starke Vorbehalte stoßen, gehört zunächst Außenminister Joschka Fischer. Trotz seiner äußerlichen Wandlung vom grünen Wonneproppen zum weltgewandten Asketen schlägt ihm auf dem diplomatischen Parkett einiges an Skepsis entgegen. Stirnrunzeln ruft Fischer hervor, als er die Nato-Doktrin vom Recht auf den ersten Atomschlag in Frage stellt. Wann immer jedoch der Altachtundsechziger mit seinen europäischen Amtskollegen zusammentrifft, verwandelt sich die Abneigung gegen den deutschen Emporkömmling in ehrlichen Respekt.

Weil in den internationalen Beziehungen persönliche Vorlieben eine beträchtliche Rolle spielen, ist allgemein mit Erstaunen registriert worden, dass Fischer und seine US-Amtskollegin Albright einander mit »Joschka« und »Madeleine« anreden. Auch im Bonner Auswärtigen Amt selbst, das fast 30 Jahre unter liberaler Leitung stand, ist man voll des Lobes für den neuen Chef. Im Gegensatz etwa zu Verkehrsminister Müntefering und Arbeitsminister Walter Riester, die unter den Führungspositionen in ihren Häusern einen ziemlichen Kahlschlag vorgenommen haben, belässt der Grüne fast alles beim Alten. Es sind zum Teil stramme »Genscheristen«, aber sie rühmen ihren Minister: In Krisensituationen bewahre Fischer die Ruhe oder laufe zu Hochform auf, sagen seine höchsten Beamten, während Vorgänger Klaus Kinkel »immer feuchte Hände bekommen« habe.

In dieser Phase des Einarbeitens – es passiert, als er bei der Schlichtung des Streites zwischen Umweltminister Trittin und den Atombossen diese zum Bleiben bewegen kann und damit die Energiekonsensgespräche rettet – hat der Kanzler die Erkenntnis, dass er sich noch stärker als Moderator der widerstrebenden Interessen in dieser Gesellschaft darstellen könnte. Er beginnt, den Prediger Salomon aus dem Alten Testament zu zitieren (»Alles hat seine Zeit«), und er verspricht den Menschen, sie mit fester Hand durch die Wirrnisse der Zeiten zu führen. Zaghaft noch, doch schon erkennbar für den aufmerksamen Beobachter, hat die Wandlung des Machtmenschen zum Staatsmann begonnen. Genauer gesagt: Schröder ist zu der Überzeugung gekommen, dass er nach außen hin ein wenig staatsmännischer wirken könnte, den Machtinstinkt in seinem Innern wird er deswegen nicht unterdrücken. »Der Kanzler ist der Überzeugung, dass es das Beste wäre ...«, fängt Regierungssprecher Uwe-Karsten Heye in der Folge häufiger seine Erklärungen an, womit er zu verstehen gibt, dass nun genug fabuliert worden sei und der Chef der Bundesregierung seine Meinungsbildung abgeschlossen habe.

Auf diesem Wege ist vieles zur Chefsache geworden, zu vieles. Das Bündnis für Arbeit steht für Schröder an erster Stelle, nicht zuletzt weil er sein Schicksal bei der Wahl 2002 von erheblichen Fortschritten beim Kampf gegen die Arbeitslosigkeit abhängig gemacht hat. Chefsache in den 100 Tagen aber werden auch der Aufbau Ost, die 630-Mark-Jobs, die Bonner EU-Präsidentschaft, die Entschädigungsregelungen für Zwangsarbeiter und die Fahndung nach Erpressern der Bundesbahn.

Auf keinen Fall zur »Chefsache Schröder« wird die Steuerreform. Sie ist ein Fall für Bundesfinanzminister Oskar Lafontaine und damit

Chefsache genug. Vor allem der politische Gegner hatte vorausgesagt, dass die Wahlkampf-Doppelspitze im politischen Alltagsgeschäft und am Kabinettstisch niemals funktionieren könne. Der Parteivorsitzende Lafontaine werde nicht ruhen und dem Kanzler die Richtlinienkompetenz streitig machen. Schröder hat, wenn Lafontaine nicht dabei ist, immer dagegengehalten, dass »Oskar« erst einmal mit dem Kassensturz, dem Haushalt, der Steuerreform und der Partei derart beschäftigt sei, dass er keine Zeit finden werde, den Nebenkanzler zu spielen. Beobachter am Kabinettstisch stimmen der Sichtweise des Kanzlers zu. Dieselben Leute wollen auch einen geradezu magischen Gleichklang zwischen den beiden festgestellt haben. Wenn sie sich über den Kabinettstisch zunickten, sei jeder Widerspruch zwecklos.

Zum Abschluss des Bunten Abends in der Godesberger Stadthalle ruft Schröder seinen Freunden zu, sie mögen ruhig Spaß am Regieren zeigen. Er könne das so freiweg sagen, fügte er an, »denn Oskar ist bekanntlich nicht da«.

Krisenmanagement in der Narrenzeit

Auf diese unbändige, beinahe kindliche Lust der Kanzlers am Regieren verweisen in auffälliger Übereinstimmung all jene an der Spitze des Machtapparates, die um eine Erklärung für den urplötzlich so ruppigen Umgangston in der rot-grünen Koalition gebeten werden. »Nein«, haben alle beteuert, der Kanzler beabsichtige »auf keinen Fall«, das Regierungsbündnis aufzukündigen, um mit der FDP oder der Union die gewaltigen Brocken Bündnis für Arbeit, Steuerreform, Rentenreform, Gesundheitsreform, Staatsbürgerschaftsrechtsreform und vieles mehr aus dem Weg zu räumen. Er sei im Amt, habe Spaß daran, und er werde das durchziehen mit den Grünen – auch wenn beim Gedanken an diese der Spaß am Kanzlersein schon merklich nachlasse.

Beim Empfang für ein gutes Dutzend Karnevalsmajestäten aus ganz Deutschland, bei der Eröffnung der Berlinale und bei einem Mittagessen mit Präsident Bill Clinton in Washington – alles innerhalb von zwei Tagen am 10. und 11. Februar 1999 – lenkt sich der Kanzler derweil ab vom Schock der Hessen-Wahl am Sonntag davor. In Wiesbaden hat Ministerpräsident Hans Eichel den »Ausländer-Wahlkampf« gegen seinen Herausforderer Roland Koch verloren und muss aus dem Amt scheiden. Obwohl der Vorstand der SPD-Bundestagsfraktion schon die Losung ausgegeben hat, die Koalition müsse sich

nun auf eine Blockade durch die Union im Bundesrat einstellen, glaubt
das SPD-Präsidium am ursprünglichen Entwurf von Innenminister
Otto Schily für ein neues Staatsangehörigkeitsrecht festhalten zu können. Die Grünen, allen voran die beiden Parteisprecherinnen Antje
Radcke und Gunda Röstel, dann auch die Fraktionsvorsitzende Kerstin Müller, bauen eine milde Drohkulisse auf mit dem Hinweis, man
werde sich nicht noch einmal – wie beim Atomrecht – über den Tisch
ziehen lassen.

Zu allem Überfluss stempelt der Kanzler ausgerechnet jenes Kabi-
nettsmitglied erneut zum Hauptschuldigen für das rot-grüne Chaos
der ersten Wochen, dem er kurz zuvor noch in einem Gespräch unter
vier Augen zugesagt hat, er werde von nun an nicht mehr als Queru-
lant an den Pranger gestellt. In einem Gespräch mit der »Süddeutschen
Zeitung« lässt Schröder die Bemerkung einfließen, für eine wirkungs-
vollere Arbeit in der Koalition benötigten die Grünen »mehr Fischer
und weniger Trittin«, also mehr Pragmatismus im Sinne des Außenministers und weniger fundamentalistischen Eifer im Stile des Umweltministers.

Der nordrhein-westfälische Bauminister Michael Vesper, im Sinne
des Kanzlers ein typischer Fischer-Grüner, nimmt umgehend den so
arg gebeutelten Trittin in Schutz: »Wenn man sich morgens beim
Rasieren überlegt, wie brüskiere ich meinen Koalitionspartner heute,
dann wird das am Ende beiden schaden.« Vesper schiebt einen Vergleich nach, von dem er hofft, dass er Schröder zu denken gebe: »Eines
kann man von Helmut Kohl lernen. Der hat seinen Partner gepflegt
und nicht brüskiert.«

Um den Koalitionsfrieden vor dem Rückzug aus Bonn vor dem end-
gültigen Ausbruch des Karnevals wieder herzustellen, wiegeln die Berater des Kanzlers ab, Schröder habe Trittin gar nicht persönlich treffen
wollen. Mit dem stark personalisierten Hinweis an den Koalitionspartner, dass nicht unbedingt »die Themen, die ja interessante Minder-
heitenthemen sind, in den Vordergrund der Koalitionsarbeit gerückt
werden müssten«, sei der Kanzler eben seiner Lust am Fabulieren
erlegen. Der Umweltminister verwahrt sich trotz der Beschwichtigungs-
versuche »in ganzem Ernst« gegen eine Einmischung in die inneren
Angelegenheiten der Grünen. Er reagierte, nicht gerade voller Esprit,
mit dem einfachen Kehrvers: Er wünsche sich in der Koalition hin und
wieder »mehr Lafontaine und weniger Schröder«.

In beiden Vergleichen steckt auch der ganze Frust darüber, dass es
im handwerklichen Bereich des Regierens bei weitem nicht so glän-

zend aussieht wie beim Kürlaufen des Kanzlers. In der Fraktion fangen die Linken an zu granteln – auch mit dem von ihnen so geschätzten Parteivorsitzenden Oskar Lafontaine, weil dieser angeblich die Zügel schleifen lasse. Und im Regierungsapparat knirscht es. Der Kanzler erlaubt sich öffentliche Seitenhiebe gegen seinen Parteivorsitzenden. Bei einer offiziellen Feier zum 80. Geburtstag von Altkanzler Helmut Schmidt – eine geraume Weile nach dem eigentlichen Festtag – stellt Schröder die Hackordnung auf dem Hof klar. Als Kanzler, sagt er, habe er die Richtlinienkompetenz für die Politik und fügt, an Lafontaine gerichtet, süffisant hinzu: »Nicht wahr, Oskar?« Die Retourkutschen des Saarländers sind weniger öffentlich, aber wirkungsvoll. Wenn Lafontaine in die Parteizentrale kommt oder sonst zu einer rotgrünen Führungskräfteversammlung, dann fragt er gelegentlich: »Ist der da auch schon da?« Um zu verdeutlichen, wen er meint, ahmt er Schröders Siegerpose vom Wahlabend 1998 nach: Beide Arme nach oben, mit beiden Händen das Siegeszeichen formend.

In den Kabinettsitzungen häufen sich die Rüffel für den Finanzminister, der mit seiner Steuerreform nicht so recht vorankommt – oder sich aufs Tricksen verlegt. Die so genannte große Steuerreform bringt die Wirtschaft, die der rot-grünen Koalition zunächst ja verhältnismäßig wohlwollend oder wenigstens neutral gegenübergestanden hatte, auf die Palme. Anstatt zur Schaffung von weiterem Spielraum für Investitionen entlastet zu werden, sollen die Unternehmen mit Milliarden zusätzlich belastet werden, damit vor allem die Bezieher niedriger Einkommen steuerlich besser gestellt werden können. Das passt ins traditionelle SPD-Bild und entspricht auch Lafontaines Meinung, die Wirtschaft müsse durch mehr private Nachfrage angekurbelt werden.

Regelrecht bloßgestellt fühlen muss sich der Kanzler durch einen verdeckten Steuercoup Lafontaines: In aller Stille beschließt das Bundeskabinett am Tag vor dem Ausbruch des rheinischen Karnevals einen Passus zur Steuerreform, dessen Tragweite offensichtlich außer dem Finanzminister niemandem im Kabinett bewusst ist. Mit der harmlos klingenden Bezeichnung »Abzinsungsgebot« sollen die Versicherungsunternehmen und die Stromkonzerne einen Teil ihrer riesigen Rückstellungen versteuern müssen. Mindestens 30 Milliarden Mark sollen zusätzlich in die Kasse fließen.

Treuherzig beteuert das Finanzministerium immer wieder, der Betrag liege weit darunter. Bis man schließlich eingestehen muss, dass sich die niedrigen amtlichen Angaben lediglich bis zum Jahr 2002 einstellen würden, dass danach allerdings das Geld in die Steuerkassen weiter fließen würde, bis die von der Wirtschaft befürchtete Größenordnung erreicht sein würde. Als dies herauskommt, steht der Kanzler vor der Wirtschaft blamiert da.

Die Arbeit in Bonn ist mühseliger, als die meisten von denen gedacht haben, die da – zum Teil aus Hannover – in einen Regierungsapparat hineingewechselt sind, der in der zweiten Ebene noch immer von Beamten beherrscht wird, die eher auf der CDU-Seite stehen. Die anderen, die für die rot-grüne Sache eintreten, »drehen sich wie Hamster im Laufrad«, stellt ziemlich ernüchtert ein Mitglied der hannoverschen »Maschsee-Mafia« fest. Die Bezeichnung für »Schröders Leibgarde«, wie ein anderer Ausdruck lautet, beginnt zum Allgemeingut zu werden, und im gleichen Maße, wie dies geschieht, spüren die Mitglieder hin und wieder auch schon einmal Misstrauen aufkeimen, ob denn noch alle in der Regierung das Gesamtwohl im Auge haben, oder ob es ihnen besonders um die Glorie des Kanzlers geht.

Noch bevor die Krise ihren Höhepunkt erreicht, ärgert sich auch ein führender Grüner gehörig: »Die rot-grüne Ehe läuft so, dass der Kanzler mit weißem Hemd durch die Gegend spaziert, während wir zu Hause ständig den Dreck wegmachen müssen.«

Dringend gesucht: Ein neuer SPD-Vorsitzender

Es kommt wirklich nicht häufig vor, dass ein Bundeskanzler ausgelacht wird bei einem Auftritt vor Medienleuten in Bonn. Eigentlich ist es beinahe ein Zeichen dafür, dass man ihm nichts mehr abnimmt von dem, was er sagt, so wie es Helmut Kohl zuletzt gelegentlich widerfahren ist, wenn er von seinen Siegeschancen sprach.

Gerhard Schröder hat es am Donnerstagabend, es ist der 11. März 1999, zum ersten Mal erfahren, wie es ist, wenn einem ein höhnisches, ja bitteres Lachen entgegenschlägt, und der eine oder andere Vorlaute im Überschwang der Gefühle ein »Feigling« hören lässt. Dabei hatte Regierungssprecher Heye nur erläutert, dass der Bundeskanzler zum Rücktritt seines Finanzministers keinerlei Fragen beantworten werde.

Ein wenig angegriffen sieht Schröder aus nach diesem Tag, an dem am späten Nachmittag aus Saarbrücken die überraschende Nachricht eingetroffen ist, dass Oskar Lafontaine sein Amt als Finanzminister niederlegen werde, und nur wenig später aus dem Erich-Ollenhauer-

Haus die verblüffende Ergänzung kommt, dass der Saarländer auch den Vorsitz der Partei niederlege. Einiges hatte auf den Rückzug aus der Regierung hingedeutet, nichts auf den so vollkommenen Bruch mit der Politik. Der Saarländer hat sich am Nachmittag seines letzten Arbeitstages in sein Haus in Saarbrücken bringen lassen und ist den ganzen Abend für niemanden zu erreichen. Man macht sich zunächst ernsthaft Sorgen, ob der als empfindsam geltende Lafontaine vielleicht in einer Nervenkrise stecke. Eine Kurzschlusshandlung wird für möglich gehalten. Aber so viel können jene doch sagen, die ihn nach seiner radikalen Entscheidung noch gesehen haben in Bonn, dass er körperlich einen unversehrten Eindruck auf sie gemacht habe. Gesundheitliche Gründe für den Rücktritt gebe es nicht.

Dennoch trägt die überstürzte Flucht aus Bonn mysteriöse Züge. Die Parteizentrale ist schon fast verwaist, als der Chef sich zum Rücktritt entschließt. Er legt gewissermaßen einen Zettel auf den Tisch: »Bin weggegangen, komme nicht wieder« – und verschwindet. Mitarbeiter seines Büros sind über die Umstände so schockiert, dass Tränen fließen. Wer seinen Gefühlen Ausdruck verleihen will, erreicht gleichwohl den Geflohenen nicht. Der Kanzler versucht am Donnerstagabend mehrfach, einen telefonischen Kontakt herzustellen, um mehr über die Beweggründe zu erfahren. Es gelingt ihm nicht. Zu sprechen ist Lafontaine durchaus in Saarbrücken, nur eben nicht für jeden. Drei Stunden lang ist sein Nachfolger im Amt des Ministerpräsidenten, Reinhard Klimmt, am Abend bei ihm zu Gast.

Von Schröders dauerndem Auftrag, dass das Regieren auch Spaß machen müsse, ist zu diesem Zeitpunkt nichts mehr zu spüren. Schon am Vortag, bei der wöchentlichen Kabinettssitzung, sei der Kanzler »auf Krawall gebürstet« gewesen, erzählen Kabinettsmitglieder. »Irgendwie diffus« habe sich der Kanzler während einer längeren Erörterung der gesamtwirtschaftlichen Lage immer mehr gesteigert, auch in der Lautstärke. Den entscheidenden Satz – »Es wird einen Punkt geben, wo ich die Verantwortung für eine solche Politik nicht mehr übernehmen werde« – haben einige wohl als Rücktrittsdrohung verstanden. Das ist nun überhaupt nicht im Sinn von Schröders Imagepflegern gewesen, die den Kanzler gern als ein Mann dargestellt gesehen hätten, der auf den Tisch hauen kann. Sprecher Heye gibt sich redlich Mühe, die Standpauke des Kanzlers als einen Ausdruck seiner Regierungskunst auszulegen. Niemand sei als Schuldiger angesprochen worden, auch nicht der Finanzminister Oskar Lafontaine. Im Gegenteil, der Finanzminister habe dem Kanzler inhaltlich voll zugestimmt.

Das aber ist nun wiederum die pure Ironie, denn in Wahrheit riecht es in der Koalition seit Wochen überall nach Schwefel. Aus der Aufbruchtruppe vom Herbst ist über die Wintermonate eine missgünstige Notgemeinschaft von Einzelkämpfern geworden. Zuletzt ist es im Kabinett so zugegangen: Als Schröder dem Finanzminister vorhält, er habe mit der Besteuerung der Ersparnisse von Atomkraftwerksbetreibern unnötig die Energiekonsensgespräche belastet, kontert Lafontaine mit dem Vorwurf, es sei ein strategischer Fehler gewesen, Energiegespräche und Steuergesetze in einen zeitlichen Zusammenhang zu bringen.

Dass dies in der Verantwortung von Kanzleramtsminister Bodo Hombach lag, braucht Lafontaine in dieser Runde nicht zu erwähnen. Jeder weiß von der Feindschaft der beiden. Am Tag des Rücktritts werden denn auch einige Hinweise darauf gefunden, dass Hombach zumindest hilfreich gewesen sein könnte, die Einzelheiten aus dem Kabinett an die Öffentlichkeit zu bringen. Am Abend ist dann wieder von Indiskretionen die Rede, auf einmal aber von einer ganz anderen Art. In Frankfurter Bankenkreisen, so heißt es, sei gestreut worden, es gebe Unterlagen über Geldgeschäfte aus Lafontaines Saarbrücker Jahren, die sich nicht mit seinem hohen Amt vereinbaren ließen. Auch wenn sich diese Gerüchte niemals bestätigt haben, einen Tag lang ist jedenfalls damit hinter den Kulissen Politik gemacht worden. Dann heißt es wieder, es gehe nicht um Geldgeschäfte, sondern um kompromittierende Fotos aus früheren Jahren. Davon ist bis heute kein einziges aufgetaucht. Gleichwohl werden dem Finanzmister die Gerüchte hinterbracht worden sein. Ob er daraus Schlüsse gezogen hat, weiß niemand.

Eine weitere Begebenheit steigert die Begleitumstände des Rücktritts ins Theatralische. Am Vorabend hat Gerhard Schröder mit hochkarätigen deutschen Wirtschaftsführern im Palais Schaumburg zusammengesessen. Es geht um die Vorbereitung der Expo 2000, die dringend Anschub braucht. Nach dem Abend darf ein Kreis von Korrespondenten ein paar Fragen an Expo-Generalkommissarin Birgit Breuel, an die Herren der Wirtschaft und an den Bundeskanzler stellen. Ganz am Ende meldet sich der Vertreter einer britischen Wirtschaftszeitung zu Wort und fragt nach einer Schlagzeile der »Bild«-Zeitung und dem dazugehörenden Text. Darin ist von einem Machtwort des Kanzlers die Rede, der Fragesteller will aber darüber hinaus noch wissen, ob Schröder mit Rücktritt gedroht habe oder ob sich durch sein energisches Auftreten vielleicht ein Minister zum Rücktritt gedrängt fühlen könnte. Schröder ist einen Augenblick lang vollkommen irritiert, schaut in die Runde und sucht den Blickkontakt zum stellvertretenden Regierungssprecher Bela Anda, der hinter den Korrespondenten in der dritten Reihe steht, in der Nähe der Tür. Anda war früher leitender Redakteur bei »Bild« mit glänzenden Verbindungen zu seinen ehemaligen Kollegen. In diesem Augenblick tut es einen Schlag. Der Länge nach liegt Anda auf dem Holzfußboden. Er ist kollabiert. Schnell wird ihm geholfen, er steht auch rasch wieder auf den Beinen und lässt sich nach draußen führen an die frische Luft. Sein Kollege sei überarbeitet, kommentiert Regierungssprecher Heye den Vorfall. Unter den besorgten Korrespondenten herrscht Rätselraten über den plötzlichen Anfall von Schwäche, schreiben wird am kommenden Tag aber niemand darüber. Ein paar Tage später erst stellt die »Frankfurter Rundschau« einen Zusammenhang her zwischen den Veröffentlichungen in »Bild«, den offensichtlichen Indiskretionen aus dem Kabinett und dem Umfaller von der Expopressekonferenz. Beweise gibt es keine für ein Komplott, aber der Autor der Geschichte ist in der Regel nahe dran am Geschehen. Weil aber ohnehin viel Aufregung herrscht im Regierungslager in diesen Tagen, verpufft die Story.

Auch einen Tag nach dem Verschwinden Lafontaines herrscht Ratlosigkeit in Bonn. Dieser radikale Rückzug aus der Politik, den der SPD-Vorsitzende und Finanzminister gewählt hat, passt so gar nicht in die übliche Vorstellungswelt von einem Abschied. Es sei nicht einmal bekannt, ob Lafontaine in Saarbrücken sei, gesteht man kleinlaut im Büro des Bundeskanzlers, so als sei der bisherige Parteichef auf der Flucht. Dann wird jedoch nach Bonn gemeldet, dass im Hause Am Hügel 26 im Saarbrücker Stadtteil Rotenbühl am Freitag um 9.34 Uhr die Rollläden hochgegangen seien, jedoch ohne dass der Hausherr gesichtet worden sei. Dass sich später Frau Christa mit dem Söhnchen im Garten auf der Schaukel vergnügt habe, sogar dies spielt eine Rolle in den SPD-Sitzungen. Noch nimmt man ja Anteil am Schicksal des bisherigen Vorsitzenden.

Der Bonner Politikbetrieb hat um die Stunde, als die Rollläden im Hause Lafontaine hochgezogen werden, längst wieder jene Routine gewonnen, in der Krisen abgewickelt werden. Die SPD ist ja nicht ungeübt im Austausch von Vorsitzenden, sei es durch Rücktritte wie bei Willy Brandt (1987) und Björn Engholm (1993) oder durch den Handstreich beim Wechsel von Rudolf Scharping zu Lafontaine im November 1995. Schröders Gegner in der Partei beginnen umgehend mit ihren Bemühungen, seinen Aufstieg in den Parteivorsitz aufzuhalten. Rudolf Dreßler warnt vor zu großer Eile bei der Findung eines Nachfolgers mit der Bemerkung, die Partei könne nicht nach dem Motto verfahren »Der König ist tot, es lebe der König«. Die Juso-Vorsitzende Andrea Nahles, die Lafontaine menschlich nahe steht, bestreitet die Fähigkeit Schröders, die Partei zu führen und zusammenzuhalten. Sie wissen zu diesem Zeitpunkt anscheinend nicht, dass sich Schröder selbst darum bemüht, jemand anderen zu gewinnen. Er hat sich die Nürnbergerin Renate Schmidt ausgeschaut. Aber die anderen im Präsidium reden ihm den Gedanken aus. Die Renate sei eine gute Politikerin und eine sympathische Frau, aber keine Parteivorsitzende in schwerer Zeit.

Am Sonntag liefert Lafontaine eine Begründung für seinen Rücktritt. Das Mannschaftsspiel habe nicht mehr gestimmt. Über die Vorwürfe, die dahinter stecken, unterhält sich das Präsidium tags darauf nur am Rande. Wie das schlechte Mannschaftsspiel verbessert werden könnte, darüber müsse sich der Kanzler seine Gedanken machen, schließlich trage er die Verantwortung für das Kabinett, einigte sich die Runde auf den kleinsten gemeinsamen Nenner. Bundestagspräsident Thierse, der ein studierter Germanist ist und seine Worte stets sehr genau zu setzen pflegt, macht nach der Sitzung eine vieldeutige Aussage: »Wir haben eine Begründung von Oskar Lafontaine über seinen Schritt gehört. Wir haben nicht viel über seine Gründe gehört.«

Schröders Leute geben jetzt wenigstens zu, dass das ganze Gerede von den »Zwillingen«, davon, dass »kein Blatt Papier zwischen uns passt«, alles nur für die Bühne war. Die beiden hätten sich gut verstanden, »solange sie nur Essen gegangen sind oder ein Glas Wein zusammen getrunken haben«. Sie hätten sich auch ergänzt in ihrem Willen zur Macht. Aber nie, niemals wäre es gegangen, die Macht auch nur ansatzweise zu teilen. Am Ende hätten sich die beiden nur noch gegenseitig belauert.

Diese Belastung ist der Kanzler los. Leicht wird es nicht für ihn, ganz unabhängig von der Doppelbelastung, die er nun zu tragen hat. Die Entscheidung für ihn als Parteivorsitzenden im Präsidium kann vor den Medienvertretern nur deshalb als »einmütig« verkauft werden, weil der amtierende Vorsitzende der Runde, Johannes Rau, nicht ausdrücklich auszählen lässt; im Vorstand fällt das Votum mit 23 Ja- und sechs Neinstimmen bei drei Enthaltungen nicht gerade überwältigend aus.

Die Sozialdemokraten können nicht alle Probleme auf einen Schlag lösen. Den Bundesgeschäftsführer Ottmar Schreiner, einem sehr engen

Vertrauten Lafontaines, bittet Schröder weiterzumachen, obwohl der Saarländer bislang eher eine unglückliche Figur auf der Bonner Bühne abgegeben hat. Das ist nur so zu verstehen, dass der künftige Vorsitzende die Anhängerschaft Lafontaines nicht gleich verärgern will, jedenfalls nicht, bevor er auf dem Sonderparteitag am 12. April in Bonn offiziell gewählt worden ist. Zuvor ist in der SPD-Zentrale die Befürchtung geäußert worden, Schröder wolle seinen Kanzleramtsminister Bodo Hombach in das Amt des Bundesgeschäftsführers hieven. Auf diese Weise könne er im Kanzleramt Ordnung in das Chaos bringen, das Hombach anrichtet und diesen aus der Schusslinie nehmen, in die er wegen eines preiswerten Hausbaus geraten ist.

Der vorläufig letzte Teil des Personalwechsels spielt sich in der Fraktion ab. An dem Kandidaten Hans Eichel für das Amt des Finanzministers gibt es dort nichts auszusetzen, und Schröder erfährt auf Umwegen, wer nichts von ihm hält in seinem künftigen Amt. Einige wenige, allesamt dem linken »Frankfurter Kreis« angehörend, äußern großes Bedauern über den Rücktritt Lafontaines. Seinen Dank für die Zusammenarbeit mit dem Abtrünnigen bringt Schröder ohne schmückende Adjektive wie »gut« oder »vertrauensvoll« über die Lippen.

Den Schock des Lafontaine-Rücktritts überwinden die Führungskräfte und die einfachen Handwerker des politischen Geschäfts in Bonn erstaunlich rasch. Hier und da beliebt man zu scherzen: Wer einen der üblichen Stehempfänge oder einen Hintergrundkreis plötzlich verlassen muss, tut dies schon mal mit der Bemerkung, er werde jetzt »den Lafontaine machen«.

In der Unionsfraktion wird vor der Debatte über die »Agenda 2000« am 18. März im Bundestag spaßeshalber erwogen, den formal noch amtierenden Finanzminister ins Parlament zu zitieren, damit er sich ordentlich von seinen Genossen verabschieden könne.

Tornados über Jugoslawien

Am Abend des 24. März 1999 greifen Flugzeuge der Nato Jugoslawien aus der Luft an. An der ersten Angriffswelle sind vier Tornado-Kampfjets der Bundeswehr direkt beteiligt, zwei weitere sind mit in der Luft. In Belgrad, Novi Sad, Priština und Montenegro schlagen Marschflugkörper ein. Alle sechs deutschen Tornados kehrten heil zurück. Schröder erklärt in einer TV-Ansprache: »Wir führen keinen Krieg, aber wir sind aufgerufen, eine friedliche Lösung im Kosovo auch mit militärischen Mitteln durchzusetzen.« Mit dem Einsatz wolle die Nato eine Tragödie im Kosovo verhindern. Der Angriff richte sich nicht gegen das jugoslawische Volk. Schröder ruft alle Bürger auf, zu den deutschen Soldaten zu stehen, die gefährdet seien. Es ist das erste Mal in der Nato-Geschichte, dass das Bündnis einen souveränen Staat angreift. Jugoslawiens Präsident Slobodan Milosević ruft dazu auf, das Land »mit allen Mitteln zu verteidigen«.

Am folgenden Tag reist Schröder zu einem Sondergipfel der EU nach Berlin. Er steht in einer besonderen Verantwortung, weil Deutschland seit Beginn des Jahres die Ratspräsidentschaft übernommen hat – turnusgemäß für ein halbes Jahr. Die 15 Staats- und Regierungschefs müssen einen neuen EU-Kommissionspräsidenten finden. Einmütig nominieren sie den Italiener Romano Prodi. Eine Woche zuvor war die Brüsseler Kommission geschlossen zurückgetreten. Eine Untersuchungsgruppe von unabhängigen Experten hatte den 19 Kommissaren und ihrem Präsidenten Jacques Santer Misswirtschaft und Verantwortungslosigkeit vorgeworfen. Um das Reformpaket »Agenda 2000« zur Neuordnung des Agrarmarktes verabschieden zu können, müssen die Regierungschefs erhebliche Abstriche machen.

Übernächtigt tritt der Kanzler am 26. März vor den Bundestag. Entspannt hört Helmut Kohl an diesem Freitag seinem Nachfolger zu, der bleich am Rednerpult steht und bisweilen Schwierigkeiten hat, seine Worte zu formen. Es sei eine harte Zeit gewesen, sagt Schröder, und in dieser Dichte der Ereignisse gewiss die größte Herausforderung, die der Europäische Rat je habe bewältigen müssen: zuerst der Rücktritt der Kommission, die Suche nach einem neuen Präsidenten, das harte Ringen um die »Agenda 2000« – und dann all das überlagert vom Beginn der Nato-Militäraktion gegen Jugoslawien.

Am frühen Vormittag erst ist der Kanzler aus Berlin zurückgekehrt, um seiner Pflicht nachzukommen, das Parlament über das Ergebnis des europäischen Gipfeltreffens zu informieren. In Bonn hat man erst später mit ihm gerechnet, ja sogar Vorkehrungen getroffen, dass im Notfall auch am Freitagabend noch genügend Abgeordnete anwesend sein würden. Das ist die offizielle Lesart.

In Wahrheit hat die Regierungsseite befürchtet, die Opposition könnte einen Antrag stellen, das nächtliche EU-Verhandlungsergebnis zu missbilligen. Um für einen solchen Fall die Gefahr einer Abstimmungsniederlage zu bannen, ist bei den Grünen und bei der SPD Anwesenheitspflicht angeordnet worden. Weil der Kanzler ein gutes Verhältnis zur SPD-Fraktion braucht, verzichtet er auf eine Auszeit, erscheint

schon um elf Uhr im Parlament und stellt damit die rechtzeitige Heim-
reise der Abgeordneten am Freitagnachmittag sicher.

Fürs Erste rückt der »Berlin-Pakt«, wie Schröder das Verhandlungs-
ergebnis nennt, in den Hintergrund. Um den Ernst der Lage sichtbar
zu machen, hat Verteidigungsminister Scharping zum ersten Mal in
der ersten Reihe der Regierungsbank Platz genommen, was ohne weiteres möglich ist, weil der Stuhl des Finanzministers zwar vergeben,
aber noch nicht besetzt ist. Die ersten zehn Minuten seiner Regierungserklärung widmet Schröder der Lage im Kosovo. »Ich denke, es
ist ein Gebot des Anstandes und der Vernunft, auch vom Deutschen
Bundestag aus ein Zeichen der Solidarität und der Unterstützung an
unsere Streitkräfte zu richten.« Er wolle »ein Wort des aufrichtig emp-
fundenen Dankes an unsere Soldaten und ihre Familien sagen«, fügt
Schröder an und erhält dafür den Beifall aller Fraktionen – mit
Ausnahme der PDS.

Die getragene und ernste Stimmung weicht rasch, als Schröder dann
auf den Berliner Gipfel zu sprechen kommt. Es sei ein Erfolg, sagt er,
dass so rasch nach der durch den Rücktritt der EU-Kommission ausge-
lösten Krise ein Nachfolger für den Präsidenten Jacques Santer gefunden worden sei. Mit dem Italiener Romano Prodi habe man einen ausgezeichneten Fachmann und guten Europäer gefunden. An dieser Stelle
kann Schröder die Anstrengungen der vorangegangenen Tage und
Nächte nicht mehr überspielen: Ausgerechnet beim Namen des neuen
Präsidenten verhaspelt er sich heillos. Angesichts der Umstände bittet
er um Vergebung.

An der Spitze der SPD

Seit Montagnachmittag, dem 12. April, hat die SPD einen neuen
Vorsitzenden. Zum ersten Mal seit Willy Brandt hat die Partei wieder
einen Vormann, der zugleich Kanzler ist. Ein Sonderparteitag in Bonn
hat noch formal bestätigt, was die Führungsgremien der Partei zuvor
beschlossen hatten.

Vielleicht ist es doch nicht richtig gewesen, dass sich der Bundeskanzler bei den SPD-Delegierten einschmeicheln wollte, denn gedankt
haben sie es ihm nicht. Da hat Gerhard Schröder am Ende einer in vielerlei Hinsicht bemerkenswerten Rede gesagt, man müsse ihn ja nicht
lieben als Parteivorsitzenden, da genüge ihm seine Frau Doris. Zuneigung aber, die könne er auf Dauer doch erwarten von seiner Partei.

Der Grad an Zuneigung mit knapp unter 76 Prozent ist noch niedriger, als die Leute in seiner Umgebung »sicher« erwartet hatten. Einige laufen auch mit beleidigten Gesichtern herum. Aber der Kanzler lässt sich nichts anmerken. Nun ja, das Ergebnis sei »steigerbar«, sagt Schröder und umarmt seine Frau besonders herzlich und dann eigens für die Fotografen noch einmal, ganz so, als wolle er den Unterschied zwischen Liebe und Zuneigung noch einmal anschaulich machen.

Die Höhe der Zustimmung, so hat er im Kreis der Führungsmannschaft unmittelbar nach dem Rücktritt von Oskar Lafontaine gesagt, das sei nicht sein persönliches Problem, sondern das der Partei. Schließlich dränge er sich nicht nach dem Amt. Prägnanter als er selbst mit dieser Bemerkung kann man das Verhältnis dieses Mannes zu seiner Partei nicht ausdrücken. Jetzt, da er das Amt innehat, sagt er immerhin, er hoffe, das Vertrauen jener noch gewinnen zu können, die ihn nicht gewählt haben, aber er sagt es so, dass man auch heraushört: Was wollt ihr eigentlich, ihr habt ja gar keinen anderen als mich.

Ottmar Schreiner, der noch von Oskar Lafontaine kommissarisch bestellte Bundesgeschäftsführer, jedenfalls trifft offenbar die Gemütslage der Delegierten besser; für ihn stimmen immerhin fast 81 Prozent. Schreiner hat gleich zu Beginn seiner Rede die richtige Saite zum Schwingen gebracht, indem er die Delegierten als Nachlassverwalter des Lafontaineschen Erbes einsetzt: »Wir, Oskars Freunde und Gefährten«, hebt er an, »wir sind ihm zu großem Dank verpflichtet.« Auch Schröder streicht in seiner Rede die Verdienste des plötzlich entschwundenen ehemaligen Parteichefs heraus, aber bei ihm klingt es vielleicht ein wenig zu nüchtern. Er wolle, sagt der Kanzler, dass die SPD eine programmatisch ausgerichtete Partei bleibe. Auch wolle er »auf die Wirklichkeitserfahrungen der mehr als 800 000 Mitglieder nicht verzichten«. Dass aber die Regierung fürs Grobe und die Partei für die reine Lehre zuständig sei, »das wird nicht funktionieren«.

Es ist nicht einmal sicher, ob die Delegierten überhaupt viel hören wollen zum Verhältnis zwischen Regierung und Partei. Der Termin des Parteitages ist ohnehin schon hineingezwängt in den Terminkalender des Kanzlers, der mehrfach seine Verpflichtungen in Sachen Europa und in Sachen Kosovo-Krieg durchblicken lässt. Der Verteidigungsminister hat zur Eröffnung am Vormittag noch nicht auf dem Podium Platz nehmen können, weil ihn Besprechungen mit der Nato in Brüssel davon abhalten. So demonstriert Rudolf Scharping den Delegierten, dass auch jede noch so inhaltsreiche Debatte das politische Handeln nicht ersetzen kann. Es ist nicht zu übersehen, dass es an der Basis der SPD erheblichen Widerstand gegen die deutsche Beteiligung an den Kriegshandlungen auf dem Balkan gibt. Obwohl der Kanzler schon drei Viertel seiner Rede dem Thema Kosovo widmet und dabei den Unterschied zwischen den Wünschen der Pazifisten und den Zwängen des Regierungshandelns sauber herausarbeitet (»Von der Regierung werden nicht Fragen erwartet, sondern Antworten«), ist es Scharpings Aufgabe, die Parteitagsteilnehmer auf die Kosovo-Debatte einzustimmen. Den Delegierten liegt eine Sammlung von Tabellen, Karten und Fotos vor, die die Ausführungen des Ministers belegen sollen. Scharpings Sprache ist hart und schonungslos: »Wir sollten weder uns noch der deutschen Öffentlichkeit das ersparen.«

Der Minister und nach ihm noch eine Journalistin aus dem Kosovo tragen jene grausigen Details des Kriegsgeschehens vor, die den Gegnern der Nato-Schläge nicht als Argument für das militärische Eingreifen genügen. Scharping versichert, dass er und seine 18 Kollegen aus dem Bündnis jederzeit zu neuen Verhandlungen bereit seien. Voraussetzung dafür aber sei, »dass die Macht der Militärmaschine des Slobodan Milošević gebrochen ist«. Zu oft und mit zu vielen hässlichen Tricks habe der Serbenführer seine Verhandlungspartner hingehalten, um sein brutales Handwerk betreiben zu können: »Wenn der mörderischen Maschinerie nicht Einhalt geboten wird, wird Milošević uns den Waffenstillstand auf dem Friedhof anbieten.«

An einer Stelle der Debatte, die typisch ist für sozialdemokratische Parteitage, wenn nämlich – überwiegend vom linken Flügel – ein Ratschlag nach dem anderen kommt, wie die Welt verbessert werden könnte, rückt ein Genosse an die Seite Schröders, der da noch nie zu sehen war. Das frühere Präsidiumsmitglied Erhard Eppler steht mit sorgenvoller Miene, die Hände wie zum Gebet gefaltet, am Rednerpult. Er habe vor 20 Jahren zur Friedensbewegung gehört, sagt er, als müsse er in Erinnerung rufen, was jeder nur zu gut weiß im Saal. Zwei Atommächte hätten sich damals gegenübergestanden, holt Eppler weit aus. »Krieg, das hieß für Mitteleuropa damals Tod, Frieden hieß Leben.« Die Gewalt habe zugenommen seither, auch die Gewalt neben dem Krieg. Die Schlussfolgerung, die Eppler dann zieht, überrascht die Gegner des Nato-Einsatzes. Jeder, der das Recht des Stärkeren in die Hand nehme, ob er ein Bombenleger, ein Kriegstreiber oder ein Vergewaltiger sei, »der muss irgendwann erfahren, dass es so nicht geht«. Und es sei richtig gewesen, Slobodan Milošević zu zeigen, »dass es so nicht geht«. Nun aber könne man nicht sagen: »Wir hören mit dem

Militärischen auf und fangen wieder mit der Politik an.« Nein, fügt
Eppler hinzu, zuerst müssten die Menschen wieder zurückkehren können in ihre Heimat, und das gehe nur unter militärischem Schutz. »So
schrecklich ist das.«

Im Tal der Wählergunst

Nun also ist Schröder auch Parteivorsitzender – obwohl er niemals am
Tor der Baracke gerüttelt hat und den Gremiensitzungen dort ferngeblieben ist, wann immer er nur einen Grund dafür gefunden hat.
Zum ersten Mal in seiner politischen Karriere hat er ein Amt übernommen, weil er musste, und nicht, weil er das Amt unbedingt wollte
oder weil er es als strategische Zwischenstation gebraucht hätte. Ihm
ist schon klar, dass die Partei seinen Politikstil zwar solange stützt, wie
er als Kanzler erfolgreich ist, dass sie ihren Vorsitzenden aber auch
unter anderen Gesichtspunkten begutachten wird: Er spürt das Misstrauen gegenüber dem Kanzler der »Neuen Mitte«.
    Nach der Europawahl am 13. Juni 1999 sind die Rollen ziemlich klar
verteilt: Die SPD hat eine Niederlage zu verdauen, während die Unionsparteien ihren Erfolg genießen. Für Montag abend nach der Wahl hat
der Bundeskanzler sein Kabinett zu einem Abendessen eingeladen, was
in letzter Zeit so häufig nicht vorgekommen ist wegen der Vielzahl
der internationalen Verpflichtungen. Jetzt aber, nachdem der Kosovo-
Krieg in eine befriedete Phase übergegangen ist und sich die deutsche
EU-Präsidentschaft dem Ende zuneigt, jetzt endlich soll wieder einmal
über diese innenpolitischen Dinge geredet werden dürfen, die sich da
angesammelt haben und die – eben weil sie liegen geblieben sind –
offensichtlich auch den Ausgang der Europawahlen beeinflusst haben.
Er sei davon überzeugt, wiederholt der Kanzler in vertrautem Kreise
seine Aussage vom Wahlabend, dass die SPD nun zuallererst die Probleme im Lande lösen müsse, um die Gunst der Wähler zurückzuge-
winnen. »Wir haben verstanden«, kramt der Kanzler ein ums andere
Mal einen älteren Werbeslogan aus dem Gedächtnis, ohne auch nur
andeutungsweise zu verraten, was er denn verstanden habe.
    Von der Basis der Partei kommt der Vorwurf, es sei taktisch mehr als
unklug gewesen, wenige Tage vor einer so wichtigen Wahl eine Rich-
tungsdebatte loszutreten. Das ist eine Anspielung auf das so genannte
»Schröder-Blair-Papier« zur Modernisierung der Sozialdemokratie,
das zu diesem Zeitpunkt auf dem Markt erscheint. Den Gremien der

Partei und seinem Kabinett macht Schröder klar, dass er von der ange-
peilten Linie nun gerade nicht abrücken will. Man müsse sich fragen,
sinniert sogar einer seiner Berater, ob man nicht Verluste bei einigen
Wahlen hinnehme solle, um in zwei Jahren eine runderneuerte, dann
wieder Erfolg versprechende Partei zu haben. Den Spagat beim Wechsel der Wählerschichten müsse man in der Zwischenzeit eben aushalten, sagen die Kanzlerberater, sogar um den Preis weiterer Wahlniederlagen. Als die Regierungschefs in Brandenburg, im Saarland und in
Nordrhein-Westfalen, die ihre Wahlen noch vor sich haben von dieser
riskanten Strategie erfahren, wird sie beiseite gelegt, noch bevor die
Öffentlichkeit davon erfährt.

Schröder wählt einen anderen Weg. In der letzten Juliwoche schickt
er den knapp 800 000 Parteimitgliedern einen Brief. Er wendet sich
dabei nicht an die Genossinnen und Genossen, sondern an die »Lieben
Freundinnen und Freunde«: »Ich weiß, wir leben in schwierigen Zeiten. Unsere Aufgabe könnte größer nicht sein.« Damit meint Schröder,
dass der Zwang zum Sparen und die Bekämpfung der Arbeitslosigkeit
gleichzeitig bewältigt werden müssten. Wohl wissend, was auf ihn
zukommen könnte, nähert sich der Kanzler nur vorsichtig dem Thema
»Entlastung der Unternehmen«. Dabei gehe es keineswegs um »ein
Geschenk an die Wirtschaft«, vielmehr müssten die Steuersätze an ein
internationales, wettbewerbsfähiges Niveau angepasst werden. Schröder schreibt: »Nur durch Steuerentlastung sind Investitionen möglich.
Ohne Investitionen gibt es keine neuen Arbeitsplätze.«

Damit hat der Kanzler offenbar die Toleranzgrenze der Parteilinken
überschritten, deren Misstrauen seit der Veröffentlichung des Schrö-
der-Blair-Papiers ohnehin leicht erhöht ist. Der Wortführer des linken
»Frankfurter Kreises«, Detlev von Larcher, rügt, »das klingt nun wirklich nach CDU-Politik«, und kündigt an, eine so enge Verknüpfung
zwischen Steuerentlastungen, Investitionen und Arbeitsplätzen könne
nicht hingenommen werden.

Die Parteilinke hat sich bislang zwar nicht ausdrücklich gegen die
geplante Senkung der Unternehmenssteuersätze ausgesprochen, die von
Finanzminister Hans Eichel geplante Nettoentlastung der Wirtschaft
nennt von Larcher aber »völlig falsch«. Der Juso-Vorsitzende Benjamin Mikfeld geht noch weiter in seiner Kritik an dem Kanzler-Brief.
Schröder gebreche es grundsätzlich an einer breiten Zustimmung für
seine Politik in der SPD. Mikfeld äußerte Zweifel daran, ob Schröder
die Partei als Ganzes hinter sich scharen könne, wenn er polarisiere
und »die Sozialdemokratie von rechts aufrollt«.

Über weite Strecken ist Schröders Brief in einem bittenden Ton gehalten: »Die Umsetzung des Reformpaketes verlangt von uns allen Mut und Entschlossenheit. Dabei bin ich und ist die Bundesregierung auf eure Unterstützung angewiesen.« Schröder verbreitet aber auch Zuversicht. Im Lande wachse die Bereitschaft, mehr für das Gemeinwohl zu tun und Gruppeninteressen zurückzustellen: »Das spüre ich im Bündnis für Arbeit.« Der Appell schließt mit der Formel: »Gemeinsam werden wir es schaffen.«

Zwischenzeitlich muss der neue Parteivorsitzende daran gehen, im Ollenhauer-Haus den saarländischen Schlendrian zu beenden. Mehr und mehr wird klar, dass der Versuch Lafontaines, seinen treuen Anhänger Schreiner zum Cheforganisator in der Zentrale zu machen, von Anfang an ein Irrtum gewesen ist. Der Jurist hat in der Bundestagsfraktion als ein ordentlicher Sozialexperte und begabter Zwischenrufer gegolten. Zwar hat er schon vor geraumer Zeit das selbst gesetzte Ziel aufgegeben, mehr Ordnungsrufe als der legendäre Herbert Wehner einzuheimsen, doch will er immer noch zu jenen gehören, »die für eine muntere Szene sorgen«.

Weder im alten Erich-Ollenhauer-Haus in Bonn noch im neuen Willy-Brandt-Haus in Berlin hat Schreiner das geschafft. Die Pannen nehmen überhand. Die Parteisprecherin, die Schreiner einstellen will, erweist sich als frühere Stasi-Zuträgerin, eine Plakatserie vor der Europawahl mit Salatgurken an Stelle von Politikerköpfen hat mehr Spott als Erkenntnisgewinn gebracht. Der von Müntefering in Gang gesetzte Umbau der Parteiorganisation zu einer Art Dienstleistungsunternehmen kommt unter Schreiner nicht so recht voran. Im saarländischen Wahlkampf hält er Reden, in denen er von Schröders Neue-Mitte-Kurs spricht, als müsse er eine Konkurrenzpartei niederringen. Der Generalsekretär macht sich für die Vermögensteuer stark, und verdrießt damit den Parteivorsitzenden und den Finanzminister gleichermaßen. Als Schreiner dann – wieder in seiner Eigenschaft als Bundesgeschäftsführer – ein Ende der Stimmenvielfalt in der Partei verlangte, platzte dem Kanzler und Parteichef der Kragen. Dem Manne könne geholfen werden, wird Schröder vernommen, wenn er denn den Anwalt saarländischer Interessen spielen wolle, dann könne er das dort gerne tun. Am 5. September beschließen die Führungsgremien der Partei, künftig einen Generalsekretär mit der Führung der Parteigeschäfte zu betrauen und für dieses Amt Schreiners Vorgänger und jetzigen Verkehrsminister Franz Müntefering vorzuschlagen. Einen Tag später tritt Schreiner zurück. Der »letzte Lafontainist«, wie er genannt wird, ist aus der Parteiführung ausgeschieden.

Auch im Kanzleramt trägt eine Personalentscheidung zur Beruhigung der Lage bei. Ende Juni schlägt Schröder seinen Kanzleramtsminister Bodo Hombach als Koordinator der EU für den Balkan-Stabilitätspakt vor. Mit der Nominierung wolle sich Deutschland als Initiator des Paktes auch personell auf dem Balkan engagieren, sagt Schröder. Hombach sei dafür ungewöhnlich gut qualifiziert. Spekulationen, dass die Entscheidung etwas mit der Kritik aus der SPD-Fraktion an der Arbeit des Ministers zu tun habe, weist er zurück. Hombach nennt seinen künftigen Job eine »Traumaufgabe«.

Der große Treck nach Osten

Dies ist keine gewöhnliche Sommerpause im Jahr 1999. Nach Jahren der Vorbereitung ziehen Bundestag und Bundesregierung – die Ministerien in den im Bonn-Berlin-Vertrag auf das Genaueste festgelegten Teilen – vom Rhein an die Spree. In vielen klugen Leitartikeln nehmen die deutschen Medien Abschied von der »Bonner Republik« – der Begriff »Berliner Republik« wird hin und her gewendet, bewusst gebraucht oder vehement abgelehnt. Der Kanzler benutzt ihn, zunächst eher beiläufig und wohl ausschließlich als Ortsbestimmung gemeint. Allmählich aber scheint er ihm das geeignete Synonym dafür zu sein, um die wachsende Bedeutung Deutschlands in der Welt zu beschreiben. Die Bonner Jahre sind für Schröder die Zeit der eingeschränkten Souveränität des Landes, in der das Regieren einerseits von den Lasten des Kalten Krieges und den Mühsalen der Annäherung an den Osten bestimmt war. In der sich das Geschäft andererseits aber im Alltag einfacher gestaltete, weil es sich im Windschatten der Politik der Supermächte abgespielt hat. Nach der Wiedervereinigung, nach der Schröder zu den ersten Politikern gehörte, die sich für einen raschen – er war sogar für einen sofortigen – Umzug nach Berlin ausgesprochen haben, hat Deutschland nach seinem Verständnis eine neue Rolle in der Welt auszufüllen.

Weil das Kanzleramt im Spreebogen noch nicht fertig gestellt ist, zieht Schröder mit seinen Mitarbeitern in ein Provisorium. Am Schlossplatz, gegenüber der von asbesthaltigen Bauteilen befreiten Ruine des Palastes der Republik, wird das ehemalige Staatsratsgebäude der DDR als vorübergehende Regierungszentrale eingerichtet. Der Bau, in die DDR-Architekten einst Teile der Fassade des kaiserlichen Stadtschlosses eingefügt haben, atmet innen noch ganz die sozialistische Strenge der Vorbewohner. Schröder liebt es, Besucher durch den Bau zu führen und über die Stilbrüche zu lästern. »Der Honecker«, erzählt er am liebsten, »muss einen Lampentick gehabt haben.« Nicht nur im Palast der Republik, auch hier im Staatsratsgebäude finden sich die unterschiedlichsten Leuchtenkreationen. Seine Gäste empfängt Schröder in einem holzgetäfelten Raum, in dem ein umlaufendes Band von Kacheln in schönstem sozialistischen Realismus die Arbeiterinnen und Arbeiter des Kopfes und der Hand würdigt. Die Bilder sind gebrannt auf feinstes Meißner Porzellan.

Im Privaten fällt die Familie die Entscheidung, dass Ehefrau Doris und ihre Tochter Klara in Hannover leben bleiben. Die Grundschülerin fühlt sich wohl in einer konfessionellen Schule in der niedersächsischen Landeshauptstadt und soll deshalb dort bleiben. Der Kanzler selbst zieht in das ehemalige Gästehaus der Bundesregierung in Berlin.

Neustart in Berlin

Nach der Rückkehr aus seinem Urlaub erleben die Bonner Korrespondenten einen veränderten Kanzler. Die Wahlniederlagen scheinen ihre Wirkung hinterlassen zu haben, mehr noch die außenpolitischen Herausforderungen des Frühjahres. Der Kanzler wirkt verschlossener, im Kreis seiner Vertrauten gesteht er, dass es ein Fehler gewesen sei, das Motto »Regieren macht Spaß« laut und öffentlich verkündet zu haben: »Ich würde das so in der Form nicht mehr sagen.«

Es ist ein Ritual, dem sich noch jeder Kanzler hat unterwerfen müssen, zum offiziellen Ende der Sommerpause zur Bundespressekonferenz zu kommen. Selten aber hat bei dieser Gelegenheit ein Kanzler über Glücksverheißungen in der Politik, über die Kategorie des Bravseins und über den Doppelsinn des Wortes »notwendig« philosophiert. Fast scheint es, als hege er Verständnis für die Genossen, die ihm zu Hause ein Sommertheater geboten haben. Er wisse, wie so eine Inszenierung vor sich gehe: »Ich habe doch auch hinter manchem Busch gesessen in meinem politischen Leben.« Wenn welche glaubten, »sie müssten andauernd Fässer aufmachen, dann kann ich das doch letztlich auch nicht verhindern«. Aber jetzt müsse nun einmal die Politik nach dem sozialdemokratischen – und karnevalistischen – Lieblingsmotto »Allen wohl und niemand weh« ein Ende haben: »Das schmerzt. Weiß ich doch.«

Das Sparpaket sei nicht irgendein politisches Ziel, versucht er den Journalisten klarzumachen, es sei viel mehr. Letztlich gehe es um die »Wiederherstellung der Politikfähigkeit des Staates« nach fast zwei Jahrzehnten des Durchwurstelns. Die frühere Bundesregierung habe nicht nur einen gigantischen Schuldenberg von 1,5 Billionen Mark hinterlassen, sie habe es vor allem nicht geschafft, sich gegen die »organisierten Einzelinteressen« durchzusetzen.

Genau in diesem Punkt aber – und da beginnt der philosophische Teil der Schröderschen Betrachtungen – müsse das Gemeinwohl neu definiert werden. Am Ziel des Sparens gebe es nichts zu rütteln – es sei für den Staat schlechterdings »not-wendig« geworden, in des Wortes eigentlicher Bedeutung. Und deshalb könne er den Linken auch leider nicht helfen, ihr Gesicht zu wahren, indem er ihnen vielleicht ein kleines Zugeständnis mache, in Form einer Erbschaftsteuererhöhung beispielsweise: »Es geht hier nicht um Gesichtswahrung. Wohlverhalten, Bravsein, Gesichtswahrung, das alles sind keine politische Kategorien.« Das Ziel, das Sparpaket gegen alle Widerstände durchzusetzen, so hat es an dieser Stelle geklungen, ist Schröder mittlerweile fast so wichtig geworden wie das Sparen selbst.

Jemand fragt den Kanzler, ob das Volk denn psychologisch gut genug vorbereitet gewesen sei auf diese harte Wende in der Politik. Er sei in der Psychologie nicht so bewandert, behauptet Schröder, wobei sein Sprecher Heye bedächtig den Kopf wiegt. Aber die Leute wüssten schon, was jetzt notwendig sei, die Regierung müsse es nur endlich tun.

Es hagelt weiter Niederlagen

Die Aufbruchsstimmung im Regierungslager hält keine Woche lang an. Bei den Landtagswahlen in Brandenburg und im Saarland am 5. September 1999 erleidet die SPD schwere Niederlagen. Der Potsdamer Regierungschef Manfred Stolpe muss eine Große Koalition eingehen, den saarländischen Ministerpräsidenten Klimmt trifft es noch härter. Er verliert sein Amt an Peter Müller (CDU). »Die SPD ist der Verlierer dieser Wahlen. Wir haben keinen Grund, dies zu zerreden«, sagt Schröder am Wahlabend in Berlin. Er tritt selbst vor die Kameras, schickt keinen vor. Wer von der Politik als Pflicht spricht, will er damit zeigen, kann sich nicht drücken. Die herben Stimmenverluste der Sozialdemokraten führt der Kanzler überwiegend auf die Politik der Bundesregierung zurück. Ohne Zweifel habe eine Rolle gespielt, dass die Regierung ein ungewöhnlich anspruchsvolles Programm zur Sanierung der Staatsfinanzen und der Rentenkassen habe beschließen müssen. Dazu allerdings gebe es keine Alternative. »Wir werden diesen Kurs durchhalten«, versicherte Schröder. Er sei »enttäuscht und traurig« über das Wahlergebnis. Doch dürfe man diese Traurigkeit nicht verwechseln mit mangelndem Kampfeswillen. Eindringlich mahnte der Parteivorsitzende die SPD, künftig mehr Einigkeit zu demonstrieren: »Ich denke, dass wir in Zukunft nicht mehr mit so vielen Stimmen sprechen werden.« Dies sei auch eine Konsequenz aus dieser Wahl.

Mit dem neuen Bundesgeschäftsführer Franz Müntefering zieht der Geist der »Kampa« wieder in die Parteizentrale ein, jene schlagkräftige und erfolgreiche Truppe, die in Bonn den Schröder-Wahlkampf organisierte. Dazu gehört auch Matthias Machnig, vorübergehend Staatssekretär im Verkehrsressort, der zu den ersten »spin doctors« in Bonn zählte, die auch so genannt wurden. Das sind jene Leute, die Themen aufgreifen und sie so lange hin und her wenden, bis sie den richtigen Dreh bekommen. Als sei er nie aus diesem Geschäft draußen gewesen, gibt Müntefering ein paar leicht verständliche Hinweise, wie er sein Amt führen wird: Die SPD werde eine Mitgliederpartei bleiben, versichert er, das heißt, er werde dahin gehen »wo man die Partei ans Laufen kriegt«. Auch eine Wertepartei bleibe die SPD, sagt Müntefering zu, wobei er den an dieser Stelle sonst üblichen Begriff »Programmpartei« vermeidet. Er liegt damit schon ganz auf der Linie seines neuen Chefs. Volkspartei SPD bedeutet künftig, »die mit der Bibel und die mit dem Kapital (von Marx) unterm Arm haben auch künftig Platz bei uns«. Ursprünglich hat Müntefering Oskar Lafontaine und dessen Politik durchaus nahe gestanden. Er ist aber einer von denen in der Parteispitze, die die Art seines Wegganges zutiefst verletzt hat. Ein solches Verhalten gehört sich nicht für einen Sozialdemokraten. Als im Spätherbst 2001 – lange genug nach dem Ereignis – Journalisten von Müntefering wissen wollen, ob er denn Lafontaine zum Parteitag vom 19. bis 22. November in Nürnberg einladen werde, sitzt der Groll noch immer tief. Nein, sagt »Münte«, dass könne nur einer tun, der auf gleicher Augenhöhe mit Oskar stehe. Die Bitte um Erläuterung, wer das denn sein könne, beantwortet der Generalsekretär mit einer bitteren Gegenfrage: »Kennen Sie jemanden, der auf gleicher Augenhöhe mit Lafontaine steht?«

Seit seiner ersten Dienstzeit als Bundesgeschäftsführer sei etwas Entscheidendes geschehen, trägt Müntefering seinen Mitarbeitern beim Amtsantritt vor: Die SPD ist Regierungspartei. Das mache die Sache schöner, aber nicht einfacher. Offenbar in diesem Punkt sieht er den Unterschied zwischen dem einfachen Geschäftsführer und dem Generalsekretär, wie er sich bald nennen darf: Künftig muss er das Kanzleramt einbauen in das Machtgefüge der Partei. »Politische Macht suchen, finden, sichern« – so schlicht klingt das, wenn Müntefering über seine Aufgabe redet. Gesucht und gefunden hat er sie schon für Schröder. Nun soll er sie ihm sichern.

Müntefering versteht etwas von Machtsicherung, das macht er in eigener Sache deutlich. Er lässt keinen Zweifel daran, dass er auch künftig Vorsitzender der nordrhein-westfälischen SPD bleiben will. Er weiß, wie gefährlich es wäre, sich eng an Schröder zu binden und die eigene Hausmacht aufzugeben. Nicht einmal eine Woche nach seiner Wahlniederlage in Saarbrücken hat auch Reinhard Klimmt einen neuen Job. Eben noch hat Klimmt Wahlkampf gegen den Kanzler und seine politische Richtung betrieben. Kaum hat ihn der übel Geschmähte mit dem Gehalt und der Ehre des Bundesverkehrsministers gelockt, da hat Klimmt zugegriffen.

Der nächste Tiefschlag

Die Sozialdemokraten sind schon einiges gewöhnt an Wahlniederlagen. Das Debakel der SPD bei den sächsischen Landtagswahlen am 19. September aber löst eine neue Debatte in der Partei aus, ob der Sparkurs von Bundeskanzler Gerhard Schröder (»Augen zu und durch«) denn aufrechterhalten werden kann. Zumindest darüber herrscht am Wahlabend Einigkeit in der SPD-Zentrale. Für Generalsekretär Franz Müntefering, der ziemlich einsam bleibt im Führungstrakt des Brandt Hauses in Kreuzberg, ist der Tiefschlag so überraschend nicht gekommen, zumal seine internen Umfragedaten stabil bei zehn Prozent und sogar darunter gelegen haben. Viel eingefallen ist ihm nicht für eine erste Bewertung, weshalb er die taktische Variante »Attacke« wählt. Vor allem sei der Populismus des CDU/CSU-Fraktionschefs Wolfgang Schäuble, der nur fordere und nichts anbiete, vom Wähler nicht erkannt worden. Wenn Müntefering erst einmal einen Begriff besetzt hat, dann lässt er nicht mehr los: Auch der Wahlkampf von Ministerpräsident Kurt Biedenkopf sei populistisch gewesen, jener der PDS gar oberpopulistisch.

Als sei die SPD unter ihrem Vorsitzenden Schröder nicht schon genug gedemütigt durch die Wähler im Saarland, in Brandenburg, Thürin-

gen, Sachsen und Nordrhein-Westfalen, erscheinen in diesen Septem-
bertagen auch noch die ersten Vorabdrucke eines Buches auf dem
Markt, dessen Kernaussagen dem Bundeskanzler gelten und die sich
sehr knapp fassen lassen. Erstens: Er kann es nicht. Zweitens: Schröder muss weg. Wer ein bisschen drum herum erfahren möchte, muss
das Buch von Oskar Lafontaine lesen, das am 13. Oktober zur Frankfurter Buchmesse erscheint und das 320 Seiten dick ist.

Viele Seiten davon handeln nicht von Gerhard Schröder, sondern
von der Weltwirtschaft in ihren Mikro-, Makro- und sonstigen Aus-
formungen. Und es handelt über lange Sätze von denen, die nichts
davon verstehen. Die sind in der SPD und derzeit an der Regierung und
nicht wie der Autor zwar noch immer in dieser Partei, aber seit dem
11. März 1999 nicht mehr in der Regierung und in der Parteiführung.
Damit sich die Öffentlichkeit seiner wieder erinnert vor dem Verkaufs-
start, begibt sich der schweigsame Seher von seinem Haus am Hügel
26 in Saarbrücken-Rotenbühl zum Interview mit dem ehemaligen
(SPD-)Regierungssprecher Klaus Bölling und dem CSU-Raubein Peter
Gauweiler. Die drei Pensionäre gehen reichlich zahm miteinander um.
Gleichwohl legen sich die von Lafontaine verlassenen Genossen schon
einmal ihre Widerworte zurecht. Regierungssprecher Heye spricht von
einer schmerzlichen Erfahrung für die Partei. »Wenn er jetzt eine fast
verächtliche Haltung zur SPD einnimmt, darf sich keiner wundern,
wenn das tiefe Wunden hinterlässt.« Wo diese Wunden entstehen,
beschreibt der niedersächsische Ministerpräsident Gerhard Glogowski
näher. Es könne nicht sein, dass Lafontaine seinen Freunden von
gestern jetzt vors Schienbein trete. Für Glogowski wie für eine ganze
Reihe weiterer Sozialdemokraten von Herta Däubler-Gmelin bis Franz
Müntefering, die in diesen Tagen vorsorglich die Hände vor Oskars
Schlägen heben, ist eine Rückkehr des Saarländers in die Politik undenkbar.

Das sehen offenbar nicht alle so. Der neue Fraktionsvorsitzende im
saarländischen Landtag, Heiko Maas – über den Schröder in einem
anderen Zusammenhang einmal spottet:»Das ist bekanntlich einer
meiner Enkel« –, nimmt seinen Landsmann in Schutz. Die Gründe für
die jüngsten Wahlniederlagen lägen in erster Linie in der Politik der
Bundesregierung,»und die findet im Moment ohne Lafontaine statt«.
Im Moment – eben dieser Zusatz, von Oskars Freunden wie ein
Tropfen Salzsäure auf eine Plexiglasplatte fallen gelassen, ist es, der die
Regierung so nervös macht. Dabei rät einer aus der alten Garde der
Sozialdemokratie – nunmehr zur Neutralität verpflichtet – zu mehr

Gelassenheit. Die »Leipziger Volkszeitung« fragt Bundespräsident Johannes Rau, ob er denn am Erscheinungstag als Erstes das Bölling-Gauweiler-Lafontaine-Interview lesen werde. Rau: »Nein. Ich werde als Erstes die Herrenhuter Losung der Brüdergemeinde für diesen Tag durchlesen. Und danach bin ich gekräftigt, für jedes Interview, das da kommt.«

Die Losung aus dem Neuen Testament für den Tag lautet: »Jesus sprach zu seinen Jüngern: Ihr Kleingläubigen, warum seid ihr so furchtsam? Und er stand auf und bedrohte den Wind und das Meer. Da wurde es ganz stille.«

Mitten hinein in die parteipolitische Tristesse entwickelt sich ein handfester Streit in der Koalition über die Frage, ob Deutschland der Türkei Panzer zu Testzwecken überlassen darf. Das Nato-Land bereitet eine Neuausrüstung seiner Armee vor und hat dazu die Wahl zwischen dem deutschen und einem US-amerikanischen Modell.

Nur mit großer Mühe wahren SPD und Grüne in einer Koalitionsrunde in der letzten Oktoberwoche den Koalitionsfrieden. Beide Seiten berichten danach übereinstimmend, dass man mehrfach kurz vor einem Zerwürfnis gestanden habe. Die Meinungen über den Rüstungsexport in die Türkei bleiben unversöhnlich nebeneinander stehen. Man findet einen Formelkompromiss, den der Bundessicherheitsrat später näher ausgestalten soll. Weil niemand sich durchsetzen kann, versuchen beide Seiten, in die Gewinnerrolle zu schlüpfen. Die Grünen verbuchen es als Erfolg, dass weitere Rüstungsexporte in die Türkei von Fortschritten bei den Menschenrechten abhängig gemacht werden sollen. Der Kanzler bleibt dabei, dass die Lieferung der Testpanzer beschlossen und der Beschluss unumkehrbar sei.

Die wundersame Rettung von Holzmann

Die Regierung Schröder ist in diesen dunklen Novembertagen des Umzugsjahres in einer Stimmung, in der nur noch die Volksweisheit Tröstung verspricht: »Wenn du glaubst es geht nicht mehr, kommt von irgendwo ein Lichtlein her.« Für den Bundeskanzler hat die Berliner »Tageszeitung« in dieser beinahe hoffnungslosen Situation eine schon legendäre Schlagzeile gedichtet: Holzmann rettet Schröder.

Der angeschlagene Frankfurter Baukonzern, dem es nicht an Aufträgen mangelt, dem aber die Banken keine weiteren Kredite mehr bewilligen wollen, steht vor dem Aus. Tausende von Arbeitsplätzen

Endlich wieder ein Erfolg: »Holzmann rettet Schröder« (»taz«), 24.11.1999

sind in Gefahr, auf zahlreichen Baustellen in ganz Deutschland. Und das so kurz vor der Adventszeit. Schröder sieht seine Chance: Der Spaß-Kanzler kann, wenn er's jetzt nur richtig anstellt, über Nacht zum Tat-Kanzler werden.

Einen Kanzler zu feiern hat man in Berlin noch nicht so recht üben können, so dass die Jubelchöre für Gerhard Schröder bei seinem morgendlichen Auftritt im Reichstag weit verhaltener ausfallen als am Abend zuvor in Frankfurt. Offenbar ist mancher in der eigenen Partei sogar ein wenig verwirrt gewesen über den Modernisierer, der sich in der Krise um den Baukonzern Holzmann im entscheidenden Moment nicht scheute, den Staat ins Spiel zu bringen. Der SPD-Abgeordnete Manfred Hampel sagt jedenfalls in der Haushaltsdebatte über den Wirtschaftsetat unter dem Gelächter des Plenums, die Rettung der Baufirma Holzmann sei »vor allem dem Einsatz von Bundeskanzler Kohl zu verdanken«.

Die Opposition traut sich aber doch nicht so recht, gegen die im Lande vorherrschende Grundstimmung der Dankbarkeit und Erleichterung aufzumucken. Also verlegt man sich aufs Sticheln, wobei man, wie in Deutschland weit verbreitet, Anerkennung in Form von Neid ausdrückte. Die Banken, mault der FDP-Abgeordnete Rainer Brüderle, hätten doch nur wegen der Fernsehauftritte von Bundeskanzler Gerhard Schröder nachgegeben. Hereingefallen seien sie auf eine Medieninszenierung des Regierungschefs.

Die ist in der Tat beeindruckend gewesen. Als Schröder am Mittwochabend kurz nach 19 Uhr ohne Mantel, nur im Anzug vor die frierenden demonstrierenden Holzmann-Mitarbeiter tritt, ruft er ihnen zu, dass man ihr Unternehmen nicht kaputtgehen lassen könne. Er hat das Plakat der Protestierer abgelesen: »Die Deutsche Bank ist satt, nun macht sie Holzmann platt.« Dann verschwindet der Kanzler mit dem hessischen Ministerpräsidenten Roland Koch (CDU) und der Frankfurter Oberbürgermeisterin Petra Roth (CDU), rauscht durch die Holzmann-Zentrale – und geht hinten wieder raus. Zwei Häuser weiter, in der Landeszentralbank von Hessen, warten die rund 60 Bankenvertreter, die der Kanzler in die Pflicht nehmen will.

Der Kanzler habe keinen Druck ausgeübt, erzählt der Holzmann-Aufsichtsratsvorsitzende Carl von Boehm-Bezing anschließend. Der Kanzler selbst berichtet, der Betriebsratsvorsitzende habe mit einer bewegenden Rede die Banker überzeugt. »Die Kumpel sollen ein Weihnachtsgeschenk bekommen, hat euer Betriebsrat gesagt – jetzt habt ihr es«, ruft Schröder, noch immer ohne wärmenden Mantel, nach der geglückten Rettung gegen 21.45 Uhr den frierenden, nun aber glücklichen Holzmann-Beschäftigten zu.

Boehm-Bezing, der auch im Vorstand der Deutschen Bank sitzt, will am nächsten Morgen gar nicht darüber diskutieren, ob die Banken überhaupt die Chance gehabt hätten, an diesem Abend noch Nein zu sagen. Schließlich habe der Kanzler ja ein Geschenk im Gepäck gehabt. Die 100 Millionen Mark Bundesbürgschaft und das Darlehen der bundeseigenen Kreditanstalt für Wiederaufbau über 150 Millionen Mark hätten, sagen die Holzmann-Manager, das finanzielle Sanierungspaket nur sicherer gemacht, »noch sicherer, als es ohnehin schon gewesen ist«.

Fragen, was passieren würde, wenn dieser Bundesbeitrag am Einspruch der Europäischen Kommission scheitern sollte, wollen sie nicht beantworten. »Ich gehe davon aus, dass der Kanzler keine leeren Versprechungen gemacht hat«, sagt der Aufsichtsratsvorsitzende.

Ganz sicher aber kann Schröder nicht sein, als er sein Geschenk auspackt. Nicht einmal den Chef der Kreditanstalt für Wiederaufbau, Hans Reich, hatte er vorher eingeweiht. Der finanzielle Beitrag des

Bundes, der »obendrauf« komme auf das 4,3 Milliarden Mark umfassende Rettungspaket, habe die Banken überzeugt, die bisher nicht ganz mit dem Sanierungskonzept einverstanden waren – »und dann haben sie nachgezogen«, erklärt Boehm-Bezing. »Es hat keine Verweigerer mehr gegeben.«

Der Regierungschef selbst übt sich derweil in Bescheidenheit. Die üblichen Stichwortgeber im Kanzleramt haben sich eine hübsche neue Titulierung für ihn ausgedacht, eine literarische Anspielung auf Bertolt Brechts »Heilige Johanna der Schlachthöfe«: Der Kanzler dürfe jetzt der »heilige Gerhard der Baustellen« genannt werden. Eine kleine Wallfahrt hat es im heidnischen Berlin daraufhin auch schon gegeben. Vor Schichtbeginn pilgern ein paar Dutzend Männer mit dem weißen Brücken-H auf rotem Grund auf ihren Helmen von den umliegenden Baustellen zum Reichstag und huldigen dem Retter aus höchster Not.

In Schröders Umgebung wird derweil darauf verwiesen, weitgehend unbemerkt von der Öffentlichkeit habe Hans Martin Bury ausgezeichnete Arbeit geleistet. Der junge Staatsminister im Kanzleramt hatte sich den ganzen Mittwochnachmittag mit den Bankenvertretern in Frankfurt über Sanierungspläne gebeugt und die Bedingungen ausgetüftelt, unter denen die staatliche Hilfe möglich werden sollte. Der 34-jährige Bury gehört der Regierung erst seit dem Ausscheiden Bodo Hombachs im Sommer an. Bury gehört zu den SPD-Jungpolitikern. Er ist Mitunterzeichner des so genannten Modernisierungspapiers »Aufbruch nach Berlin«, und nicht wenige haben in seiner Berufung zum Staatsminister eine Anerkennung des Kanzlers für die Unterstützung durch die Jungen gesehen.

Die Affäre Glogowski

Es gilt nun, den Holzmann-Schub zu verstärken. Beinahe einmütig machen Besucher des Kanzlers die gleichen Beobachtungen: Er wirke äußerlich angegriffen, ja bisweilen sogar erschöpft, seine Stimmung aber sei – ganz anders noch als vor Monatsfrist – wie ausgewechselt. Viel Zuversicht strahle Schröder aus, Gelassenheit im Allgemeinen, in besonderen Fragen blitze sogar wieder die alte Kampfeslust durch.

Die innere Läuterung vom Spaßkanzler zum Krisenmanager, der auch die Führung seiner Partei wirklich angenommen hat, soll auf dem Berliner SPD-Parteitag Anfang Dezember für alle Welt augenfällig werden. Störungen werden in dieser Inszenierung nun nicht mehr hingenommen, und schon allein damit erklärt sich die geringe Einfluss-nahme des Kanzlers in der Schlussphase der Affäre Glogowski und bei der Suche nach einem geeigneten Nachfolger. Der niedersächsische Ministerpräsident, der die Macht und die absolute Mehrheit noch von Schröder geerbt hat, stürzt über eine Reihe von Reise-Affären, die jede für sich genommen vielleicht gerade noch hinnehmbar gewesen wäre. In der Summe belasten sie den Amtsträger und sein Amt schwer, dazu ein äußerst ungeschicktes Taktieren bei Entlastungsversuchen. Ein klassischer Weg zum Rücktritt also.

Als am Abend des letzten Freitags im November in der Hauptstadt die Nachricht verbreitet wird, der Kanzler sei nach Hannover geflo-gen, um in seinem Stammland für Ordnung zu sorgen, da weiß man in Berlin wahrscheinlich nicht, dass Schröder bei seinem privaten Umzug in Hannover wenigstens ein paar Stunden dabei sein will, bevor er zu einer SPD-Regionalkonferenz nach Nürnberg aufbrechen muss. Erst von dort aus zollt er am Sonnabend Glogowski Respekt für seine Entscheidung, wobei das schon wieder ein Hinweis darauf ist, was für Schröder derzeit alleine zählt: »Er hat mit seinem Rücktritt der SPD einen Gefallen getan.«

So sehr hat der Bundeskanzler die Vorgänge in Niedersachsen den dortigen Parteigrößen überlassen, dass die Strategie dahinter nur allzu deutlich wird: Der Parteivorsitzende, der gerade dabei ist, seinen Frieden mit der Partei zu schließen und der nach dem Holzmann-Coup auch in den Meinungsumfragen aus dem Tief emporsteigt, sollte auf keinen Fall mit einem heiklen Vorgang in Verbindung gebracht wer-den.

Wie der Parteivorsitzende selbst hatte auch die Leitungsebene im Willy-Brandt-Haus frühzeitig deutlich gemacht, dass sie sich im Vor-feld des Parteitages nicht mit den Querelen in Hannover belasten wolle. Mehr als ein knappes »Wir kommentieren das nicht«, ist zu keinem Zeitpunkt herauszubekommen. Es ist schließlich die Landes-vorsitzende der niedersächsischen SPD, Bildungs- und Forschungs-ministerin Edelgard Bulmahn, die in einem Kraftakt die widerstreiten-den Kräfte in Hannover bändigt. Der Wunschkandidat des Kanzlers, Landtagsfraktionschef Sigmar Gabriel, soll in zweiter Generation das Erbe Schröders antreten. Dass man diesem in Hannover bald nachsa-gen wird, er habe auch Ambitionen, Schröders Nachfolge auf der nächsten Karrierestufe anzutreten – möglichst direkt natürlich – erhei-tert den Kanzler, veranlasst ihn aber auch, seinen »Enkel« in die Schranken zu weisen, wenn er sich zur Bundespolitik äußert.

Nach der Wahl ein Diener

Der vortragende Redner Gerhard Schröder kommt gut an bei seinem Publikum auf dem Berliner Parteitag. Die Delegierten bekunden artig Beifall, erheben sich von den Plätzen und setzen sich nach angemessener Frist wieder hin. Die vorangegangenen Ausführungen haben 75 Minuten gedauert und waren methodisch wie didaktisch sauber aufbereitet. Die 86,3 Prozent an Zustimmung, die Schröder später am Nachmittag bei seiner Wiederwahl erhält, sind redlich verdient. Außer Wolfgang Thierse schneiden alle seine Stellvertreter schlechter ab als er. In seiner Rede geht es Schröder darum, endlich einmal auch das Herz dieser Partei anzurühren, die immer noch fremdelnden Linken für sich zu gewinnen und den Kraftakt zu schaffen, den Genossinnen und Genossen klarzumachen, dass Regieren eben etwas anderes ist als Opponieren.

In den Monaten vor dem Parteitag ist der Vorsitzende durch die SPD-Bezirke gezogen, dem Rat des Generalsekretärs Müntefering folgend. Er hat die Basis davon überzeugt, dass in seinem Werteschema die Bundesregierung nicht neben oder gar über der Partei stehe, sondern dass sie sich von sozialdemokratischen Grundsätzen leiten lassen will. Nur, wie diese zu buchstabieren sind, das, bitte schön, muss dem Partei- und Regierungschef überlassen bleiben.

Auch auf dem Parteitag, der fast die ganze zweite Dezemberwoche ausfüllt, arbeitet Schröder hart an sich. Er übt Verzicht, indem er beim Presseabend demonstrativ eine ihm dargebotene feine Zigarre zurückweist. Seine Redekunst hat er so weit wie möglich verfeinert: nicht so sklavisch abgelesen wie auf den Parteitagen in Hannover und Leipzig, als er noch Kandidat ist, und nicht so überhastig wie in Bonn, als er nach dem Rücktritt Oskar Lafontaines die Partei mehr widerstrebend als freudig übernahm.

Der Mann arbeitet dort oben am Rednerpult, bittet leise um Verständnis für die eine oder andere Unabänderlichkeit im Regierungsgeschäft, ballt auch einmal die Fäuste, wenn er den Vertretern der Parteibasis dort unten einzubläuen versucht, dass sie verdammt noch mal auch die Erfolge seiner Regierungspolitik zuerst selbst anerkennen und dann hineintragen sollten ins Wahlvolk. So schlecht sei sie doch nicht, die Bilanz des ersten Regierungsjahres, hämmert er seinen Zuhörern ein.

Wie ein guter Lehrer verteilt Schröder sein Lob namentlich. Finanzminister Hans Eichel ist an diesem Tag zuerst dran, später folgen noch

Forschungsministerin Edelgard Bulmahn, Verteidigungsminister Rudolf Scharping und Innenminister Otto Schily.

Nur milde schütteln die umworbenen Linken den Kopf, als ihr Parteivorsitzender mit einem rhetorischen Salto die Sparpolitik als wahre Sozialpolitik darstellt. Sie müssten das einmal so sehen, erklärt der Dozent am Rednerpult: Es sei eine soziale Tat, wenn der Staat seine Schulden abbaue. Die Zinsen, aufgebracht von den kleinen Steuerpflichtigen, landeten dann »nicht bei den internationalen Kapitalsammelstellen, also den Banken und Versicherungen«.

Die Vorgänge außerhalb der SPD, die dem Kanzler und Parteivorsitzenden so viel Entlastung von dem Druck gebracht haben, der nach der Serie von Wahlniederlagen und nach dem politischen Sommertheater schwer auf ihm lastete, streift der Redner nur kurz. Nein, billigen Beifall will er nicht einheimsen für die Rettung des Baukonzerns Holzmann, aber richtig stellen will er doch eines: All die »oberschlauen Leitartikler und Buchautoren«, die ihm einen ordnungspolitischen Sündenfall vorgehalten hätten, dürften nicht vergessen, dass er nur seine Pflicht getan habe: »Die Politik hat die Verpflichtung, existenzielle Krisen vermeiden zu helfen.« Es gibt einen zweiten Glücksfall, die schwarzen Kassen des einstigen CDU-Vorsitzenden Helmut Kohl. Die Aufmerksamkeit der Menschen wendet sich ab von den Unzulänglichkeiten der rot-grünen Regierung, die öffentliche Empörung über den moralischen Verfall der ehemaligen Regierungspartei CDU ist so groß, dass die handwerklichen Fehler der SPD und der Grünen daneben kaum ins Gewicht fallen. Schröder kann mitschwimmen auf der Woge der Empörung. Anders als für die CDU gelte für die SPD: Erst das Land, dann die Partei.

Der tiefe Diener, den der wieder gewählte Vorsitzende macht, als er sein Abstimmungsergebnis entgegennimmt, ist die Kehrseite jener bekannten Geste, über die sich Oskar Lafontaine im kleinen Führungskreis ausschütten konnte vor Lachen, wenn sein Widerpart einmal nicht dabei war: die in die Höhe gereckten Arme, beide Hände zu Siegeszeichen geformt, die Schröder nach seinem Wahlsieg zum ersten Mal zeigte und die er sich danach rasch abgewöhnte. Jetzt also eine Verbeugung vor den Delegierten, und dennoch hat die amtierende Parteitagspräsidentin Edelgard Bulmahn Recht mit ihrer Bemerkung: »Gerhard, wir haben dir den Rücken gestärkt.«

Im Überschwang seiner Gefühle verrät der Parteivorsitzende dann noch, weshalb er ausgerechnet die Gratulation von Regine Hildebrandt mit einer Geste entgegengenommen hat, mit der Schröder hohe Wertschätzung auszudrücken pflegt: mit einem Knuff in den Oberarm. Die brandenburgische Sozialministerin, die kurz zuvor aus der Potsdamer Regierung ausschied, weil sie lieber mit der PDS paktiert hätte, als die große Koalition einzugehen, ist von einigen Linken aufgefordert worden, um den Parteivorsitz gegen Schröder anzutreten, hat aber abgewinkt. Dafür sei er dankbar, meint der Sieger des Tages ohne jeden Anflug von Ironie, und er endet mit einem Versprechen, das er vor Monaten so bescheiden und doch so selbst verpflichtend wohl noch nicht über die Lippen gebracht hätte: »Ich will mich bemühen.«

»Scharpings Gequatsche«

Noch am Tag nach den Vorstandswahlen ringt der Parteivorsitzende um Fassung, wenn er auf das harte Los seines Stellvertreters Scharping angesprochen wird. »Nein«, sagt Gerhard Schröder, »was dem Rudolf da passiert ist, das hat er nicht verdient.« Gnadenlos hat der Berliner SPD-Parteitag bei den Vorstandswahlen den früheren Parteichef zurechtgestutzt mit 73,4 Prozent der Delegiertenstimmen. Die Entrüstung des Parteivorsitzenden ist gekonnt vorgetragen. Natürlich weiß Schröder ganz gut, dass da auf offener Bühne eine Flügel übergreifende Abstrafung stattgefunden hat. Und eigentlich passt ihm diese Bestrafung des selbst ernannten »Ersatzkanzlers« ganz gut in den Kram. »Das kommt von Scharpings Gequatsche«, brachte ein führendes Parteimitglied, das gewiss nicht im Verdacht steht, dem Westerwälder übel zu wollen, die Strafaktion auf den Punkt.

Scharpings Sturz ist nicht so tief wie damals in Mannheim. Aber getroffen hat es ihn schon, das ist ihm anzumerken. Man könne nicht von allen geliebt werden, sinniert er vor sich hin, damit müsse er leben. Dass die Pazifisten in der Partei ihren Unmut über den Kosovo-Einsatz der Bundeswehr loswerden mussten, weiß Scharping selbst. Dass aber die »Seeheimer« vom rechten Parteiflügel vor den Wahlen kräftig Stimmung gemacht haben, muss ihm entgangen sein. Sie hatten die Parole gestreut, zwischen dem Gerd (86 Prozent) und dem Rudolf müsse ein so deutlicher Abstand hergestellt werden, dass Letzterer seine Spielchen unter dem Motto »Ich will ja nichts sagen, aber ich könnte es besser« endlich einstellt. Obwohl Scharping das fast ausschließlich in Hintergrundkreisen – die sich natürlich auch in Berlin wieder zusammengefunden haben – betrieben hat, sind seine Bemerkungen hier und da bekannt geworden. Der Tenor der Überlegungen, so wird dann auch berichtet, soll sinngemäß stets lauten: Wenn der Kanzler aus irgendeinem Grund sein Amt aufgeben müsste – ich könnte es auch, besser sogar.

Bei der Wahl der Beisitzer im Vorstand verfehlt der Bewerber Sigmar Gabriel mit 228 Stimmen das notwendige Quorum von 260 Stimmen ziemlich deutlich. Bei der Frage des Versammlungsleiters, ob denn die durchgefallenen Kandidaten zum zweiten Wahlgang anträten, entsteht beim Aufruf von Gabriel eine Pause, weil aus dem Plenum keine Antwort kommt. Behende springt der Parteivorsitzende auf, eilt zum Podium, und sagt:»Liebe Genossinnen und Genossen, lassen Sie mich ein Wort sagen zu Sigmar Gabriel. Er kann nicht hier sein, weil er mit einer Bandscheibenoperation im Krankenhaus liegt. Ich bitte Sie darum, bei der Wahl besonders achtsam zu sein. Das wird nämlich der nächste niedersächsische Ministerpräsident.«

Gabriel schaffte es souverän mit 403 Stimmen. Das ist die höchste Zustimmung in diesem Wahlgang. Der Parteitag raunt, als die Stimmenzahl bekannt gegeben wird. Die Delegierten haben das Kanzlerwort verstanden.

NEUNZEHNTES KAPITEL

Schröder und die Außenpolitik

Kontinuität ist das Stichwort, das Kanzler Schröder und sein Außenminister Fischer für ihre ersten Auslandsreisen verabredet haben. Beim Antrittsbesuch in Moskau kommt man nicht weit mit dieser Losung, weil auch dort die Zeichen auf Veränderung stehen.

Auf den ersten Blick sieht es aus, als sei die Zeit stehen geblieben im Roten Salon des Weißen Hauses, jenem mächtigen, breit gelagerten Regierungsgebäude an der Moskwa. Doch in Wirklichkeit hat sich viel verändert. Neben dem russischen Ministerpräsidenten Jewgenij Primakow steht als deutscher Bundeskanzler Gerhard Schröder. Die Übersetzer sind noch die alten, aber die Worte, die sie zu dolmetschen haben, sind nun ganz andere. Da ist jedenfalls nicht mehr die Rede von »mein Freund Michail« oder »mein Freund Boris«. Es heißt ja auch nicht mehr »lieber Helmut«.

Alexander Lebed, der ehemalige General und Kriegsheld, Grigorij Jawlinski, der Vorsitzende der liberalen »Jabloko«-Partei, der Kommunist Gennadi Sjuganow, sie alle finden es aus purem Eigennutz äußerst angenehm, dass die »Saunapolitik« nun ein Ende haben soll. Die Russen haben den Begriff schon übernommen, sie verwenden ihn sogar auf Deutsch und fügen sogleich hinzu, dass diese einseitige, persönliche Verbundenheit zweier Politiker den Beziehungen zwischen beiden Ländern nicht nur dienlich gewesen sei. Jawlinski macht sich sogar ein wenig lustig, als er über den Altkanzler erzählt: Der habe, vor der Vergabe der deutschen Kredite immer gefragt: »Was gibt es Neues?« Antwort: »Reformen, Herr Bundeskanzler.« Nächste Frage: »Und wie sind die Reformen?« Antwort: »Radikal, Herr Bundeskanzler.«

Es scheint so, als sei doch eine neue Linie in der deutschen Außenpolitik erkennbar, die Reihe der Antrittsbesuche Schröders zeigt es. Kaum mehr eingebunden in das Gefühl der Dankbarkeit wegen der deutschen Einigung, hat Schröder, anders als die Vorgängerregierung, in Warschau deutlich gesagt, dass die Osterweiterung der EU auch für Polen nicht von heute auf morgen möglich sein wird, und in Moskau in diesem Sinne ergänzt, dass westliche Hilfe kein Selbstläufer sein kann. Klare, verläßliche Bedingungen für deutsche Investoren in Russland, das hat Schröder nicht erbeten, sondern eingefordert.

Die russischen Medien haben ihre Entscheidung rasch getroffen, wie sie den neuen deutschen Kanzler einschätzen. Am letzten Besuchstag zeichnet das russische Fernsehen noch ein langes Interview auf, das in der Reihe »Held des Tages« ausgestrahlt wird. Als Schröder in der allgemeinen Pressekonferenz zum Abschied indes zum wiederholten Mal darauf verweist, dass die Möglichkeiten der deutschen Seite zu weiteren Hilfeleistungen begrenzt seien, wird ihm der Ehrentitel gewissermaßen wieder aberkannt. Eine einheimische Korrespondentin notiert sich hinter dem Namen Schröder die Bezeichnung »Mr. Njet«.

Kaum im Amt, muss Schröder die Ratspräsidentschaft in der EU übernehmen und die deutsche Beteiligung am Krieg in Kosovo organisieren. Der Begriff dafür, was sich in der Außenpolitik anbahnt, mag ausgeleiert sein durch zu häufigen Gebrauch in der Politik, aber in diesem Falle trifft er zu. Nach und nach leiten Schröder und sein Außenminister den Paradigmenwechsel in der deutschen Außenpolitik ein.

Der Krieg beginnt für den neuen Bundeskanzler mit einer Aufgabe, die er ohne Mühe meistert: Übers Fernsehen ist eine Rede an die Deutschen zu halten.

Mit ernster Miene, eine Bücherwand im Rücken, geht Gerhard Schröder am 24. März 1999 um 20.30 Uhr auf Sendung: »Wir können nicht zulassen, dass nur eine Flugstunde von uns entfernt die Werte von Freiheit, Demokratie und Menschenrechten mit Füßen getreten werden.« Und dann folgt ein Satz, der bis dahin amerikanischen Präsidenten in ihren Reden an die Nation vorbehalten war: »Ich rufe alle Mitbürger und Mitbürgerinnen auf, in dieser Stunde zu unseren Soldaten zu stehen.«

Während Schröder noch spricht, schlagen in Belgrad schon die ersten Bomben ein. Auch deutsche Tornados mit ihrer Spezialausrüstung zur Ausschaltung feindlicher Radarstellungen warten bereits in der ersten Nacht in der Luft. In Berlin, am Rande des EU-Gipfels am gleichen Tag, hat der sozialdemokratische Kanzler Ja gesagt zum ersten Kampfeinsatz deutscher Soldaten nach dem Zweiten Weltkrieg. Dabei kommt ihm zu Hilfe, dass er mittlerweile auch Parteichef ist: Seit dem Abgang Lafontaines hat der pazifistische Flügel der SPD einen schwergewichtigen Fürsprecher verloren. Mit ihm an der Spitze der Partei, macht Lafontaine wenige Wochen später bei der Mai-Kundgebung 1999 in Saarbrücken deutlich, wäre der Krieg mit deutscher Beteiligung nicht zu führen gewesen. Als Lafontaine zwei Wochen vor Kriegsbeginn zurücktritt, blickt die Öffentlichkeit vor allem auf die wirtschaftspolitischen Meinungsunterschiede zwischen dem Kanzler und seinem damaligen Finanzminister. Erst später kristallisiert sich das Spaltungsthema Kosovo heraus.

Zwei Jahre später, als die Ereignisse des 11. September 2001 über die Welt hereinbrechen und eine scheinbar vollkommene Neuorientierung der Außen- und Sicherheitspolitik auch in Deutschland nach sich ziehen, haben der Kanzler und sein Außenminister auf der Grundlage der Erfahrungen des Kosovo-Krieges, des Bosnien-Konfliktes und der Mazedonien-Krise die Weichen umgestellt. Von Kontinuität wie beim Amtsantritt der rot-grünen Regierung kann keine Rede mehr sein. Der Berliner Publizist Bernd Ulrich hat in einem bemerkenswerten Essay im »Tagesspiegel« unter dem Titel »Neue deutsche Rolle – vorwärts« eine fiktive Rede entworfen, die Schröder in dieser Situation an die Deutschen halten müsste. Sie lautet: »Liebe Mitbürgerinnen und Mitbürger, der deutsche Einfluss auf dem internationalen Parkett hat deutlich zugenommen. Man spricht heute mehr und mehr von den großen vier, den USA, Frankreich, England und Deutschland und weniger von der Nato und der EU. Und, wie jedermann leicht sehen kann, sind wir unter den vieren ökonomisch und von der Bevölkerungszahl her die zweiten. Noch haben Frankreich und Großbritannien mehr Einfluss, weil sie im Sicherheitsrat sitzen und über Atomwaffen verfügen. Doch das sind Privilegien aus der Nachkriegszeit, die sich eher früher als später abschleifen werden und an Bedeutung verlieren. Ob wir wollen oder nicht – auch wenn wir alle Rücksicht der Welt auf unsere schwächeren Partner Frankreich und Großbritannien nehmen – Deutschland wird die stärkste unter den Mittelmächten sein, und wir müssen uns darauf einstellen. Um das leisten zu könne, was auf Deutschland zuläuft, brauchen wir mehr Geld für die Bundeswehr, die Geheimdienste und die Entwicklungshilfe. Vor allem aber müssen wir umdenken und die Außenpolitik zu einem nicht nur in Kriegs- und Krisenzeiten zentralen Politikfeld machen. Das alles wird uns einiges kosten, Geld und Energie, aber diese Politik ist alternativlos.«

Natürlich, fasst Ulrich seine Rede für den Kanzler zusammen, wird Schröder und wird auch kein anderer deutscher Regierungschef je eine solche Ansprache halten, weil sie die machtunlustigen Deutschen erschrecken und international einen Sturm routinierter Empörung auslösen würde. Eine Außenpolitik auf diesem Gedankenfundament lässt sich nicht vertreten, auch wenn jedes Wort an der fiktiven »Rede« wahr ist. Und wenn Schröder im Großen und Ganzen den derzeitigen Zustand und die Zukunft der deutschen Außenpolitik genau so sieht.

ZWANZIGSTES KAPITEL

Politik der schnellen Eingriffe

Das neue Jahr 2000 ist erst wenige Wochen alt, da erlebt die Regierung Schröder, dass die außenpolitische Bedeutung Deutschlands noch längst nicht so groß ist, wie man sich das in Berlin vorstellt. Ein Lehrstück ist die anstehende Besetzung des Chefpostens beim Internationalen Währungsfonds (IWF). Schröder geht von der Vorstellung aus, dass dieser Job einem Deutschen zustehe und es dann Sache der Deutschen sei, den geeigneten Mann zu benennen. Aber da spielen die Partner in der Europäischen Union nicht mit und die Amerikaner schon gar nicht. In diesen Monaten reift bei Schröder die Erkenntnis, dass er das außenpolitische Gewicht und damit den Einfluss Deutschlands nur dann steigern kann, wenn das Land international größere Pflichten übernimmt – wie und welche auch immer. Seine rigorose Haltung vom Herbst 2001 – dann bezogen auf den Kampf gegen den Terror –, nur derjenige könne mitbestimmen im internationalen Geschäft, der auch bereit sei, selbst zu investieren, erwächst aus den Erfahrungen des Jahres 2000. In den Kommentaren der großen Zeitungen in Deutschland wird der Kanzler auch nach mehr als einjähriger Amtszeit auf dem Gebiet der Außenpolitik noch als »ein mehr oder weniger interessierter Novize« eingeschätzt.

Der politische Aschermittwoch ist in diesem Jahr nicht nur in der Provinz, sondern auch in der Hauptstadt ein Tag der Abrechnung. Die Losung für den Aschermittwoch in Berlin lautet: Schuld haben die anderen, auf keinen Fall Bundeskanzler Gerhard Schröder. Das Scheitern des Kandidaten Caio Koch-Weser und die schon peinlich schnelle Nachnominierung von Horst Köhler werden im Regierungslager als eine Art Aufstellungsfehler von Schröders außenpolitischem Cheftrainer Michael Steiner dargestellt. Allein die Atmosphäre seiner Gespräche mit den Botschaftern führender IWF-Staaten habe nicht dazu beigetragen, Hilfe für Koch-Weser in seinem Kampf gegen die Ablehnung durch die Amerikaner zu gewinnen, heißt es in Kreisen, die jedoch dem Abteilungsleiter 2 (Außenpolitik) im Kanzleramt, eben Michael Steiner, ohnehin nicht grün sind.

Wie undiplomatisch die Deutschen ihre Personalpolitik in internationalen Institutionen häufig betreiben, ist in London, Paris und Washington nicht unbekannt, und doch sind die europäischen Regierungen überrascht, dass auch Schröder die gewohnte Methode aus Dilettantismus und Brachialität im Fall des IWF-Chefpostens anzuwenden sucht. Schröder erklärt seine forsche Art, mit der er mal europäischen Kollegen, mal Amerikanern und mal beiden die Zustimmung zu Bewerbern aus Deutschland für internationale Spitzenämter abfordert, gerne mit dem gewachsenen Selbstbewusstsein der Deutschen nach der Wiedervereinigung. Obwohl diese Veränderung im Selbstwertgefühl auch im Ausland gesehen und respektiert wird, ist in dem aktuellen Fall aufseiten amerikanischer Medienvertreter eher von »teutonischer Tollpatschigkeit« die Rede, an der Koch-Weser weit mehr als an etwaiger US-Arroganz gescheitert sei.

Karsten Voigt, der Koordinator für die deutsch-amerikanischen Beziehungen, muss in Washington erhebliche sprachliche Anstrengungen unternehmen, um seinen Kanzler aus dem peinlichen Vorgang herauszuhalten. Auf die Frage, ob dieser Mann denn nichts aus seinen Fehlern lerne, meint Voigt, Schröder habe gar keine Fehler gemacht. Es gehe vielmehr darum »dass Deutsche ihre Kandidaten in anderer Weise als früher in die Diskussion bringen«. Sie müssten sie »in Europa konsensfähig machen, aber auch im internationalen Bereich konsensfähig machen.«

Die Großen zu Gast

Hatte Schröder nicht zu Beginn seiner Amtszeit überall erzählt, dass Regieren Spaß mache? Allerdings hat es eine Weile gedauert, bis die Verhältnisse so waren, dass man das wirklich glauben mochte. Zwischen der Eröffnung der Expo 2000 und der »Berliner Regierungskonferenz« erlebt Schröder am Ende der ersten Juni-Woche im Jahr 2000 einen ersten Höhepunkt seiner Regierungszeit. Sein Mienenspiel jedenfalls lässt keine andere Deutung zu. »Seht her, das ist mein Freund Bill«, sagen die strahlenden Augen des Kanzlers, als er den amerikanischen Präsidenten in ein Lokal am Prenzlauer Berg führt und es den Berlinern tatsächlich für einen Moment die Sprache zu verschlagen scheint. Volksnah soll es sein, haben Schröders Berater ausgetüftelt und das Lokal »Gugelhof« am Käthe-Kollwitz-Platz ausgeguckt, in dem unter der Woche ganz gern die grüne Schickeria verkehrt. An Holztischen ohne Tischdecke sitzend, lassen sich der Präsident, der

Kanzler, die Außenminister Madeleine Albright und Joschka Fischer nebst kleinem Gefolge ihre Speisen servieren, und hinterher wird bekannt, dass Clinton keine Blutwurst mag.

Für Schröder, der sein »Wie-war-ich, Doris?«-Lächeln gar nicht mehr abstellen kann, ist dies nur der Auftakt. Diese wichtigen Leute sind meinetwegen gekommen, gibt der Gastgeber zu verstehen, als er am Abend des 2. Juni die Teilnehmer der internationalen Konferenz »Modernes Regieren im 21. Jahrhundert« vor dem Charlottenburger Schloss begrüßt. Neben Clinton sind es die Staatspräsidenten Thabo Mbeki (Südafrika), Fernando De la Rúa (Argentinien), Fernando Henrique Cardoso (Brasilien), Ricardo Escobar (Chile), die Ministerpräsidenten Lionel Jospin (Frankreich), Guiliano Amato (Italien), Helen Clark (Neuseeland), Wim Kok (Niederlande), António Guterres (Portugal), Göran Persson (Schweden), Konstantinos Simitis (Griechenland) und Jean Chrétien (Kanada). Abgesagt haben der israelische Regierungschef Ehud Barak wegen der angespannten Lage im Süden des Libanon und der britische Premierminister Tony Blair wegen seiner erneuten Vaterpflichten.

Obwohl der Begriff nicht mehr so gern gehört wird, fassen die Experten in ihren Gesprächsrunden die in Berlin versammelten Politiker unter der Bezeichnung »Dritter-Weg-Club« zusammen. Diese Formulierung hat der britische Soziologe Anthony Giddens geprägt. Es geht darum, wie die Sozialdemokratie reagiert auf die globalen Märkte, die technologische Revolution und die veränderten Familienstrukturen. Der »Dritte Weg« hatte auch Eingang gefunden in das berühmtberüchtigte Schröder-Blair-Papier, das zumindest der Bundeskanzler inzwischen nicht mehr sehr häufig erwähnt. Zur ersten großen Diskussion darüber hatte der damalige italienische Ministerpräsident Massimo D'Alema im November 1999 nach Florenz eingeladen. In Berlin kreisen die Diskussionen um den alten Begriff der »Zivilgesellschaft«, den Schröder mit neuem Leben füllen möchte und den er sich zu diesem Zeitpunkt gut als ein Leitmotiv seiner Kanzlerschaft vorstellen könnte. Was die Regierungschefs und ihre Fachleute an Erkenntnissen dazu zustande gebracht haben, ist mindestens so vielfältig zu nennen wie das Angebot eines Gemischtwarenladens, allerdings noch nicht so gebrauchsfähig. Eine stärkere Regulierung und Überwachung der internationalen Finanzmärkte lässt sich als Resümee aus dem Abschlusskommuniqués herauslesen. Der Globalisierung dürfe nicht einfach freier Lauf gelassen werden. Ohne dass der Begriff überstrapaziert wird, kommen die Staats- und Regierungschefs jenem Verständ-

Der öffentliche Mann. Bundespresseball 2001

nis von Politik sehr nahe, das Schröder immer wieder unter der Überschrift »Zivilgesellschaft« verbreiten lässt. Die Vorstellungen sind so:
Die Politik müsse ein Umfeld schaffen, das zur Förderung der Bürgerrechte, der Beschäftigung und des Wohlstands sowie zur Chancengleichheit von Männern und Frauen beiträgt. Bildung sei von aus-
schlaggebender Bedeutung für Gleichberechtigung. Die Stärkung des
Hochschulsektors sowie die Förderung des lebenslangen Lernens hätten deswegen »höchste Priorität«.

Schröder fasst seine persönlichen Erkenntnisse in der Bemerkung
zusammen, es gehe ihm um eine Machtbalance zwischen Markt und
Politik und eine »umfassende Teilhabe« am materiellen Wohlstand.
Soziale Probleme ließen sich nur mithilfe moderner Informations- und
Kommunikationstechnologien lösen. Ziel der modernen Regierungspolitik nach Berliner Lesart sei es, die enormen Chancen der Globalisierung möglichst groß und deren Risiken möglichst klein zu halten.

Benzinpreis und Streik

Schon in der Woche nach der Konferenz der großen Chefs wächst die Befürchtung, das Manifest über das Regieren im 21. Jahrhundert könnte ein Sonntagspapier gewesen sein. So schön wie auf der Gipfelkonferenz ist es nämlich im Alltag nicht, weshalb die Regierung Schröder auch über keine Gebrauchsanweisung für den Umgang mit steigenden Benzinpreisen und streikenden Müllmännern verfügt. Noch gilt die Parole des Kanzlers, er wünsche »Ruhe im Karton«. Aber längst nicht mehr alle richten sich danach. So gut wie noch im Frühjahr geht es Rot-Grün nicht mehr.

Die Umfragewerte der SPD sinken, die der Grünen sind ohnehin weit unten. Höchstens bei 38 Prozent liegen die Sozialdemokraten, weiß man dort selbst. Schuld daran sei die »Benzinwut der Autofahrer«, verkündet »Bild« seit Tagen in allen Schriftgrößen und Variationen. Der Kampf einiger Boulevardzeitungen gegen die Ökosteuer nimmt Kampagnencharakter an. Die Folgen sind schon erkennbar. In den Fraktionssitzungen im Reichstag wird Anfang Juni eine Umfrage herumgereicht, nach der knapp zwei Drittel (65 Prozent) der Bundesbürger davon überzeugt sind, dass die steigenden Benzinpreise die Wiederwahl Schröders im Jahr 2002 gefährden werden. Sogar 60 Prozent der SPD-Wähler sehen dessen Chancen auf eine zweite Amtszeit schwinden. Die Opposition nimmt die täglichen Steilvorlagen bereitwillig auf und verrät dabei mal eben auch eigene Positionen von früher. Die CDU-Vorsitzende Angela Merkel, die als Umweltministerin noch dafür war, sieht in der Ökosteuer jetzt eine »Politik gegen den gesunden Menschenverstand und Ignoranz gegenüber der Stimmung im Lande«. Nach Meinung von FDP-Generalsekretär Guido Westerwelle dient die Ökosteuer nur dem »Abkassieren und Abzocken«. Um das Ganze noch ein wenig zu vertiefen und sich beim Wähler weiter einzuschmeicheln, macht die Opposition den Benzinpreis zum Thema einer aktuellen Stunde im Bundestag. Die unionsregierten Länder bringen eine Initiative im Bundesrat ein: Abschaffung oder zumindest Verzicht auf eine weitere Erhöhung der Ökosteuer.

Zur selben Zeit läuft die Urabstimmung im öffentlichen Dienst, und dort stehen die Zeichen auf Streik. Vermutlich ist es nicht ganz ernst gemeint gewesen, aber am Rande einer SPD-Fraktionssitzung erinnern einige Altgediente an die ÖTV-Tarifrunde unter der Leitung von Heinz Kluncker 1974, die zum Sturz von Willy Brandt beitrug. Ganz aus den Köpfen raus ist das nicht. Vom Kanzler, derzeit unterwegs auf außen-

politischer Erkundungsreise im Baltikum, werden ein paar richtung-
weisende Äußerungen erwartet. »Die Holzmann-Nummer kann er
nicht noch mal schieben«, meint eine Abgeordnete aus der Nachwuchs-
riege der Fraktion voll Vertrauen in ihren Kanzler, »aber so was in der
Richtung wird schon kommen.« Zwar sind dem Vernehmen nach die
Kontakte zwischen dem Kanzleramt und der Führung der ÖTV lebhaft, aber eine Lösung aus dem Hut zaubern wie seinerzeit bei der
Rettung des Frankfurter Baukonzerns kann ein Regierungschef in
einem Tarifstreit nicht. Wenn es denn so einfach wäre, wie es das
Berliner Handbuch des modernen Regierens empfiehlt, dann müsste
Schröder hart bleiben: Dass die natürliche Bewegung von Marktprei-
sen, wie beim Benzin, eine Regierung veranlassen könnte, ihre Steuer-
politik zu ändern, ist darin nicht vorgesehen, und im Tarifkonflikt darf
die Haushaltskonsolidierung nicht aufgegeben werden, nur um Forderungen von Interessengruppen zu befriedigen. Der Kanzler gibt zu
verstehen, dass er sich daran halten werde.

Nun ist Schröder aber nicht nur ein moderner Regierungschef aus
dem Katalog, sondern auch SPD-Vorsitzender. Und bei den Sozialdemokraten will das Gerede über eine Erhöhung der steuerlichen
Kilometerpauschale als Ausgleich für gestiegene Spritpreise einfach
nicht verstummen. Entgegen dem Beschluss des Parteipräsidiums lieb-
äugeln einige SPD-Ministerpräsidenten wie Kurt Beck (Rheinland-Pfalz),
Sigmar Gabriel (Niedersachsen) und Manfred Stolpe (Brandenburg)
weiter mit einer Anhebung der Pauschale von derzeit 70 Pfennig.

Wie schon seinem Vorgänger Helmut Kohl kommen auch Schröder
hohe Staatsgäste gelegen, wenn es in der Innenpolitik nicht zum Besten
steht. Die Vertrautheit zwischen Kohl und Michail Gorbatschow und
später zu Boris Jelzin lässt sich von den Nachfolgern Schröder und
Wladimir Putin nicht so ohne weiteres herstellen. Doch die beiden
geben sich sichtlich Mühe.

Es sind die kleinen Äußerlichkeiten, an denen sich der Wandel
erkennen lässt, nicht die vielen Reden über einen »wirklichen Neuanfang« in den Beziehungen zwischen Russland und Deutschland. So
hat es einmal einen Dolmetscher namens Iwan Kurpakow gegeben,
der seit den Zeiten von Leonid Breschnew die russischen Präsidenten
begleitete; ein kleiner, vierschrötiger Mann mit immer gleichem Stop-
pelhaarschnitt und immer gleicher Aktenmappe. Mühelos überstand
er das Ende des Kommunismus, diente zuletzt auch noch Boris Jelzin.
Er scheint verschwunden zu sein, einfach nicht mehr da in der Ära
Putin.

Hat nicht Bundeskanzler Gerhard Schröder gesagt, der Neuanfang sei von substanzieller Art? Der junge Mann, der jetzt dem neuen russischen Präsidenten ins Ohr flüstern darf, wird eigentlich gar nicht gebraucht. Putin, einst Spion des russischen Geheimdienstes, spricht fließend Deutsch, als erster russischer Führer nach den Zaren und nach Lenin. Ab und zu, natürlich nicht ohne taktisches Einfühlungsvermögen, setzt Putin seine Sprachkenntnisse auch ein. Mit dem Kanzler parliert er auf Deutsch, auch Wirtschaftsvertreter umschmeichelt er auf diese Weise. Als Chef seiner hochrangigen Delegation aber spricht Putin selbstverständlich Russisch. Die Botschaften, die er in Berlin zu verkünden hat, sollen schließlich hineinwirken in sein Heimatland. Bei der Pressekonferenz am Ende der Begegnung verteilt der russische Regierungssprecher das Fragerecht also geschickt an die Vertreter jener Moskauer Medien, die ihrem Präsidenten gewogen sind. Die anfängliche Anspannung Putins verliert sich schon im Laufe des ersten Tages. Es scheint, als hätten der russische und der deutsche Regierungschef bei ihrer ersten amtlichen Begegnung ziemlich schnell Zugang zueinander gefunden. Der neue Mann im Kreml möchte sich schon gerne als weltoffener Mensch zeigen, souverän und respektiert, aber sein Äußeres teilt noch zu oft das Gegenteil mit. Wer die Bilder noch im Kopf hat, wie Putin auf dem roten Teppich den langen Gang im Kreml entlangging zu seiner Vereidigung, leicht gebeugt, fast schleppend, um den Mund ein Lächeln, von dem man nicht weiß, ob es eher hilflos oder verächtlich ist, der könnte leicht zwiespältige Gefühle haben.

Bevor der Präsident und der Kanzler zum Treffen mit der Industrie hineinkommen, stehen die Wirtschaftsbosse im Kanzleramt herum, die Hände in den Hosentaschen vergraben, plaudern mit diplomatischen Delegationsmitgliedern und Medienleuten über die Frage, ob Putin wohl ein Demokrat sei. Manche glaubten, der Mann sei ein Demokrat, knurrt einer aus der Runde, in Wahrheit sei er aber »nichts weiter als ein Dummkopf aus St. Petersburg«. Das harte Urteil ist auf Russisch gesprochen worden und gibt eigentlich nur wieder, was in Russland jene Teile der Wirtschaft über den Präsidenten verbreiten, die man im Ausland gemeinhin als Mafia bezeichnet. Am Vorabend, vor rund 300 hochrangigen Vertretern der deutschen Wirtschaft, war der Umgang mit dem Gast aus Moskau freundlicher. Im neuen Haus der Deutschen Wirtschaft wirbt Putin für den Ausbau der Wirtschaftsbeziehungen zu seinem Land.

Am Ende des Besuches werden eine Reihe von Vereinbarungen

zwischen deutschen Energieunternehmen und dem russischen Energiekonzern Gazprom unterzeichnet. Mit dabei sind die deutschen Kon-
zerne Salzgitter Anlagenbau GmbH, Ferro-staal, Wintershall und Ruhr-
gas. Größtes Einzelprojekt ist eine Zusammenarbeit von Wintershall
und der Gazprom bei der Erschließung der Erdöllagerstätte Prirazom-
noye. Dafür sind gemeinsame Investitionen von mehr als einer Milliarde Dollar geplant. Der Ruhrgas-Konzern will ebenfalls mit Gazprom im Bereich Energiesparen und Umweltschutz bei Gas kooperieren. Beide Seiten vereinbaren, eine Arbeitsgruppe zu wirtschaftspolitischen Fragen einzusetzen. Sie soll hochrangig besetzt sein und Vertreter der Wirtschaft einbeziehen. Auch soll die Telefonverbindung
zwischen dem Berliner Kanzleramt und dem Kreml modernisiert werden. Die jetzige stammt noch aus jenen Zeiten, als Erich Honecker
seine Befehle entgegennahm. Es ist der Bundeskanzler, der am Schluss
wieder die menschliche Bedeutung der Begegnung herausstreicht, und
Wladimir Putin geht nur allzu gerne darauf ein.

Mit der Milde des Erfolgreichen

Kurz vor der Sommerpause gelingt dem Bundeskanzler doch noch ein
Coup. Der Bundesrat stimmt der Steuerreform der Bundesregierung
zu, die Christdemokraten erscheinen als die tumben Toren auf der
Bühne des Sommertheaters. Die Versuche von führenden Politikern
der Union, Schröder zu beschuldigen, die Zustimmung der Großen
Koalitionen in Berlin, Brandenburg und Bremen zu seinem Steuer-
konzept erkauft zu haben, kontert die Regierung geschickt. Lock-
angebote für finanzschwache Länder vor heiklen Abstimmungen im
Bundesrat seien nicht gesetzeswidrig, wie der thüringische Ministerpräsident Bernhard Vogel (CDU) glauben machen will. Am stärksten
aber hilft der Hinweis, auch Helmut Kohl habe als Kanzler mit solchen Methoden durchaus erfolgreich operiert, wenn auch nicht in
diesem Ausmaß. Auch sei es verfassungswidrig, wenn die Länder
ihre Mitwirkung an der Gesetzgebung des Bundes nicht nach ihren
Interessen ausrichteten, sondern auf Befehl von Parteiführungen handel-
ten. Sprunghaft steigen die Umfragewerte für die SPD an, der Kanzler
rückt wieder auf Platz eins der Liste der wichtigsten Politiker.

Auch das ist also neu bei diesem Bundeskanzler, dass nämlich die
politischen Beobachter am Beginn der Sommerpause nicht einfach nur
mitteilen, der Regierungschef breche nunmehr in den wohlverdienten

Ein Coup: Eichel und Schröder freuen sich über das Zustandekommen
der Steuerreform, 14.7.2000

Urlaub auf, nein, sie müssen auch mitteilen, wohin er reist. Über 16
Jahre hinweg musste St. Wolfgang am See nicht eigens erwähnt werden, 1999 hieß die Auskunft Positano in Iatlien. Vom Ehepaar Kohl
gab es zur Überbrückung alljährlich aus dem Urlaubsort ein Foto mit
Tier (Hund, Kälbchen, Hirsch, wechselweise) und vom Kanzler ein
Sommerinterview. Vom Ehepaar Schröder gab es vergangenes Jahr
Bilder vom Einkaufsbummel und vom Kanzler ein Donnerwetter
wegen des Sommertheaters seiner Partei. Dieses Jahr soll alles anders
werden, weil die SPD kein Sommertheater veranstalten will und weil
das Reiseziel des Kanzlers eine verschwiegene Finca in den mallorqui-
nischen Bergen ist. Den einschlägigen bunten Blättern ist zu entnehmen, dass diese Abgeschiedenheit einem Wunsch von Ehefrau Doris
Schröder-Köpf entsprungen sei, die es leid gewesen sein soll, sich
»jedes Mal aufzubrezeln«, wenn man nur ein paar Schritte zum Strand
gehen wollte. Die fehlenden Spielgefährtinnen für Tochter Klara werden nach Angaben derselben Quellen durch einen neuen »Gameboy«
ausgeglichen.

Mit seinem Auftritt vor der Bundespressekonferenz in der letzten
Juliwoche setzt Schröder eine Tradition seines Amtsvorgängers fort.

»Bilanz und Ausblick« heißt das Thema, mit dem sich der Kanzler über die Niederungen des Alltags erheben und in die Rolle des Staatsmannes begeben will. Wenn das Volk selbst in Urlaub fährt, soll es den bestmöglichen Eindruck vom Zustand des Hauses Deutschland mitnehmen. Und der sei, sagt der Kanzler, genau so gut wie sein eigenes Befinden: »Ein Zustand, in dem es einem wirklich gut geht – verdientermaßen, das darf ich mal sagen.«

Kaum sind die Ferien zu Ende, wird die Regierung von den ungelösten innenpolitischen Fragen eingeholt. Die Mineralölpreise liegen nach wie vor über dem langjährigen Niveau. Der Druck nimmt zu, wenigstens die Bezieher niedrigerer Einkommen zu entlasten. Besonders eilig hat es die Bundesregierung mit Beruhigungsmitteln aber nicht. Zur Anwendung kommt die bewährte Methode: Der Kanzler lässt testen oder testet selbst vor, wie ein mögliches Vorgehen in der Bevölkerung ankommt.

Das Geschäft der Opposition im Bundestag ist manchmal verdammt hart, besonders wenn die Umstände so widrig sind. Da hat die Union nach monatelangem Suchen plötzlich ein Thema geschenkt bekommen, das den Menschen im Lande wirklich nahe geht, aber die Abteilung Attacke kann es nicht so recht nutzen. Mitte September tippen die Berliner sich an die Stirn beim Anblick des CDU-Generalsekretärs Ruprecht Polenz auf einem Kickboard, und dann schüttet es zum Gotterbarmen, als die Vorsitzende Angela Merkel auf dem menschenleeren Berliner Alexanderplatz Ö-k.o.-Steuer-Aufkleber (mit dem durchgestrichenen Ö) unters Volk bringen will.

Erst in der zweiten Monatshälfte vermittelt die Bundesregierung wenigstens den Eindruck, als werde sie von der Opposition getrieben. Große und kleine Gesprächsrunden, offizielle und informell tagen nur zu dem einen Zweck, die von Boulevardblättern und Opposition einträchtig angestachelte Benzinwut im Volk zu dämpfen. »Wir werden niemanden verkommen lassen«, sagt ein Mitarbeiter im Kanzleramt, »es werden alle heil über den Winter kommen.« Richtig Tempo macht die Regierung bei ihrer Suche nach Entlastungen für Mieter (Heizung), Pendler und Spediteure (Kilometerpauschale) keineswegs. Auf dem Heimweg von dem Arbeitsbesuch in Spanien macht Schröder in Hannover Station und hält auf der Expo eine Rede zum Thema »Internet für alle«. Die kleine Verzögerung fügt sich auf das Beste in die Methode Schröder ein. Ohne dass sich der Kanzler gleich festlegen muss, kann er ein paar Gedankenspiele in die Öffentlichkeit tragen. Man könne sich eine Art Winterhilfe vorstellen für wirklich Bedürftige oder an bessere Pauschalen für Fernpendler denken. So geht das. Nach einem solchen Gedankenspiel horchen die Demoskopen hinein in die Bevölkerung und in die Interessenverbände, und dann kann der Kanzler das verordnen, was gut ankommt.

Der Regierungssprecher begründet die Zurückhaltung der Regierung in der Zwischenzeit mit den vielfältigen Bemühungen, die notwendig seien, einen gerechten Weg zu finden. Wenn es aber »tatsächlich soziale Härten gibt, die man abfedern muss, dann wird man das tun«. Einer Aufforderung der Union will der Kanzler aber keinesfalls nachkommen: Die Ökosteuer wird weder abgeschafft noch ausgesetzt. »Dann könnte man auch gleich die Koalition mit den Grünen aufkündigen«, kommentiert man im Kanzleramt. In der Regierung und in der SPD will man die Benzinpreiswut verrauchen lassen und erst dann ein Entgegenkommen zeigen, wenn die nächste Erhöhung der Ökosteuer kommt, also zum Jahreswechsel.

Der Kanzler aber, der kurz vor einem Treffen mit den Vorstandschefs von vier deutschen Automobilkonzernen steht, will zu dem Gespräch nicht mit leeren Händen kommen. Entscheidungsschwäche lässt er sich schon gar nicht gern nachsagen. Also muss es jetzt schnell gehen. Während er nebenher die deutsch-italienischen Konsultationen absolviert, muss die Koalition die »sozialen Korrekturen« festklopfen. Für eine Abstimmung mit den Regierungsfraktionen, an sich üblich im parlamentarischen Geschehen, bleibt keine Zeit. Im Kanzleramt muss der getreue Steinmeier mit Finanzminister Eichel die Einzelheiten festschreiben. Die zuständigen Minister Reinhard Klimmt (Verkehr, SPD) und Jürgen Trittin (Umwelt, Grüne) werden im Schnelldurchlauf, aber immerhin persönlich, ins Bild gesetzt. Der SPD-Fraktionsvorsitzende Peter Struck, der im heimatlichen Uelzen zu tun hat, und sein Amtskollege Rezzo Schlauch von den Grünen müssen telefonisch ihre Zustimmung geben, ebenso Müntefering, der zu einer Funktionärskonferenz nach Mainz gereist ist. Dass die Kilometerpauschale in eine Entfernungspauschale umgewandelt werden soll, schreiben sich die Grünen auf ihre Fleißkärtchen, dass die Erhöhung nur zehn, und nicht wie von den Grünen schon angekündigt, 20 Pfennig beträgt, hat Eichel durchgesetzt. Die Erhöhung der Entfernungspauschale wird die öffentlichen Haushalte ohnehin schon mit 1,8 Milliarden Mark belasten, die Bund, Länder und Gemeinden gemeinsam aufbringen müssen. Bei der Verkündung der Schröder'schen Winterhilfe im Kanzleramt widmen der Kanzler und der Finanzminister der Unterstützung bedürftiger Heizölkunden mehr Raum als den Pendlern. Eichel erläutert in Einzelheiten, dass die Heizkostenzuschüsse fünf Mark je Quadratmeter betragen sollen. Berechtigt seien Wohngeld- und Sozialhilfeempfänger sowie Bafög-Bezieher, die nicht im Haushalt der Eltern wohnen. Das Geld vom Staat, so schließt der ordentliche Buchhalter Eichel, gebe es aber nur »auf Antrag«.

Grüne Widerspruchslust

Die Tage werden nun merklich kürzer, das Ende des Jahres ist schon absehbar auch auf den amtlichen Kalendern. Zwei rote Balken im November, zwei auch im Dezember, zeugen davon, dass in Berlin nur noch vier Parlamentswochen im Millenniumsjahr bleiben für das geplante Arbeitspensum. Vor Weihnachten bricht häufig eine Unruhe aus unter den Regierenden, und in diesem Jahr fügt es sich ganz besonders günstig, dass die rot-grüne Koalition gleich eine ganze Reihe von Anlässen für »große Aussprachen« selbst geschaffen hat. In der SPD-Fraktion rumort es, die Grünen werden – mal wieder – keck. Es ist die Zeit der Arbeitsessen, Krisengipfel, Koalitionsrunden. Mitte November sitzen im Reichstag Arbeitsminister Riester (SPD), Gesundheitsministerin Andrea Fischer (Grüne), Peter Struck und Rezzo Schlauch, also die Spitzen der beiden Koalitionsfraktionen, sowie ein ganzer Tross sozialpolitischer Fachleute beisammen, wobei es nur wenig mehr als Wasser und Brot gibt, während tags darauf nur das Feinste zählt. Da muss der Kanzler bei einem so genannten Koalitionsgipfel zugegen sein, bei einem Gremium, das so wichtig ist, dass es in der Verfassung gar nicht vorkommt. Man hat vor, sich im Restaurant Adermann in der Oranienburger Straße zu treffen, das in den einschlägigen Gourmetführern Spitzenplätze einnimmt. Wiederum einen Tag später plaudern der Kanzler, sein Wirtschaftsminister Müller und seine Forschungsministerin Edelgard Bulmahn mit Spitzenmanagern der Industrie. Man will gemeinsam eine Art »Verwertungsgesellschaft Geist« gründen. Mehr Patente, mehr globale Erfolge.

Zuvörderst aber ist ganz schön was wegzuräumen an hausgemachtem rot-grünem Reformstau. Die Rentenreform wirkt dabei wie ein Korken im Flaschenhals. Solange er steckt, bewegt sich nichts. Die Opposition ist ohnehin gegen das Reformwerk, auch Gewerkschaften und SPD-Linken passt die Richtung nicht. Ausgerechnet zu Beginn der entscheidenden Woche, in der die Reform in den Regierungsfraktionen gebilligt, vom Kabinett beschlossen und ins Parlament gebracht werden soll, entdecken die Grünen ihre alte Widerspruchslust und spornen einander gegenseitig an.

Noch eine Woche zuvor hat der Kanzler auf dem ÖTV-Kongress ein »Machtwort« gesprochen: Die Privatrente sei notwendig und werde gemacht – »basta!« Wenig später verständigten sich Finanzminister Hans Eichel und Riester darauf, die Förderung nicht in »Trippelschritten« von jährlich 0,5 Prozent ab 2001 auszuteilen, sondern sie in vier größere Stufen zu je einem Prozent zusammenzufassen und dafür erst 2002 zu beginnen. Dementsprechend verzögert sich aber die geringere Rentenanpassung auf 2003.

Dabei wollen die Grünen nicht mitmachen. Dies sei der falsche Weg, blockt Kerstin Müller. Schröders »Basta« habe leider nicht lange gehalten. Es gehe nicht an, dass die Grünen vor vollendete Tatsachen gestellt würden, beschwert sich Christine Scheel: »Auch ein kleiner Koalitionspartner ist ein Partner.«

Auch beim zweiten Streitpunkt, der Invalidenrente, will Riester keinen Kompromiss zu seinen Lasten. Dieser Reformteil war als angeblich unproblematisch aus dem Gesamtpaket gelöst und bei der ersten Lesung im Bundestag quer durch alle Parteien begrüßt worden. Die geplante Verabschiedung muss jedoch verschoben werden, nachdem man bemerkt hat, dass den Krankenkassen Kosten entstehen. 1,8 Milliarden Mark jährlich, fürchten die Grünen, 400 Millionen laut Arbeitsministerium. Ein erstes Krisengespräch mit einer hektischen Gesundheitsministerin Andrea Fischer voller Existenzsorgen scheitert. Das ruft die Grünen auf den Plan, die verhindern wollen, dass ihre Parteifreundin gegenüber den SPD-Genossen den Kürzeren zieht. »Es darf nicht sein, dass wir auf der einen Seite mit dem Aufkommen der Ökosteuer dazu beitragen, den Rentenbeitrag im Etat des Arbeitsministers zu senken, und auf der anderen Seite werden alle Probleme auf Andrea Fischer abgeladen«, entrüstet sich Kerstin Müller. Noch heftiger braust der Haushaltsexperte Oswald Metzger auf: »Wir wollen nicht die nützlichen Idioten sein.«

In solchen Gefühlsausbrüchen wird deutlich, dass hinter der grünen Hartnäckigkeit in der Rentenfrage eine Art Strategie steckt. Der kleine Koalitionspartner fürchtet, dass der Kanzler und seine Sozialdemokraten schon zur Hälfte der Legislaturperiode schlappmachen und aus schierer Angst vor dem Wähler ihren Reformeifer bremsen. Im Geiste sehen sie weitere grüne Herzensprojekte – und am Ende die Partei selbst – bis zur Wahl scheitern: Die Lebenspartnerschaft gleichgeschlechtlicher Paare muss auf Druck der SPD ohne eine Witwenrente für Schwule und Lesben auskommen, Verteidigungsminister Rudolf Scharping will partout nicht die Wehrpflicht abschaffen und sieht offenbar keinen Handlungsbedarf bei »Rüstungsexporten durch die Hintertür« (deutsche Bauteile in ausländischem Gerät), Schröder möchte die Ökosteuer nach der nächsten Wahl abschaffen, die Grünen wollen sie behalten. Auch bei der Bahnreform trauen die Grünen dem Kanzler nicht über den Weg.

Die SPD-Führung zeigt sich wenig beeindruckt von den starken Tönen aus dem Grünen-Lager. Mit den Worten »Ich hoffe, die kriegen sich wieder ein« fasst Franz Müntefering seinen Eindruck vom Koalitionsklima zusammen. Verwundert sei er aber schon, dass die Grünen-Parteispitze offenbar dem Aberglauben anhänge, in einem Bündnis könne man »durch Fetzen« die Menschen gewinnen. Gern stelle er den Grünen dafür Unterlagen zur Verfügung, dass die Wählerschaft nicht so denke. »Tief hängen, aber deutlich« werde die SPD-Spitze das »aufgeregte Gehabe« der Grünen. Weihnachten würden sie wieder ruhiger werden.

Klimmt gibt auf

Es kommt schon vor, dass in Berlin politische Gespräche an einen anderen Ort verlegt werden. Also lohnt es sich kaum, lange darüber nachzudenken, weshalb die Spitzen von SPD und Grünen, wozu natürlich der Kanzler und sein engerer Führungskreis gehören, auf ein warmes Abendessen bei »Adermann« an der Oranienburger Straße verzichtet haben und stattdessen ins Kanzleramt gegangen sind, wo die Zubereitung der Speisen bisweilen an die Zeit des Vorbewohners Erich Honecker erinnert.

Für den Dienstagabend in der zweiten Novemberwoche ist auf Wunsch der Bündnisgrünen eine Sitzung des Koalitionsausschusses einberufen worden. Erstens habe man sich schon länger nicht mehr getroffen, argumentiert der kleinere Partner, zweitens steigert es das Selbstwertgefühl, wenn man den Kanzler zum Rapport bitten kann. Aber nicht allein die Grünen haben einen Anlass für eine grundsätzliche Aussprache gesehen. Sogar der sonst so gelassen auftretende Finanzminister Hans Eichel empfindet den Zustand der Koalition als »unruhig«. Dabei hat zu Wochenbeginn alles noch recht entspannt ausgesehen in den verschiedenen Krisenstäben der Regierung. Über Nacht aber ist die scheinbare Einigung im Rentenstreit schon so auf-

regend wie Schnee vom vergangenen Jahr, weil sich für die SPD mittlerweile eine andere Gefahrenstelle aufgetan hat.

Am Rande einer Fraktionssitzung, die zum wiederholten Mal eigentlich als Schicksalssitzung für Sozialminister Walter Riester bezeichnet
worden ist, zieht man sich zu einem SPD-internen Gespräch über die
politische Zukunft von Bundesverkehrsminister Reinhard Klimmt zurück. An dem kurzfristig anberaumten Treffen, das nur wenige Minuten
dauert, nehmen Schröder, der Fraktionsvorsitzende Struck, Generalsekretär Müntefering und Klimmt selbst teil. Man kommt überein,
zunächst einmal die Stimmung in der Fraktion zu ergründen. Dem in
eine zwielichtige Finanzaffäre um den Fußballverein 1. FC Saarbrücken
verstrickten und mit einem Strafbefehl über 27 000 Mark belegten Verkehrsminister ist schon klar, dass er bei heftigem Widerstand, ja schon
bei allzu bohrenden Fragen nicht länger im Kabinett bleiben kann.
Eine politische Hausmacht hat der Saarländer in Berlin nämlich nicht.
Während die Granden noch über ihre Verzögerungstaktik beraten,
werden vor den Türen schon offene Rücktrittsforderungen laut – aus
der eigenen Partei. Für Klimmt müssten die gleichen Maßstäbe gelten
wie für Altbundeskanzler Helmut Kohl, erklärt der Vorsitzende im
Parteispendenuntersuchungsausschuss des Bundestages, Volker Neu-
mann. Er kenne keinen Fraktionskollegen, der dies nicht genauso sehe.

Am Donnerstag, dem 16. November, erklärt Klimmt seinen Rücktritt. »Es ist für die Partei leichter, für die Fraktion leichter und auch
für die Regierung leichter«, sagt er zur Erklärung. »Ich fühle mich
Bundeskanzler Gerhard Schröder und den Kabinettskollegen gegenüber verantwortlich und möchte deren Arbeit nicht erschweren.«
Schon vor der Entscheidung des Saarländers, hat Schröder beim Nachfolger Kurt Bodewig vorgefühlt, bei einem Mann aus der Riege der
jüngeren, aufwärts strebenden Sozialdemokraten, der im Verkehrsressort bisher als Parlamentarischer Staatssekretär tätig war.

Der neue Minister weiß offensichtlich, wie man sich heutzutage darzustellen hat. Als Erstes, erzählt er in nachdrücklichem Ton, habe er
sich selbstverständlich mit seiner Frau beraten »und ihr Einverständ-
nis eingeholt. Das gehört zu einer guten Partnerschaft.« Ein wenig später berichtet er dann, dass er auch sonst die Arbeit im Team schätzt. Er
sei schließlich ein »Netzwerker«, sagt Kurt Bodewig. Sein Standort
ist erklärtermaßen die »Neue Mitte«. Als er im März 2000 nach nur
17-monatiger Abgeordnetenzeit gleich Parlamentarischer Staatssekretär im Verkehrsministerium wird, wissen die Linken sofort Bescheid:
»Einer von Schröders Lieblingen.« Auch der Staatsminister im Kanz-

leramt, Hans Martin Bury, gehört zum Kreis der jungen, pragmatisch orientierten Abgeordneten, die sich im »Netzwerk Berlin« eine eigene politische Heimat zwischen den klassischen Flügeln der SPD-Fraktion – der »Parlamentarischen Linken« und den gewerkschaftsnahen »Seeheimern« – aufgebaut haben.

Der Abgang des Verkehrsministers ist noch nicht formal vollzogen, da kündigt sich in Schröders Kabinett der nächste Wechsel an: Kulturstaatsminister Michael Naumann scheidet zum Jahresende aus der Bundesregierung aus und wechselt als Mitherausgeber zur Wochenzeitung »Die Zeit«. Sein Nachfolger soll der Münchner Kulturreferent Julian Nida-Rümelin, ein Philosophieprofessor, werden.

Kanzlerlob aus Unternehmermund

Zwischendurch erlebt auch der Kanzler wieder gute Tage. Während die Opposition bei der Haushaltsdebatte dem Kanzler schlechte Noten in der Wirtschaftspolitik gibt, bekommt er Lob aus Unternehmermund. Eine Ehrung für die Grüne Christine Scheel wird zu einer kleinen Schröder-Show. Die Union mittelständischer Unternehmen (UMU), die in München ansässige Interessenvertretung von 15 000 Kleinbetrieben, verleiht in Berlin ihren Mittelstandspreis 2000. Gerhard Schröder hat ihn 1997 bekommen, vor ihm stehen Hermann Otto Solms (FDP), Gunnar Uldall (CDU) und Ingo Friedrich (CSU), nach ihm Edmund Stoiber (CSU) und Wolfgang Clement (SPD) in der Ehrenliste. In diesem Jahr ehren die (noch wenigen) Damen und (vielen) Herren die Vorsitzende des Finanzausschusses des Bundestages. Es handelt sich dabei um die Abgeordnete Christine Scheel, die Mitglied der Grünen ist. Schröder, der als Laudator auftritt, weil er das bei seiner eigenen Ehrung versprochen hat, sagt in seiner Rede, vor drei Jahren wäre diese Entscheidung in der Preisjury vermutlich noch nicht mehrheitsfähig gewesen. An dieser Stelle nicken ziemlich viele der Herren im feinen Tuch, und sie zollen umgehend Beifall, als der Kanzler den großen Anteil der Preisträgerin am Gelingen der Steuerreform hervorhebt.

Als Schröder feststellt, die rot-grüne Koalition arbeite vermutlich näher an der Wirklichkeit als jede andere politische Konstellation, erhebt sich dagegen auch nicht der leiseste Widerspruch. Der Präsident der Mittelständler, Hermann Sturm, nennt die Steuerreform einen »wichtigen Schritt zur Verbesserung des Standorts Deutschland und damit auch der mittelständischen Betriebe«. Dank Schröders Reform sei Deutschland für die nächsten Jahre gut positioniert. Dies sei ein »Etappenlob« und noch kein endgültiges Lob. Schon an diesem Punkt konnte man vermuten, dass die Wirtschaft mit ein paar weiteren Jahren rot-grüner Regierungspolitik rechnet, zumal Scheels Versprechungen für eine weitere Vereinfachung des Steuersystems von den Unternehmern wohlwollend kommentiert wurden. Die Gewissheit, dass man in diesen Kreisen noch ein paar Jahre mit diesem Kanzler rechnet, trägt der Mittelständler-Präsident eher beiläufig vor und verblüfft Schröder damit sichtlich. Wie selbstverständlich gibt Sturm dem Regierungschef Empfehlungen für dessen Wahlaussage 2005 – das wäre dann ein Jahr vor den übernächsten Bundestagswahlen: weitere Anhebung des steuerlichen Existenzminimums, gezielte Freibeträge für den Mittelstand, Schaffung eines Mittelstandfonds. »Wie«, ruft der Kanzler gänzlich unprotokollarisch dazwischen, »und für 2002 brauche ich keine Wahlaussage?« Die Antwort ist eine nur angedeutete Handbewegung, wegwerfend. Später, bei Tisch, wird dann doch noch in Worte gefasst, wie man im Kreise dieser Mittelständler über Angela Merkel, Friedrich Merz und die Führungsspitze der CDU denkt. Vom Chaos ist die Rede, auch vom Nichts, dabei geht es aber im Besonderen um die steuerpolitischen Vorstellungen der Union. Nicht einmal als Anbiederung beim Kanzler kann das missverstanden werden, weil Schröder zu der Zeit schon zu einem Gespräch mit den Vorständen der Stromkonzerne enteilt ist und das wenig schmeichelhafte Urteil gar nicht hört.

Winterhilfswerk

Ein Liter Superbenzin kostet an der Markentankstelle in der Nähe des Berliner Reichstags am Nikolaustag 2000 1,959 Mark. Ein paar Tage zuvor hat der Preis höher als zwei Mark gelegen, aber der Trend geht in diesen Tagen nach unten. Die Organisation Erdöl exportierender Länder (OPEC) gibt in Wien bekannt, dass sich der Ölpreis »im freien Fall« befinde. Kurz darauf kostet das Benzin für die deutschen Autofahrer wieder so viel wie Mitte September. Das war die Zeit, als der Bundeskanzler unter dem Eindruck der von der Opposition und Boulevardblättern angeheizten »Benzinwut« eilends eine Anhebung der Kilometerpauschale für Pendler versprach, weil diese am meisten unter dem Diktat der Ölkonzerne zu leiden hätten.

Weil das Versprechen von Gerhard Schröder nun mal in der Welt ist, muss die rot-grüne Koalition es auch umsetzen. Dabei stellt sich unverzüglich jene Hektik ein, die in den Anfängen die Phase des rot-grünen Chaos begleitete. Der Umgang mit den Pendlern wird zum neuesten Lehrstück Schröder'scher Regierungskunst. Zuerst sind die Grünen pikiert, weil der Kanzler nur an die Autofahrer denkt und die Radler und ökologisch korrekten Benutzer öffentlicher Verkehrsmittel nicht teilhaben lassen will an der Entlastung von den hohen Benzin-preisen. Der kleine Koalitionspartner wittert die Chance zur Profilie-rung und verlangt die Einführung einer verkehrsmittelunabhängigen Entfernungspauschale. Niemand stört sich an dem Wortungetüm, auch sozialdemokratische Verkehrspolitiker finden Gefallen an der Idee, zumal die Grünen mit Fleiß darauf hinweisen, dass die Umstellung von der Kilometerpauschale für Autofahrer auf ein Wegegeld für alle – das nämlich bedeutet die verkehrsmittelunabhängige Entfernungspauschale – im Koalitionsvertrag von 1998 vereinbart worden sei.

Als Nächstes fühlen sich die Ministerpräsidenten übergangen, weil sie nicht einsehen, dass der Bund die Ökosteuer einsteckt und die Länder die höheren Kosten für die Entfernungspauschale mit bezahlen sollen. Der Kanzler greift ein, und die Schwierigkeiten beginnen von vorn.

Schließlich ist die Pendlerpauschale kurz vor Heiligabend unter Dach und Fach. Im Bundesrat erhält sie 44 Stimmen, 35 hätten gereicht. Damit können die Berufspendler vom Fußgänger bis zum Bahn- und Autofahrer vom 1. Januar 2001 an pauschal je 70 Pfennig bis zehn Kilometer und je 80 Pfennig vom elften Kilometer an steuerlich als Fahrtkosten absetzen. Für viele der geschätzten 34,7 Millionen Pendler bringe die Neuregelung große Vorteile, lässt der Bundeskanzler erklä-ren. Es sei richtig gewesen, dass er sich seit dem Herbst persönlich um die Durchsetzung gekümmert habe. CDU/CSU-Fraktionsgeschäftsfüh-rer Hans-Peter Repnik erklärt, die Zustimmung im Bundesrat sei »regel-recht erpresst« worden. Dagegen votierten die drei Unionsländer Bayern (CSU), Sachsen (CDU) und Hessen (CDU/FDP) wegen der grund-sätzlichen Ablehnung der Ökosteuer sowie die drei Stadtstaaten Berlin (CDU/SPD), Bremen (SPD/CDU) und Hamburg (SPD/Grüne) wegen der Stadt-Umland-Probleme.

»Um die Herzen ringen«

Am Ende des Jahres 2000 hat Gerhard Schröder seinen Regierungsstil gefunden. Er weiß aber auch, was ihm noch fehlt: Er erreicht zu wenig die Herzen der Bürger.

Der scheidende Präsident des Bundesverbands der Deutschen Industrie, Hans-Olaf Henkel, meldet sich an der Schwelle zum Ruhestand mit einer bemerkenswertung Beobachtung zu Wort: Bundeskanzler Gerhard Schröder bereite ihm langsam Sorgen, »weil die Ähnlichkeit mit seinem Vorgänger Helmut Kohl immer größer wird«. Die bitteren Worte sind gefallen in den stillen Tagen zwischen dem Heiligen Abend und dem Jahreswechsel, so dass aus dem Kanzleramt keinerlei Reaktion zu hören ist. Der Kanzler selbst weilt in Hannover, obwohl ihm Brandenburger Forstmänner einen Tannenbaum in seine Dienstwohnung in Berlin gestellt und Ehefrau Doris ihn – den Baum – eigens verziert hatte mit Christbaumschmuck aus Thüringen.

Auch aus der Schröder'schen Privatwohnung im hannoverschen Zooviertel ist nicht überliefert, wie der Betroffene selbst mit der Beurteilung umzugehen gedenkt. Das Jahr 2000 ist das erste gewesen, das der Regierungschef dienstlich gesehen gänzlich in Berlin verbracht hat. Offenbar ist das nicht ohne Auswirkungen auf den Menschen Schröder geblieben. Übereinstimmend haben die politischen Beobachter Veränderungen in seinem Arbeitsstil festgestellt, nur welche, darüber herrscht keine Einigkeit. Vor Jahresfrist war das anders. Die Schlagzeilen-Erfinder und Kommentatoren wussten den Kanzler genau zu orten. Hatte er nicht nach übereinstimmender Einschätzung seinerzeit Bonn als Chef einer Chaostruppe hinter sich gelassen, hatte er sich nicht in Anzügen und Mänteln südländischer Modeschneider zum Medienkanzler ausrufen lassen, während seine sozialdemokratische Basis doch viel lieber einen Programmkanzler oder wenigstens einen Prinzipienkanzler gehabt hätte und die Wirtschaft ein wenig arrogant nach einem Substanzkanzler verlangte? Eine Weile durfte die Öffentlichkeit in ihrem Regierungschef einen Reformkanzler sehen, aber jetzt, so fürchten Henkel und die Grunen in schöner Eintracht, ist diese Phase auch schon wieder vorbei.

Also, was ist er jetzt? Ein erster Hinweis auf mögliche Ähnlichkeiten zwischen Schröder und seinem Amtsvorgänger könnte dies immerhin schon sein: Ein Substanzkanzler war Kohl so wenig wie Schröder einer ist, und auf Prinzipien hat sich Kohl auch erst besonnen, als er die Namen seiner Großspender nennen sollte. Rasch fallen einem noch mehr Ähnlichkeiten ein, die aber alle mehr im menschlichen Bereich liegen. Da sind die Freunde fürs Leben. Bei dem einen haben die pfälzischen Seilschaften das Regierungsgeschäft dank des vertrauten Umgangs erleichtert, jetzt leistet die »hannoversche Mafia« solche Dienste. Kohl hat seine Kumpel aber hauptsächlich fürs Gemüt gebraucht,

Schröder braucht seine Truppe mehr zum Arbeiten. Beide eint zunehmend die unübersehbare Freude am Genuss auch in Zeiten härtesten politischen Kampfes. Dem Gelübde, keine teuren Zigarren mehr in der Öffentlichkeit zu rauchen, folgt Schröder längst nicht mehr, und zugelegt hat er inzwischen auch. Auf Bitten seiner Stieftochter Klara bewahrt er zu Weihnachten 2000 eine Gans namens Doretta vor der Bratröhre und steht als ein Politiker mit hohen inneren Werten da, als Mensch hat er den Verlust eines guten Essens aber nicht verwunden: »Ich hoffe, dass Ihnen nicht die Weihnachtsgans abhanden gekommen ist«, knurrt er einen Berliner Parlamentsjournalisten an. So war Kohl immer kurz nach seiner Osterfastenkur drauf. Früher, ganz früher mal, als er noch ein junger Bundestagsabgeordneter gewesen war, und auch später noch, als niedersächsischer Ministerpräsident, hat Schröder den damaligen Kanzler heimlich bewundert. Das heißt, so heimlich war das gar nicht, denn auch in größerer Runde sagte er manchmal Sätze wie diesen: »Ich find ihn ja gut, den Dicken.« Und wenn man dann wissen wollte, worauf sich die Bewunderung denn gründe, holte Schröder ganz gern weit aus: Also, wie der die Politik betreibe, so mit leichter Hand, ohne sich von seiner Partei allzu viel reinreden zu lassen und irgendwie auch mit einer Nähe zu den Leuten, wie es früher in diesem Amt undenkbar war. Die Bewunderung für Kohl äußert Schröder in dieser Art nicht mehr, seit der Altkanzler hartnäckig dabei bleibt, dass sein Ehrenwort in der Spendenaffäre schwerer wiege als das Gesetz.

Gewählt worden ist Schröder im Herbst 1998, weil er eben nicht Helmut Kohl war. Und nicht Oskar Lafontaine. Beide haben die politische Bühne verlassen. Ungewollt haben sie Schröder auf eine Sinnsuche geschickt, deren Zeugen alle Zeitungsleser und Fernsehzuschauer waren: Erst hat er den Spaß in der Politik erfunden, dann die Verknüpfung von Sozialdemokratie und Schickimicki, anschließend verband er sich mit dem Neoliberalismus, und schließlich will er die Zivilgesellschaft kreieren. Dieser zwischenzeitliche Versuch einer Überhöhung Schröder'scher Politik ist genauso ungehört verhallt wie seinerzeit Kohls Ankündigung, nach seinem Amtsantritt werde er eine geistig-moralische Wende herbeiführen.

Welche Charakterisierung soll das Jahr 2000 in Schröders Regierungszeit erhalten? Man kann es so fomulieren: Schröder praktiziert und verfeinert die Politik der schnellen Eingriffe. Im Jahr zuvor hat sich – bei der wundergleichen Rettung des Baukonzerns Holzmann – schon angedeutet, dass Schröder seinen Regierungsstil in diese Richtung lenken würde. Klagen der Wirtschaft, es gebe zu wenig Computerfachleute hierzulande, kontert der Kanzler mit der Erfindung der Green Card für Deutschland. Die Wohltaten der Steuerreform, die vor den großen Ferien beschlossen werden sollen und die an der Opposition zu scheitern drohen, rettet der Kanzler durch großzügige Spenden für unionsregierte Länder. Im Spätsommer schießen, ausgelöst durch einen hohen Weltmarktpreis für Rohöl, die Benzin- und Heizölpreise in die Höhe. Schröder dämpft die »Benzinwut« kurzerhand mit dem Versprechen, die Pendler würden durch Steuererleichterungen entschädigt. Bei der Rente ist nicht alles ganz glatt gelaufen – es genügte zum Beispiel nicht, einfach »basta« zu rufen. Eine Abwesenheit des zuständigen Ministers nutzend, hat der Kanzler dann immerhin zugelassen, dass die SPD-Fraktion die Angelegenheit auf einen begehbaren Weg brachte.

Kurz vor seinem Ausscheiden aus der aktiven Politik hat Michael Naumann, der Staatsminister für Kultur und Medien im Bundeskanzleramt, auf der Konferenz »Philosophy meets Politics« im Berliner Willy-Brandt-Haus einen Vortrag gehalten, der sich auch um die Frage drehte, was die Politikergeneration von Tony Blair, Bill Clinton oder Gerhard Schröder eigentlich motiviert. Ideologen seien sie nicht, große Politikentwürfe hätten sie auch nicht, und alle drei würden in der Wirtschaft bestimmt mehr Geld verdienen als in der Politik.

Bei der Formulierung seiner Gedanken muss der frühere und künftige Publizist seinen zwischenzeitlichen Chef im Blick gehabt haben: Schröder und vielleicht noch ein paar mehr in dieser Generation wollten als Politiker der Normalität bestehen. »Es ist der Wunsch, die Institutionen, für die er Verantwortung trägt, so zu beeinflussen, dass sie dauerhaft anspruchsvollen Vorstellungen des Demokratischen entsprechen«, hat Naumann formuliert. So verkürzt ist das vielleicht eine schlichte Philosophie, aber dahinter steckt ein hoher Anspruch.

Kurz vor Weihnachten sitzen ein paar sozialdemokratische Landesfürsten beisammen, um dem Genossen Gerd ihre Wünsche vorzutragen. Schröder vermittle zu wenig Wärme, klagt einer, und alle in der Runde nicken. Der Kanzler zürnt nicht ob dieser Eröffnung, ist nicht einmal überrascht. Er wolle, verspricht er fürs nächste Jahr, »verstärkt nicht nur um den Verstand, sondern auch um die Herzen der Bürger ringen«.

EINUNDZWANZIGSTES KAPITEL
Die uneingeschränkte Solidarität

Der Wiedereinstieg in den politischen Alltag hätte kaum ernüchternder sein können für den Bundeskanzler. Der Jahreswechsel ist noch geruhsam gewesen, das orthodoxe Weihnachtsfest bei der Familie Putin in Moskau so angenehm wie nützlich. Doch kaum ist er wieder im Amt, gilt es, eine Krise zu bewältigen. Dabei vermittelt Gerhard Schröder den Eindruck eines Mannes, der sich zur Gelassenheit zwingt. Erfolgreich. Er poltert nicht gleich los, als sich schwierige Personalfragen des Nachts nicht im Handumdrehen lösen lassen. Und er spitzt immer zuerst den Mund, bevor er antwortet, als er am 10. Januar der Öffentlichkeit erklären soll, was los ist in seiner Regierung.

Jetzt, da zwei Minister endlich das getan haben, was sie eigentlich schon vor Weihnachten hätten tun müssen, prasselt es Fragen. Ob er noch Herr des Verfahrens sei in seinem Kabinett, ob er das Gesetz des Handelns noch in der Hand habe, ob er sich nicht angesichts von Ministerrücktritt Nummer sechs und sieben, von Andrea Fischer und Karl-Heinz Funke, nicht vorkomme wie im Kinderlied von den zehn kleinen Negerlein. Er hätte die Frage zurückweisen können, schließlich ist sie politisch nicht korrekt. Lieber aber sucht der Kanzler ein Bonmot und findet dieses: »Ich will mich nicht in Ihre Kindheitserinnerungen einmischen.«

Die einzelnen Abgänge, von Oskar Lafontaine bis Karl-Heinz Funke, seien doch nun wirklich nicht miteinander zu vergleichen, bittet der Kanzler zur Kenntnis zu nehmen und biegt das Gespräch immer wieder auf die sachliche Ebene. Es seien ja nicht einfach Personen ausgetauscht worden. Es gehe immerhin um eine Neubestimmung des Verbraucherschutzes. Das Thema BSE gehe den Menschen nahe, sagt der Kanzler und lässt durchblicken, dass seinem Minister und früheren Weggefährten Karl-Heinz Funke dafür vielleicht das Gespür gefehlt hat. Bis zum Schluss. Ganz freiwillig, so stellt sich die Angelegenheit in dieser ersten Woche nach der Weihnachtspause dar, ist der Landwirtschaftsminister nicht zurückgetreten. Schröder hat in einem Telefongespräch eine ganze Weile gebraucht, um Funke davon zu überzeugen, dass er nicht bleiben könne, nachdem seine Kollegin Andrea Fischer ihren Rücktritt angeboten hat. Das Gespräch führen die beiden über das Autotelefon, als Funke sich auf den Rückweg vom niedersächsischen Hitzacker nach Berlin macht. Bei seiner Ankunft in der Hauptstadt ist Funke zum Rückzug bereit. Der Freund und Kanzler hat sich durchgesetzt.

Obwohl sie zu diesem Zeitpunkt schon als Kandidatin gehandelt wird, sagt Renate Künast noch am Abend zuvor, dass sie Bundesvorsitzende der Grünen bleiben wolle. Nachfolgerin ihrer gerade zurückgetretenen Parteifreundin Andrea Fischer im Gesundheitsressort oder gar von Karl-Heinz Funke im Landwirtschaftsressort zu werden, gehöre nicht zu ihren Zielen. Als jedoch ihr Sprecherkollege Fritz Kuhn mit der Zusicherung kommt, das Landwirtschaftsressort werde zum publikumswirksamen Verbraucherressort aufgewertet, gibt Künast nach. Sie muss das tun, weil die Bundestagsfraktion signalisiert hat, die nordrhein-westfälische Umweltministerin Bärbel Höhn wolle man in Berlin nicht haben. Beim anschließenden Treffen mit dem Kanzler und den herbeigeeilten Spitzengenossen im Kanzleramt ist der Fall klar. Künast ist nun, wie sie selbst es ausdrückt, zuständig für Verbraucherschutz von »Eierkochern bis E-Commerce – und dazwischen auch für Rindfleisch«.

Das ist dann tatsächlich eine kleine Revolution im Landwirtschaftsministerium. Auf »Lebensmittelqualität und Verbraucherschutz« geht der jüngste und letzte von Karl-Heinz Funke verantwortete Agrarbericht 2000 ziemlich weit hinten, auf der 65. von 101 Seiten, ein. Erst mit dem 176. Einzelpunkt des Berichts kommt das Agrarministerium Anfang des Jahres 2000 auf das Thema BSE zu sprechen. Die vorangegangenen Kapitel sind der wirtschaftlichen Lage der Landwirtschaft gewidmet. Nichts kann deutlicher machen, welchen Stellenwert die Lebensmittelqualität und der Verbraucherschutz über Jahrzehnte im Bundeslandwirtschaftsministerium genossen haben – obwohl das Haus offiziell »Bundesministerium für Ernährung, Landwirtschaft und Forsten« heißt.

Das soll nach dem Willen des Kanzlers und der rot-grünen Koalition anders werden. Das Ministerium werde, sagt Schröder, jetzt zu einem »Ministerium für Verbraucherschutz, Ernährung mit dem Schwerpunkt Lebensmittelsicherheit und Landwirtschaft«. Die Reihenfolge sei keineswegs zufällig, sondern Programm. Der Kanzler räumt ein, dass dies Machtverlust für den Bauernverband mit sich bringt und dass die Neuausrichtung konfliktträchtig ist: »Der Deutsche Bauernverband muss mit der Schmälerung seines Einflusses auf die Landwirtschaftspolitik rechnen.« Darüber werde es wohl manche Diskussionen geben, »aber das stehen wir durch«.

Abgeblitzt im Weißen Haus

Die Vorstellung des Bundeskanzlers, die deutschen Interessen könnten und müssten in der Außenpolitik selbstbewusster als früher vorgetragen werden, teilen nicht alle. Der zuständige Ressortminister Joschka Fischer belässt es lieber bei dem zu den Zeiten der Bonner Republik eingeübten Understatement, wobei freilich auch er die neuen Herausforderungen nicht leugnet. Vergleicht man Schröders gedankliche Neuorientierung mit einem Orchester, dann sind die Deutschen auf der Weltbühne zu den ersten Geigern aufgerückt, wo die Briten und Franzosen im Bewusstsein der eigenen Bedeutung schon länger sitzen. Am Dirigentenpult steht freilich nach wie vor ein Amerikaner.

Die Nachricht aus der US-Umweltschutzbehörde muss dem Besucher aus Berlin wie ein Schlag ins Gesicht vorkommen. Zwei Tage vor dem Treffen des Bundeskanzlers mit dem amerikanischen Präsidenten am 28. März stopft die Behördenchefin Christie Whitman im Namen ihres obersten Vorgesetzten das Klimaprotokoll von Kyoto in den Reißwolf. Die USA würden sich nicht daran halten und es nicht ratifizieren, kündigt sie an. Keine andere Industrienation habe es bisher ratifiziert: »Wir sind also nicht die Einzigen, die Probleme damit haben.« Der Präsident nehme die Gefahren des Klimawandels ernst, suche aber nach einer realistischeren Lösung. Eben noch hat die EU auf ihrem Stockholmer Gipfel Präsident Bush scharf verurteilt, weil er sein Versprechen zurücknahm, der Industrie – wie international vereinbart – Auflagen für die Reduzierung der Kohlendioxidemissionen zu machen.

Es ist nicht so, dass es Schröder nicht mit dem neuen Selbstbewusstsein probiert hätte. In einem Schreiben warnt er das Weiße Haus, eine Kurswende könne die Bemühungen zum Klimaschutz um mehrere Jahre zurückwerfen. Er werde das Reizthema bei seiner Begegnung mit dem Präsidenten ansprechen und die »Motivationslage« der europäischen Kollegen darlegen. Es nutzt nichts. Was sein Vorgänger Bill Clinton nicht schaffte, will der neue Präsident Bush gar nicht erst versuchen. Der Senat hat sich (95:0) dagegen ausgesprochen, mit amerikanischer Selbstbeschränkung auf die Klimaveränderung zu reagieren, solange nicht auch die Entwicklungsländer gezwungen werden, die Treibhausgase zu reduzieren. Die USA müssten nach den Regeln von Kyoto ihre Emissionen bis 2012 drastisch verringern. Das würde die Energiekosten erhöhen und die Wirtschaft belasten, rechnete Bush seinem deutschen Gast vor. Er müsse aber eine drohende Rezession abwenden. Zu diesem Zweck rückt Bush entschlossen Zielpflöcke

seines Vorgängers zurück, als wollte er zeigen, wie zutreffend die Formulierung des »Time-Magazin« die Lage beschreibt: »There's a new
sheriff in town.«

Beinahe trotzig verkündet Schröder nach einem eher unterkühlten
Treffen mit dem Präsidenten, dass die anderen Unterzeichnerstaaten
einen Teil der Beschlüsse zur Bekämpfung der Treibhausgase ohne die
USA verwirklichen könnten. Mit freundlichem Lächeln verkünden die
beiden, die Differenzen würden die Freundschaft der beiden Länder
nicht beeinträchtigen. Sie hätten vereinbart, nach neuen Wegen zu
suchen, um zu einer effizienteren Energiepolitik zu kommen.

Dass die neue Außenpolitik sich noch in einer Erprobungsphase befindet, zeigt sich ein paar Wochen später deutlicher, als es der rot-günen
Koalition lieb sein kann. Mitte Mai wird ein Telefax bekannt, in dem
der deutsche Botschafter in Washington, Jürgen Chrobog, das Ge-
sprächsprotokoll von einem Treffen des Bundeskanzlers mit US-Präsident Bush an seine Zentrale übermittelt. Mit dabei waren auf beiden
Seiten hohe Beamte. Sie erfuhren vom außenpolitischen Kanzlerberater Michael Steiner, dass der libysche Staatschef Gaddafi ihm
gegenüber eine Beteiligung seines Landes beim Flugzeugabsturz von
Lockerbie in Schottland und beim Bombenanschlag auf die Berliner
Diskothek »La Belle« eingestanden habe. Das Schreiben wird im
Verteiler des Auswärtigen Amtes breit gestreut und deshalb auch rasch
in der Öffentlichkeit bekannt. Zudem tritt der Strafprozess am Berliner Landgericht gerade in seine entscheidende Phase, ein willkomme-
ner Anlass für die Verteidiger der Opfer, die politisch vertraulichen
Plaudereien aus Washington in ihrem Sinne zu nutzen.

Tagelang versuchen sowohl das Kanzleramt als auch das Außen
ministerium, die Veröffentlichung der Steiner'schen Erkenntnisse über
den angeblich geläuterten Gaddafi als eine Posse darzustellen. Sowohl
Schröders Kanzleramt als auch Fischers Außenministerium wollen
nicht erkennen, dass es einen Widerspruch gibt zwischen der Distanzierung Gaddafis vom Terrorismus im Allgemeinen und dem angeb-
lichen Schuldeingeständnis in den konkreten Fällen Lockerbie und
»La Belle«. In der Darstellung ihrer Außenpolitik verliert die Bundesregierung erheblich an Renommee. Zwar hält sich Washington mit
öffentlichen Äußerungen zurück, aber hinter den Kulissen ist Genug-
tuung darüber zu hören, dass die deutsche Annäherung an jene Länder, die in den USA »Schurkenstaaten« heißen, einen Dämpfer erhalten
hat. Nicht nur im Falle Libyens, auch beim Iran, dem Irak und

Nordkorea sind die Deutschen nach dem Geschmack des Bündnis-
partners zu blauäugig und forsch vorgegangen. Klarer noch kommen
aus Washington Ratschläge, doch bitte darauf zu achten, dass die
Inhalte von hochsensiblen Gesprächen nicht mehr an die Öffentlichkeit gelangen.

Schwerer als die Erkenntnis, dass es der rot-grünen Regierung noch
an außenpolitischem Professionalismus mangelt, wiegt der Umstand,
dass offensichtlich ein stiller Machtkampf zwischen dem Kanzleramt
und dem Auswärtigen Amt ausgetragen wird. Wenn der Sprecher der
einen Seite den Sachverhalt schildert, steht die andere Seite dumm da
und umgekehrt. Ohne Billigung von ganz oben kann man ein solches
Spiel nicht betreiben. Eine gewisse Rivalität zwischen dem Kanzler
und dem Außenminister ist nichts Neues. Das gab es auch schon in der
Regierung Kohl. Im Falle Schröder/Fischer aber kommt hinzu, dass
der Kanzler mit der größeren Popularität seines Außenministers (in
Umfragen) fertig werden muss. Die beiden stärksten Figuren der
Koalition sehen sich auf diesem Gebiet offensichtlich als Rivalen.

Eine moderne Kathedrale der Macht

Der Einzug in das neue Kanzleramt im Spreebogen Ende April 2001
zeigt auf anschauliche Weise die Veränderungen, die der Bundeskanzler
im wichtigsten Jahr seiner Amtszeit an sich erfährt. Anfänglich ziert er
sich fast, dort einzuziehen, so wie es zu Beginn seiner Regierungszeit
den Anschein hatte, er wolle die Bedeutung des Amtes nicht recht wahr-
nehmen. Allmählich aber wächst er hinein in den monumentalen Bau.

Die Fremdenführer rühmen gern den Mutterwitz, wenn die Berliner
drollige Namen für die markantesten Bauwerke der Stadt finden. Die
Wahrheit ist, dass im Alltag kaum jemand so redet. Wann hört man
schon »schwangere Auster« über die Kongresshalle am Tiergarten oder
»langer Lulatsch« über den Funkturm? Und beim Palast der Republik
muss man lange grübeln, um sich an die Bezeichnung »Erichs Lam-
penladen« zu erinnern. Es stimmt auch nicht, dass »die Berliner« das
neue Kanzleramt im Spreebogen »die Waschmaschine« nennen wegen
der großen runden Fensterbögen. Wer das nachplappert, entlarvt sich
als ein Tourist aus der Provinz.

Touristen und Bauarbeiter sind etliche Jahre die einzigen Menschen
gewesen, die sich in dieser aufgewühlten Sandlandschaft zwischen
Tiergarten, Spree und Reichstagsvorfeld herumgetrieben haben. Eine

abgelegene Ecke ist das. Von der »neuen Mitte« durch die wuchtigen Riegel der Abgeordnetenbauten und vom pulsierenden Leben im benachbarten Kiez Moabit durch den Fluss und die Stadtbahnlinie getrennt, ist der Neubau des Kanzleramts in einer städtebaulichen Brachlandschaft emporgewachsen, an einem Ort, den der Vorgänger des jetzigen Amtsinhabers ausgesucht hat. Eine Zentrale der Macht ist entstanden, die sich nicht, wie früher im rheinischen Bonn, in einem Flachbau hinter Parkbäumen versteckt, sondern wie ein Solitär emporragt aus der Umgebung und durch Höhe und Masse ein optisches Gegengewicht bildet zur Volksvertretung im Reichstag. Nicht nur die Verfassung setzt Maßstäbe, auch die Architektur.

Am 2. Mai 2001 übernimmt der Kanzler die Schlüssel für sein Regierungsgebäude, in einer sehr kurzen Zeremonie. Der Architekt Axel Schultes darf ein paar Worte sagen. Zunächst hat es geheißen, Reden seien nicht notwendig. Das klingt alles reichlich geschäftsmäßig, passt aber ganz gut zu der Einstellung des Kanzlers zu seinem neuen Büro. »Eine Nummer kleiner«, hat Schröder geknurrt, »tät's auch.« Die Hauptstadtzeitungen greifen das begierig auf und schreiben von »Kohlosseum« und von einer »zweiten Reichskanzlei«.

Künftig müssen Schröder und seine Mitarbeiter in einer Art Bunker arbeiten, bestehend aus zwei mächtigen Riegeln aus Panzerglas und hellem Beton, verbunden durch ein würfeliges Mittelstück. Der Baukörper ist alles in allem 335 Meter lang, 102 Meter breit, 36 Meter hoch und 465 Millionen Mark teuer. Mit den Außenanlagen umfasst die Immobilie mit der behördlichen Adresse »Willy-Brandt-Straße 1« 73 000 Quadratmeter.

Die Umgebung ist ausgesprochen unwirtlich, das Grün, das die Landschaftsgärtner in angemessenem Abstand zu dem Kolossalbau in den märkischen Sand pflanzen, wird erst später seine ausgleichende Wirkung entfalten. Die Straßenanbindung ist seltsam verwinkelt, später wird es hier nur noch wenig Autoverkehr geben, wenn nämlich in der Tiefe die Tunnel befahrbar sein werden. Ein aufwendiges System von Fernverbindungen ist dort unten geschaffen worden, auch für die Bahn, die sich am anderen Ufer der Spree den gewaltigsten Bahnhof Europas hinstellen lässt, den Neubau des Lehrter Bahnhofs.

Erst im Innern des neuen Kanzleramts wird der Besucher gewahr, dass die Architekten noch das Beste aus dem kohlschen Macht-Werk herausgeholt haben. Mit 19 000 Quadratmetern Nutzfläche ist das neue Haus kaum größer als das alte Domizil in Bonn, die »rheinische Sparkasse« (Helmut Schmidt). Zwei breite Treppenaufgänge, bestens geeignet für Fototermine mit internationalen Gästen, führen in die erste von insgesamt acht Etagen des so genannten Leitungsbaus. Im ersten Stock liegt der Konferenzraum mit einem runden Tisch, der 32 Sitzplätze hat. An den Wänden befinden sich Dolmetscherkabinen.

Von diesem Forum gibt es einen direkten Zugang zu einem anderen, das dem Medienkanzler Schröder mindestens genauso gut gefallen dürfte: Es ist ein theaterähnlicher Bühnenraum mit Platz für 200 Journalisten.

Die zweite und dritte Etage beherbergen so nützliche Dinge wie die Haustechnik, aber auch Kühlräume für den Weinvorrat und Blumenschmuck. Um die Räume im vierten Stock wird gern ein wenig herumgeredet. Es handelt sich um die so genannte Geheimetage mit einem abhörsicheren Raum. Eine Etage darüber wird der einfache Bürger gelegentlich zu Gast sein dürfen – übers Fernsehen. Hier befindet sich der große Bankettsaal für festliche Essen, Defilees und Empfänge. Von dieser Höhe an macht der Bau etwas her: Der Kanzler kann mit seinen Gästen auf verschiedene Loggien treten und ihren Blick entweder auf begrünte Wintergärten drinnen oder den Tiergarten draußen lenken.

Vom sechsten Stockwerk an wird gearbeitet – sieht man einmal von den Wohnräumen in der achten Etage ab. Nur noch aus Traditionsgründen gibt es die Bezeichnung Großer und Kleiner Kabinettssaal, beide Räume im sechsten Stock sind gleich groß.

In der siebten Etage schließlich ist das eigentliche Machtzentrum. In einem gut 100 Quadratmeter großen Arbeitszimmer steht der Schreibtisch des Kanzlers. Die rund 300 weiteren Büros verteilen sich auf die beiden Riegel südlich und nördlich des zentralen Quaders. In der achten Etage, mit unverbaubarem Blick auf die Reichstagskuppel und das gläserne Zeltdach am Potsdamer Platz, wird der Kanzler wohnen, obwohl die Verhältnisse dort alles andere als ideal sind. Es gibt nur ein Schlafzimmer; wenn die Familie aus Hannover zu Besuch ist, muss für Tochter Klara ein Klappbett aufgestellt werden. Die Dienstvilla in der Pücklerstraße 14 in Dahlem bietet mehr Platz, für die private Nutzung werden Schröder aber 4 600 Mark monatlich in Rechnung gestellt. Die Zwei-Zimmer-Küche-Bad-Wohnung im neuen Haus kommt erheblich günstiger.

Im Mittelteil des Genäudes hat der Düsseldorfer Künstler Markus Lüpertz Farben auftragen dürfen, denen er Symbolkraft beimisst: Eine Wand ist blau, was für Weisheit stehen soll. Rot bedeutet Mäßigkeit. Ein goldener Ockerton soll die Gerechtigkeit fördern, und ein mildes Milchiggrün steht für die Klugheit.

Im Land der Ruhigen und Entspannten

Die Pessimisten behalten Recht. Der Kanzler verfolgt tatsächlich die Absicht, den Reformeifer der frühen Regierungsjahre zu drosseln. Die noch ausstehenden Entscheidungen sollen zu Ende gebracht werden – aber nicht um jeden Preis. Gesundheitsreform – muss nicht sein, wenn Unruhe unter Ärzten, Krankenkassen und Patienten vermieden werden kann. Einwanderungsgesetz – wenn die Opposition mitmacht, wenn nicht, auch recht.

Die Lage, gibt der Kanzler Mitte Juli 2001 den Deutschen mit auf den Weg in den Urlaub, sei besser als die Stimmung, er selbst werde »die Politik der ruhigen Hand« fortsetzen. Was immer das sein mag, es klingt vertrauenswürdig. Die Opposition ist ebenfalls bester Dinge. Sie ist zwar gewiss nicht mit allem einverstanden, was die Regierung tut, aber doch zufrieden mit sich selbst und ihrer Einstimmigkeit im Denken, Handeln und Sprechen. Das sagt die CDU-Parteivorsitzende Angela Merkel so, und der Fraktionsvorsitzende der CDU/CSU im Bundestag, Friedrich Merz, ergänzt: »So gehen wir ganz entspannt in die Sommerpause.«

Ja zu Mazedonien

Auf seiner traditionellen Sommerreise muss Schröder in diesem Jahr die Balance finden zwischen Bürgernähe und Weltpolitik. Auf dem Balkan hat sich die Lage soweit entwickelt, dass das Parlament in Berlin über einen Einsatz von Bundeswehrsoldaten zur Sicherung des Friedens entscheiden kann. Die Sommerpause 2001 endet mit der 38. Sondersitzung des Deutschen Bundestages seit 1949. Sie hat im Kern drei Erkenntnisse gebracht. Wenn es um Fragen von Krieg und Frieden geht, stimmen die Parteien mit Ausnahme der PDS im Wesentlichen überein. Oppositionsarbeit ist weit schwieriger, als Angela Merkel und Friedrich Merz sich das vorgestellt haben. Und: Es gilt weiterhin der Satz des Kabarettisten Dieter Hildebrandt, dass Politiker von Natur aus die Kunst beherrschen, so viele Worte zu machen, dass sie hinterher die Wahl haben, zu welchem sie stehen wollen.

Krieg und Frieden: Noch am Tag vor der Sondersitzung am 29. August hat Außenminister Fischer mit dem Gedanken gespielt, zum Mazedonien-Einsatz der Bundeswehr eine Regierungserklärung abzugeben. Die Idee ist ihm ausgeredet worden, weil die rot-grüne Koalition die berechtigte Furcht haben muss, keine eigene Mehrheit für die Entsendung zustande zu bekommen. Der wiederholte Hinweis der Oppositionsparteien, die Regierung Schröder bedürfe in wichtigen Fragen der Außenpolitik der Hilfe von CDU/CSU und FDP, ist den Koalitionsfraktionen unangenehm genug. Man entscheidet sich dafür, dass der Außenminister als Abgeordneter der Grünen spricht.

Gleichwohl wird die Rede Fischers von staatsmännischer Sorge getragen. Auf dem Balkan könne ein Bürgerkrieg ausbrechen, mahnt der Außenminister, wenn das Einsammeln der Waffen der UCK-Rebellen durch die Nato-Truppen fehlschlage. Ein Krieg in Mazedonien würde dann ein politisches Erdbeben auslösen. Frühmorgens haben vor dem Reichstag ein paar Demonstranten eine andere Warnung auf ihre Protestbanner geschrieben. In Mazedonien werde es so enden wie im Kosovo – mit schwerem Blutvergießen.

Die Debatte ist zweigeteilt, während einer Sitzungsunterbrechung um die Mittagsstunde tagen Ausschüsse und Fraktionen, mutmaßliche Abweichler von den Linien der Fraktionen werden zu einem abschließenden Gespräch gebeten. Der Kanzler eilt in die SPD-Fraktion und hält dort eine nur fünfminütige, aber nach übereinstimmender Erinnerung der Zuhörer beeindruckende Rede. Der rheinische Abgeordnete Konrad Gilges hält dem Kanzler entgegen, als Bundestagsabgeordneter in den Achtzigerjahren doch auch gegen die Nato-Nachrüstung gewesen zu sein. Schröder hält sich erst gar nicht mit dem verqueren Vergleich zwischen der Friedensmission in Mazedonien und der seinerzeit geplanten Raketenstationierung auf, sondern sagt nur, das stimme schon, aber er habe niemals, »ich sage noch mal: niemals«, im Bundestag gegen den Kanzler Helmut Schmidt gestimmt.

Allein diese Antwort zeigt, wie nahe dem Regierungschef das Verhalten der Abweichler geht. Er weiß auch, dass sich ein solcher Misserfolg in den Köpfen der Bevölkerung festsetzen könnte. Schröder hat ein gutes Gedächtnis: In der vergangenen Wahlperiode, der letzten der christlich-liberalen Koalition, hat diese ebenfalls in einer außenpolitischen Frage einmal ihre eigene Mehrheit verfehlt. Im Herbst 1995 ging es um eine vergleichsweise unbedeutende Resolution im Zusammenhang mit einer Islam-Konferenz, die dann abgesagt wurde. SPD und Grüne verkündeten damals stolz den Anfang vom Ende der Regierung Kohl, Außenminister Klaus Kinkel (FDP) bot sogar, wie später bekannt wurde, seinen Rücktritt an.

Schröder warnt in der Sondersitzung, während das Klingelzeichen schon wieder ins Plenum ruft, eindringlich vor einem Ansehensverlust der Regierung, aber am Ende bleiben 19 Genossen bei ihrem Nein. Die eigene Mehrheit ist verfehlt.

Die Mühen der Oppositionsarbeit: Der Hauptredner der CDU, der frühere Verteidigungsminister Volker Rühe, gibt zu, es sei keine Schande, wenn in den Bundestagsfraktionen kontrovers über den Einsatz diskutiert werde. Zuvor war Rühe gemeinsam mit Merz und Merkel in der Fraktionssitzung am Vorabend hart angegangen worden. Obwohl Merz eindringlich seine – wenn auch bescheidenen – Erfolge im Ringen mit der Bundesregierung für eine bessere Ausstattung der Bundeswehr herausstreicht, verweigern bei einer Probeabstimmung 68 Abgeordnete der CDU/CSU-Spitze die Gefolgschaft und stimmen gegen die Entsendung deutscher Soldaten. Diese Zahl kann dann bei der tatsächlichen Abstimmung auf 61 gedrückt werden.

Die Regierung habe der Union zwar »bitter wenig« Zugeständnisse bei der Ausstattung der Bundeswehr gemacht, klagt Rühe, der damit auch eine persönliche Niederlage eingestehen muss, weil er zuvor zu den hartnäckigsten Neinsagern gehört hat. Immerhin, so erklärt er den Schwenk der Union, sei »ein Einstieg« in eine bessere Sicherheit der Soldaten geschafft. Ursprünglich hat die Union 500 Millionen Mark mehr für die Bundeswehr gefordert. Die Regierung stockte die Mittel für den Einsatz zuletzt von 120 auf 148,1 Millionen Mark auf.

Wie unwohl sich jene Kräfte in der Union fühlten, die die Regierung wegen ihrer fehlenden eigenen Mehrheit gerne als handlungsunfähig vorgeführt hätten, drückt anschaulich CSU-Generalsekretär Thomas Goppel aus. Der kann frei reden, weil er nicht dem Bundestag angehört. »Ich bin der Meinung, dass die Rot-Grünen das hinkriegen müssen und die paar Kollegen, die sowieso mit stimmen werden, ausreichen, um das hinzukriegen«, sagt der Vertraute des bayerischen Ministerpräsidenten Edmund Stoiber. Zum besseren Verständnis fügt er noch hinzu, man müsse den Deutschen bewusst machen, dass die Bundesregierung nur halbherzig hinter der Bundeswehr stehe. Für die PDS lehnte Gregor Gysi den Einsatz ohne Umschweife ab. Für den Einsatz sei ein UN-Mandat nötig.

Die Kunst des Schönredens: Verteidigungsminister Scharping ist der Erste, der die Bedeutung einer eigenen Koalitionsmehrheit herunterspielt. Wenn sie denn einmal wirklich darauf angewiesen sei, werde die Regierung jederzeit auf eine eigene Mehrheit bauen können. Dann erteilt der Bundeskanzler ein Lehrstück seiner rein zweckbestimmten Politik. Zunächst bittet er als einer der letzten Redner noch einmal um Zustimmung. Er glaube, dass alle Abgeordneten dem Einsatz »wirklich guten Gewissens zustimmen« könnten, auch wenn sie prinzipiell militärischem Engagement kritisch gegenüberstünden. Es gehe darum, »Mazedonien, das noch über demokratische Strukturen verfügt, dabei zu helfen, dass es diese erhalten und entwickeln kann. Und dieser Aufgabe sollte sich niemand entziehen.«

Den Begriff »Mehrheit« benutzt der Kanzler gar nicht: »Ich bin am Ergebnis interessiert. Deshalb interessieren mich die unterschiedlichen Beiträge zu diesem Ergebnis eher nachrangig.« Das klingt ziemlich undankbar gegenüber seinen Mehrheitsbeschaffern bei den Liberalen und in der Union. Es klingt sogar ziemlich kaltschnäuzig, wenn man an die Gewissensnöte denkt, die die Zustimmung aufseiten der Union hervorgerufen hat. Äußerlich betrachtet wird das Berliner Regierungs-viertel tags darauf, am 30. August, noch einmal zurückversetzt in die Sommerpause, aber dieser Eindruck täuscht. Im Lager der Regierung, aber auch bei der Opposition herrscht eine beträchtliche Unruhe. Der Umstand, dass die rot-grüne Koalition keine eigene Mehrheit zustande gebracht hat, bestimmt die Diskussionen beim Führungspersonal der Parteien. SPD-Generalsekretär Franz Müntefering klingt ziemlich dro-hend, als er sagt: »Ich habe nicht die Absicht, das stillschweigend hin-zunehmen.«

Beim Kanzler haben seine Vertrauten eine nur mit Mühe unter-drückte Missstimmung registriert, wobei nicht ganz ersichtlich wird, gegen wen sie sich richtet. Vor der Abstimmung hat er in forderndem Ton geäußert, selbstverständlich habe der Fraktionsvorsitzende der SPD dafür zu sorgen, dass die Mehrheit erreicht werde. Gleiches gelte für die Grünen. Neben den 19 Abgeordneten der SPD haben auch fünf Grüne sich davon nicht beeindrucken lassen.

SPD-Fraktionschef Struck versucht, den Misserfolg seiner Bemühun-gen mit den besonderen Umständen der Abstimmung zu erklären: »Keinem Fraktionsvorsitzenden kann es recht sein, wenn er seine Fraktion in einer wichtigen Entscheidung nicht geschlossen hinter sich hat. Aber der singuläre Vorgang bezog sich auf eine ganz konkrete Situation. Und natürlich werden wir in der Fraktion darüber zu spre-chen haben, weil der Vorgang nun alle angeht.« Man einigt sich zu-nächst einmal darauf, dass einige der Abweichler als Frustrationstäter abgebucht werden können – sie kommen nach der Wahl nicht in den Bundestag zurück oder fallen der Wahlkreisreform zum Opfer, die den Bundestag etwa zehn Prozent der Mandate kosten wird. Andere hät-ten ihren fundamentalen Antimilitarismus herauskehren wollen.

Ganz still verhalten sich die Grünen. Mit einem Anteil von zehn

Prozent der Fraktion ist bei ihnen die Ablehnung am stärksten. Dem sonst so wortgewaltigen Fraktionschef Rezzo Schlauch fällt lediglich der Satz ein, die Union sei noch schlechter sortiert gewesen als die Koalition. Dann folgt die Zusicherung, so etwas wie bei der Mazedonien-Abstimmung komme nicht wieder vor.

Scharping und das Problem der Wahrnehmung

Es sind nicht allein die angespannte internationale Lage und die fehlenden Mehrheiten, die die volle Aufmerksamkeit des Kanzlers erfordern. Sein Verteidigungsminister besteht darauf, dass er noch Resturlaub habe und verbringt deshalb einige Stunden auf Mallorca. Ein Truppenbesuch in Mazedonien unterbricht diese Nacherholung. Als Transportmittel dient dabei die Flugbereitschaft der Bundeswehr.

Die wertvollste Erkenntnis, die Scharping am Abend des 2. September 2001 aus dem Gespräch mit dem Bundeskanzler mit nach Hause nimmt, ist privater Natur: Niemand hat etwas gegen sein Liebesglück, und er darf weiterhin zeigen, wie es ihm ums Herz ist. Richtig wohltuend sei das gewesen, strahlt der Minister am nächsten Morgen auf seinem Weg zur Präsidiumssitzung der SPD, dass ihn Gerhard Schröder in seiner Auffassung bestärkt habe.

Kurz darauf hat Regierungssprecher Heye Mühe, diese seelische Unterstützung zu umschreiben: »Es geht darum, dass hier festgestellt werden soll, dass zwei erwachsene Menschen ihre Beziehung leben können, leben müssen, leben können sollen.« Außerdem sei es dem Kanzler doch überhaupt nicht um diese privaten Dinge gegangen. Vielmehr habe er mit der fachlichen Unterstützung des Verteidigungsministers klären wollen, wie man in Zukunft ein »solches Abstimmungsverhalten vermeiden kann«, sagt Heye. Das ist dann die neueste Umschreibung für den peinlichen Umstand, dass im Bundestag die rotgrüne Regierungsmehrheit bei der Entscheidung über den Mazedonien-Einsatz der Bundeswehr abhanden gekommen ist.

Weil das Verhältnis zwischen Schröder und Scharping früher einmal von Störungen geprägt war, mag der Kanzler nicht allein in das Gespräch mit dem Verteidigungsminister gehen. SPD-Generalsekretär Franz Müntefering und Fraktionschef Peter Struck, beide erfahren im Umgang mit den bekannten Schwierigkeiten Scharpings bei der Wahrnehmung der Lebenswirklichkeit, müssen mit. Damit ist jene Runde beisammen, die bei den bisherigen, das Kabinett betreffenden Perso nalbeschlüssen – nicht zuletzt die Rücktritte der Minister – aufseiten der SPD entschieden hat. Dass in der Sitzung, die erst nach der Sabine-Christiansen-Talkshow am Sonntagabend beginnt und bis in den Morgen dauert, alles glimpflich abläuft, liegt in erster Linie daran, dass der Bundeskanzler während des Mazedonien-Einsatzes der Bundeswehr auf keinen Fall den Minister auswechseln will. Es hat aber auch damit zu tun, dass Scharpings Verdienste in der Partei und der Regierung in die Waagschale gelegt werden, wobei auch das Wort des Außenministers Joschka Fischer berücksichtigt wird, er habe während des Kosovo-Krieges ein ausgezeichnetes Verhältnis zum Verteidigungsminister entwickelt. Formal, so entscheidet die Runde beim Kanzler, sei Scharping ohnehin nicht beizukommen, da er die Richtlinien für die Benutzung der Flugbereitschaft der Bundeswehr eingehalten habe. Auch gebe es keine privat veranlassten Flüge im Inland, wie Scharping selbst versichert. Die Opposition hat eine angeblich auffällige Häufung von Flügen zwischen Berlin und Frankfurt, dem Wohnsitz von Scharpings Lebensgefährtin Kristina Gräfin Pilati, ausgemacht. Wenn bei einem der Flüge etwas Privates dran sei, ermahnt der Kanzler Scharping beim Gehen, dann werde, nein, dann müsse er ihn entlassen.

Der Verteidigungsminister leistete nach einigem Zögern dann doch ein Zugeständnis. Er äußerte sein Bedauern – aber nicht etwa über seine Ungeschicklichkeiten, sondern nur über den dummen Zufall, dass die Veröffentlichung seiner Urlaubsbilder ausgerechnet mit der Bundestagsentscheidung und dem Marschbefehl für die Soldaten zusammengefallen sei. Auch der Parteirat der SPD hält sich an die Empfehlung des Kanzlers, die Angelegenheit Scharping nunmehr zu beenden. Gerade einmal zwei Sätze verliert Schröder noch darüber. Die Vertreter der Funktionärsebene und der Basis beschränken sich denn auch am Rande der Sitzung auf den Austausch von Einschätzungen, wie wohl »der Rudolf die Ansprüche der Gräfin verkraftet«.

Der Auftritt Scharpings vor der SPD-Bundestagsfraktion drei Tage später gewinnt beinahe symbolische Bedeutung, weil ihn auf seinem Weg in den Versammlungsraum die Gesundheitsministerin Ulla Schmidt derart unterhakt, dass es aussieht, als müsse sie ihn stützen. Kaum hat er den Fraktionssaal betreten, verlässt Scharping ihn schon wieder, um vor Journalisten eine Erklärung abzugeben. »Sie sehen mich ruhig und sehr ernst und mit der Gewissheit, dass ich mein Amt konzentriert führe und weiterführe«, sagt er. Im Übrigen werde er am Nachmittag nach Mazedonien fliegen. In der Klausurtagung sagt der Minister dann

kaum mehr. In der folgenden Woche wolle er im Verteidigungsaus-
schuss die Vorwürfe der Opposition über die angeblich unzulässige
Nutzung der Flugbereitschaft »als das entlarven, was sie sind: Ver-
leumdungen«. Als Scharping fertig gesprochen hat, verharren die Abgeordneten überwiegend reaktionslos.

Man wendet sich in der Folge jenem Thema zu, das man vielleicht
gar nicht hätte erörtern müssen, wenn Scharping im Laufe des Som-
mers eine bessere Überzeugungsarbeit bei den Parlamentariern geleistet hätte: der fehlenden Mehrheit im Bundestag. Nach der scharfen
Kritik von Fraktionschef Peter Struck und von SPD-Generalsekretär
Franz Müntefering hat es mächtig gegrummelt unter den Genossen,
weshalb eine Aussprache vonnöten schien. In der Fraktionssitzung am
6. September ergreift der Bundeskanzler das Wort, unaufgeregt, aber
die Stimme scharf modulierend. Er habe großen Respekt vor der
Gewissensentscheidung, sagt er. Diese geltend zu machen entspringe
einem individuellen, ja intimen Anspruch. Er verstehe nicht, wie man
eine solche intime Sichtweise organisieren könne, folgerte der Kanzler,
was als Anspielung auf den Wortführer der Abweichler, Harald Friese,
begriffen wird. Dann stößt Schröder ins Grundsätzliche vor. Er habe
einen Auftrag des Wählers, »aber auch von euch«. Dazu gehöre, die
außen- und sicherheitspolitischen Interessen der Bundesrepublik zu
wahren. Dieser Verantwortung könne er nur nachkommen, wenn die
Fraktion ihm bei den Abstimmungen die Mehrheit sichere. Die Zuhörer, auch solche vom linken Flügel der Fraktion, berichten übereinstimmend, die Klausurversammlung sei tief beeindruckt gewesen. Am
folgenden Tag schreiben die Medien von einer versteckten Rücktrittsdrohung des Kanzlers. Er selbst streitet diesen Hintergedanken ab. Mit
Drohungen zu regieren, sei nicht sein Stil.

Um die Diskussion in der Fraktion in Gang zu bringen, äußert sich
Hans-Ulrich Klose, der Vorsitzende des außenpolitischen Ausschusses.
Er heißt Schröders Ausführungen gut, beklagt aber die Tonart, in der
Struck und Müntefering ihre Kritik vorgetragen hätten. Anstelle der
Angesprochenen antwortet der Kanzler: Wenn Struck und Münte-
fering nicht Klartext geredet hätten, dann hätte er es tun müssen. Bei
einem solchen Vorgang könne es schon mal eine Arbeitsteilung geben.

Immer wieder nach Frankfurt

Zu Beginn der zweiten Septemberwoche überlegen sich die sozialdemokratischen Mitglieder des Haushalts- und des Verteidigungsaus-
schusses des Bundestages noch, wie sie Bundesverteidigungsminister
Rudolf Scharping ein wenig Entlastung verschaffen könnten. Am Freitag zuvor hat der Minister die Soldaten in Mazedonien besucht und
sich darüber gefreut, dass sie ein Erinnerungsfoto mit ihm aufnehmen
wollten. In Berlin werden derweil Fluglisten herumgereicht, deren Inhalt
es fraglich erscheinen lässt, ob es sich überhaupt noch lohnt, Scharping zu verteidigen. Die Fluglisten, zu denen Scharpings Ministerium
nichts sagen will, weil zuerst die Parlamentarier informiert werden
müssen, vermitteln den Eindruck eines Pendeldienstes zwischen der
Hauptstadt und der Bankenmetropole am Main. Die Flüge setzen
ungefähr um jene Zeit ein, da der Verteidigungsminister seine Liebe zu
Kristina Gräfin Pilati öffentlich ausrufen ließ und zum besseren Verständnis seines künftigen Verhaltens erklärte, es gebe auch ein Leben
jenseits der Politik.

Am 27. Juni dieses Jahres – da ist die Beziehung schon innig – fliegt
Scharping nach den vorliegenden Plänen um acht Uhr mit einer Bun-
deswehrmaschine von Frankfurt nach Berlin, um an der Kabinettssitzung teilzunehmen. Um 13 Uhr startet er von Berlin zurück nach
Frankfurt. Am folgenden Tag fliegt er mittags von Frankfurt nach
Berlin, wo er Gespräche im Bundeskanzleramt führt. Um 19.30 Uhr
fliegt er erneut nach Frankfurt.

Am 12. Juni, nach dem deutsch-französischen Gipfel in Freiburg,
bietet es sich für Scharping an, vom Militärflugplatz Lahr zusammen
mit mehreren Delegationsmitgliedern mit einem Bundeswehr-Airbus
nach Frankfurt zu fliegen. Am nächsten Tag geht es morgens mit einem
privat gebuchten Ticket mit einer Lufthansa-Maschine nach Berlin. Am
15. Juni fliegt Scharping von Berlin mit einer Maschine der Flugbereitschaft nach Frankfurt zurück. Dennoch erklärt er im ZDF: »Mir ist
unterstellt worden, ich sei mit der Flugbereitschaft dreimal die Woche
nach Frankfurt geflogen. Das ist nichts als eine Verleumdung.«

Das Verteidigungsministerium kommt mit einem neuen Aspekt. Auf-
grund seiner Sicherheitsstufe könne der Minister auch ohne konkreten dienstlichen Anlass jederzeit mit der Flugbereitschaft in seinen
Wahlkreis Montabaur (Rheinland-Pfalz) fliegen, in dem auch Lahnstein liegt. Dort allerdings wohnt Scharping wegen der Neuordnung
seiner Lebensverhältnisse seit geraumer Zeit nicht mehr. Jetzt bemüht

das Ministerium auch noch die Kartografen. Man lässt ausmessen, dass Lahnstein näher beim Flughafen Frankfurt liegt als beim Köln-Bonner Flughafen, wo die Flugbereitschaft der Bundeswehr zu Hause ist. Die Opposition wird rebellisch. Es scheint so, als ob der Minister nicht mehr zu halten sei. Es ist Montag, der 10. September.

»Seit dem 11. September...«

Der Kanzler sitzt an diesem Dienstag in seinem Büro und liest Akten. Von den Anschlägen auf das World Trade Center in New York, auf das Pentagon in Washington und dem Absturz einer weiteren gekaperten Maschine über dem Bundesstaat Pennsylvania erfährt er, nachdem seine Büroleiterin Sigrid Krampitz ihn auf die laufenden CNN-Bilder hingewiesen hat, wie die meisten Menschen in Deutschland und anderswo auf der Welt auch. Fassungslos sitzt er vor dem Fernsehgerät. Der Ablauf der nun folgenden Tage, die seine Politik und die Politik der Bundesrepublik Deutschland tief greifend verändern, lesen sich später in seinem Terminkalender so – alle anderen Eintragungen, die nichts mit dem Terror gegen die USA zu haben, sind weggelassen.

11. September: Anschläge in den USA.

11./12. September: Tagung des Bundessicherheitsrats. Nato stellt Bündnisfall fest. Verschärfte Sicherheitsmaßnahmen. Sofortmaßnahmen für den Flugverkehr. Einrichtung von Krisenstäben vom Auswärtigen Amt und dem Bundesinnenministerium. Bundesregierung sichert USA Unterstützung zu. EU-Außenminister-Sondersitzung in Brüssel. Teilnahme am Trauergottesdienst in der St.-Hedwig-Kathedrale. Beileidstelegramm an Bush. Regierungserklärung BK Schröder vor dem Deutschen Bundestag zum Terrorakt in den USA.

15. September: Gespräche zwischen Bundesregierung und Vertretern der Luftfahrtbranche.

19. September: Bundeskabinett: Beschluss des ersten Antiterrorpakets. Schröder und Blair bekunden Entschlossenheit gegen den internationalen Terrorismus. Regierungserklärung BK Schröder vor dem Deutschen Bundestag zu den Anschlägen in den USA.

20. September: Schröder trifft Robertson (Nato-Generalsekretär).

21./22. September: EU-Sondergipfel zu Terrorismus. Beschluss der EU-Finanzminister gegen Finanzierung des Terrorismus und Geldwäsche. Außenminister Fischer bei Präsident Bush und UN-Generalsekretär Annan.

25. September/27. September: Präsident Putin bei BK Schröder in Berlin. Sondersitzung der humanitären Unterstützergruppe für Afghanistan.
2. Oktober: Nato beschließt Bündnisfall. Konten mutmaßlicher Terroristen in Deutschland gesperrt.
3. Oktober: Tag der Deutschen Einheit. BM Fischer reist nach Syrien und in den Libanon.
4. Oktober: Nato beschließt Maßnahmen zur Unterstützung der USA (nach Hilfeersuchen der USA vom 3. Oktober). 5. Oktober: Maßnahmenkatalog zur Bekämpfung von Terrorismusfinanzierung und Geldwäsche.
5./6. Oktober: UNHCR-Forum in Genf zur Flüchtlingssituation in Afghanistan. G7-Finanzminister beschließen Aktionen gegen Terrorismusfinanzierung.
7. Oktober: Angriffe auf Afghanistan.
7./8. Oktober: BK beruft »Sicherheitslage« im Bundeskanzleramt ein. Beratung der EU-Außenminister über die Zukunft in Afghanistan. Erklärung BK zu den Angriffen der USA auf Ziele in Afghanistan. USA beginnen mit dem Abwurf von Hilfsgütern (Umfang 320 Millionen Dollar). EU stellt 316 Millionen Euro zur Verfügung zur Abmilderung der humanitären Krise. Nato-Rat beschließt fünf AWACS-Flugzeuge zur Verfügung zu stellen.
9. Oktober: Reise von BK Schröder nach New York und Washington.
10. Oktober: Bundeskabinett: Beschluss zur Einrichtung einer Bundesinformationsstelle für biologische Kampfstoffe.
11. Oktober: Zustimmung des Bundestages zum ersten Antiterrorpaket der Bundesregierung. Regierungserklärung BK Schröder zur aktuellen Lage nach Beginn der Operation gegen den internationalen Terrorismus in Afghanistan.
12. Oktober: BK lädt tausend New Yorker Kinder und Jugendliche ein.
16. Oktober: EU geht schärfer gegen Geldwäsche vor. Kontensperrung mutmaßlicher Terroristen in Deutschland.
16./17. Oktober: Treffen EU-Minister für Wirtschaft und Finanzen, Justiz und Inneres sowie der EU-Außenminister: Maßnahmen der EU gegen den internationalen Terrorismus.
19. Oktober: Informeller Europäischer Rat in Gent: Weiteres Vorgehen gegen den Terrorismus.
22. bis 27. Oktober: Reise BM Fischer in den Nahen und Mittleren Osten.
24. Oktober: Deutsch-französisches Treffen: Kampf gegen den Terrorismus und Perspektiven für Afghanistan.

27. Oktober bis 2. November: Reise BK nach Pakistan, Indien und China.

2. November: Gespräch BK mit russischem Präsidenten Putin.

4. November: Gespräch BK mit europäischen Staats- und Regierungschefs auf Einladung Tony Blairs in London.

6. November: Bereitstellung militärischer Kräfte durch die Bundesregierung auf Anfrage der USA.

7. November: Gesetzentwurf zur Bekämpfung des internationalen Terrorismus (zweites Antiterrorpaket), Beschluss im Kabinett.

16. November: Bundestag beschließt Einsatz der Bundeswehr im Kampf gegen den internationalen Terrorismus.

20. November: Europäische Kommission nimmt verschärfte EU-Geldwäsche-Richtlinie an.

26. November: Bundeswehr nimmt Transportflüge in die Türkei auf.

27. November bis 5. Dezember: Afghanistan-Konferenz in Bonn; Grußwort BK.

5. und 6. Dezember: Sitzung der Afghanistan-Support-Group.

6. Dezember: Nato-Außenministertreffen in Brüssel.

10. Dezember: Treffen BK mit US-Außenminister Colin Powell.

12. Dezember: Regierungserklärung BK zum EU-Gipfel in Laeken; Beteiligung der Bundeswehr an UN-Friedenstruppe.

13. Dezember: Zwischenbilanz der Bundeswehr-Beteiligung an Operation »Enduring Freedom«.

14. Dezember: BM Wieczorek-Zeul besucht Afghanistan.

14. Dezember: Treffen des BM Schily mit US-Justizminister John Ashcroft.

14. und 15. Dezember: Einigung auf europäischen Haftbefehl.

20. Dezember: Bundesrat stimmt zweitem Antiterrorpaket zu. UN-Mandat für UN-Friedenstruppe in Afghanistan. Europäische Kommission verlängert staatliche Gewährleistung für Luftfahrtunternehmen.

21. Dezember: Bundeskabinett beschließt Einsatz der Bundeswehr innerhalb der UN-Friedenstruppe in Afghanistan.

22. Dezember: BK vor dem Bundestag zum Einsatz der Bundeswehr innerhalb der UN-Friedenstruppe. Bundestag stimmt Antrag der Bundesregierung zum Einsatz der Bundeswehr innerhalb der UN-Friedenstruppe in Afghanistan zu. Amtsübernahme der Interimsregierung in Afghanistan.

24. Dezember: Sicherheitskontrollen auf Flughäfen werden erneut verschärft.

27. und 28. Dezember: Truppen-Gesteller-Konferenz für Afghanistan in London.

An der Seite der USA

Bundeskanzler Schröder bittet sein Kabinett, in diesen aufgewühlten Tagen die Bevölkerung so umfassend wie möglich darüber zu unterrichten, was die Bundesregierung vorhat. Die erste Folge davon ist am 19. September ein ungewöhnlicher Auftritt von gleich fünf Ministern – Hans Eichel, Herta Däubler-Gmelin, Otto Schily, Kurt Bodewig und Rudolf Scharping – und dem Parlamentarischen Staatssekretär Ludger Volmer, die nicht nur die Erhöhung der Tabak- und Versicherungssteuer erläutern, sondern vor allem erklären sollen, wofür die zusätzlichen drei Milliarden Mark benötigt werden.

Diese Aufgabe fällt in erster Linie Finanzminister Hans Eichel zu, der sich jedoch nicht auf die fiskalischen Details beschränkt, sondern auch mit politischen Bewertungen nicht hinter dem Berg hält. Auf diesem Wege wird beiläufig deutlich, dass der Hesse im Kabinett eine hervorgehobene Stellung einnimmt. Die Steuererhöhungen seien notwendig, weil die aktuellen Belastungen durch die veränderte Sicherheitslage aus dem laufenden Haushalt, zudem noch unter dem Diktat des Sparens, nicht finanziert werden könnten, sagt Eichel. Was jetzt zur Terrorbekämpfung notwendig sei, könne nicht durch Schuldenmachen späteren Generationen aufgebürdet werden.

Auch die Bitte des Kanzlers, die notwendigen Maßnahmen anschaulich darzustellen, erfüllt Eichel. Als er erläutert, dass bei jeder Erhöhung der Tabaksteuer die Einnahmen daraus zunächst einmal sinken, sagt Justizministerin Herta Däubler-Gmelin, dies bedeute keine Aufforderung der Bundesregierung, viel zu rauchen. Eichel wischt den Einwand mit der laxen Bemerkung »Von mir aus schon« vom Tisch. Eine enge Zusammenarbeit mit der Justizministerin will Eichel beim Thema Geldwäsche pflegen. Däubler-Gmelin kündigt an, dass auf der Ebene von EU und Europarat ein einheitliches Vorgehen zur Terrorismusbekämpfung und zur Austrocknung der Finanzressourcen terroristischer Organisationen angestrebt werde. Wiederum sorgt Eichel für ein praktisches Beispiel, indem er erläutert, wie umständlich doch die Verfolgung dubioser Geldströme durch die Geldinstitute sei. Da gebe es so etwas wie »Underground-Banking«. Man wisse, dass sich Organisationen von der Art der albanischen UČK oder der afghanischen Taliban daran beteiligten.

Innenminister Otto Schily nutzt die Gelegenheit zu einer Klarstellung. Er rede keineswegs der Einschränkung oder gar Abschaffung des Datenschutzes das Wort. Es gebe aber Bestimmungen, die die polizeiliche Arbeit behinderten. Man müsse prüfen, ob das im Interesse der Sicherheit so bleiben könne. Dass der Verfassungsschutz, im Gegensatz zu den Erwartungen mancher Grüner, noch verstärkt wird, steht für Schily außer Zweifel. Er schränkt jedoch ein, dass es nicht leicht sei, Mitarbeiter von Qualität dafür zu finden. Verkehrsminister Kurt Bodewig sagt, dass es auf dem Arbeitsmarkt auch Grenzen der Deregulierung gebe. Wer auf einem Flughafen arbeiten will, muss sich künftig durch den Militärischen Abschirmdienst (MAD), den BND, das Ausländerzentralregister oder die Stasi-Unterlagenbehörde überprüfen lassen.

Am wenigsten kann der Verteidigungsminister das Bedürfnis der Öffentlichkeit nach Aufklärung bedienen. Alle Fragen nach den erwarteten Militäreinsätzen perlen an ihm ab. Er führe seit dem Nachmittag des 11. September intensive Gespräche mit den Bündnispartnern – alle höchst vertraulich. Der Parlamentarische Staatssekretär im Auswärtigen Amt, Ludger Volmer (Grüne), äußert die Befürchtung, dass eine Liste mit den Namen der Vermissten und mutmaßlichen Toten aus Deutschland auf illegale Weise in den Besitz von Medien gelangt sein könnte. Er bittet aus Rücksichtnahme mit den Angehörigen, keine Namen zu veröffentlichen.

Schulterschluss mit den USA

In diesen Tagen der Krisenbewältigung verzichten die verantwortlichen Politiker in Berlin auf jede Form von Rivalität. Eitelkeiten spielen keine Rolle. Leider stimmt das nicht.

Wenn der Bundeskanzler die Oppositionsparteien über neue Erkenntnisse der inneren und äußeren Sicherheit informiert, dann ist die Versuchung groß, aus der angespannten Lage politisches Kapital zu schlagen. Guido Westerwelle redet immer besonders viel, vielleicht, weil er künftig gerne Außenminister werden möchte. Edmund Stoiber hält sich in der Unterredung bedeckt, fordert aber vor der Tür des Kanzleramtes die Bildung eines Nationalen Sicherheitsrates, dessen herausragendes Merkmal es sein soll, dass er selbst diesem Gremium angehört. Dieser Mann hat die Kanzlerschaft im Blick.

Ansonsten ist man solidarisch mit den Vereinigten Staaten von Amerika. Mit Ausnahme der PDS natürlich, deren Absage an den »platten Anti-Amerikanismus« die Aussprache nach der ersten Bundestagsdebatte kaum überdauert. Die Grünen haben erst eine ungefähre

Ahnung von den Schwierigkeiten, wenn es darum geht, die mündlichen Unterstützungsbeteuerungen in praktische Politik umzusetzen. Der grüne Bundestagsabgeordnete Winfried Herrmann kommentiert den Beschluss der Nato zum Bündnisfall mit den Worten: »Ich halte die Entscheidung für absolut falsch«, und sein Fraktionskollege Hans-Christian Ströbele meint, auf solche Anschläge dürfe nicht mit Krieg geantwortet werden.

Die Geschlossenheit im Regierungslager unter dem Eindruck der Geschehnisse deckt sich mit Beobachtungen aus der SPD-Fraktion. Auch nicht einer der Dissidenten der Mazedonien-Abstimmung mag dem Kanzler in dieser Stunde widersprechen. Am deutlichsten wird dies bei Renate Rennebach: »Ich bin Pazifistin. Aber das kann ich in dieser Situation nicht mehr sein.« – »Die Entscheidung der Nato ist notwendig«, sagt die Sprecherin des Forums Demokratische Linke 21, Andrea Nahles. Der Kanzler, der von der Fraktion mit respektvollem Beifall begrüßt und verabschiedet wird, fordert bei dieser Gelegenheit zum wiederholten Mal die volle Solidarität mit den USA. Die Verbündeten könnten in dieser Situation nicht sagen: »Wasch mir den Pelz, aber mach mich nicht nass«, sagt der Kanzler. Dass die USA den Bündnisfall hätten feststellen lassen, bewertet Schröder »eher politisch als militärisch«.

Die Opposition beschwört nach wie vor die Einheit der Demokraten im Kampf an der Seite der USA, will dabei aber schon Schwächen der deutschen Regierung erkannt haben. Der Bündnisfall bedeute, dass man militärisch das zur Verfügung stelle, was man habe, sagt CDU-Chefin Angela Merkel nach einer Sondersitzung des CDU-Präsidiums. Die Nato sei insgesamt gefragt, und da sei es falsch, angesichts der historischen Verantwortung zu diesem Zeitpunkt nur einschränkende Antworten zu geben, wie der Bundeskanzler das tue. Ein untrügliches Anzeichen dafür, dass der Politikbetrieb wieder in eingefahrene Bahnen gerät, ist der Umstand, dass auch wieder über Geld geredet wird. Die Union fordert einen zumindest in Teilen neuen Haushalt, weil die Bundeswehr und überhaupt alles, was mit Sicherheit zu tun hat, nach ihrer Auffassung unterfinanziert ist. Aus der Regierung kommen zögerliche Signale, dass man nicht umhinkommen wird, da etwas zu tun.

Zunächst will man prüfen, ob die Geheimdienste mehr Geld bekommen sollen. Dabei gehe es insbesondere um zusätzliche Mittel für Personal beim Verfassungsschutz, kündigt der haushaltspolitische Sprecher der SPD im Bundestag, Hans Georg Wagner, schon drei Tage nach den Anschlägen an. Das Budget für den Militärischen Abschirmdienst sei bereits aufgestockt worden. Die Computeranlage des Bundeskriminalamtes solle ohnehin erneuert werden. Forderungen der Opposition, hier mehr zu tun, liefen also ins Leere. Die zusätzlichen Ausgaben wegen der deutschen Beteiligung an Nato-Vergeltungsschlägen müsse der Verteidigungsminister nicht aus seinem Etat bezahlen. Das habe man »dem Rudolf versprochen«.

»Das Problem dieses Landes hat einen Namen.«

In der Rückschau auf den Spätherbst 2001 entsteht leicht der Eindruck, die Politik habe sich ausschließlich um die Ereignisse in den USA und Afghanistan gedreht. Dieser Eindruck täuscht. In der Geschäftsordnung des Bundestages kommen Trauer und weltweites Entsetzen nicht vor. Also muss Bundestagspräsident Wolfgang Thierse am Morgen des 26. September die Worte sprechen: »Wir setzen die am Dienstag, dem 11. September 2001, unterbrochenen Beratungen fort.«

In dem Augenblick, in dem über New York das Grauen hereingebrochen ist, hatte das Parlament in Berlin die Haushaltsberatungen gerade aufgenommen, für den folgenden Tag war die übliche Generalaussprache über die Politik der Bundesregierung vorgesehen. Kann man unter den bekannten Umständen eine Debatte einfach fortsetzen, so wie ein Schiedsrichter ein Fußballspiel nach einer Minute des Trauerns wieder anpfeift und den Ball zum Wettkampf freigibt? Wie sich zeigt, kann man es nicht. Ein Anzeichen dafür ist schon die Verwirrung beim Bundestagspräsidenten, der als Erstem dem Bundeskanzler das Wort erteilen will. Nun weiß man aber, dass die Aussprache über den Haushaltsplan 04, den Etat des Bundeskanzlers, traditionell als die »Stunde der Opposition« gilt, dass dieser folglich auch das erste Wort zusteht. Als Thierse seinen Redeaufruf mit den Worten zurücknimmt, er habe eine »Fehlinformation von links« erhalten, bricht im Hohen Haus eine verkrampfte Heiterkeit aus.

Die Verwirrung ist entstanden, weil der Kanzler unter Zeitdruck steht, der wiederum mit der angespannten Weltlage zu tun hat. Schröder erwartet an diesem Morgen den italienischen Ministerpräsidenten Silvio Berlusconi zum Meinungsaustausch über die europäische Sicherheitszusammenarbeit. Er möchte früh reden, um noch CDU/CSU-Fraktionschef Friedrich Merz anhören zu können.

Endlich also darf Michael Glos von der CSU das Wort ergreifen und einen weiteren Beleg dafür geben, weshalb dieses keine gewöhnliche Abrechnung mit der Regierung werden kann. Die Redner der Opposition werden in ihrer Rauflust dadurch gehemmt, dass sie zunächst der Regierung ihre Solidarität im Kampf gegen den Terrorismus bekunden müssen. Zugleich aber wollen sie der Regierung zu verstehen geben, dass sie auf der ganzen Linie versage. Die Opposition tut sich schwer mit ihrer Rolle in diesen Tagen, da der Kanzler in der Wahrnehmung der Bevölkerung häufiger als Staatsmann auftritt und seltener als Vertreter einer Regierungskoalition. Den Rednern der Opposition bleibt in einer solchen Lage nur ein rhetorisches Mittel: Sie teilen die Welt und ihre Reden in Außen- und Innenpolitik. Auf diese Weise kann man staatstragend und regierungskritisch zugleich sein.

Glos, der bei der Opposition die Angriffe gröberer Wortwahl bevorzugt, verbindet geschickt den Respekt mit der Attacke. Die Regierung solle in nächster Zeit ja nicht auf den Gedanken kommen, ihr innen-, wirtschafts-, finanz- und sozialpolitisches Versagen »unter den Teppich des Terrorismus« zu kehren, das heißt, sie solle nicht versuchen, die Tragödie in den USA als Vorwand zu benutzen, um die Schwächen der Konjunktur und des Arbeitsmarktes zu begründen. Weil sich Schröder nur ungern aus seiner gegenwärtigen Rolle als oberster Krisenbewältiger drängen lassen will, muss er nachsichtig auf die Angriffe der Opposition reagieren, um sich nicht auf deren Niveau herabzubegeben. Das Ziel der Attentäter sei es gewesen, ein Klima von Angst und Unsicherheit zu verbreiten und damit die Weltwirtschaft negativ zu beeinflussen, sagt Schröder. Dies werde auch gelingen, wenn die Staatengemeinschaft nicht entschlossen dagegenhalte. »Wir brauchen ein Klima der Gemeinsamkeit, aus dem Optimismus entwickelt werden kann.« Schröder fügt hinzu: »Wir müssen alle zusammen verhindern, dass die Terroristen in irgendeiner Form Macht über die wirtschaftliche Entwicklung der Welt und Deutschland gewinnen.« Das werde auch gelingen: »Aus Sorgen kann sich neue Kraft entwickeln.«

Dem Kanzler zufolge darf sich niemand dem gesellschaftlichen Schulterschluss verweigern. Dies gilt nach seinen Worten auch für die Tarifparteien. Er hoffe jedenfalls, dass die »gesamtwirtschaftliche Vernunft, die gerade in der Krise nötig ist, auch die Optionen und Handlungen der Tarifparteien in den nächsten Jahren leiten wird«. Und weiter: »Ich vertraue denen jedenfalls.« Ihrerseits werde die Regierung nicht nachlassen bei der Konsolidierung der Staatsfinanzen. Was die Opposition so alles verlange, Konjunkturprogramme und das

Vorziehen der Steuerreform, das gehe nicht, wenn man die Schulden abbauen wolle. Der gebeutelte Koalitionspartner hat keinen ebenbürtigen Redner dagegen aufzubieten. Der Fraktionsvorsitzende Rezzo Schlauch müht sich wie stets, aber ihm ist nicht mehr vergönnt, die Grünen als wahre Hüter der liberalen Gesellschaft zu preisen. SPD-Fraktionschef Struck räumt zwar ein, dass schwere Entscheidungen auf Rot-Grün zukämen, gibt aber zugleich eine Bestandsgarantie ab. »Ihre Hoffnung, dass daran die Koalition zerbrechen wird, muss ich enttäuschen«, teilt er der Opposition mit.

Wie zügig Fraktionschef Merz den kurzen Weg zwischen Zusammenhalt und Tadel durcheilt, gefällt in der CDU/CSU sichtlich. Die wirtschaftliche Talfahrt in Deutschland, sagt er, habe nichts mit den Terroranschlägen in den USA zu tun, sondern allein mit Schröders verfehlter Politik. »Es geht nicht, dass die globalen Ereignisse zum Alibi für Nichtstun in der Innenpolitik und als Begründung für Ihr Versagen in der Arbeitsmarkt- und Wirtschaftspolitik herangezogen werden«, erklärt Merz dem Kanzler. Am Ende seiner Rede hat die Opposition wieder die natürliche Distanz zur Regierung eingenommen wie vor der Unterbrechung der Haushaltsdebatte am 11. September. Merz formuliert das so: »Dieses Land hat ein Problem. Das Problem hat einen Namen. Und das ist der von Gerhard Schröder.«

Es ist nicht so, dass der Bundeskanzler in diesen Tagen jede Stunde in Beratungen verbringt, ständig telefoniert oder mit den anderen Mächtigen der Welt seine Sorgen bespricht. An einem Sonntagabend schaut ein Bundeskanzler auch in solchen Zeiten fern. Er schaltet die Talkshow von Sabine Christiansen ein. In der Gesprächsrunde sitzt Michael Blumenthal, der frühere Finanzminister der Regierung Carter, inzwischen Direktor des gerade fertig gestellten Jüdischen Museums in Berlin. Ein imposanter Mann, ein gescheiter Kopf. Der Kanzler schätzt ihn. Und dieser Blumenthal sagt in dieser Runde ohne besonderen Nachdruck einen Satz, der sich dem Fernsehzuschauer Schröder einprägt. Er lautet sinngemäß, dass die USA im Kampf gegen den Terror allein aus militärischer Sicht auch alleine zurechtkämen. Dass sie aber, aus vielerlei Gründen, in diesen Tagen ganz genau registrierten, wer an ihrer Seite stehe und wer nicht. Im Gespräch mit seinen Beratern zieht Schröder aus dieser Bemerkung in den folgenden Tagen eine Erkenntnis, die die deutsche Außenpolitik verändern wird. In den Zeiten des Kalten Krieges, ja bis hinein in die ersten Jahre nach der Wiedervereinigung, hat es für die Solidarität der Bündnispartner – entscheidend der USA – mit Deutschland keiner besonderen Begründung bedurft. Das hat sich grundlegend geändert. Solidarität wäre im Bedarfsfall keine Einbahnveranstaltung mehr. Deutschland muss Solidarität gewähren, sonst könnte es im Ernstfall nicht mehr damit rechnen. Die deutsche Sehnsucht, sich heraushalten zu können aus den Konflikten, vor allem den militärischen, kann der Bundeskanzler Schröder im Gegensatz zu seinen Vorgängern nicht mehr unterstützen. Weil sich diese seine Gedanken mit den Überlegungen seines Außenministers decken, steigert sich die ohnehin vorhandene Vertrautheit zwischen Schröder und Fischer in diesen Tagen beinahe zu einer politischer Seelenverwandtschaft. Und die bestärkt den Kanzler darin, keinen Deut von seiner Formulierung abzurücken, Deutschland werde »uneingeschränkte Solidarität mit den USA« üben.

Die deutschen Beschwerlichkeiten beim Kampf gegen den Terror sind den Amerikanern nicht verborgen geblieben. Als die US-Sicherheitsbehörden ankündigten, sie würden die Zahl der FBI-Beamten verdoppeln, um die Hamburger Polizei bei der Untersuchung des dortigen Terrornestes zu unterstützen, ist dies in Washington durchaus so verstanden worden, dass die Deutschen Hilfe nötig haben. Mittlerweile hat sich auch in den zuständigen Berliner Ministerien die Erkenntnis durchgesetzt, dass es um die Zusammenarbeit der deutschen Sicherheitsbehörden in der Vergangenheit nicht allzu gut bestellt ist.

»Sind Sie beunruhigt darüber, dass offenbar viele der Pläne und Verwicklungen in Ihrem Land geschmiedet wurden, dass die Planungen der Aktivitäten in Deutschland stattgefunden haben?«, fragt am 5. Oktober CNN-Moderator Larry King den Kanzler. In seiner Antwort gibt sich Schröder alle Mühe, den Fragesteller zu beruhigen: »Ich denke, Larry, wir sollten jetzt nicht der Frage nachgehen, wo die Pläne geschmiedet wurden und wo einzelne Täter zu finden sind. Ich meine, von den 90 bekannten Namen stammen drei aus Deutschland – was natürlich schlimm genug ist. Doch jetzt ist wichtig, dass wir diese Terroristen global verfolgen, dass wir versuchen, sie zu erwischen und sie festzunehmen.«

Mit den »drei Namen aus Deutschland« meint der Kanzler die beiden Todespiloten Mohamed Atta, 33 Jahre alt, und Marwan al-Shehhi, 23, sowie den Hamburger Kaufmann Mamoun Darkazanli, einen mutmaßlichen Verbindungsmann zu der radikalislamischen Terrororganisation el Qaida. Schon vor einem Jahr ist das Bundeskriminalamt (BKA) auf sie aufmerksam geworden. Es hat brisante Erkenntnisse – aber die Wiesbadener Fahnder durften sie nicht weiter verfolgen. Vor allem Generalbundesanwalt Kay Nehm gerät deshalb in den Mittelpunkt der Kritik. Im ARD-Fernsehmagazin »Kontraste« kommt BKA-Sprecher Norbert Unger ausführlich zu Wort. Er berichtet, sein Amt habe im Januar 2000 einen detaillierten Bericht über islamistische Extremisten in Deutschland zusammengestellt und dem Generalbundesanwalt vorgelegt. Zugeliefert hätten der Bundesnachrichtendienst (BND) und der Verfassungsschutz. Leider habe Nehm die Aufnahme eines Ermittlungsverfahrens abgelehnt mit der Begründung, die Faktenlage sei zu dünn.

Regierungssprecher Heye begnügt sich mit der Feststellung, die Zusammenarbeit zwischen den Sicherheitsbehörden sei hervorragend, und wo sie das nicht sei, werde der Mangel behoben. In Justizkreisen in Karlsruhe erinnerte man daran, dass Nehm schon im Zusammenhang mit der Verfolgung rechtsradikaler Straftäter in die Kritik geraten sei. Justizministerin Herta Däubler-Gmelin habe ihm bereits häufiger vorgeworfen, er ermittle zu zögerlich gegen Rechtsradikale. Im Berliner Innenministerium, dem das BKA unterstellt ist, gibt es indes auch Klagen über die Wiesbadener Behörde. So ist von den Polizeibehörden der Länder und vom Bundesgrenzschutz nicht nur gelegentlich zu hören, das BKA gebärde sich häufig »elitär« und behandele die Beamten im täglichen Einsatz »von oben herab«. Ein Sprecher von Innenminister Schily verweist angesichts der aufkeimenden Kritik an der Zusammenarbeit der Sicherheitsbehörden darauf, dass schließlich nicht ohne Grund Gesetzesänderungen beschlossen worden seien.

Am Ende seines Interviews für Amerika darf der Kanzler dann noch erklären, wie er die auseinander strebenden Kräfte in seinem Land zusammenhält, die einen, die um die bürgerlichen Freiheiten fürchten, und die anderen, die extreme Maßnahmen gegen die Terroristen verlangen. »Wir werden«, verspricht Schröder, »eine saubere Balance finden zwischen der Bereitschaft zur Selbstverteidigung aufseiten der Staatsgewalt und der Polizeigewalt.«

Anruf aus Washington

Schon am späten Nachmittag des 7. Oktober, einem Sonntag, verdichten sich die Hinweise in der deutschen Hauptstadt, dass der Beginn der militärischen Operationen in Afghanistan unmittelbar bevorstehen könnte. Bei Einbruch der Dämmerung ziehen vor der ohnehin schon

streng bewachten und weiträumig gesicherten amerikanischen Botschaft in der Neustädtischen Kirchstraße gepanzerte Polizeifahr-
zeuge auf, die britische Botschaft in der Wilhelmstraße wird mit
Sperrgittern umstellt, die Einsatzleiter der Polizei und des Bundes-
grenzschutzes werden alarmiert. An der Einfahrt des Bundeskanz-
leramtes fahren lautlos die eisernen Gitter hoch. Die Ampeln davor
springen auf Rot.

Schröder ist nicht der erste Regierungschef, der von US-Präsident
Bush ins Bild gesetzt wird, er kommt nach dem britischen Premierminister Tony Blair und dem russischen Präsidenten Wladimir Putin
an die Reihe. Bush habe Schröder »nachdrücklich für die deutsche
Haltung« und die Solidarität im Kampf gegen den Terrorismus gedankt, hieß es hinterher, und Schröder habe seine Aussage wiederholt,
dass er die amerikanischen Angriffe auf »terroristische Ziele in Afghanistan ohne Vorbehalte« unterstütze. Beide Politiker vereinbarten,
»weiter engen Kontakt zu halten«. Schröder ruft dann seinerseits bei
Tony Blair in London an, anschließend beim französischen Präsidenten Jacques Chirac. Man vereinbart unter anderem, die Bevölkerungen
in Frankreich, Deutschland und England zu einem abgestimmten
Zeitpunkt über die Lage in Afghanistan aufzuklären. Wie er es versprochen hat, informiert der Kanzler anschließend umgehend die
Spitzen der deutschen Parteien, wobei die erste Information stets die
ist, dass keine deutschen Soldaten an diesen ersten Militärschlägen
beteiligt seien, auch nicht auf indirekte Weise. Am Nachmittag nämlich ist in Berlin davon die Rede gewesen, dass die in Europa sta-
tionierten AWACS-Überwachungsflugzeuge der Nato, in denen auch
deutsche Luftwaffensoldaten Dienst tun, in absehbarer Zeit in die USA
verlegt werden könnten, um den dortigen Luftraum zu schützen.

Erst nachdem der Kanzler sich eine knappe halbe Stunde lang mit
seinen engsten Vertrauten beraten hat – zu der so genannten Sicherheitslage gehören unter anderem Kanzleramtschef Frank-Walter Steinmeier, Verteidigungsminister Rudolf Scharping, Innenminister Otto
Schily und Außenminister Joschka Fischer –, tritt er mit Letzterem gemeinsam im Kanzleramt vor die Medien.

Seine wichtigste Botschaft besteht in erster Linie darin, die Deutschen um Verständnis für mögliche Unannehmlichkeiten im Alltag
zu bitten. Schröder redet nicht drum herum, sondern sagt ohne Umschweife, seit Beginn der Militäraktion müsse von einer erhöhten
Gefährdungssituation auch in Deutschland ausgegangen werden.
Zwar gebe es bisher keine Anhaltspunkte für geplante Anschläge in

Uneingeschränkte Solidarität: Schröder und Fischer erläutern die amerikanischen Angriffe auf Afghanistan, 7.10.2001

Deutschland. Die Sicherheitskräfte seien jedoch in erhöhte Alarm-
bereitschaft versetzt worden.

Zu den Militäraktionen der Antiterrorkoalition in Afghanistan sagt
der Kanzler, es handele sich um gezielte Schläge gegen militärische
Einrichtungen und die Gruppe el Qaida Osama bin Ladens. Noch
gebe es kein konkretes Hilfsersuchen der USA an die deutschen Streitkräfte. Über etwaige deutsche Militäreinsätze in der nahen Zukunft
wolle er deshalb nicht spekulieren. Er habe sie aber nie ausgeschlossen.

Schröder erklärt, es handele sich bei der Aktion nicht um einen
Kampf gegen das afghanische Volk, sondern gegen den Terrorismus
und diejenigen, die ihn unterstützten. Es sei auch kein Kampf des
Westens gegen den Islam. Dies zeige die große Allianz um die USA und
die Nato, an der auch islamische Staaten beteiligt seien. Deutschland
werde sich an der Lösung eines Flüchtlingsproblems nach den US-An-
griffen auf Ziele in Afghanistan beteiligen. »Und zwar großzügig«,
sagt Schröder. Dies habe er auch, in einem weiteren Telefongespräch
an diesem Tage, UN-Generalsekretär Kofi Annan zugesagt.

Den Bitten der Regierung, die Arbeit wie gewohnt fortzusetzen, ver-
schließen sich in Berlin auch die Parteien nicht, die die Regierung tragen. Die Grünen verstehen die Aufforderung allerdings so, dass sie
ihren am vorausgegangenen Wochenende im Länderrat mit viel Auf-
wand ausgetragenen Streit um die Militäreinsätze gleich wieder aufle-
ben lassen. Die Spitzen von Partei und Bundestagsfraktion unterstützen die Militärangriffe der USA und Großbritanniens auf Ziele in
Afghanistan. In einer gemeinsamen Erklärung werden sie als gerecht-
fertigt bezeichnet, weil sie gegen terroristische Ziele und militärische
Infrastruktur des Taliban-Regimes gerichtet seien. Die Wortführer der
Linken sehen das ganz und gar nicht so. »Die Grünen sollten sich
dafür stark machen, dass die Angriffe eingestellt werden«, sagt die
Abgeordnete Annelie Buntenbach. Ihr Fraktionskollege Hans-Christian Ströbele ergänzt: »Nach jetzigem Stand kann ich nur Nein sagen
zu diesem Einsatz.«

Im Anschluss an eine Präsidiumssitzung der SPD am 8. Oktober lässt
der Generalsekretär der Partei, Franz Müntefering, nicht ohne Absicht
die Bemerkung einfließen, dass es bei der versprochenen lückenlosen
Information des Kanzlers für die Parteien im Bundestag auch Grenzen
gebe. Die PDS werde im Unterschied zu den anderen Bundestagspar-
teien »keine geheim zu haltenden und vertraulichen Informationen«
über das weitere Vorgehen bei der Terrorismusbekämpfung bekom-

men. Müntefering begründet dieses »gestufte Verfahren« bei der vertraulichen Information der Parteivorsitzenden durch den Bundeskanzler mit der Art und Weise, wie die PDS auf die Anschläge in den Vereinigten Staaten und auf das gemeinsame Vorgehen im Nato-Bündnis reagiert habe.

Ein »hinkender Kanzler«?

In Deutschland gibt es nicht die Tradition, dass sich der Regierungschef in einer »Rede an die Nation« über das Fernsehen an die Bevölkerung wendet, wenn er etwas von Bedeutung mitzuteilen hat. Seit dem 11. September aber häufen sich die Gelegenheiten, bei denen der Kanzler sich direkt an die Menschen im Lande richten möchte. Das neue Kanzleramt hält dafür einen Saal bereit, mit einem Stehpult mit Staatswappen, ein wenig schlichter in der Ausführung als die Kanzel des US-Präsidenten. Bei seinen Erklärungen über die Sicherheitslage im Lande und seinen Zusicherungen an die Adresse der USA nutzt Schröder diese Einrichtung und setzt sich dabei stets sorgfältig in Szene. Zuversichtliche Gelassenheit ausstrahlend steht er da, an seiner Seite fast immer der sorgenvoll blickende Außenminister Joschka Fischer.

An diesem 6. November, als der Kanzler eine historische Entscheidung, wie er selbst sagt, bekannt zu machen hat, entscheidet er sich für ein anderes Umfeld. Er geht zu den Medien hin, begibt sich auf den neutralen Boden der Bundespressekonferenz. Er weiß, dass es mit der Verkündung einer deutschen Beteiligung am Krieg gegen den Terror nicht getan sein wird. So wie schon vorab aus der eigenen SPD-Bundestagsfraktion und aus der Fraktion der Grünen kommen skeptische Nachfragen über Art und Umfang des mutmaßlichen Einsatzes deutscher Soldaten im Afghanistan-Konflikt. Er will damit auch den Bürgern im Lande entgegengehen, die aus der Gewohnheit der vergangenen 50 Jahre oder aus innerer Überzeugung nur mit großen Skrupeln zur Kenntnis nehmen, wenn deutsche Soldaten zu den Waffen greifen.

Die Nachfragen sind nicht nur militärischer Natur, was schon heikel genug ist wegen der Geheimhaltung. Sie gehen auch ins Menschliche und werden damit noch problematischer: Die 3 900 Soldaten, die hätten doch alle Mütter, vielleicht auch Ehefrauen und Kinder, ob er auch diesen etwas mitzuteilen habe, und wenn ja, was? Über Ursache und Wirkung spricht der Kanzler in seiner Antwort, über die große Zahl der unschuldigen Opfer in den Hochhaustürmen von New York und die politisch notwendigen Entscheidungen im Kampf gegen den internationalen Terror: »Niemand ist froh über diese Entscheidungen, aber sie sind notwendig.«

Am darauf folgenden Tag trägt der Kanzler seinem Kabinett jenen Beschluss vor, den der Bundestag möglichst bald fassen soll. Dabei geht es um die 3 900 Soldaten in verschiedenen Funktionen und an verschiedenen Einsatzorten. Dass die Bundeswehrangehörigen Sanitätsdienste leisten und Lufttransporte durchführen sollen, dass ihr Spürpanzer »Fuchs« gefragt ist und die Marine Kontrollfunktionen übernehmen soll, das alles ist im Grunde bereits bekannt seit den Reisen Schröders und Fischers in die USA. Den Einsatz eines Spezialkommandos – den Bundeswehrfachausdruck KSK läßt der Kanzler nicht gelten – haben Militärexperten schon angedeutet, aber stets mit dem Hinweis versehen, sie wüssten nicht, was die Amerikaner wirklich vom Nato-Partner Deutschland an Beistand erwarteten.

Am Montagabend, dem 5. November, waren zeitgleich im Kanzleramt und im Verteidigungsministerium die Bitte aus Washington um Beistand eingetroffen. Dabei darf man sich das nicht so vorstellen, dass die Deutschen mit zitternden Händen eine Art Bestellliste der Amerikaner aus dem Faxgerät gezogen hätten. Vielmehr hat die Sicherheitsberaterin von US-Präsident George W. Bush, Condoleezza Rice, dem außenpolitischen Kanzlerberater Michael Steiner mitgeteilt, dass eine längst ausgehandelte Liste mit militärischen Optionen nunmehr aktuell werde. Schröder formuliert das so: Man weiß im Bündnis eben, was der Partner zu leisten imstande ist. Jede Nachfrage dazu bürstet er unwirsch ab: Die Deutschen hätten niemandem etwas aufgedrängt.

Aus der SPD-Fraktion erfährt der Kanzler, was verschiedene Vertreter der Parteilinken zuvor unter dem Stichwort »kritische Solidarität mit den USA« verkündet haben. Er wolle sich nicht mit solchen Wortschöpfungen auseinander setzen, grantelt Schröder, der weiterhin auf dem Begriff der uneingeschränkten Solidarität mit Amerika besteht. Abgeordnete wollten wissen, ob sich im geplanten Bundestagsbeschluss das Gebiet für den möglichen Einsatz deutscher Soldaten schärfer eingrenzen lasse. Der für die Außenpolitik zuständige SPD-Fraktionsvize Gernot Erler verweist darauf, der Einsatz werde – außer in Afghanistan – von der Zustimmung der betroffenen Länder abhängig gemacht. Damit dürfe es beispielsweise keinen Einsatz im Irak geben, weil die dortige Regierung dem nicht zustimmen würde. Schnell machte in der

Fraktion das Wort die Runde, der Kanzler wünsche eine Pauschalermächtigung durch das Parlament. Den Begriff »Ermächtigung« hat Schröder zuvor selbst gebraucht, wobei sein Berater Steiner recht unglücklich blickte. Nein, springt SPD-Fraktionschef Struck in die Bresche, er sehe in dem von der Regierung angestrebten Beschluss keine Pauschalermächtigung auf Kosten des Parlaments. Die vor dem Fraktionssaal am häufigsten gestellte Frage, ob die Koalition eine eigene Mehrheit haben werde, beantwortete Struck so: »Ich rechne mit einer breiten Mehrheit«. Im Kanzleramt sieht man die Gefahr heraufziehen, dass der Bereitstellungsbeschluss nur mit Hilfe der Opposition zu schaffen sein wird. In diesem Fall, unkt einer der Berater, hätte Rot-Grün ein schweres Problem und Deutschland für den Rest der Wahlperiode einen »hinkenden Kanzler«.

Auch in der Grünen-Fraktion quälen sich am Abend des 7. November, einem Mittwoch, zahlreiche Redner mit der Bereitstellungsliste herum; besonders die Ungewissheit über die Einsatzorte von Spürpanzern und Spezialtruppen löst eine wahre Fragenflut aus.

Mit beiden Händen schlägt Joschka Fischer auf die Tischplatte, kaum noch in der Lage, seine steigende Erregung in Worte zu fassen. Am Ende springt er auf, hinaus will er, nur noch hinaus aus dem Fraktionssaal der Grünen im Reichstag. Drinnen schlägt die Stimmungslage um von blankem Entsetzen und Ratlosigkeit zu Verstocktheit und Trotz. Eine Selbsthilfegruppe von lauter unverstandenen Menschen befindet sich im Zustand der Auflösung.

Zum wiederholten Male hat der Außenminister seinen Fraktionskollegen die Notwendigkeit der deutschen Beteiligung am Kampf gegen den Terror zu erläutern versucht, die Begriffe Bündnistreue und größtmögliche Fürsorge für die deutschen Soldaten benutzt, die Stimmlage gewechselt zwischen bettelnd und drohend – aber die Stimmung blieb misstrauisch: Die amerikanische Strategie des Luftkrieges ist doch längst gescheitert, heißt es. Habt ihr das den Amerikanern denn schon gesagt? Was sollen wir da? Wieso ist das Einsatzgebiet so groß? Was genau sollen die Spezialeinheiten machen? Wann, wo und wie?

Der Außenminister gerät in die Rolle des Angeklagten, was die grüne Bundestagsvizepräsidentin Antje Vollmer offenbar nicht länger mit ansehen mag. Vollmer besänftigt den aufgebrachten Fraktionskollegen mit den Worten: »Ich vertraue dir, Joschka Fischer.« Ohne Pause fährt sie aber fort: »Ich weiß nicht, ob ich der Regierung und dem Bundeskanzler vertrauen kann.« So kündigt man eine Koalition auf. Im anschwellenden Getöse verweist Vollmer zur Erläuterung ihrer inneren Zerrissenheit auf die schwachen Wirtschaftsdaten, offenbar auf eine Art »Ablenkungsmanöver« der Regierung anspielend. Da reißt bei Fischer die Geduld. Wenn die Diskussion auf diesem Niveau fortgeführt werde, brüllt er, sei er an einem Punkt angekommen, an dem er nicht mehr mitmachen wolle. Er klebe nicht an seinem Sessel und werde auch nicht zu einer anderen Partei gehen, um im Amt des Außenministers zu bleiben. Er wisse, was er den Grünen zumuten könne. Eine Politik, die er für Deutschland als falsch erachte, werde er nicht vertreten.

Während der Bundestagsdebatte am darauf folgenden Donnerstag zu einer Regierungserklärung des Kanzlers herrscht um den Platz von Antje Vollmer reges Treiben. Die Vordenker der Ablehnungsgruppe wie Christian Ströbele und Irmingard Schewe-Gerigk reden ermunternd auf sie ein, während vorne am Pult Michael Glos von der CSU den Riss in der Koalition genussvoll noch ein Stück zu verlängern trachtet. Der Kanzler habe seine Sache ordentlich gemacht, sagt Glos und fügt hinzu: »Wir haben Vertrauen zu Ihnen.« Das »wir« hebt er hervor. Nicht wenige Sozialdemokraten ballen bei dieser Häme die Faust in der Tasche.

Derweil versuchen die Besonnenen bei den Grünen um die Fraktionsvorsitzenden Rezzo Schlauch und Kerstin Müller, den Abweichlern das Desaster auszumalen, was da kommen mag: Ohne Grüne in der Regierung werde sich die amerikanische Kriegführung nicht ändern, aber die Bundeswehr genauso in Marsch gesetzt. Nur fehlten dann alle Möglichkeiten, überhaupt noch im Sinne der Grünen Einfluss auf das Geschehen zu nehmen.

Die SPD blickt unterdessen stumm auf eigene Schwächen. Verteidigungsminister Rudolf Scharping wirkt seit Tagen wie geistesabwesend. Statt dem Kanzler eine Hilfe zu sein und die Notwendigkeiten einer neuen deutschen Sicherheitspolitik fundiert und leidenschaftlich zugleich zu vertreten, verärgert er die eigene Fraktion durch langatmige Erläuterungen, bei denen am Ende das Nicht-Wissen und das Nicht-Sagen-Dürfen eine unerfreuliche Mixtur ergeben.

Der Kanzler ahnt inzwischen, dass ihm – nach wochenlangem geschickten Agieren in der Krise – ein erster, folgenschwerer Kommunikationsfehler unterlaufen ist. Er hat die Situation nach dem entscheidenden Signal aus Washington ungeschickt vermittelt. Schröder hat die amerikanischen Erwartungen übertrieben und den eigenen Handlungsspielraum heruntergespielt. Er hat geglaubt, wenn er den Beitrag der Deutschen nur geschickt verpackt, dann wird er die Zustimmung schon bekommen. Also sprach er viel von Sanitätern, Geleitschutz, Transport und Nachschub, ganz wenig von Spezialeinsatzkräften. Er wollte die Zweifel an diesem Krieg ein Stück weit aufgreifen und der Bevölkerung und den Parlamentariern die Zustimmung zu seinem Bereitstellungsplan erleichtern. Doch Schröder hat das Gegenteil erreicht.

Im Regierungslager ist man um vorauseilende Schadensbegrenzung bemüht. »Die eigene Mehrheit« ist fast schon zum Unwort geworden. Zum Weiterregieren genügt es nach neuerer Anschauung, wenn die Grünen zumindest eine Mehrheit in den eigenen Reihen zusammenbekommen und die Sozialdemokraten bis auf einige wenige Pazifisten der Bereitstellung der Soldaten zustimmen.

Vertrauensfrage

Über Nacht ändert Schröder seine Meinung. Nein, erklärt er am 13. November, einem Dienstag, den überraschten Genossen und den misstrauischen Grünen, in dieser existenziellen Frage der deutschen Politik werde er sich als Bundeskanzler nicht auf Stimmen aus der Opposition verlassen. Er brauche eine eigene Mehrheit und um dies zu gewährleisten, stelle er die Vertrauensfrage. Die politischen Beobachter in Berlin sind überrascht. In Hintergrundgesprächen, aus denen nun auf einmal in den Hauptstadtzeitungen berichtet wird, hat Schröder doch den gegenteiligen Eindruck erweckt: Mehrheit sei Mehrheit, habe der Kanzler zu verstehen gegeben, und es sei überhaupt seine Sache nicht, mit dem Mittel der Drohung oder des Drucks zu regieren. Aber auch die Einflüsterungen aus dem Kanzleramt werden noch vernommen, die behaupten, der Kanzler sei schockiert gewesen über die Laxheit der grünen Fraktion im Umgang mit der wichtigen Bundestagsentscheidung. Wenn die Mehrheit dank der Opposition doch gesichert sei, dann könne man doch mal sein Gewissen schonen und die Verantwortung anderen überlassen. Dass nicht wenige in der SPD-Fraktion auch nicht anders denken, wird erst einmal beiseite geschoben.

Am folgenden Mittwoch erläutert der Kanzler mit großer Geduld einer Gruppe von Schülerzeitungsredakteuren den Krieg in Afghanistan und weicht auch Fragen nicht aus, weshalb er denn unbedingt mit den Grünen weiterregieren wolle. Ein junger Fragesteller bittet Schröder, ihm »in zwei, drei Sätzen« zu erläutern, weshalb denn die rotgrüne Regierung erhaltenswert sei. Der Kanzler braucht für die Erledigung dieser Aufgabe dann ziemlich lange. Er zählt die Erfolge der Koalition auf und sagt mit fester Stimme, er werde deswegen im Bundestag auch eine Mehrheit bekommen.

In seiner Partei, natürlich auch beim Koalitionspartner und bei der Opposition, gilt die größte Neugierde der Frage, ob sich Schröder bei der Abstimmung über die Vertrauensfrage am 16. November überhaupt eine Mehrheit wünscht. Gewiss doch, sagen die Leute in seiner Umgebung, einen Koalitionswechsel strebe er auf keinen Fall an. Als Erstes spreche der Jurist im Kanzler, wenn er immer wieder betone, eine Option sei nur solange eine Option, wie man sie nicht ziehe. Und dann, die menschliche Seite: den Joschka (Fischer), den Rezzo (Schlauch), die möchte er nicht missen, auf die Geschwätzigkeit von Wolfgang Gerhardt von der FDP reagiere er dagegen allergisch.

Andere wiederum verweisen darauf, dass Schröders harte Strategie, über den Einsatz der Bundeswehr und die Vertrauensfrage in einem Durchgang abstimmen zu lassen, nur darauf hinauslaufen könne, möglichst bald zu Neuwahlen zu kommen. Das wolle der Kanzler insgeheim.

Es ist denn auch erstaunlich, wie schnell sich Fraktionschef Peter Struck, der ansonsten ständig auf der Hut ist vor gefährlichen Fragen, die Feststellung entlocken lässt, Neuwahlen seien die »sauberste Lösung«, falls die Kanzlermehrheit verfehlt werde. Ohne Neuwahlen könne er sich einen Wechsel des Koalitionspartners nicht vorstellen. Auch eine Neuauflage der jetzigen Koalition sei dann nicht denkbar. Rot-Grün als Ziel sei in einem solchen Fall den Menschen im Wahlkampf nicht zu vermitteln. Mit seiner Bereitwilligkeit, über die Optionen des Kanzlers zu plaudern, kann man Struck freilich auch als eine Art Druckverstärker ansehen. Er tut so, als spreche er stets nur über die Grünen, die Abtrünnige einzubinden hätten in die Unterstützergemeinschaft für den Kanzler.

Hinter geschlossenen Türen wird zwei Tage und Nächte lang um die Mehrheit gerungen. Struck gibt den jeweiligen Tagesbefehl aus: »Ich rechne nicht damit, dass in meiner Fraktion jemand gegen Gerhard Schröder stimmt.« Das klingt zwar so, als wisse er Bescheid über die innere Festigkeit seiner Genossen, ist aber wohl doch als letzter Appell an womöglich Unentschlossene zu verstehen. Die Gewissensnöte sind indes größer, als Struck zugeben mag. Auf einmal heißt es in der SPD-Fraktion, bis zu vier Abgeordnete dächten über die Niederlegung ihres Mandats vor der Abstimmung nach. Die Abgeordnete Gudrun Roos, die bislang zu den Abweichlern gezählt worden ist, lässt erklären, neben einem Mandatsverzicht erwäge sie auch, mit Ja zu stimmen und eine ablehnende Erklärung beizufügen. Als mögliche Abweichler gelten auch Uwe Jens, Konrad Kunick und Christine Lucyga. Niedergelegte Mandate werden über die Landeslisten ersetzt, sofern es nicht Überhangmandate sind. Bis Donnerstag, 20 Uhr, wäre ein fliegender Wechsel möglich. Als unsicher gilt, wie sich Christa Lörcher aus Baden-Württemberg verhalten wird.

Struck legt sich fest, alle 294 Abgeordneten der SPD und die 47 Grünen-Parlamentarier nähmen an der Abstimmung teil. Das bedeutet, dass von der hessischen Abgeordneten Nina Hauer, die hochschwanger ist, jede Aufregung fern gehalten werden muss. Die 33-jährige frühere Gymnasiallehrerin wird von ihrer Fraktion dringend gebraucht im Bundestag. Am Nachmittag vor der Abstimmung wird bekannt, dass Christa Lörcher dem Druck nicht länger standhält. Sie verlässt die Fraktion der SPD.

Das erzwungene Vertrauen

Kurz bevor der Kanzler den Reichstag am frühen Freitagnachmittag, dem 16. November, verlässt, wischt er in der SPD-Fraktion all die Unwägbarkeiten, die Verdächtigungen, die Zumutungen der vergangenen Tage mit ein paar markigen Worten beiseite, die er dann vor der Tür wiederholt, damit sie auch die Öffentlichkeit erreichen. Es sei ihm ernst gewesen mit der Vertrauensfrage, kein Manöver also mit einer kalkulierten Niederlage, um die unfertige Union mit einem kurzen Winterwahlkampf kalt zu erwischen. Noch einmal wird die internationale Bedeutung Deutschlands betont, herausgestellt, dass die Bundesregierung nunmehr ermächtigt sei – der Kanzler hat tatsächlich wieder das Wort Ermächtigung gebraucht –, das militärisch Notwendige auf den Weg zu bringen, hervorgehoben, dass kein Gremium, auch kein Parteitag an der Fortsetzung der Koalition herumdeuteln könne: Das ist's. Schröder hat sich durchgesetzt – und fordert die Genossen auf: »An die Arbeit.«

Am Morgen ist noch viel Nervosität spürbar im Regierungsviertel. Der Bundesgrenzschutz hat das Reichstagsgebäude weiträumig abgesperrt. Auf der Spree patrouilliert die Wasserschutzpolizei. Ein innerer Kordon von Polizisten schützt die Bannmeile, die es in Berlin eigentlich gar nicht gibt. Dennoch haben sich rund 200 Protestierer vor Sitzungsbeginn mit Plakaten und Transparenten vor dem Reichstagsgebäude versammelt und den eintreffenden Abgeordneten zugerufen: »Sagt Nein zum Krieg!« Einige legen sich vor den Eingang Ost, wo die Wagen der Regierenden und der Abgeordneten vorfahren. Zu der Aktion hat die »Kampagne gegen Wehrpflicht« aufgerufen. »Wir brauchen aufrechte Demokraten und keine Parteisoldaten«, hieß es in einem von etwa 100 Einzelpersonen, Initiativen und Vereinigungen unterzeichneten Aufruf.

Knapp 20 Minuten redet der Kanzler, und einen großen Teil dieser Zeit widmet er der Begründung für die Verknüpfung der Vertrauensfrage mit der Abstimmung über den Bundeswehreinsatz. Der Unmut in der eigenen Fraktion, der stille Ingrimm auch bei gutwilligen Grünen wegen ihrer Gewissensqualen haben ihn veranlasst, darauf so ausführlich einzugehen. Es sei unabdingbar, sagt Schröder, dass sich der Kanzler in einer so wichtigen Frage wie der Bereitstellung von Soldaten auf die Mehrheit der ihn tragenden Koalition verlassen könne. Dabei zitierte er den ehemaligen Bundesverfassungsrichter und Staatsrechtler Hans Hugo Klein. Er könne gar nicht verstehen, sagt Schröder, wenn von Einschränkungen der Gewissensfreiheit der Abgeordneten gesprochen werde.

Der Vorsitzende der CDU/CSU-Bundestagsfraktion, Friedrich Merz, der in jüngster Zeit mit einigen kämpferischen Reden daran erinnert hat, dass er als Oppositionsführer im Bundestag auch noch mitfährt auf dem Personalkarussell der Union, hat sich vorgenommen, die Regierungspolitik im Stück anzugreifen und im Übrigen die Zweifler im Regierungslager anzusprechen. Wie SPD und Grüne, vor allem deren Führungspersonal, in den vergangenen Tagen gegen die Abweichler in ihren Reihen vorgegangen seien, habe ihn schockiert, meint Merz. »Wer so umspringt mit Abgeordneten, die allein ihrem Gewissen verantwortlich sind, nur um sich die Macht zu sichern, der hat Vertrauen wahrlich nicht verdient«, stellt er fest.

Nach seiner Einschätzung reiche der Vorrat der Gemeinsamkeiten der Regierungskoalition nicht mehr bis zum Ende der Legislaturperiode. Der Regierungschef sei ein »Kanzler ohne Unterleib«, zitiert Merz eine Zeitung, was den Amtsinhaber auf der Regierungsbank für einen Moment wirklich zusammenzucken läßt. Als Merz dann aber meint, die Union sei bereit, die Auseinandersetzung zu jedem Zeitpunkt mit der Koalition und dem Kanzler aufzunehmen, entspannen sich Schröders Gesichtszüge wieder. Wenn Schröder später von einem »epochalen Ereignis« spricht, kann er eigentlich nicht die Redebeiträge gemeint haben, die eher an eine Aussprache über die Gefühlslage des Parlaments denken lassen als an eine vertiefte Debatte über die Ziele einer neuen Außen- und Sicherheitspolitik Deutschlands.

Die Berufung auf das Gewissen überlagert am Ende alle anderen Themen. Erst in der Nacht zum Freitag, gegen vier Uhr am Morgen, haben die Grünen den Dreh gefunden, die acht bis dahin fest gefügten Gegner eines deutschen Militäreinsatzes von ihrer Gewissenslast zu befreien. Weil das rot-grüne Reformprojekt nicht scheitern soll, verfällt man auf den Gedanken, die Gruppe zu teilen. Vier stimmen für den Kanzler, vier gegen ihn. Vier dürfen ihrem Gewissen folgen, vier müssen es ausblenden. Steffi Lemke, eine der Neinsagerinnen, die dann doch mit Ja stimmen muss, während Hans-Christian Ströbele bei seinem Nein bleiben darf, gibt eine Erklärung für die Grünen ab. »Die Verknüpfung ist nicht zielführend«, sagt sie mit tonloser Stimme. Der Meinungsunterschied in der Sache bleibe bestehen. »Doch wir haben gemeinsam eine strategische Entscheidung getroffen.« Rot-Grün solle weiter regieren.

Als die Abstimmung schon vorüber ist, trägt der SPD-Linke Rüdiger Veit die Bedenken von 15 SPD-Parlamentariern vor: »Krieg ist kein geeignetes Mittel zur Bekämpfung des internationalen Terrorismus.« Der Gewissenskonflikt sei ihnen aufgezwungen worden. Die am Tag zuvor aus der SPD-Fraktion ausgetretene baden-württembergische Abgeordnete Christa Lörcher schreibt in ihrer Erklärung, aus Gewissensgründen lehne sie den Einsatz bewaffneter deutscher Streitkräfte grundsätzlich ab. »Diese Entscheidung lässt mir keine andere Wahl, als insgesamt mit Nein zu stimmen.« Als das Abstimmungsergebnis bekannt gegeben wird, gehört sie zu den Ersten, die Gerhard Schröder beglückwünschten.

336 Bundestagsabgeordnete haben Gerhard Schröder ihr Vertrauen ausgesprochen – zwei mehr als nötig. Die rot-grüne Regierungskoalition hat die schwerste Krise ihrer Amtszeit überstanden.

Bitte um Gefolgschaft

Die Politik gewährt keine Atempause. Zwei Tage nach der Vertrauensfrage muss der Kanzler zum SPD-Parteitag nach Nürnberg.

Es ist schwer, Leidenschaft zu erkennen bei der Gratulationsrunde für den alten und neuen Parteivorsitzenden der SPD. Mit einer einzigen Ausnahme: Parteitagspräsidentin Anke Fuchs hat einige Mühe, Gerhard Schröder an eine Formalie zu erinnern, nämlich dass er die Wahl noch annehmen müsse, bevor es ihn vom Podium hinunter ins Plenum treibt, um seine Frau Doris zu umarmen, die in der ersten Reihe sitzt. Und sie muss Umsicht walten lassen und ihm den Lippenstift abwischen von der Wange, bevor er wieder hinaufklettert zu den Genossen. Das Händeschütteln und die angedeuteten Umarmungen fallen knapp, aber doch anerkennend aus, keineswegs überschwänglich, eher von Respekt getragen, eben dem Ernst der Lage angemessen.

Es ist schon zu erwarten gewesen, dass es auf dem Parteitag der SPD in Nürnberg noch einmal um das aufwühlende Erlebnis der Vertrauensfrage gehen würde. Dass ein ganzer Parteitag aber – zumindest an seinem ersten Tag – zur Verlängerung einer Bundestagsdebatte werden würde, hat bestimmt nicht allein am Parteivorsitzenden und Bundeskanzler gelegen. Eine ganze Partei hat da noch ein gutes Stück Aufarbeitungszeit nötig. Nur einer ist am Montag vorangeschritten, gestärkt durch sein anständiges Wahlergebnis. Der Parteivorsitzende hat auch die Botschaften des Tages verkündet: Hallo, ihr Grünen, wir wollen weiterhin mit euch zusammen regieren. Aber es kann nicht sein, dass ihr euch künftig vor der Verantwortung drücken wollt. Achtung, ihr Liberalen, wenn ihr eure Politik weiterhin nur nach den Börsenkursen ausrichtet, wenn eure Freiheit darin besteht, den Autofahrern die Punkte in Flensburg zu streichen, dann seid ihr noch nicht wieder regierungsfähig. Und ihr von der CDU/CSU: Glaubt denn jemand im Ernst, dass sich mit einer führungslosen Union politische Führung machen ließe?

Ein Parteitag benötigt so etwas wie eine Gefühlslage. Damit es die richtige ist, braucht es gelegentlich gutes Zureden und nüchterne Mahnung. In Nürnberg soll die SPD »Geschlossenheit« vorführen, auch das als Fortsetzung der Debatte vom vergangenen Freitag. Die Partei habe gelernt, dass Diskussionsfreude und Geschlossenheit kein Widerspruch sind, lobt die stellvertretende Parteivorsitzende Renate Schmidt. Es gehe darum zu diskutieren, ergänzt Rüdiger Fikentscher, der Vorsitzende des Parteirats, »und dann stehen wir zusammen.« Wer noch Zweifel hat, worum es bei diesem Parteitag gehen soll, dem hilft Generalsekretär Franz Müntefering auf die Sprünge: »Erst streiten, dann aber Geschlossenheit.« Schnell kommt auch der Parteichef zu dem, was er von den Delegierten erwartet. »Ich brauche eure Zustimmung für die Politik«, wirbt Gerhard Schröder. Welche? »Die Politik, über die der Bundestag am Freitag entschieden hat.« Nie habe er so intensiv gespürt, wie wichtig der Zusammenhalt der Partei sei. Politische Führung sei notwendig und werde erwartet. Ein Satz bleibt unausgesprochen, aber er klingt zwischen den Zeilen durch: »Bitte folgt mir.«

Der Beifall für Schröders Rede ist nicht so leidenschaftlich, wie es dem Kanzler nach den Strapazen der vorangegangenen Woche gut getan hätte. Der Parteitag geht zügig zu den Wahlen über, dem liebsten Spiel der Delegierten: Es ist eine Art von Politbarometer für den Hausgebrauch, Zustimmung und Liebesentzug für die fünf stellvertretenden Parteivorsitzenden, die alle wieder antreten. Wolfgang Thierse, der Bundestagspräsident, noch immer der einzige Vertreter aus dem Osten, heimst das beste Ergebnis ein, Rudolf Scharping muss sich mit einem Wert unterhalb der Anständigkeitsgrenze zufriedengeben. An dem Ergebnis für Heidemarie Wieczorek-Zeul ist abzulesen, dass sie für ihre entwicklungspolitische, humanitäre Begleitung der Afghanistan-Krise eine Rückenstärkung bekommen sollte.

Am Rande des Parteitages hat der Kanzler eine Personalie zu klären. Das geschieht auf eine Weise, die typisch für Schröder ist. Bei engen Vertrauten oder bei Leuten, die er noch braucht, verzeiht er einzelne Fehler durchaus rasch. Häufen sich sich aber persönliche Verfehlungen und beginnen diese auch noch, auf ihn abzustrahlen, kann abrupt Schluss sein. »Sein Reizpunkt ist dann erreicht, wenn es auf die eigenen Knochen geht«, sagt ein sozialdemokratischer Ministerpräsident, der ihn schon lange kennt. Wann genau dieser Punkt bei Schröders außenpolitischer Berater, Ministerialdirektor Michael Steiner, erreicht war, lässt sich nicht mehr feststellen. Von dem Posten, den Steiner wegen einer peinlichen Entgleisung auf dem Rückweg von einer Kanzlerreise verlassen muss, nimmt die Öffentlichkeit normalerweise kaum Notiz. Um nicht allein auf den Sachverstand des Auswärtigen Amtes angewiesen zu sein, stützt sich das Kanzleramt auf einen eigenen außenpolitischen Experten. Von den Beratern aus den Regierungsjahren von Helmut Kohl hat sich vor allem Horst Teltschik einen Namen gemacht.

Die Umgangsformen des Juristen Steiner sind durchaus robust zu nennen. In Hintergrundgesprächen fällt er dem Kanzler schon mal ins Wort, was sich kein anderer Berater erlauben würde. Bei einer Unterrichtung der SPD-Fraktion muss ihn der Vorsitzende Struck bitten, die Sitzordnung einzuhalten und ein Stück von der Mitte zur Seite zu rücken. Der Anlass zu seinem Rücktritt fällt in den Bereich fehlende Kinderstube. Drei Soldaten aus der Flugbegleitung und von der deutschen Botschaft in Moskau, wo die Kanzlermaschine am 2. November auf dem Rückweg von einer Asien-Reise einen nächtlichen Zwi-

schenstopp einlegte, hat er gleich mehrfach beleidigt. Steiner sagt
dazu, er sei übermüdet gewesen, und die Umstände des Zwischen-
stopps hätten an den Nerven aller Beteiligten gezehrt. Dass er als
Ausgleich für die erlittene Unbill Kaviar verlangt habe, sei doch nur
»schwarzer Humor« gewesen. Die Soldaten wollten ein Disziplinar-
verfahren anstrengen und eine Beleidigungsklage einreichen. Das versuchte der nächtlich Gestresste noch mit einer Einladung zum Bier
abzubiegen – erfolglos. In der Vergangenheit war Steiner schon mehrfach angeeckt. Seine Erzählungen von dem »persönlichen Eingeständnis« des libyschen Staatschefs Gaddafi über die Beteiligung an dem
Anschlag auf die Berliner Diskothek »La Belle« brachten Deutschland
in Erklärungsnöte gegenüber den USA. Beim Gerangel mit Washington
um die Neubesetzung der Leitung des Internationalen Währungsfonds
machte Steiner keine gute Figur. Schon damals hieß es, seine Verbindungen zu den USA seien nicht sonderlich gut. Im Zusammenhang mit
der Terrorbekämpfung ist immer wieder zu hören, es gebe »Verstän-
digungsprobleme« mit Bushs Sicherheitsberaterin Rice. Zwar passt
Schröder eine Versetzung Steiners in diesen Tagen besonders schlecht
ins Konzept. Doch als er spürt, dass sein Zuarbeiter und Vorsager
nicht mehr zu halten ist, verkämpft er sich nicht für dessen Verbleiben
im Kanzleramt. Steiner begreift, was die Stunde geschlagen hat, und
bittet den Kanzler, »mich meiner vor drei Jahren verliehenen Funktionen zu entbinden«. Als Nachfolger ist Wolfgang Ischinger im Gespräch, der früheren Staatssekretär im Auswärtigen Amt, den Schröder sehr schätzt. Weil er jedoch erst im Sommer deutscher Botschafter
in Washington geworden ist und diesen bedeutenden Posten nicht
gleich wieder verlassen soll, entscheidet sich der Kanzler für Dieter
Kastrup, Botschafter bei den Vereinten Nationen. Der Mann ist äußerst
erfahren und Sozialdemokrat.

Enteilt

Einer der Lieblingsgedanken Schröders in diesen Tagen geht so: Die
Veränderungen in der Welt gehen derzeit so rasch voran, dass viele
Menschen Mühe haben zu folgen. Man dürfe aber nicht den Fehler
machen, diesen Menschen ihre langsamere Gangweise zum Vorwurf
zu machen. Aufgabe der Politik sei es vielmehr, die Menschen dort
abzuholen, wo sie stehen, und sie an die Erfordernisse der modernen
Welt heranzuführen. Eine Nebenüberlegung dieser These berücksich-

tigt noch die Parteipräferenzen der Menschen. Die Anhänger der Parteien, die seine Regierungskoalition bilden, rechnet Schröder eher zu jenen, die ein wenig länger brauchen beim Verarbeiten der Veränderungen. Wenn Schröder darüber spricht, vermeidet er aber jedes Werturteil.

Wer viel unterwegs ist in der Welt, kennt das Gefühl. Bisweilen eilt der Körper voraus an einen anderen Ort, der Geist aber braucht seine Zeit, bis er folgen kann. In der Zwischenzeit ist der Mensch nicht ganz bei sich. In einer solchen Lage befinden sich nach den Parteitagen von Nürnberg und Rostock auch SPD und Grüne, die Parteien, die die Regierungskoalition tragen. Die Reise, die sie angetreten haben, soll in eine neue deutsche Außen- und Sicherheitspolitik führen, viel mehr noch, sie soll Deutschland endlich einen neuen Platz sichern im Gefüge der Weltinnenpolitik.

Der Bundeskanzler und sein Außenminister drücken in dieser Frage aufs Tempo, sie eilen gewissermaßen voraus. Ihre Parteien müssen folgen und haben damit beträchtliche, im Falle der Grünen sogar existenzielle Probleme. Schröder nennt einen einfachen Grund dafür, dass seine Partei nur die eine Wahl hat: Die SPD ist an der Macht und will an der Macht bleiben. Wenn die eigenen Leute ihr das Vertrauen entzögen, würde sie die Macht verlieren. Also, so fordert der Bundeskanzler in Nürnberg von den Genossen nicht anders als in Berlin von der Fraktion, muss ihm Vertrauen gewährt, muss ihm Geschlossenheit zugesichert werden. Deshalb hat Schröder auf dem Parteitag als Bundeskanzler geredet – weniger als Parteivorsitzender. Er lässt allein ein einziges Kriterium gelten: Regierungsfähigkeit. Auch in diesem Verhalten steht er ganz in der Nachfolge von Helmut Schmidt.

Schröder und Stoiber

Mitte der Neunzigerjahre fährt der damalige niedersächsische Ministerpräsident Schröder häufiger am Wochenende nach Bayern, weil er dort wichtige Termine wahrzunehmen hat. Gelegentlich kommt es schon mal vor, dass er seinen bayerischen Amtskollegen Edmund Stoiber anruft und ihn zu einem Treffen beim Weißbier einlädt. Stoiber fühlt sich geschmeichelt, weil der Eindruck ja nicht schlecht ist, dass der Kollege aus dem Norden zu ihm in den schönen Süden pilgert, um sich mit ihm zu beraten. Die Regierungschefs haben genügend zu besprechen in diesen Jahren. Es sind schwere Zeiten für die Automobilindustrie, die einen bedeutenden Wirtschaftszweig darstellt in beiden Ländern. Gemeinsam veranstalten sie – zusammen mit dem Baden-Württemberger Erwin Teufel – einen »Autogipfel« für die Chefs von Volkswagen (Wolfsburg), Audi (Ingolstadt) Porsche (Stuttgart) Daimler-Benz (Stuttgart) und BMW (München), über den die Kollegen Hans Eichel in Hessen (Opel, Rüsselsheim) und Wolfgang Clement, Nordrhein-Westfalen, (Ford, Köln und Opel, Bochum) derart sauer sind, dass sie einen Gegengipfel einberufen. Das bringt Schröder und Stoiber noch näher zusammen, so nahe, dass der vormalige CDU-Generalsekretär Heiner Geißler sie als »kongeniale Spezis« verspottet und Stoiber unterstellt, er habe sein Feindbild verloren.

Es dauert dann eine geraume Weile, bis Stoiber gewahr wird, dass Schröders häufige Besuche im Lande nicht der Liebe zu Bayern, sondern der Liebe zu der Münchner Journalistin Doris Köpf zu verdanken sind.

Die jetzige Beziehung zwischen dem Kanzler Schröder und seinem Herausforderer Stoiber ist deshalb nicht zu vergleichen mit der seinerzeitigen Kumpanei, sie hat sich gewandelt schon vor der Entscheidung über die Kandidatur des Bayern. Ungefähr zur gleichen Stunde, als Stoiber und Angela Merkel am Morgen des 11. Januar 2002 beim Frühstück in Wolfratshausen den Verzicht auf die Kandidatur der CDU-Vorsitzenden beschließen, zieht Schröder während der Klausurtagung der SPD-Fraktion in Berlin mit heftigen Worten über die Union und Stoiber her. Bei der Entscheidung in der K-Frage gehe es nur vordergründig um Personen, tatsächlich aber um eine unfreundliche Übernahme der CDU durch die CSU, sagt er. Es handele sich um einen Kampf der Konservativen um die Neuausrichtung ihrer politischen Linie. Den CSU-Chef sieht Schröder in einer Linie mit Italiens Regierungschef Silvio Berlusconi, dem österreichischen Rechtspopulisten Jörg Haider und dem Hamburger Innensenator Ronald Schill. Tags zuvor hat Schröder noch ein wenig Mitleid mit der CDU-Vorsitzenden geheuchelt: »Im Vergleich zu dem, was die Männerriege in der Union mit Frau Merkel macht, war der Cäsar-Mörder Brutus geradezu ein Wohltäter.«

Stellvertretend für die Spitzenkandidaten ihrer Parteien sind der Sozialdemokrat und der CSU-Politiker schon einmal aneinander geraten. Am 2. Juli 1979 hatte sich der bayerische Ministerpräsident und CSU-Vorsitzende Franz Josef Strauß gegen den niedersächsischen Ministerpräsidenten Ernst Albrecht durchgesetzt und von der Bundestagsfraktion der Union zum gemeinsamen Kanzlerkandidaten wählen lassen. Die Auseinandersetzung hieß also Strauß contra Schmidt oder in den Wahlkampf Slogans »Freiheit statt Sozialismus« auf der einen, und »Strauß verhindern« auf der anderen Seite. Im Parteiblatt »Vorwärts« meldet sich der Juso-Vorsitzende Schröder zu Wort. »Ein Strauß-Sieg«, schreibt er, »würde in den autoritären Polizeistaat führen.« Unter dem Druck der CSU habe sich die CDU »in eine erzreaktionäre Partei mit fließenden Übergängen zum organisierten Rechtsradikalismus verwandelt«. In der »Frankfurter Rundschau« geht CSU-Generalsekretär Edmund Stoiber zum Gegenangriff über: »Wir haben in der Vergangenheit nicht deutlich gemacht, dass Nationalsozialisten in erster Linie Sozialisten waren und dass Nationalsozialisten Leute waren, die im Großen und Ganzen kollektivistische Lösungen angestrebt und durchgeführt haben.«

Die Nachricht aus Magdeburg, wo Merkel auf einer CDU-Klausur am 11. Januar 2002 schließlich ihren Verzicht auf die Kandidatur bekannt gibt, kommt für Schröder und seine Wahlkampfplaner nicht wirklich überraschend. In der »Kampa«, in der kurz vor dem Jahreswechsel neu aufgelegten Wahlkampfzentrale der SPD – diesmal im Szeneviertel an der Oranienburger Straße in Berlin –, hat man sich schon länger auf den bayerischen Ministerpräsidenten als Gegner eingestellt, mehr noch, er ist der Wunschherausforderer der SPD-Strategen. Mit einem Unionskandidaten Stoiber lasse sich die eigene Anhängerschaft am Wahltag viel besser mobilisieren, lautet das Hauptargument. Die Wirkung von Angela Merkel auf unentschiedene Wähler hätte man nur schwer kalkulieren können. Ein Sympathiebonus für die Frau aus Ostdeutschland hätte womöglich Wankelmütige selbst in der sozialdemokratischen Anhängerschaft verunsichern können.

So wie sein Vorgänger Helmut Kohl, so von oben herab auf den Herausforderer blickend, will Schröder keinen Wahlkampf führen. Zwar neigt auch er dazu, den Kandidaten der anderen Seite erst mal nicht beim Namen zu nennen. Da spricht er dann von »dem Personal, das sich jetzt anschickt, Machtansprüche zu stellen«, aber bevor er sich noch einmal so umständlich ausdrücken muss, redet Schröder dann doch lieber von Edmund Stoiber. Das Fernsehduell mit dem Herausforderer, das Kohl stets ablehnte – weshalb sollte er sich da anders verhalten, sagt der Kanzler zunächst, besinnt sich aber dann: Warum eigentlich kein Duell?

Knapp zwei Tage lang sitzen das Präsidium und der Vorstand der SPD nach der Bekanntgabe von Stoibers Kandidatur beisammen und denken darüber nach, wie man denn am besten dem bayerischen Ministerpräsidenten und Vorsitzenden der CSU begegnen sollte. Um die Einzelheiten werde sich SPD-General Müntefering kümmern, verkündet der Kanzler zum guten Ende, und damit ist schon mal klargestellt, wer da mit wem auf Augenhöhe Wahlkampf führen wird. Müntefering jedenfalls sieht seine Partei gut aufgestellt: »Wahlen gewinnt man, wenn Person und Programm glaubwürdig sind und die Wahlkampforganisation optimal ist. Das spricht für uns.« Die versammelte Parteispitze erklärt sich mit dem Slogan einverstanden, dessen Rohfassung lautet: »Schröder ist SPD«. Je nach Temperament hätte eine solche Aussage in früheren Zeiten bei der Mehrzahl der Genossen einen Heiterkeits- oder Wutanfall ausgelöst.

Der zweite Teil der Strategie besteht darin, Stoiber als »Spalter der Gesellschaft« erscheinen zu lassen. Im Gegensatz zu ihm soll Schröder als Politiker des Dialogs und der Kompromissfähigkeit erscheinen.

Müntefering fällt die Aufgabe zu, die Angriffe gegen den Herausforderer zu führen. Es soll möglichst nicht der Eindruck entstehen, als würden sich der Amtsinhaber und der Herausforderer auf der gleichen Ebene bewegen. Der SPD-General trägt Siegesgewissheit zur Schau: »Stoiber, nach dem 22. September als Oppositionsführer im Deutschen Bundestag, das hätte seinen Charme.«

Als stehe er da ganz außen vor oder, besser noch, darüber, legt der SPD-Vorsitzende fest, im Wahlkampf gehe es schließlich nicht um Personen, sondern in erster Linie um Inhalte. Und nun warte man aufseiten der Regierung gelassen ab, »mit welchen Rezepten, die mal

nicht aus der Vergangenheit stammen, die andere Seite aufwartet«.
Davon werde man gewiss zu irgendeinem Zeitpunkt noch hören, sagt
der Kanzler, jetzt doch ein wenig von oben herab, und dann werde
»der Franz« schon die passenden Antworten finden.

Seit dem Schlagabtausch aus dem Wahlkampf 1980 ist viel Zeit vergangen. Die beiden Wahlkämpfer haben mittlerweile hohe Regie-
rungsämter inne, eine Garantie, dass sie sich mäßigen werden im
Ton, ist das nicht. Die SPD versucht, Stoiber zu reizen, wo sie nur kann.

»Kongeniale Spezies«

Der Herausforderer soll aus der Rolle fallen oder wenigstens Fehler machen. Weil eine Boulevardzeitung nach Stoibers Kür ihren Lesern die Frage stellt, »Warum ist Schröder so nervös«, versucht der Kanzler sichtlich, Gelassenheit auszustrahlen. Umfragen, die die Union und Stoiber im Vorteil sehen? »Die schrecken mich nicht sonderlich«, winkt er gelassen ab. Es gebe nun mal Aufs, und es gebe Abs. Wie sei es denn gewesen, als die eigene Partei ihre Spitzenkandidaten präsentiert habe gegen Helmut Kohl. Am Anfang große Euphorie und am Ende? Sehr freundlich ist das nicht gegenüber den Genossen Vogel, Rau, Lafontaine und Scharping. Egal, jetzt ist Wahlkampf, und Rücksichten werden keine mehr genommen.

Das Prinzip von Versuch und Irrtum

Der Kanzler hat sich verändert im Verlauf seiner Regierungszeit. Er hat zwischenzeitlich sogar sein ansonsten erstaunliches Gespür dafür verloren, in welcher Stimmung sich ein Auditorium befindet. Das ist eine schwerwiegende Beobachtung. Aus dieser Fähigkeit nämlich bezieht Schröder seinen ganz besonderen Charme, den er zeit seines politischen Wirkens eingesetzt hat, um Menschen für sich zu gewinnen. Seine Umgebung hat die Veränderung gespürt im täglichen Umgang. Den Medienleuten ist es aufgefallen, als er anfing, sie anzublaffen auf Fragen, die arglos an ihn gerichtet wurden. Mit der zunehmenden Erfahrung im Umgang mit den schweren Krisen der Weltpolitik hat Schröder sein Gespür wiedergewonnen.

Schon der Umzug des Deutschen Bundestages und der Ministerien von Bonn nach Berlin ist nicht ohne Einfluss geblieben auf die Politik von Gerhard Schröder. Er ist der erste Bundeskanzler der Bundesrepublik Deutschland, der von Berlin aus regiert. Noch nicht einmal eine Wahlperiode ist es her, dass das Schicksal (genau genommen war es natürlich die Entscheidung des Bundestages vom Juni 1991) die Bundesregierung und das Parlament, Lobbyisten und Medienvertreter von gestern auf heute zu Berlinern gemacht hat. Die Eingeborenen haben eine Weile gebraucht, um zu begreifen, dass nicht einfach nur Institutionen mit bedeutungsvollen Namen in die Hauptstadt zogen, sondern auch leibhaftige Menschen. Wo immer sie herkamen: Das waren »die Bonner«, und die waren nicht wohl gelitten. Anfangs haben die Berliner noch getönt, die rheinischen Provinzler (Parlament und Verwaltung) und die niedersächsischen Aufschneider (Regierung) sollten erst mal stille sein und staunen. Mittlerweile hat man sich aneinander gewöhnt. Das Vorhandensein einer neuen politischen Elite hat bei den Berlinern das Bewusstsein gefördert, jetzt wirklich in einer Hauptstadt zu leben.

Der Politikstil an sich hat sich geändert. Aber das liegt bestimmt nicht am »Geist des Ortes«, eher am Wechsel vom patriarchalischen Gehabe Helmut Kohls zum moderierenden Stil Gerhard Schröders. Auch wenn besonders Wohlmeinende neuerdings dank Schröder eine gewisse »Grandezza« in der deutschen Politik bemerkt haben wollen, von einem »Spaßkanzler« ist dieses Land nicht regiert worden. Das würde nicht durchgehen. Da kennt Berlin noch weniger Gnade als Bonn.

Äußerlichkeiten sind das alles. Dass die Weste sichtbar spannt über dem Hosenbund, dass der Kanzler als Meister der Hauptsätze auf einmal in Neben- und Schachtelsätzen redet wie sein Vorgänger Helmut Kohl, dass seine Gestik bei den Bundestagsdebatten am Ende des Jahres 2001 unruhiger war als bei den ersten Regierungserklärungen – alles Anzeichen von gewöhnlichem Stress. Seine engsten Zuarbeiter sagen, der Mann habe in den Tagen vor dem Jahreswechsel ein Arbeitspensum gehabt, das sich kein Spitzenmanager abverlangen würde. Die Entscheidungen, vor denen der Kanzler stehe, hätten zudem eine weit größere Tragweite als die der Wirtschaftsführer. Von ihm selbst haben Vertraute eher beiläufig zu hören bekommen, dass ihm die Sorge um die gestiegene deutsche Verantwortung bisweilen den Schlaf raube.

Als die Entscheidung über die Beteiligung der Bundeswehr am Krieg auf dem Balkan anstand – bescheidene Beiträge im Vergleich zu dem, was nach dem 11. September folgte –, hat Schröder bisweilen davon gesprochen, dass noch keine Bundesregierung Beschlüsse von einem solchen Gewicht habe treffen müssen. Das mag historisch fraglich sein, wenn man etwa an die Grundsatzentscheidung über die Wiederbewaffnung denkt. Für seine Politikergeneration hat er Recht.

Weil in erster Linie die Äußerlichkeiten auffallen und von den Medien sorgsam registriert werden, rückt eine andere Beobachtung in den Hintergrund. Schröder hat seinen Politikstil verändert. Er hat dies so gründlich getan, dass es auffällig ist, wie beiläufig die Medien das registriert haben.

Von den Anfangsmonaten seiner Kanzlerschaft bis in die jüngste Zeit hinein hat Schröder bei allen politischen Vorhaben zuerst darauf geachtet, wie die Konstellationen waren. Er hat sich gefragt, wo er Verbündete findet im Umfeld, bei der Wirtschaft, bei den Gewerkschaften, den Verbänden. Dann hat er die politische Durchsetzbarkeit seiner Vorhaben erwogen und erst danach im Einzelnen festgelegt, was und wie viel er erreichen wollte. Wenn es dabei zu Fehleinschätzungen kam, dann galt das nächste Schröder'sche Prinzip: Politik nach dem Prinzip von Versuch und Irrtum.

Beim Kampf gegen den Terror an der Seite der Vereinigten Staaten hält Schröder nichts von Machbarkeitsstudien. In der Frage des Beistands für die USA hat er zu keiner Sekunde ausgelotet, was durchsetzbar ist und was nicht. Er hat zuerst festgelegt, worauf er hinauswill – ausgerichtet selbstverständlich an dem, was er für gut hält für Deutschland. Als nächsten Schritt hat er die Zustimmung dafür eingefordert, weil er überzeugt davon ist, dass es ein Nein nicht geben kann, wenn der Bündnispartner USA die Solidarität der Deutschen erwartet. Wenn Deutschland sich aus der Verantwortung zurückzöge, dann ginge es einen Sonderweg, der es isolieren und der zudem die europäische Einigung beeinträchtigen könnte. Die Amerikaner, so lautet das Credo, haben uns mehr als 50 Jahre lang geholfen, ihnen haben wir unsere Demokratie zu verdanken, jetzt sind wir zur Solidarität verpflichtet, andernfalls ruinieren wir die transatlantischen Beziehungen auf Jahrzehnte hinaus. Deutschland muss – über die aktuellen Herausforderungen im Kampf gegen den Terror hinaus – seine Rolle im Machtgefüge der Welt neu finden. Es gibt kein Zurück in unsouveräne Zeiten. Die gängige Kurzformel zur Einordnung Deutschlands als wirtschaftlicher Riese und politischer Zwerg stimmt nicht mehr, in keiner Weise.

Wenn etwas so klar ist, dann kann es für Schröder keine vernünftige Alternative geben. Dieses Denken und das Handeln danach – das ist der Regierungsstil von Helmut Schmidt aus der Zeit der Auseinander-

Der Kanzler und die Schriftsteller, von links Schröder, Christa Wolf, Emine S. Özdamar, Günter Grass, rechts der Staatsminister für Kultur, Julian Nida-Rümelin

setzungen um die Nato-Nachrüstung zu Beginn der Achtzigerjahre. Schmidt wollte den Doppelbeschluss und verlangte von seiner Partei, ihm zu folgen. Er hat schließlich die Vertrauensfrage gestellt, sie gewonnen – und ein paar Monate später die Macht dann doch verloren. Es ist verständlich, dass Schröder den Vergleich an dieser Stelle nicht weiter ziehen will. Deswegen arbeitet er daran, mehr Optionen als Schmidt zu haben für die Bildung einer Regierung.

Aus Respekt vor Schmidts Einsatz – als Hamburger Innensenator – bei der Flutkatastrophe 1962 ist der junge Gerhard Schröder im Jahr darauf der SPD beigetreten. Später galt seine Verehrung stärker Willy Brandt. In den ersten Monaten seiner Kanzlerschaft hat der »Enkel« eher unbewusst als absichtlich den Regierungsstil Brandts nachgeahmt. Dessen Leitspruch »Mehr Demokratie wagen« hat er, wenn auch weniger pathetisch, mit der Idee von der Fortentwicklung der Zivilgesellschaft ausdrücken wollen.

Auf dem Höhepunkt der inneren Anspannung vor dem Afghanistan-Einsatz der Bundeswehr hat Schröder Schriftsteller, Philosophen und Künstler zu sich ins Kanzleramt eingeladen – die Schriftsteller Günter Grass, Martin Walser, Stefan Heym, Christa Wolf, Siegfried Lenz, Volker Braun, Friedrich Christian Delius, Christoph Hein und Walter Jens, den Philosophen Peter Sloterdijk, die Regisseure Volker Schlöndorff und Jürgen Flimm. Sie alle haben einen kurzen Brief erhalten, in dem der Kanzler schreibt:

»Nach dem 11. September hat sich vieles verändert. Neue Fragen sind uns gestellt. Fragen, die sich an Intellektuelle wie an Politiker richten.« Im Kanzleramt wurde das Treffen eingereiht in den »ständigen Dialog des Bundeskanzlers mit Repräsentanten unserer Gesellschaft«. Tatsächlich war es der Versuch, den Dialog zwischen »Geist und Macht« wieder zu beleben. Auf dem legendären Kongress des Verbands deutscher Schriftsteller in Stuttgart im November 1970 hatte Brandt von den Intellektuellen die »furchtlos-aktive« Einmischung in die Politik und in den gesellschaftlichen Diskurs gefordert, wenn es um »sittliche und geistige Normen« gehe. Diesmal ging es um eine Beteiligung deutscher Soldaten an kriegerischen Auseinandersetzungen außerhalb Europas und um die Verschärfung der Gesetze zur inneren Sicherheit. Dass er bei Grass, Jens, Sloterdijk und vielen anderen in der Runde auf heftige Einwände gestoßen ist, hat Schröder vorher gewusst und hingenommen.

In der unmittelbaren Auseinandersetzung mit den geistigen Eliten des Landes muss Schröder Widerstreben in Kauf nehmen, wenn er seinen Regierungsstil nicht allzu sehr in die Nähe der Methoden seines Vorgängers Helmut Kohl gerückt sehen will. Der Gedankenaustausch der Politik mit den klugen Köpfen der Gesellschaft war in den 16 Jahren der Kohl-Ära natürlich nicht eingestellt worden, er war aber nicht gerade angelegt auf Widerspruch zur Schärfung des Bewusstseins.

Ein »System Schröder« nach dem Vorbild des »Systems Kohl« zu suchen, wäre müsig. Das gibt es nicht. Es ist nicht so, dass Schröder keine Grundüberzeugungen hätte, aber die braucht er nicht für seine Politik. Er braucht Optionen, er braucht Mehrheiten. Die zu gewinnen, das ist der Motor, der ihn treibt.

Er braucht Mehrheiten

Personenregister

Bildnachweis

J. H. Darchinger: S. 14, 35, 43, 81, 113, 238, 329, 387
dpa: S. 44, 56, 122, 139
Presse- und Informationsamt der Bundesregierung: S. 13, 20, 79, 251, 369, 391, 393
Süddeutscher Verlag Bilderdienst: S. 98, 137, 150, 158, 220, 282, 283, 324
ulllstein bild: S. 16, 53, 65, 136, 216, 265, 310